Diana Maak, Inger Petersen
Sprachbildung in allen Schulfächern der Sekundarstufe

Germanistische Arbeitshefte

―

Herausgegeben von
Thomas Gloning und Jörg Kilian

Band 52

Diana Maak, Inger Petersen

Sprachbildung in allen Schulfächern der Sekundarstufe

—

Grundlagen, Konzepte und Methoden der germanistischen Linguistik und Sprachdidaktik

DE GRUYTER

Wissenschaftlicher Beirat zu diesem Band:

Prof. Dr. Sandra Drumm (Kassel)
Prof. Dr. Heike Roll (Duisburg-Essen)
Prof. Dr. Sabine Schmölzer-Eibinger (Graz)

ISBN 978-3-11-102640-4
e-ISBN (PDF) 978-3-11-102641-1
e-ISBN (EPUB) 978-3-11-102701-2
ISSN 0344-6697

Library of Congress Control Number: 2025943950

Bibliografische Information der Deutschen Nationalbibliothek
Die Deutsche Nationalbibliothek verzeichnet diese Publikation in der Deutschen Nationalbibliografie;
detaillierte bibliografische Daten sind im Internet über http://dnb.dnb.de abrufbar.

© 2025 Walter de Gruyter GmbH, Berlin/Boston, Genthiner Straße 13, 10785 Berlin
Satz: Integra Software Services Pvt. Ltd.

www.degruyterbrill.com
Fragen zur allgemeinen Produktsicherheit:
productsafety@degruyterbrill.com

Vorwort

Ziel dieses Studienbuchs in der Reihe der Germanistischen Arbeitshefte ist, fächerübergreifendes Grundlagenwissen zur Sprachbildung in allen Schulfächern zu vermitteln. Dabei werden grundlegende sprachwissenschaftliche und -didaktische Themen abgedeckt, die für die Sprachbildung im Fachunterricht relevant sind. Das Studienbuch richtet sich in erster Linie an Lehramtsstudierende im Sekundarstufenbereich an allgemeinbildenden Schulen, die Lehrveranstaltungen im Bereich Sprachbildung besuchen, aber auch an Lehrkräfte, die sich zu diesem Thema fortbilden möchten.

Das Studienbuch ist vor folgendem Hintergrund entstanden: An vielen Universitäten werden seit einigen Jahren fächerübergreifende (Pflicht-)Module zum Thema Sprachbildung angeboten. In diesen Modulen sollen die Lehramtsstudierenden zur Durchführung eines Fachunterrichts befähigt werden, in dem zusammen mit den fachlichen Kompetenzen systematisch auch sprachliche Kompetenzen ausgebaut werden. Da die Lehrveranstaltungen überwiegend fächerübergreifend angelegt sind, handelt es sich bei den Studierenden um eine sehr heterogene Gruppe, z. B. hinsichtlich ihrer Studienfächer, ihres Vorwissens und ihrer Motivation. Viele der Studierenden verfügen aufgrund ihrer nichtphilologischen Studienfächer über geringe sprachwissenschaftliche oder sprachdidaktische Grundkenntnisse, so dass in den Lehrveranstaltungen, die oft einen vergleichsweise geringen Umfang haben, grundlegende Konzepte der Sprachwissenschaft und -didaktik erst eingeführt werden müssen. Gleichzeitig ist es für die Motivation der Studierenden besonders wichtig, an ihr Vorwissen anzuknüpfen und einen fachlichen Anwendungsbezug herzustellen.

Wir hoffen, dass mit dem vorliegenden Studienbuch eine Sammlung an Texten für diese herausfordernde Aufgabe vorliegt, die nicht nur uns, sondern auch Kolleg*innen dabei unterstützt, den besonderen Voraussetzungen des Gegenstands und der Zielgruppe besser gerecht zu werden. Die Inhalte des Studienbuchs orientieren sich einerseits an Modulbeschreibungen im Bereich Sprachbildung und andererseits an unseren eigenen langjährigen Erfahrungen in der Lehre.

Dozierende, die dieses Studienbuch in ihren Lehrveranstaltungen einsetzen wollen, möchten wir noch auf folgende Punkte hinweisen:
- Wir bewegen uns mit diesem Studienbuch in einem Spannungsfeld zwischen der Notwendigkeit einer didaktischen Reduktion und dem Anspruch auf fachliche Korrektheit und Vollständigkeit. Eine Frage, die uns durchgängig beschäftigt hat, ist: Müssen *das* wirklich *alle* Lehrer*innen wissen und anwenden können? Unsere Antworten im Studienbuch sind manchmal neue Vorschläge, oft von uns aktuell präferierte Lösungen sowie häufig hart erkämpfte Kompromisse nach konstruktiven aber auch zähen Verhandlungen zwischen uns Autorinnen und mit Kolleg*innen und Studierenden.
- Das Feld der Sprachbildung ist ein junger und sehr interdisziplinärer Forschungsbereich, der sich dynamisch und fachspezifisch unterschiedlich entwickelt und in dem bislang wenig gesichertes Wissen vorliegt. Wir haben uns bemüht, das vor-

handene Wissen zusammenzutragen, dennoch konnten wir sicherlich nicht alle aktuellen Entwicklungen berücksichtigen.
- Die einzelnen Kapitel sind i.d.R. als Einführungen in das jeweilige Thema zu verstehen und sollten möglichst durch eine Vertiefung und ggf. die praktische Anwendung und fachspezifische Ausdifferenzierung im Rahmen von Lehr- bzw. Fortbildungsveranstaltungen ergänzt werden.
- Wir haben uns explizit dazu entschieden, den Fokus nicht auf Sprachförderung von Schüler*innen mit Deutsch als Zweitsprache zu legen. Vielmehr legen wir dem Studienbuch ein Verständnis von Sprachbildung zugrunde, dessen Ziel es ist, *alle* Schüler*innen bei der individuellen Entwicklung der eigenen sprachlichen Ressourcen zu unterstützen.
- In diesem Buch wird das Gendersternchen verwendet, um bei Personenbezeichnungen alle Geschlechter sichtbar zu machen. Auch wenn dies manchmal zu ungrammatischen Pluralformen führt, sehen wir es als praktikable Lösung an, um alle Menschen anzusprechen, ohne umständliche Formulierungen zu nutzen.

Wir danken den Studierenden der CAU Kiel, der FU Berlin sowie der UdK Berlin, die unsere Texte sorgfältig gelesen und uns mit viel Engagement konstruktives Feedback gegeben haben. Unser Dank geht ebenso an verschiedene Kolleg*innen für die kritische Lektüre und wertvolle Hinweise. Ganz besonderer Dank gebührt unseren studentischen Mitarbeiterinnen Inga-Sophie Jacobsen, Cara Lynn Kropp, Bettina Pannek und insbesondere Eileen Pleiß für ihre großartige Unterstützung: Sie haben akribisch Korrektur gelesen, redigiert, formatiert, die Aufgaben erprobt, den Index und die Lösungsvorschläge erstellt und bei der finalen Fertigstellung des Manuskripts geholfen. Zum Abschluss möchten wir uns herzlich bei Thomas Gloning und Jörg Kilian als Herausgebern der Germanistischen Arbeitshefte bedanken. Sie haben die hohe fachwissenschaftliche, gesellschaftspolitische und hochschuldidaktische Relevanz des Themas Sprachbildung in allen Unterrichtsfächern erkannt und den Band in die Reihe aufgenommen, obwohl Sprache im Fach(unterricht) und Sprachbildung (noch) nicht zu den etablierten Forschungsbereichen der Germanistischen Sprachwissenschaft und -didaktik gehören. Wir hoffen, dass sich dies in Zukunft ändern wird.

Berlin und Kiel im Juli 2025
Diana Maak & Inger Petersen

Hinweise zur Arbeit mit dem Studienbuch

Gegenstand dieses Studienbuchs ist fächerübergreifendes Grundlagenwissen im Themenfeld Sprachbildung. Die einzelnen Kapitel enthalten jedoch – wo immer möglich – Konkretisierungen und Differenzierungen mit Blick auf unterschiedliche Fächer bzw. Fächergruppen, z. B. durch fachspezifische Beispiele und weiterführende Literaturhinweise. Das Studienbuch ist modular aufgebaut; das bedeutet, dass die einzelnen Kapitel unabhängig voneinander lesbar sind. Wir empfehlen den Leser*innen dennoch, zuerst das einführende Kapitel *Sprachbildung und ihre Didaktik* zu lesen, da dessen Inhalte als Grundlage für alle weiteren Kapitel dienen. Alle Kapitel des Studienbuchs bestehen aus folgenden vier Teilen:
1) Aufgaben vor dem Lesen
2) Hauptteil
3) Aufgaben nach dem Lesen
4) Kommentierte Hinweise zu vertiefender Literatur

Zu den Aufgaben:
– Alle Aufgaben haben Angebotscharakter und sollen die Leser*innen dabei unterstützen, sich intensiv und nachhaltig mit den Inhalten der einzelnen Kapitel auseinanderzusetzen.
– Die *Aufgaben vor dem Lesen* dienen einerseits dazu, Interesse am Thema des Kapitels zu wecken und andererseits dazu, Vorwissen zu aktivieren.
– Die *Aufgaben nach dem Lesen* dienen der Reflexion des Gelesenen, in wenigen Fällen auch dem Überprüfen von im Kapitel erarbeiteten Wissen, vor allem aber der Übertragung des Gelernten auf weitere Kontexte.
– *Projektaufgaben* sind in der Bearbeitung relativ komplex und umfangreich, sodass es sich anbietet, diese gemeinsam mit Kommiliton*innen oder Kolleg*innen zu erarbeiten, z. B. im Rahmen von Lehrveranstaltungen.
– Zu den Aufgaben gibt es Lösungsvorschläge, die online unter folgendem Link abrufbar sind: xxx. Auch diese haben zumeist Angebotscharakter, da nur für wenige Aufgaben *die* eine richtige Lösung existiert.

Am Ende jedes Kapitels finden Sie weiterführende, kommentierte Literaturempfehlungen. Diese sollen als Möglichkeit zur weiteren Vertiefung oder (fachspezifischen) Differenzierung dienen.

Fast alle Kapitel des Lehrbuchs fokussieren ausgewählte Schwerpunkte im Themenfeld Sprachbildung und ermöglichen einen raschen Zugriff auf Fragestellungen zum jeweiligen Thema. Sinnvoll ist es unseres Erachtens, wenn die Arbeit mit den Texten jedoch vernetzend erfolgt, die Leser*innen also immer wieder Bezüge zwischen den verschiedenen Kapiteln herstellen, um sich das komplexe Themenfeld nach und nach zu erarbeiten (vgl. auch entsprechende Kapitelquerverweise). Auch wenn sich das Studienbuch für das Selbststudium eignet, empfehlen wir den Leser*innen, sich über das Gelesene auszutauschen, z. B. über das Verständnis des Textes und konkrete Anwendungsmöglichkeiten für das eigene Unterrichtsfach bzw. die eigene Unterrichtspraxis.

Wir wünschen allen Leser*innen eine anregende Lektüre und hoffen, dass das Lehrbuch zur gelungenen Umsetzung von Sprachbildung in jedem Unterricht beiträgt!

Inhalt

Vorwort —— V

Hinweise zur Arbeit mit dem Studienbuch —— VII

Abbildungen —— XV

Tabellen —— XVII

I Einführung

1	Sprachbildung und ihre Didaktik —— 3	
1.1	Einleitung —— 4	
1.2	Durchgängige Sprachbildung —— 5	
1.3	Didaktik der Sprachbildung —— 7	
1.3.1	Sprachbildung und Sprachförderung —— 7	
1.3.2	Sprachbildung als Verbindung von Sprach- und Fachlernen in allen Fächern —— 11	
1.4	Sprachbildender Unterricht —— 13	
1.4.1	Qualitätsmerkmale von sprachbildendem Unterricht —— 13	
1.4.2	Scaffolding —— 14	
1.5	Fazit —— 15	

II Die deutsche Sprache im Fokus

2	Deutsch als Alltags-, Bildungs- und Fachsprache —— 19	
2.1	Einleitung —— 20	
2.2	Fachsprachen —— 21	
2.3	Bildungssprache —— 23	
2.4	Alltagssprache —— 25	
2.5	Bedeutung von Alltags- und Bildungssprache sowie Fachsprachen für den Unterricht —— 27	
2.6	Fazit —— 29	
3	Schulgrammatisches Grundlagenwissen für sprachbildenden Unterricht —— 32	
3.1	Einleitung: Explizites Wissen über Sprache als Grundlage von Sprachbildung —— 33	
3.2	Gegenstände der Grammatik: Wort, Phrase, Satz —— 35	
3.2.1	Das Wort —— 37	

3.2.2	Die Phrase —— **47**	
3.2.3	Der Satz —— **49**	
3.3	Fazit —— **52**	

4 Funktion und Herausforderung von Sprache im Kontext der Wissensvermittlung —— 55
- 4.1 Einleitung —— **56**
- 4.2 Sprachliche Herausforderungen im Fachunterricht —— **58**
- 4.3 Funktionen von Fach- und Bildungssprache im Fachunterricht —— **61**
- 4.4 Konsequenzen für die Praxis —— **67**
- 4.4.1 Perspektive *Herausforderung* —— **68**
- 4.4.2 *Funktionale* Perspektive —— **70**
- 4.4.3 Mögliche Synthese der beiden Perspektiven —— **71**
- 4.5 Zusammenfassung —— **73**

III Die mehrsprachige Schule

5 Mehrsprachigkeit in Schule und Unterricht —— 77
- 5.1 Einleitung —— **78**
- 5.2 Mehrsprachigkeit —— **79**
- 5.2.1 Definitionen von Mehrsprachigkeit —— **79**
- 5.2.2 Mythen über Mehrsprachigkeit —— **82**
- 5.3 Kultur der Mehrsprachigkeit im Unterricht —— **84**
- 5.4 Zusammenfassung und Ausblick —— **90**

6 Sprachen und Macht im schulischen Kontext —— 92
- 6.1 Schule, Macht und Sprache —— **92**
- 6.2 Sprachideologien als Sprachenpolitik in Aktion —— **93**
- 6.2.1 Sprachideologien —— **94**
- 6.2.2 Sprachenpolitik —— **96**
- 6.2.3 Praxen der Sprachrepräsentation —— **97**
- 6.2.4 Sprachhierarchien —— **100**
- 6.3 Fazit —— **102**

7 Neu zugewanderte Schüler*innen im Regelunterricht —— 107
- 7.1 Einleitung —— **108**
- 7.2 Neu zugewanderte Schüler*innen – Merkmale, Kompetenzen, Bedürfnisse —— **109**
- 7.2.1 Eine heterogene Zielgruppe —— **109**
- 7.2.2 Beschulungsmodelle —— **111**
- 7.2.3 Kompetenzen in der deutschen Sprache —— **112**

7.3	Ankommen im Regelunterricht —— 116	
7.4	Sprachliche Binnendifferenzierung im Regelunterricht —— 120	
7.5	Fazit —— 122	

IV Grundlagen der Planung von sprachbildendem Unterricht

8	**Bedarfsanalyse: Sprachliche Anforderungen des Unterrichts —— 129**	
8.1	Einleitung: Sprachbildende Unterrichtsplanung —— 130	
8.1.1	Scaffolding als pädagogisch-psychologisches Konzept —— 130	
8.1.2	Scaffolding als Prinzip des sprachbildenden Fachunterrichts —— 132	
8.2	Sprachliche Bedarfsanalyse —— 134	
8.2.1	Produktive Aufgaben —— 135	
8.2.2	Rezeptive Aufgaben —— 137	
8.3	Ausblick —— 139	

9	**Erfassung aufgabenbezogener Sprachkompetenz im Fachunterricht: Formative sprachliche Diagnostik —— 143**	
9.1	Einleitung —— 144	
9.2	Formative Diagnostik —— 146	
9.3	Sprachliche Kompetenzen: Was wird erfasst? —— 148	
9.4	Informelle Diagnostik sprachlicher Kompetenzen: Wie wird erfasst? —— 150	
9.5	Praxisbeispiel —— 151	
9.5.1	Analyse eines Schülertextes —— 152	
9.5.2	Didaktische Schlussfolgerungen —— 155	
9.6	Fazit —— 156	

V Methodik und Didaktik des sprachbildenden Unterrichts

10	**Sprachbildendes Handeln in der Unterrichtsinteraktion —— 161**	
10.1	Einleitung: Die Bedeutung von Unterrichtsinteraktion für das Lernen —— 161	
10.2	Unterrichtsinteraktion – how not to? —— 162	
10.3	Schulspezifische Interaktionsmuster: die IRE-Sequenz —— 165	
10.4	Input- und Fokussierungstechniken —— 168	
10.5	Fragetechniken —— 170	
10.6	Feedbacktechniken —— 172	
10.7	Nonverbale Kommunikation und Körpersprache —— 174	
10.8	Zusammenfassung und Ausblick —— 176	

11 Wortschatzarbeit in allen Unterrichtsfächern — 181
- 11.1 Einleitung — 181
- 11.2 Zentrale Begriffe: Mentales Lexikon, Lexem und Konzept — 183
- 11.3 Welcher Wortschatz ist für den Fachunterricht relevant? — 185
- 11.4 Wortschatz und (mentales) Lexikon — 187
- 11.4.1 Mitteilungs- und Verstehenswortschatz — 187
- 11.4.2 Organisation des mentalen Lexikons — 188
- 11.4.3 Wortschatzqualität — 190
- 11.5 Wortschatz vermitteln und lernen — 191
- 11.5.1 Wortschatzerwerb — 191
- 11.5.2 Wortschatzdidaktischer Dreischritt — 193
- 11.6 Fazit — 199

12 Sprechen und Zuhören in allen Unterrichtsfächern — 202
- 12.1 Einleitung — 202
- 12.2 Hören — 204
- 12.3 Hörsehverstehen — 206
- 12.4 Sprechen — 208
- 12.4.1 Zwischen- und Reflexionsgespräche am Beispiel des Kunstunterrichts — 210
- 12.4.2 Mündliche Präsentationen am Beispiel des Kunstunterrichts — 212
- 12.5 Merkmale gesprochener Sprachverwendung — 216
- 12.6 Fazit — 220

13 Lesen in allen Unterrichtsfächern — 224
- 13.1 Einleitung: Lesekompetenz — 225
- 13.2 Determinanten der Lesekompetenz — 225
- 13.3 Texte im Fachunterricht — 227
- 13.4 Leseprozess und Textverstehen — 229
- 13.5 Förderung des Textverstehens — 230
- 13.5.1 Lesestrategien — 231
- 13.5.2 Didaktisierung von Lesetexten — 237
- 13.6 Zusammenfassung — 239

14 Bildliche Darstellungen im Fachunterricht — 241
- 14.1 Einleitung — 242
- 14.2 Semiotik von Bildern — 244
- 14.2.1 Wahrnehmung von Bildern — 245
- 14.2.2 Unterschiede von Bild und Text — 246
- 14.3 Sprache und bildliche Darstellungen — 252
- 14.4 Bilder und bildliche Darstellungen im Fachunterricht — 257
- 14.5 Fazit — 260

15 Schreiben in allen Unterrichtsfächern —— 263
- 15.1 Einleitung: Funktionen des Schreibens im Fachunterricht —— 263
- 15.2 Textsorten und fachspezifische Schreibkompetenz —— 265
- 15.3 Schreibkompetenz und Schreibprozesse —— 267
- 15.4 Schreibdidaktik im Fachunterricht —— 269
- 15.4.1 Textsortenbasiertes Schreiben —— 270
- 15.4.2 Prozessorientiertes Schreiben —— 273
- 15.4.3 Feedback —— 274
- 15.4.4 Gute Schreibaufgaben —— 274
- 15.5 Fazit —— 277

16 Lehr-/Lernmaterialien für die Sprachbildung —— 279
- 16.1 Einleitung: Lehr-/Lernmaterialien für (durchgängige) Sprachbildung —— 280
- 16.2 Systematisierung von Lehr-/Lernmaterialien im Kontext Sprachbildung —— 280
- 16.3 Auswahl von Lehr-/Lernmaterialien —— 287
- 16.4 Fazit —— 288

Literaturverzeichnis —— 291

Register —— 321

Abbildungen

Abb. 1.1	Mindmap zu Sprachbildung	3
Abb. 1.2	Ebenen der Sprachbildung	4
Abb. 1.3	Dimensionen Durchgängiger Sprachbildung	5
Abb. 2.1	Schulische Kommunikation als Einführungskommunikation	23
Abb. 2.2	Konzeption und Medium am Beispiel Blut und Blutkreislauf	29
Abb. 2.3	Matrix Konzept/Medium	31
Abb. 3.1	Zusammenhänge zwischen Wörtern, Phrasen und Sätzen	37
Abb. 3.2	Unterscheidung Wortbildung vs. Flexion	41
Abb. 3.3	Arten der Wortbildung	42
Abb. 3.4	Arten der Flexion und Flexionskategorien	44
Abb. 4.1	Teich-Schachtelhalm (Equisetum fluviatile)	64
Abb. 4.2	Keulen-Bärlapp (Lycopodium clayatum)	65
Abb. 4.3	Rippenfarn (Struthiopteris spicant)	65
Abb. 4.4	Flussdiagramm zum Text 1918 – "ein Ende mit Schrecken"	72
Abb. 5.1	Backware	78
Abb. 5.2	Gebratene Fleischspeise	78
Abb. 5.3	Sind Sprachen im Kopf getrennt?	81
Abb. 5.4	Vorurteile über Mehrsprachigkeit	83
Abb. 6.1	Kampagne ich-spreche-deutsch mit Collien Fernandes	103
Abb. 6.2	Kampagne ich-spreche-deutsch mit Elyas M'Barek	104
Abb. 6.3	Freie Universität Berlin	105
Abb. 8.1	Zone der nächsten Entwicklung	131
Abb. 8.2	Scaffolding-Modell	132
Abb. 8.3	Zusammenhänge zwischen Lehr-/Lernziel, Sprachhandlung und Sprachmitteln zum Thema Brüche im Mathematikunterricht	135
Abb. 8.4	Ausgefülltes Konkretisierungsraster	136
Abb. 8.5	Napoleon Bonaparte	141
Abb. 9.1	Merkmale eines formativen sprachlichen Assessments	147
Abb. 9.2	Schülertext zur Aufgabe „Beschreibung des Menstruationszyklus" (Original)	153
Abb. 9.3	Schülertext zur Aufgabe „Beschreibung des Menstruationszyklus" (Transkript)	153
Abb. 10.1	„Zwei Schalen"	175
Abb. 10.2	Zeigegesten „nach oben gegangen"	175
Abb. 10.3	Bewusst eingesetzte Zeigegesten am Beispiel „aufsteigen"	176
Abb. 11.1	Wortform und -bedeutung	183
Abb. 11.2	Semiotisches Dreieck	184
Abb. 11.3	Verstehenswortschatz- und Mitteilungswortschatz	187
Abb. 11.4	Netzwerke von Wörtern im mentalen Lexikon	190
Abb. 11.5	Wortschatzdidaktischer Dreischritt im Fachunterricht	193
Abb. 12.1	Informationsverarbeitung beim Zuhören	205
Abb. 12.2	Videostill aus dem Video „Dolchstoßlegende: Darum war sie so verheerend"	207
Abb. 12.3	Videostill aus dem Video „Dolchstoßlegende: Darum war sie so verheerend"	208
Abb. 12.4	Sprechmodell in Anlehnung an Levelt 1989	209
Abb. 12.5	Stellwand der Schüler*innen, Workshop Wohnen in Baumkronen	213
Abb. 12.6	Fertiges Modell der Schüler*innen, Workshop Wohnen in Baumkronen	213
Abb. 12.7	Präsentationsphasen	215
Abb. 13.1	Zum Text gehörendes Foto	224
Abb. 13.2	Determinanten der Lesekompetenz	226

Abb. 13.3	Klassifikation von Lernstrategien am Beispiel Lesen —— 232	
Abb. 13.4	Schritte der Lesestrategievermittlung —— 236	
Abb. 14.1	Bildkompetenz —— 241	
Abb. 14.2	Weinlese —— 241	
Abb. 14.3	Klimadiagramm —— 241	
Abb. 14.4	Fotografie —— 241	
Abb. 14.5	Foto einer Schießscheibe mit einem Motiv zur Ruhrbesetzung —— 242	
Abb. 14.6	Topographische Karte —— 242	
Abb. 14.7	Blickbewegungen beim Lesen von kontinuierlichen Texten —— 245	
Abb. 14.8	Fotografie von so genannten ‚Trümmerfrauen', die Ziegelsteine in der Jablonskistraße im Stadtbezirk Prenzlauer Berg bergen —— 249	
Abb. 14.9	Fotografie einer Schießscheibe mit einem Motiv zur Ruhrbesetzung —— 251	
Abb. 14.10	Auszug aus Chemieschulbuch, Thema „Alkohol – der Geist des Weines" —— 255	
Abb. 14.11	Lungenflügel —— 257	
Abb. 14.12	Lehr-/Lernziele im Umgang mit bildlichen Darstellungen im Fachunterricht —— 260	
Abb. 14.13	Klimadiagramm Los Angeles —— 262	
Abb. 14.14	Text zum Klimadiagramm —— 262	
Abb. 15.1	Textsortenbasierter Lehr-/Lernzyklus —— 270	
Abb. 15.2	Ausschnitt aus einer Protokollvorlage —— 272	

Tabellen

Tab. 3.1 Linguistische Beschreibungsebenen —— 35
Tab. 3.2 Ausgewählte Wortarten und ihre Funktionen —— 38
Tab. 3.3 Auswahl situativer Adverbien —— 39
Tab. 3.4 Endsilben in der biologischen Fachsprache —— 43
Tab. 3.5 Merkmalsklassen und Merkmale bei der Nominalflexion —— 46
Tab. 3.6 Stellungsfeldermodell —— 50
Tab. 3.7 Auswahl von Adverbialsätzen —— 52
Tab. 4.1 Prinzipien zur Erfassung sprachlicher Schwierigkeit —— 60
Tab. 7.1 Die Kompetenzstufen des GeR —— 113
Tab. 7.2 Ausgewählte Kann-Beschreibungen —— 113
Tab. 7.3 Empfehlungen für den Übergang von neu zugewanderten Schüler*innen in die Regelklasse —— 117
Tab. 7.4 Formen der sprachlichen Binnendifferenzierung —— 121
Tab. 8.1 Makroscaffolding —— 134
Tab. 8.2 Textseitige Einflussfaktoren auf die Lesbarkeit —— 137
Tab. 9.1 Basisqualifikationen im Fachunterricht —— 149
Tab. 9.2 Fachliche und sprachliche Lernziele zur Aufgabe „Beschreibung des Menstruationszyklus" —— 151
Tab. 10.1 Fragen zur Elizitierung komplexer Sprachhandlungen —— 171
Tab. 11.1 Arten von Netzen im mentalen Lexikon —— 189
Tab. 11.2 Schlüsselworttabelle zu dem Wort „Arbeit", leicht angepasst und erweitert —— 196
Tab. 11.3 Beispiel für einen Ausschnitt aus einer Wortschatzliste zum Thema „Die Stadt im Mittelalter" —— 197
Tab. 12.1 Eine Versuchsdurchführung präsentieren —— 216
Tab. 13.1 Unterschiedliche Lesestrategien für unterschiedliche Texte —— 234
Tab. 13.2 Phasen im Leseprozess —— 238
Tab. 14.1 Bild und Text im Vergleich —— 247
Tab. 14.2 Vorgehen für Bildinterpretation bzw. -analyse im Kunst- und Geschichtsunterricht —— 259
Tab. 15.1 Kriterien und Leitfragen zur Analyse und Entwicklung von Schreibaufgaben —— 276
Tab. 16.1 Einführungen zu sprachwissenschaftlichen Grundlagen —— 281
Tab. 16.2 Konzepte zur Sprachvermittlung im Fach —— 283
Tab. 16.3 (Praxis-)Handbücher zum sprachsensiblen Unterrichten —— 283
Tab. 16.4 Schulbücher und Schulbuchreihen —— 284
Tab. 16.5 Zusatzmaterialien Sprachbildung —— 285
Tab. 16.6 Arbeitsbücher Sprachbildung —— 286

I Einführung

1 Sprachbildung und ihre Didaktik

Aufgaben vor dem Lesen
Was wissen Sie bereits zum Thema Sprachbildung (s. Abb. 1.1)? Ergänzen Sie die nachfolgend abgebildete Mindmap. Erweitern Sie diese auch gerne während der Lektüre des Kapitels.

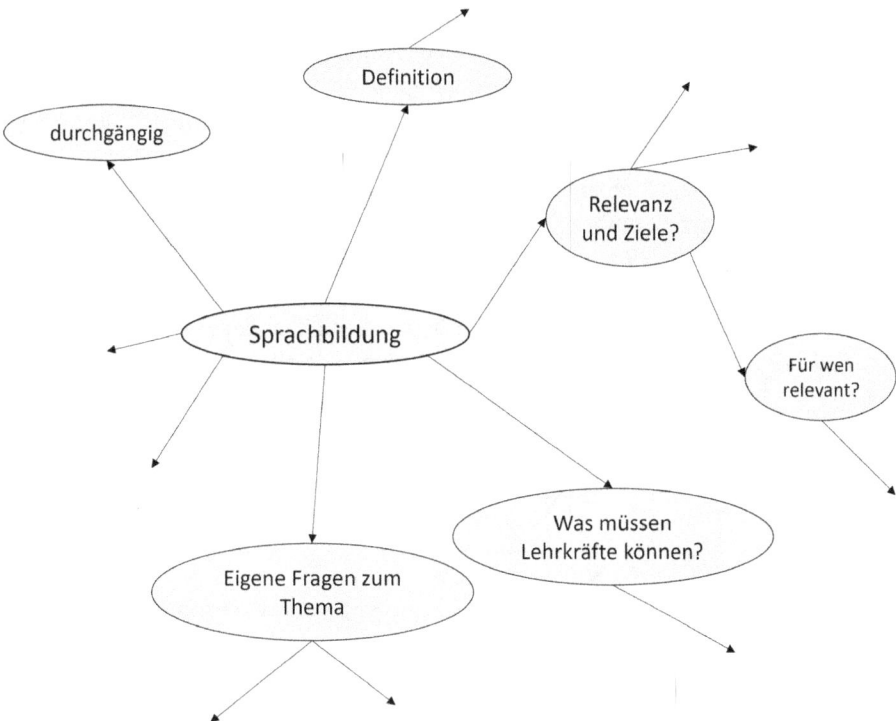

Abb. 1.1: Mindmap zu Sprachbildung.

1.1 Einleitung

Die Ergebnisse zahlreicher internationaler Schulleistungsstudien seit den 2000ern haben einerseits offenbart, dass in Deutschland eine besonders starke Abhängigkeit des Schulerfolgs von der sozialen Herkunft existiert. In aktuellen Schulleistungsstudien dieser Zusammenhang weiterhin sehr signifikant (vgl. OECD 2023, Stanat et al. 2023). Andererseits wurde deutlich, dass die Beherrschung (bildungs-)sprachlicher Kompetenzen eine wesentliche Voraussetzung für das Lernen und den Schulerfolg darstellt (vgl. KMK 2019: 2): Sprache als „die stärkste Superheldin der Welt" (BiSS-Journal 2017) geriet verstärkt in den Fokus. Entsprechend wird *Sprachbildung* als zentrales Mittel zur Verbesserung der Chancengerechtigkeit verstanden, deren langfristiges Ziel es ist, „(…) sozial- und/oder migrationsbedingte Leistungsdifferenzen der Lernenden auszugleichen und alle SchülerInnen sprachlich zu bilden" (Drumm 2016: 62).

Gegenstand des vorliegenden Kapitels ist die Frage, was genau unter (Durchgängiger) Sprachbildung zu verstehen ist. Das Kapitel ist im Vergleich zu den meisten anderen Kapiteln in diesem Studienbuch stärker konzeptionell ausgerichtet und eher theoretischer Natur. Dies ist unseres Erachtens notwendig, da Sprachbildung ein vielfältig interpretierbares Konzept darstellt. Dabei spiegeln die folgenden Ausführungen auch die noch nicht abgeschlossenen Diskussionen im Fach diesbezüglich wider. Wir führen dafür mit folgender Abbildung in drei zentrale, miteinander zusammenhängende Konzepte ein, die in Abb. 1.2 als drei Ebenen dargestellt sind.

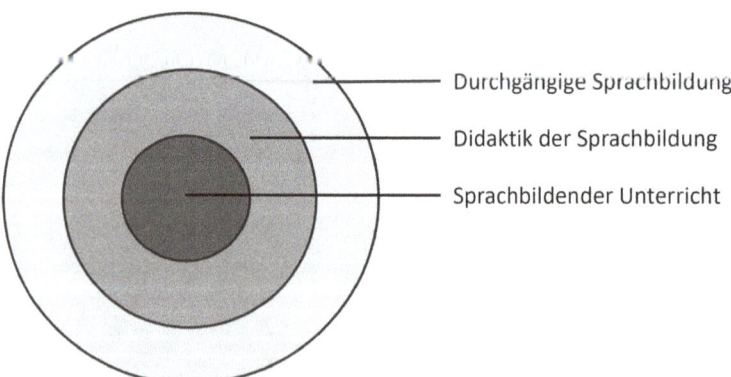

Abb. 1.2: Ebenen der Sprachbildung (eigene Darstellung, aufbauend auf Gantefort & Maahs 2023).

Kap. 1.2 befasst sich mit der *Durchgängigen Sprachbildung* als einer übergeordneten Aufgabe für alle Akteur*innen im Bildungssystem. Als Wissenschaft vom Lehren und Lernen von Sprache im Unterricht beschäftigt sich die *Didaktik der Sprachbildung* (Kap. 1.3) mit übergeordneten Grundfragen zur Sprachbildung und deren Umsetzung. Ihre Konkretisierung erfolgt fächerübergreifend wie fachspezifisch im Rahmen von *sprachbildendem Unterricht* (Kap. 1.4).

1.2 Durchgängige Sprachbildung

Bei Durchgängiger Sprachbildung handelt es sich um eine komplexe Entwicklungsaufgabe für Schulen und ganze Bildungsverbünde bzw. Bildungsregionen (vgl. Heintze 2010: 8), die für die gesamte Bildungslaufbahn von Schüler*innen von Bedeutung ist. Bildungsverbünde entstehen z. B., wenn Kitas, Grundschulen, weiterführende Schulen und weitere Bildungspartner*innen wie Jugendämter einer Region miteinander kooperieren (vgl. Heintze 2010: 10). Das Konzept wurde im Kontext des Modellprogramms FörMig (Förderung von Kindern und Jugendlichen mit Migrationshintergrund; Gogolin, Neumann & Roth 2003) entwickelt.

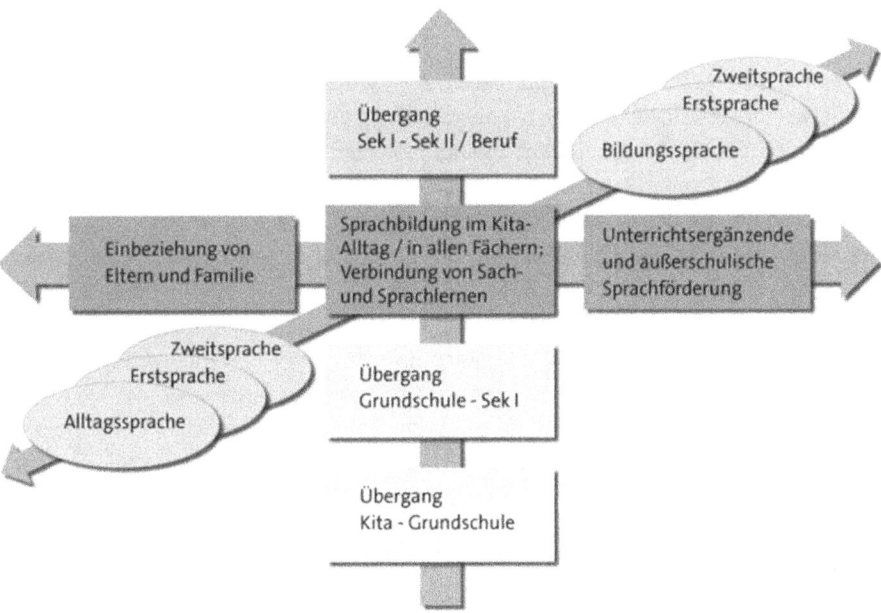

Abb. 1.3: Dimensionen Durchgängiger Sprachbildung (Heintze 2010b: 292).

Abb. 1.3 zeigt, dass dabei im Wesentlichen drei Dimensionen zu berücksichtigen sind (vgl. Heintze 2010: 7; Gogolin & Lange 2010):
1. Die *bildungsbiografische Dimension* mit dem Ziel, die Übergänge im Verlauf der Bildungsbiografien zu gestalten,
2. die *Dimension der Kooperation* mit dem Ziel, dass alle an der Sprachbildung Beteiligten sich abstimmen und auch Eltern und weitere außerschulische Partner*innen einbezogen werden,
3. die *Dimension der* Mehrsprachigkeit mit dem Ziel, an die verschiedenen sprachlichen Ressourcen der Schüler*innen anzuknüpfen und Beziehungen zwischen den Sprachen herzustellen.

Die erste, bildungsbiografische Dimension hebt einerseits die Bedeutung von Informationsaustausch und Kooperation insbesondere an Schnittstellen zwischen Einrichtungen (z. B. Übergang von der Kita in die Grundschule), aber auch innerhalb von Einrichtungen (z. B. im Übergang von Sekundarstufe I zu Sekundarstufe II) hervor: „Günstig ist es, wenn aufnehmende und abgebende Einrichtungen oder Klassen in ihren Konzepten übereinstimmen, von ihren Herangehensweisen und Erwartungen wissen und sich bei der Diagnose auf gemeinsame inhaltliche Kategorien stützen (...)" (Heintze 2010: 7).

Auf der zweiten Ebene zielt die Vernetzung und Kooperation mit außerschulischen Partner*innen und Einrichtungen vor allem auf die „Effizienz von Sprachbildungsmaßnahmen" (Gogolin 2019: 3) sowie das Schaffen von „zusätzlichen Sprachlerngelegenheiten" (Heintze 2010: 7). Zum einen ist es wichtig, dass Lehrkräfte fächerübergreifend miteinander kooperieren, Informationen austauschen und arbeitsteilig vorgehen, um Prozesse der Sprachbildung zu optimieren. Zum anderen können auch außerhalb der Schule wertvolle Gelegenheiten zur Sprachbildung geschaffen werden, z. B. durch die Kooperation mit Bibliotheken oder mit unterschiedlichsten Expert*innen (Hip-Hop-Workshops, Theater u. a.) (vgl. Gogolin & Lange 2010: 48). Die Einbeziehung der Eltern kann einerseits mit dem Ziel der Sprachbildung der Eltern oder andererseits mit dem Ziel der Partnerschaft mit den Eltern im Hinblick auf die institutionelle Sprachbildung der Kinder erfolgen (vgl. Gogolin & Lange 2010: 41). Beispiele für die Umsetzung sind Sprachkursangebote für Eltern an der Schule, damit die Eltern auch den Lernraum Schule erleben können (vgl. Gogolin & Lange 2010: 44), sowie die Organisation von Lesenachmittagen, bei denen Eltern in verschiedenen Sprachen vorlesen.

Die dritte Ebene bezieht sich auf die unterschiedlichen Sprachen der Schule. Einerseits sollen Schüler*innen beim Erwerb der deutschen Alltags- und Bildungssprache sowie der Fachsprachen unterstützt werden, wobei es vor allem um eine zunehmende Ausdifferenzierung hin zu bildungs- und fachsprachlichem Gebrauch sowie den Ausbau schriftsprachlicher Kompetenzen geht (vgl. Heintze 2010: 7). Andererseits sollten aber auch weitere mehrsprachige Kompetenzen der Schüler*innen als Lernressource im Rahmen von Schule genutzt werden (vgl. Heintze 2010: 7). Jedoch ist für den schulischen Kontext zu konstatieren, dass aktuell der eigentliche Schwerpunkt weiterhin auf der Entwicklung (bildungs-)sprachlicher Kompetenzen im Deutschen (vgl. auch KMK 2019: 7) liegt und der Mehrsprachigkeit von Schüler*innen zwar Wertschätzung entgegengebracht wird, diese jedoch selten als Ressource im Lernprozess Berücksichtigung findet. Unseres Erachtens ist es von großer Bedeutung, Mehrsprachigkeitskompetenz bzw. das gesamtsprachliche Repertoire (vgl. Busch 2021) von Schüler*innen als Potenzial anzusehen, das im Rahmen schulischen Lernens entwickelt werden sollte.

Bei der knappen Darstellung des Konzepts Durchgängige Sprachbildung sollte bereits deutlich geworden sein, dass eine einzelne Lehrperson das nicht alles leisten kann – und auch nicht soll. Ihr Handeln wird beeinflusst von den Gegebenheiten an der jeweiligen Schule. Wenn es z. B. ein Schulkonzept zur Umsetzung der Durchgängigen Sprachbildung gibt, das Kooperationen mit umliegenden Grundschulen wie auch eine AG Sprachbildung und die Möglichkeit zum Teamteaching beinhaltet, dann kann dies für die einzelne Lehrkraft die Umsetzung sprachbildender Maßnahmen wesentlich erleichtern. Der Beitrag jeder einzelnen Lehrperson ist aber dennoch von grundlegender Bedeutung für eine gelingende Sprachbildung. Denn im Zentrum steht die Sprachbildung in allen Fächern als Kernauftrag, der auch an alle Lehrer*innen gerichtet ist. Idealerweise kooperieren Lehrer*innen dabei sowohl fachintern als auch fächerübergreifend. Diesem Kernauftrag, und wie Lehrer*innen diesem gerecht werden können, widmen sich sowohl die nachfolgenden Ausführungen in diesem Kapitel als auch der Großteil der weiteren Kapitel des Studienbuchs.

1.3 Didaktik der Sprachbildung

Wie in Kap. 1.2 deutlich geworden ist, wird unter dem Konzept der Durchgängigen Sprachbildung eine umfassende, mehrdimensionale (Entwicklungs-)Aufgabe für alle Beteiligten verstanden. Beteiligte sind sowohl Individuen als auch Institutionen. In diesem Teilkapitel soll der Fokus auf einen Teilbereich von Durchgängiger Sprachbildung gelegt werden: nämlich das sprachliche Lehren und Lernen im Fachunterricht, also die *Didaktik der Sprachbildung*. Mit Didaktik meinen wir in Anlehnung an die allgemeine Didaktik nach Klafki (vgl. 2020: 249) die Beschäftigung mit den Zielen, Inhalten, Organisationsformen, Methoden und Medien des Lernens und Lehrens vornehmlich im Kontext institutionalisierten Lernens. Die Auseinandersetzung mit der *Methodik* zielt im Unterschied dazu stärker auf Verfahren gezielten Lehrens und Lernens, also auf Unterrichtsmethoden (in Anlehnung an Klafki 2020: 253). In Teilkapitel 1.3.1 grenzen wir zunächst die Begriffe Sprachbildung und Sprachförderung voneinander ab. Es folgt in Teilkapitel 1.3.2 die Konturierung einer Didaktik der Sprachbildung als Verbindung von sprachlichem und fachlichem Lernen in allen Fächern.

1.3.1 Sprachbildung und Sprachförderung

Ehlich & Rehbein (1986) bezeichnen Schule als eine weithin „versprachlichte Institution" und Ehlich, Valtin & Lütke (vgl. 2012: 17) sehen Sprache, ihre Nutzung und die Befähigung zu ihrem Einsatz als eine der zentralen Voraussetzungen für ein erfolgreiches Handeln in der Institution Schule. Sie ist ‚der' Ort für Sprachbildung. Um die Frage zu beantworten, was Sprachbildung ist und umfasst, sind die Begriffe Sprachbildung und Sprachförderung voneinander zu unterscheiden:

> Sprachförderung bezeichnet in Abgrenzung zur sprachlichen Bildung gezielte Fördermaßnahmen, die sich insbesondere an Kinder und Jugendliche mit besonderen Schwierigkeiten oder

Entwicklungsverzögerungen richten, die diagnostisch ermittelt wurden. Die Maßnahmen können in der Schule unterrichtsintegriert oder additiv erfolgen. Sprachförderung ist häufig ausgerichtet auf bestimmte Adressatengruppen und basiert auf spezifischen sprachdidaktischen Konzepten und Ansätzen, die den besonderen Förderbedarf berücksichtigen, wie z. B. Kinder mit Deutsch als Zweitsprache. Sprachförderung erfolgt oftmals in der Kleingruppe, aber nicht zwingend, und hat kompensatorische Ziele. (Schneider et al. 2012: 23)

Zentral für Sprachförderung ist also, dass es sich um diagnostisch erhobene Schwierigkeiten oder Entwicklungsverzögerungen handelt, und sie zu Maßnahmen führt, die vor allem kompensatorische Ziele haben. Mit der Umsetzung von Sprachförderung sind i. d. R. auch bestimmte Lehrkräfte betraut, z. B. Sonderpädagog*innen oder Lehrkräfte für Deutsch als Zweitsprache (DaZ). Im Unterschied dazu ist Sprachbildung als Querschnittsaufgabe und durchgängiges Unterrichtsprinzip in allen Fächern anzusehen, das sich an alle Schüler*innen richtet (vgl. KMK 2019: 4; Schneider et al. 2012: 23).

Sprachbildung wird häufig mit Sprachförderung und der Auseinandersetzung mit sprachlichen ‚Defiziten' gleichgesetzt, sodass eine mögliche Reaktion ist, zu sagen: ‚Das ist für mich nicht relevant, alle meine Schüler*innen sind Deutsch-Muttersprachler*innen und haben auch keine Probleme.' Sprachbildung wird in diesem Fall vor allem mit etwas assoziiert, das sprachlich schwache Schüler*innen benötigen, sowie Schüler*innen, die Deutsch nicht als Erstsprache erworben haben. Die Bezeichnung Deutsch als Zweitsprache lässt zunächst keine Rückschlüsse auf die Sprachkompetenz von Schüler*innen zu. Entscheidend ist, wie weit der Erwerb der deutschen Sprache fortgeschritten ist. Daher ist eine diagnostische Ermittlung von Förderbedarfen von großer Bedeutung und die bloße Zuschreibung als ‚DaZ-Schüler*in' sollte möglichst vermieden werden (vgl. auch Miladinović 2016). Zielgruppe von Sprachbildung, wie wir sie verstehen, ist jedoch nicht die heterogene Gruppe sprachlich schwacher Schüler*innen, sondern vielmehr sollten alle Schüler*innen Sprachbildung erhalten. Auch wenn Sprachfördermaßnahmen häufig Teil eines Sprachbildungskonzepts von Schulen sind, so richtet sich Sprachbildung also an *Schüler*innen des gesamten Leistungsspektrums*: „Das Spektrum reicht hierbei von der Erarbeitung basaler Lese- und Schreibfertigkeiten bis hin zur sprachlichen Bildung im Bereich der Hochbegabung zur Entfaltung besonderer Potentiale" (KMK 2019: 7). Dies ist insofern wichtig, als Sprachbildung verstanden als Auseinandersetzung mit sprachlichen Schwierigkeiten dazu führt, dass der Unterrichtsgegenstand vor allem, vielleicht sogar ausschließlich dahingehend betrachtet wird, was bei der Auseinandersetzung mit dem Thema Herausforderungen oder Barrieren darstellen könnte. Damit wird aber ggf. aus dem Blick verloren, welche sprachlichen Merkmale und Besonderheiten der Gegenstand aufweist. So können auch sprachliche Aspekte, die nicht als schwierig einzuschätzen sind, für sprachbildenden Fachunterricht von Bedeutung sein (vgl. Kap. 4).

Wir definieren Sprachbildung in Anlehnung an Schneider et al. (vgl. 2012: 23), Ehlich, Valtin & Lütke (vgl. 2012: 25) und Rösch (vgl. 2005: 31–32) folgendermaßen:

> Sprachbildung i.e.S. befähigt Schüler*innen zu erfolgreichem sprachlichen Handeln in der Schule, indem sprachliche Anforderungen transparent gemacht und (bildungs- wie fach-)sprachliche Kompetenzen explizit vermittelt werden. Schüler*innen erhalten einerseits Unterstützung dabei, den sprachlichen Anforderungen für schulisches Handeln gerecht zu werden und damit auch Handwerkszeug für gesellschaftliche Teilhabe und werden andererseits bei der individuellen Entwicklung der eigenen (Mehr-)Sprachigkeitskompetenz unterstützt. Sprachbildung ist für Schüler*innen des gesamten Leistungsspektrums relevant.

Nachfolgend wird auf zentrale Aspekte dieser Definition eingegangen.

Erstens gründet sich die Forderung nach *Transparenz* auf der Beobachtung, dass im Fachunterricht der Fokus auf fachlichen Inhalten liegt, nicht aber darauf, wie Sprache diesen Inhalt konstruiert. Darüber hinaus explizieren Lehrer*innen Erwartungen mit Blick auf sprachliches Handeln im Rahmen von schulischen Aufgaben eher selten und wenn dann eher vage (vgl. Schleppegrell 2004: 2), z. B. *Du musst das genauer schreiben*. Schleppegrell bezeichnet Sprache daher in Anlehnung an Christie (1985) als „the hidden curriculum", also den geheimen bzw. versteckten Lehrplan. Allen Schüler*innen und Lehrer*innen ist klar, dass es Inhalte zu erwerben gilt. Die daran gebundene Sprachlichkeit erhält jedoch wesentlich weniger Aufmerksamkeit:

> Many teachers are unprepared to make linguistic expectations of schooling explicit to students. Schools need to be able to raise students' consciousness about the power of different linguistic choices in construing different kinds of meaning and realizing different social contexts (Schleppegrell 2004: 3).

Schleppegrell sieht diese fehlende Explizitheit und Transparenz als einen Hauptgrund dafür an, dass Schüler*innen – vor allem bestimmter sozialer Herkunft – weiter privilegiert sind, da ihre bisherigen Erfahrungen sie gut auf den Sprachgebrauch in der Schule vorbereitet haben. Im deutschsprachigen Raum finden sich im Rahmen der FUnDuS-Studien erste Hinweise, die belegen, dass der Sprachgebrauch zu Hause von Bedeutung ist für schulisch relevante Sprachkompetenzen. U. a. wurde untersucht, wie sich die schriftliche argumentative Textproduktion im Verlauf der Sekundarstufe I in Abhängigkeit von Interaktionsmustern in der Familie entwickelt (vgl. Domenech & Krah 2021: 157).[1] Eines der Interaktionsmuster, das identifiziert werden konnte, wurde *Übergehen und Selberlösen* genannt. Es zeichnet sich dadurch aus, dass ein El-

---

[1] Die Kinder hatten selbst Texte verfasst, über die sie mit Elternteilen sprachen. Die Texte basierten auf einer Detektivgeschichte, in der die Kinder Kommissar*innen waren und an einem ‚Tatort' ermittelten (das Handy von Herrn Huber war verschwunden), wobei sie diverse Hinweise erhalten hatten, die als Grundlage für den Text dienten.

ternteil die Rolle des*der Aufgabenlösers*in übernimmt und sich selbst dabei als Kundige*r etabliert; das Kind hat eher die Funktion als Stichwortgeber*in inne oder es wird ihm sogar der Gesprächsraum verweigert (vgl. Domenech & Krah 2021: 162–163). Schüler*innen, in deren Familien dieses Interaktionsmuster überwog, starteten zu Beginn der Sekundarstufe I mit einem wesentlich geringeren Kompetenzniveau im schriftlichen Argumentieren (vgl. Domenech & Krah 2021: 173). Im Gegensatz zu diesem eher nicht förderlichen Interaktionsmuster standen andere, erwerbsunterstützende Muster, die Kinder eher forderten, z. B. indem von Eltern Einwände formuliert wurden, auf die Kinder (argumentativ) reagieren mussten.

Zweitens zielt die Entwicklung sprachlicher Kompetenzen nicht lediglich auf Bildungserfolg in der Institution Schule, sondern auf eine *gesamtgesellschaftliche Teilhabe*. Die bewusste Wahl von Sprachgebrauchsmustern seitens der Schüler*innen ist von zentraler Bedeutung für die eigene Präsentation als Wissende und Wissensvermittelnde (vgl. Schleppegrell 2004: 2). Als mündige Bürger*innen sollen Schüler*innen „(...) verantwortungsvoll, selbstkritisch und konstruktiv ihr berufliches und privates Leben gestalten und am politischen und gesellschaftlichen Leben teilnehmen können." (KMK 2004: 6) Sprachbildung dient in diesem Kontext der Optimierung der sprachlichen Handlungsmöglichkeiten:

> Die Partizipation am Reichtum des gesellschaftlichen Wissens und der kommunitären sprachlichen Praxis in der Gesellschaft bedeutet, dass die Ressource Sprache umfassend für den Einzelnen zur Verfügung gestellt wird – als ein Angebot, aber auch als eine *Aneignungsverpflichtung*. Sprachliche Bildung ist Grundlage und damit Voraussetzung für das Gelingen großer Teile der Bildungsprozesse insgesamt. Misslingende Entfaltung der sprachlichen Möglichkeiten schließt von der Teilhabe an der gesellschaftlichen Praxis aus. (Ehlich, Valtin & Lütke 2012: 25)

Drittens trägt laut KMK (vgl. 2019: 7) Sprachbildung in diesem Verständnis zur Welt- und Wertorientierung, z. B. auf Basis der Normen des Grundgesetzes, und damit auch zur Persönlichkeitsentwicklung bei. Insbesondere für die Persönlichkeit sehen wir die Berücksichtigung und Entwicklung individueller (Mehr-)Sprachigkeit von Schüler*innen als einen zentralen Baustein an, da Sprachbildung zu einer sprachlich vermittelten Selbstfindung beitragen kann (vgl. Ehlich, Valtin & Lütke 2012: 18).

Die Definition bietet eine erste Orientierung dafür, was unter Sprachbildung zu verstehen ist. Der kumulative Aufbau von sprachlichen Fähigkeiten fächer- und stufenübergreifend über die gesamte Schullaufbahn hinweg (vgl. Gogolin & Lange 2010) stellt alle Akteur*innen des Bildungssystems vor eine sehr große Aufgabe. Gleichzeitig bedeutet sie für die einzelne Lehrkraft nicht etwas vollständig Neues und führt auch nicht weg von den eigentlichen Zielen jedes Fachunterrichts.

1.3.2 Sprachbildung als Verbindung von Sprach- und Fachlernen in allen Fächern

In dem vorangegangenen Kapitel ist deutlich geworden, dass im Rahmen von Sprachbildung Fachunterricht als „sprachlich gefasste Situation" begriffen wird (Drumm 2016: 62). Die sprachliche Arbeit soll in den Fachunterricht selbst integriert werden, also dort ansetzen, wo mit der Sprache gehandelt und gearbeitet wird. Denn nur da können die relevanten Kompetenzen in einem authentischen Kontext erworben werden (vgl. KMK 2019: 6): „Das sprachliche Lernen im Fachunterricht dient der Fachkommunikation und damit dem Fachlernen" (Gaebert & Bannwarth 2010: 158). Wie für jede Didaktik ist es auch Aufgabe der Didaktik der Sprachbildung, Bildungsziele festzulegen, die von Schüler*innen erreicht werden sollen. Eine Besonderheit ist jedoch, dass es dafür keine separaten Curricula und Standards gibt, da die Bildungsziele der Sprachbildung immer von den Bildungszielen der einzelnen Fächer abgeleitet werden.

Was bedeuten diese grundlegenden Annahmen nun für eine *Didaktik der Sprachbildung*? Folgende Dimensionen sind hier zentral:
1. Der Lehr-/Lerngegenstand
2. Die Schüler*innen
3. Rahmenbedingungen, z. B. curriculare Vorgaben und mediale Ressourcen
4. Sprachliche Beschaffenheit des Lehr-/Lerngegenstands und des Erwartungshorizonts
5. Fachbezogene Sprachdiagnose
6. Methodik der Sprachbildung in Verschränkung mit Methodik der Fachdidaktik

Der fachliche Lehr-/Lerngegenstand ist und bleibt auch im Kontext von Sprachbildung der Kern des Unterrichts. Ferner stellt die konkrete Lerngruppe mit ihren sprachlichen Kompetenzen ein wesentliches Moment dar. Maßgeblichen Einfluss auf die Behandlung des Gegenstands in Abhängigkeit von der konkreten Schüler*innenschaft haben diverse Rahmenbedingungen. Neben dem Rahmenlehrplan und den konkret formulierten Lehr-/Lernzielen ist hier vor allem die zur Verfügung stehende Zeit anzuführen. Einfluss auf die Gestaltungsmöglichkeiten nehmen aber auch andere Aspekte, wie z. B. die (mediale) Ausstattung.

Die sprachliche Beschaffenheit des Lehr-/Lerngegenstands zu berücksichtigen, bedeutet die Auseinandersetzung mit den sprachlichen Merkmalen des fachlichen Inputs wie auch dem intendierten Output der Schüler*innen. Zum Beispiel könnte das eine eingehendere Analyse der im Unterricht zu lesenden Texten beinhalten (vgl. Kap. 8). Der Erwartungshorizont (vgl. z. B. den Planungsrahmen nach Tajmel & Hägi-Mead 2017) stellt einen wichtigen Baustein für Transparenz dar und dient der Lehrkraft u. a. dazu, sich eigene sprachliche Erwartungen bewusst zu machen. Im besten Fall entsteht ein Überblick über alle geplanten Sprachaktivitäten (vgl. Tajmel & Hägi-Mead 2017: 74). Dies ist die Voraussetzung für eine passende Unterrichtsplanung sowie auch für die Reflexion des Unterrichts.

Fachbezogene Sprachdiagnostik ist als Ausgangspunkt für passgenaue Entscheidungen zum „Fördern und Fordern" (KMK 2019: 8) von Bedeutung. Eine eingehende Individualdiagnostik ist vor allem im Kontext von Sprachförderung notwendig. Für sprachbildenden Fachunterricht sollten diagnostische Maßnahmen auf die im Unterricht auszuführenden Handlungen bezogen sein. Diagnostik ist in diesem Fall nicht auf allgemeinsprachliche Fähigkeiten hin orientiert, sondern auf die Frage, inwieweit Schüler*innen in der Lage sind, geforderte sprachliche Handlungen im Unterricht umzusetzen (mündlich und/oder schriftlich in fach- und bildungssprachlich angemessener Weise und/oder mit eigenen Worten) (vgl. Kap. 9). Dabei können Lehrkräfte normalerweise an ihre Kenntnis der Zielgruppe und des bisher durchgeführten Unterrichts anknüpfen. Erst aus der Kombination Sprachlichkeit des Lehr- /Lerngegenstands im Verhältnis zu vorhandenen Kompetenzen der Schüler*innen im Abgleich zu Lehr-/Lernzielen und Rahmenbedingungen ergeben sich konkrete Ableitungen für die Methodik der Sprachbildung.

Erste Konkretisierungen zur Umsetzung von sprachbildendem Unterricht liefern curriculare Vorgaben, auch wenn fachbezogene sprachliche Lehr-/Lernziele i. d. R. nur implizit aufgeführt werden. Eine eher explizite Formulierung liefert z. B. der Rahmenlehrplan für Chemie (Jahrgangsstufen 7-10, Senatsverwaltung o. J. c):

> In ihrer Lebenswelt begegnen den Schülerinnen und Schülern Phänomene, die sie sich und anderen aufgrund ihrer Biologie-, Chemie- und Physikkenntnisse unter Nutzung der Fachsprache erklären können. In der anzustrebenden Auseinandersetzung erkennen sie die Zusammenhänge, suchen Informationen und werten diese aus. Dazu ist es notwendig, dass sie die entsprechende Fachsprache verstehen, korrekt anwenden und ggf. in die Alltagssprache übersetzen. Ergebnisse bzw. erarbeitete Teillösungen werden anderen mitgeteilt. Die Schülerinnen und Schüler stellen ihre Position fachbezogen dar, reflektieren sie, finden Argumente oder revidieren ggf. ihre Auffassung aufgrund der vorgetragenen Einwände. Kommunikation ist Methode und Ziel des Lernens gleichermaßen. (Senatsverwaltung o. J. c: 5)

Hier wird deutlich gemacht, dass Kommunikation als wichtiger Baustein auch des Faches Chemie angesehen wird und die zentrale Bedeutung von Sprachkompetenz ganz klar formuliert. Konkret sollen Schüler*innen z. B. „ein Teilchenmodell nutzen, um Aggregatzustände und deren Änderungen zu beschreiben" und „ausgewählte Elemente anhand eines Atommodells vergleichen" (Senatsverwaltung o. J. c: 17). Auch ein Blick in den Rahmenlehrplan Geschichte (Jahrgangsstufe 7-10, Senatsverwaltung o. J. b: 16) zum Kompetenzbereich *Historische Quellen untersuchen* zeigt die Bedeutung von Sprachkompetenz auf: Schüler*innen sollen „die Aussagekraft von Quellen anhand eines Merkmals (Zeitzeugenschaft, zeitlicher Abstand zum Geschehen, Perspektivität ...) vergleichen und begründen" und „unterschiedliche Perspektiven verschiedener Quellenautorinnen, -autoren auf denselben historischen Sachverhalt vergleichen und diskutieren". Die Beispiele verdeutlichen, dass jeweils fachspezifisches sprachliches Handeln erforderlich ist.

1.4 Sprachbildender Unterricht

Die Didaktik der Sprachbildung, wie sie in Kap. 1.3.2 beschrieben wurde, ist der Rahmen für den *sprachbildenden Unterricht*, der von allen Lehrkräften in ihrem jeweiligen Fachunterricht umgesetzt wird. Denn nur die jeweiligen Fachlehrer*innen können die sprachlichen Besonderheiten des eigenen Faches ausreichend gut kennen und vermitteln (vgl. Kap. 2). In der Literatur existieren derzeit unterschiedliche Ausdrücke für den Unterricht, in dem Sprachbildung umgesetzt wird, z. B. sprachsensibler (vgl. Leisen 2013) oder sprachbewusster (Fach-)Unterricht (vgl. z. B. Michalak, Lemke & Goeke 2015; Tajmel & Hägi-Maed 2017). Diesen Ansätzen ist gemeinsam, dass sie für einen Unterricht stehen, in dem Sprache bewusst als Mittel des Denkens und Kommunizierens eingesetzt wird, um fachliches und sprachliches Lernen zu verknüpfen. Dies geschieht durch eine gezielte sprachliche Unterstützung der Schüler*innen (vgl. Woerfel & Giesau 2018). Wir schließen uns dieser Definition im Folgenden an, nutzen aber den Terminus *sprachbildender Unterricht*, der deutlich machen soll,

> dass sich in einem solchen Unterricht nicht nur mehr oder weniger Spuren einer sprachsensiblen oder sprachbewussten Haltung von Lehrkräften finden lassen, sondern dass der Unterricht sprachbildend ist und damit den Anspruch hat, dass in ihm tatsächlich Sprachbildung umgesetzt wird (Petersen & Peuschel 2020: 217).

Auch wenn Sprachbildung ein sehr junges Forschungsfeld ist und noch viele Desiderata bestehen, so zeigen erste Untersuchungen, dass sprachbildender Fachunterricht einem Fachunterricht ohne Sprachbildung hinsichtlich des Lernerfolgs der Schüler*innen überlegen ist: So zeigt sich, „dass sprachsensibler Fachunterricht letztlich über die Förderung von Sprachkompetenzen in allen sprachlichen Bereichen – egal ob im Lesen, Schreiben, in der Mündlichkeit oder im Wortschatz – schulische Leistungen verbessern kann" (Höfler et al. 2023: 40).

1.4.1 Qualitätsmerkmale von sprachbildendem Unterricht

In Anlehnung an Gogolin & Lange (vgl. 2010: 40), Heintze (vgl. 2010: 9) und Leisen (vgl. 2022: 18) verstehen wir die Aufgaben für Lehrer*innen sowie die zentralen Qualitätsmerkmale von sprachbildendem Unterricht wie folgt: Der Spracherwerb stellt keinen Selbstzweck dar, sondern es werden in enger Verzahnung mit den regulären Fachinhalten Lehr-/Lerngelegenheiten geschaffen, die fachliches und sprachliches Lernen zielgerichtet miteinander verbinden. Der Unterricht ist entsprechend stets auf die fachliche Kompetenzentwicklung und die dazugehörige Sprachentwicklung ausgerichtet. Daher ist es wichtig, dass Schüler*innen neben reichhaltigem und passendem Input auch ausreichend Gelegenheiten zur Sprachverwendung erhalten. Grundlage dafür ist neben der Auseinandersetzung mit der Sprachlichkeit des fachlichen Gegenstands auch die Diagnose individueller und kollektiv vorhandener (sprachlicher) Voraussetzungen. Lehrer*innen modellieren Erwartungen an fachliches und sprachliches Handeln, bieten Schüler*innen möglichst bewältigbare Aufgaben bzw. bei Bedarf Unterstützungsmaßnahmen, die darauf abzielen, dass Schüler*innen perspektivisch ähnliche Aufgaben eigenständig lösen können. Die fachlichen wie auch sprachlichen Leistungen der Schüler*innen werden prozessbegleitend und abschließend überprüft.

1.4.2 Scaffolding

Als wichtiger theoretischer Bezugsrahmen für die Planung und Durchführung von sprachbildendem Unterricht im Sinne der o. g. Qualitätsmerkmale hat sich das *Scaffolding* etabliert, das in Kap. 8 und 9 noch näher ausgeführt wird. Scaffolding im Sinne von Gibbons (2002) kann als Konzept für den Umgang mit Sprache bei der Planung und Durchführung von sprachbildendem Unterricht verstanden werden. Zentral ist jeweils der Gedanke, dass Schüler*innen sprachliche Hilfestellungen erhalten, die ihnen ermöglichen, Aufgaben zu lösen, die leicht über ihrem aktuellen Kompetenzniveau liegen:

> Mithilfe von Scaffolding sollen Schülerinnen und Schüler [....] darin unterstützt werden, sich neue Inhalte, Konzepte und Fähigkeiten zu erschließen, sprachlich und fachlich. Lernende sollen also dazu gebracht werden, anspruchsvollere Aufgaben zu lösen als solche, die sie allein bewältigen könnten. (Kniffka 2010: 1).

Erfolgt die Gestaltung des Unterrichts nach dem Scaffolding-Prinzip, so sollte nach Gibbons sowohl die Unterrichtsplanung als auch die Interaktion im Unterricht folgendermaßen umgesetzt werden:

1. Bei der Unterrichtsplanung ist es einerseits wichtig, die sprachlichen Anforderungen des Unterrichts und die Erwartungen an die sprachlichen Kompetenzen der Schüler*innen näher zu bestimmen (vgl. Kap. 8). Andererseits müssen diese Kompetenzerwartungen mit den tatsächlich vorhandenen sprachlichen Kompetenzen der Schüler*innen abgeglichen werden. Dafür bedarf es zunächst einer Erfassung des Sprachstandes (vgl. Kap. 9). Anschließend können sprachliche Lehr-/Lernziele abgeleitet und entsprechende methodisch-didaktische Entscheidungen getroffen werden.
2. Im Unterricht selbst findet eine bewusste Gestaltung der Kommunikation und Gesprächsführung im Unterricht statt. Lehrkräfte verhalten sich sprachbildend, indem sie beispielsweise selbst als sprachliches Modell agieren, aber auch die Quantität und Qualität der Redebeiträge der Schüler*innen erhöhen (vgl. Kap. 10). Durch gezielte Input-, Fokussierungs- und Feedbacktechniken liefern Lehrkräfte den Schüler*innen zu einem verständlichen und fachlich korrekten Input und geben den Schüler*innen zum anderen ausreichend Gelegenheiten zu sprachlich anspruchsvollen und komplexen Äußerungen.

1.5 Fazit

Abschließend ist festzuhalten, dass (durchgängige) Sprachbildung als Querschnittsthema eine komplexe Aufgabe für alle Akteur*innen im schulischen Kontext darstellt. Die KMK fordert entsprechend, dass die Vermittlung von Konzepten der sprachlichen Bildung und Sprachförderung Bestandteil aller Phasen der Lehrer*innenbildung sein sollte (vgl. KMK 2019: 8). Auch die Rahmenlehrpläne der Fächer geben teilweise Hinweise auf fachspezifische sprachliche Lehr-/Lernziele. Bei gelungener Umsetzung profitieren die Schüler*innen auf unterschiedlichsten Ebenen davon. Diesbezüglich fordert die KMK, dass die Umsetzung von Sprachbildung „(...) auf der Grundlage theoretisch begründeter Konzepte, die sich ihrerseits auf empirische Befunde der relevanten Wissenschaftsdisziplinen stützen, in denen die Wirksamkeit von Förder- und Fordermaßnahmen nachgewiesen ist" (KMK 2019: 9), erfolgt. Für den letztgenannten Punkt ist aktuell zu konstatieren, dass bis dato weder in der Breite noch in der Tiefe der Fächer ausreichend gesicherte Kenntnisse vorliegen. Jedoch sind sowohl in der Sprachdidaktik als auch in den jeweiligen Fachdidaktiken viele Forschungsaktivitäten im Feld der Sprachbildung zu verzeichnen, so dass die nächsten Jahre sicherlich viele weitere Erkenntnisse bringen werden. Das vorliegende Studienbuch versammelt das aktuell vorliegende Grundlagenwissen.

Aufgaben nach dem Lesen
1. Falls noch nicht während es Lesens geschehen: Lesen Sie noch einmal Ihre Mindmap durch und ergänzen Sie diese ggf. Gibt es Fragen, die der Text nicht beantwortet hat bzw. Fragen, die sich durch die Lektüre ergeben haben? Falls möglich, dann besprechen Sie diese in (universitären) Veranstaltungen oder mit Kommiliton*innen bzw. Kolleg*innen.
2. *Sprachbildung*, *Sprachförderung* oder *Hinweise auf den geheimen Lehrplan Sprache*? Welche Zuordnung ist in Anlehnung an die im Kapitel präsentierten Definitionen für die nachfolgenden Fallbeispiele jeweils passend?

Beispiel: Eine neu zugewanderte Schülerin besucht in den ersten drei Monaten die Vorbereitungsklasse, um zunächst Basiskompetenzen im Deutschen zu entwickeln. → Lösung: Es handelt sich hier um Sprachförderung.

a) Im Chemieunterricht mussten die Schüler*innen ein Versuchsprotokoll abgeben, das benotet wurde. Die Lehrerin gibt die Protokolle zurück und weist die Schüler*innen darauf hin, dass viele das ‚zu persönlich' geschrieben haben. Schließlich geht es ja um ein Protokoll. Viele Schüler*innen wissen nicht genau, was die Lehrerin damit meint. Auf Nachfrage erklärt die Lehrerin: „Na, ihr sollt nicht sagen ‚ich habe das in das Glas gefüllt', sondern so was wie ‚man füllt das in den Glaszylinder'."

b) Die Grundschule B lädt regelmäßig Eltern ein, die vorlesen. Bisher fanden zwei Vorlesetage statt. Am ersten Tag wurden Märchen und Geschichten in vier verschiedenen Sprachen (Russisch, Türkisch, Polnisch, Vietnamesisch) vorgelesen; am zweiten Tag in sieben verschiedenen Sprachen. Schüler*innen, Eltern und Lehrer*innen fanden beide Tage sehr gelungen.
c) Eine Mathematiklehrerin weiß, dass die Bearbeitung von Textaufgaben vielen Schüler*innen auch dann Schwierigkeiten bereitet, wenn sie die zugrunde liegenden mathematischen Fähigkeiten zur Aufgabenlösung beherrschen. Daher hat sich die Lehrerin angewöhnt, Lesestrategien mit den Schüler*innen zu erarbeiten. Es hat aber eine Weile gedauert, bis sie die passenden Lesestrategien für das ‚Knacken' von Textaufgaben gefunden hat, die den Schüler*innen tatsächlich helfen.
d) Eine weiterführende Grundschule kooperiert mit einem Verein, der Theaterworkshops und -sommercamps veranstaltet. Regelmäßig finden Workshops statt, im Rahmen derer Schüler*innen gemeinsam Theaterstücke verfassen und anschließend aufführen. Die Theaterstücke sind fast immer mehrsprachig, weil die Schüler*innen sowohl Sprachfähigkeiten in Fremd- als auch anderen Erstsprachen als Deutsch einbringen.
e) Eine neu zugewanderte DaZ-Schülerin, die seit anderthalb Jahren in Deutschland ist und am Unterricht in der Regelklasse teilnimmt, erhält darüber hinaus zweimal wöchentlich DaZ-Unterricht in einer Kleingruppe.

Weiterführende Literatur

Hinweis: Es gibt mittlerweile eine ganze Reihe von Einführungen zum Thema Sprachbildung, sodass hier nur eine sehr knappe Auswahl thematisiert wird. Die Passung ist z. B. von den von Ihnen studierten Fächern sowie anderen Aspekten abhängig (vgl. auch Kap. 16 zu Lehr-/Lernmaterialien für weitere Hinweise).

Beese, Melanie, Claudia Benholz, Christoph Chlosta, Erkan Gürsoy, Beatrix Hinrichs, Constanze Niederhaus, Constanze & Sven Oleschko (2014): *Sprachbildung in allen Fächern* (dll 16). München: Klett-Langenscheidt.

Es handelt sich um eine gelungene Einführung für die Sekundarstufe, die praxisnah und angewandt in Grundlagen einführt (Mehrsprachigkeit, Sprachigkeit der Fächer(gruppen), Scaffolding) und zwischen unterschiedlichen Fächern bzw. Fächergruppen differenziert.

Leisen, Josef (2022): *Sprachbildung und sprachsensibler Fachunterricht in den Naturwissenschaften.* Stuttgart: Kohlhammer.

Im Rahmen der Einführung werden Merkmale und Hürden der Sprache in den MINT-Fächern dargestellt und möglichst praxisnah erläutert, wie sprachsensibler Unterricht geplant und gestaltet werden kann.

Prediger, Susanne (2020) (Hrsg.): *Sprachbildender Mathematikunterricht – Ein forschungsbasiertes Praxisbuch.* Berlin: Cornelsen.

Im Rahmen dieser Einführung werden mathematikspezifische Aspekte von sprachbildendem Unterricht (z. B. Lesen von Textaufgaben) i. d. R. an konkreten (Unterrichts-)Beispielen dargestellt.

II **Die deutsche Sprache im Fokus**

2 Deutsch als Alltags-, Bildungs- und Fachsprache

Aufgaben vor dem Lesen

1. Lesen Sie die Textaufgabe sowie den Lösungsvorschlag eines Schülers. Warum entscheidet sich der Schüler für einen falschen Lösungsweg?

Aufgabe:
Bei einer siebentägigen Fahrradtour legen Hakan und Martin insgesamt 371 km zurück. Wie viele Kilometer sind sie durchschnittlich an einem Tag gefahren?
Antwort eines Schülers:
Sie machen eine Fahrradtour und sind 371 km zurückgefahren. mann muss auch hin fahren also das Doppelte von 371 sind 742:7
(Quelle: Frank & Gürsoy 2015: 144–145)

---

2. Nachfolgend finden Sie im ersten Text eine Abschrift eines Gesprächs von drei Schüler*innen, die ein Experiment durchführen. Um was für ein Experiment handelt es sich? Woran erkennen Sie das bzw. warum können Sie das vielleicht nicht direkt erkennen?

Text 1
(drei 10-jährige Schüler*innen sprechen und handeln dabei; ... steht für Pausen)
das ... nein, es geht nicht ... es bewegt sich nicht ... versuch das ... ja, es geht ... ein bisschen ... das nicht ... das geht nicht, es ist kein Metall ... diese sind am besten ... gehen richtig schnell.
(Quelle: Gibbons 2006: 271)

---

3. In Text 2 wird das Experiment aus Text 1 schriftlich beschrieben. Vergleichen Sie die beiden Texte. Welche sprachlichen Gemeinsamkeiten und welche Unterschiede können Sie identifizieren?

Text 2
(von einer Schülerin geschrieben)
Mit unserem Experiment sollten wir herausfinden, was ein Magnet anzieht. Wir entdeckten, dass ein Magnet einige Arten von Metall anzieht. Er zog die Eisenspäne an, aber nicht die Stecknadel. Er zog auch Dinge nicht an, die kein Metall waren.
(Quelle: Gibbons 2006: 271–72)

2.1 Einleitung

Vielleicht gehen Sie davon aus, dass es *die eine* deutsche Sprache gibt. Aber sicher sind Sie bereits mit sehr unterschiedlichen Varianten dieser Sprache in Berührung gekommen – zum Beispiel, wenn Sie selbst einen Dialekt sprechen oder auf Personen getroffen sind, die einen (anderen) Dialekt sprechen. Vielleicht haben Sie sogar mal eine Situation erlebt, in der Sie wussten, dass die Person Ihnen gegenüber Deutsch spricht, Sie konnten Sie aber trotzdem nicht verstehen? Zum Beispiel in einer Vorlesung oder einem Seminar zu einem Thema, mit dem Sie sich bislang noch gar nicht auseinandergesetzt haben? Es gibt sehr viele Varianten, so genannte *Varietäten* des Deutschen. Eine Varietät im sprachwissenschaftlichen Sinn ist eine Sprachausprägung in Abhängigkeit von geographischen (Dialekt) oder sozialen Variablen (Soziolekt) (vgl. Meibauer et al. 2015: 3). Wenn eine Person mehrere Varietäten beherrscht, zum Beispiel Sächsisch und Kiezdeutsch, dann spricht man von innerer Mehrsprachigkeit (vgl. Maak 2019: 200).[1] Eng gebunden an den Terminus der Varietät sind die sog. sprachlichen *Register*, die Sprecher*innen variabel in Abhängigkeit von der Situation und den Gesprächspartner*innen verwenden. Z. B. verhalten Sie sich im Gespräch mit Freund*innen, Vorgesetzten, Fremden und Kindern unterschiedlich. Auch ob Sie in einem Chat schreiben oder eine formelle Email verfassen, hat wahrscheinlich einen Einfluss auf Ihre Sprachverwendung.

> Unter dem Terminus Register wird in der Varietätenlinguistik eine Sprech- oder Schreibweise verstanden, die für einen bestimmten Kommunikationsbereich angemessen ist. Ein Register erfüllt eine situations- und adressat(inn)enbedingte Funktion. (Lang-Groth 2019: 1)

Je nach Kommunikationssituation, in der wir uns befinden, und nach der Funktion, die unsere Äußerungen haben, verändert sich unser Sprachgebrauch, z. B. auf der Ebene des Wortschatzes oder der Grammatik. Für Lehrkräfte ist es wichtig zu wissen, welche Register im Kontext von Bildung eine Rolle spielen und welche Besonderheiten sie haben. Dieses Kapitel beschäftigt sich deshalb mit verschiedenen Registern des Deutschen. Wir beginnen mit dem Thema Fachsprache(n) (vgl. Kap. 2.2), gefolgt von der Bildungs- (vgl. Kap. 2.3) und Alltagssprache (vgl. Kap. 2.4). Abschließend wird noch einmal die besondere Bedeutung dieser Register für den Fachunterricht erläutert (vgl. 2.5).

---

[1] Äußere Mehrsprachigkeit bezieht sich auf das Beherrschen von mehr als einer so genannten Einzelsprache, wie z. B. Deutsch, Arabisch und Italienisch.

2.2 Fachsprachen

Lesen Sie den nachfolgenden Auszug und versuchen Sie, die Lücken zu füllen:

> Als Kind hielt mich die irritierend komplexe Terminologie der Falknerei regelrecht gefangen. Die Flügel hießen ____, die Krallen ____, der Schwanz ____ oder ____, der Schnabel ____. Männliche Greifvögel sind rund ein Drittel kleiner und leichter als weibliche und heißen deshalb ____ [...]. Jungvögel sind ____, ältere Vögel ____ und erwachsene sind ____. Ein Wildfang im Altersgefieder heißt ____. Beim Abtragen wird der Vogel zunächst an einer ____ geflogen. Greifvögel werden nicht gefüttert, sondern ____. (Macdonald 2016: 70; Lücken nicht im Original)

Abhängig von Ihrem Vorwissen konnten Sie vielleicht keine oder nur wenige, vielleicht sogar alle Lücken füllen. Die Lösung finden Sie in der Fußnote.[2] Daran wird zunächst sichtbar, dass Fachsprachen gekennzeichnet sind durch einen differenziert ausgebauten Fachwortschatz (vgl. Bußmann 2008: 211). Hoffmann (1987: 53) versteht Fachsprache als „die Gesamtheit aller sprachlichen Mittel, die in einem fachlich begrenzbaren Kommunikationsbereich verwendet werden". Im Beispiel handelt es sich um einzelne Substantive oder Verben; in den Naturwissenschaften spielen jedoch z. B. komplexe Attribuierungen in Nominalphrasen sowie *wenn-dann*-Bedingungsgefüge eine wichtige Rolle. Sprachliche Besonderheiten von Fachsprachen finden sich also auf Wort-, Satz- und Textebene (vgl. z. B. Ohm, Kuhn & Funk 2007, Roelcke 2010 für eine ausführliche Einführung).

Von zentraler Bedeutung ist, dass Fachsprachen an spezifische Handlungs-, Denk- und Mitteilungsstrukturen gebunden sind; diese wiederum sind abhängig von den Forschungsinteressen des Faches (vgl. Buhlmann & Fearns 2000: 12–13). Was genau bedeutet das? Gehen wir noch einmal zu den Ausführungen von Macdonald (2016: 70, eigene Hervorhebung) zurück: „Beim **Abtragen** wird der Vogel zunächst an einer Lockschnur geflogen." *Abtragen* bedeutet hier im Wesentlichen den Vorgang des Zähmens eines Greifvogels. Ein erster Schritt besteht darin, dass sich der Vogel an die Falknerin und die Umwelt gewöhnt, dass er nicht mehr erschrickt und z. B. die Anwesenheit der Falknerin als normal und nicht beängstigend wahrnimmt[3]. Macdonald beschreibt in diesem Zusammenhang, wie der Vogel, der sich gemeinsam mit der Falknerin in einem Raum befindet, lernt, diese Person zu dulden:

---

[2] „Die Flügel hießen Schwingen, die Krallen Klauen, der Schwanz Staart oder Stoß, der Schnabel Beck. Männliche Greifvögel sind rund ein Drittel kleiner und leichter als weibliche und heißen deshalb Terzel [...]. Jungvögel sind Nestlinge, ältere Vögel Ästlinge und erwachsene sind adult. Ein Wildfang im Altersgefieder heißt Haggard. Beim Abtragen wird der Vogel zunächst an einer Lockschnur geflogen. Greifvögel werden nicht gefüttert, sondern geatzt." (Macdonald 2016: 70)
[3] Orden deutscher Falkoniere, Eintrag Locke zur Falknersprache (https://www.falknerverband.de/beizjagd/falknersprache/#:~:text=einen%20Vogel%20locke%20machen%2C%20bedeutet,den%20Vogel%20%E2%80%9Ezahm%E2%80%9C%20machen. letzter Zugriff 15.07.2022)

> Mein Ziel war es, möglichst reglos sitzen zu bleiben, mit leerem Geist und dem Herzen voller Hoffnung. Doch natürlich musste ich mich ab und zu bewegen, wenn auch nur leicht: das Bein anwinkeln, damit es nicht einschlief, die Nase kraus ziehen, wenn sie juckte. Und jedes Mal zuckte der Habicht vor Schreck zusammen. Aber dann sah ich aus dem Augenwinkel, wie sie [es handelt sich um ein Weibchen, A. d. Verf.] sich ein ganz klein wenig aufrichtete aus ihrer abflugbereiten Position auf der Sitzstange. Ihre Haltung war gerader. Es herrschte etwas weniger Angst im Raum. (...) Die Falkner nennen diese Phase des Abtragens locke machen, zahm machen. Ein meditativer behutsamer, fast feierlicher Vorgang, der mir wunderbar vertraut war. (Macdonald 2016: 99–100)

Bedenkt man, dass hier nur *ein* Schritt des Abtragens erklärt wird, dann wird schnell deutlich, dass sich hinter dem Fachbegriff ein ganzes Konzept mit unterschiedlichen Handlungen aber auch Haltungen verbirgt, das Lai*innen nicht ohne Weiteres zugänglich ist, das man vermutlich auch nicht allein über das Auswendiglernen einer Definition zum Fachbegriff wirklich verstehen bzw. verinnerlichen könnte.[4] Daher ist der Erwerb von Fachsprache auch gebunden an die Sozialisation im eigenen Fach bzw. in den eigenen Fächern (vgl. Buhlmann & Fearns 2000: 13). Und daraus ergibt sich, dass jedes Fach eine eigene Fachsprache ausbildet, auch wenn es Überschneidungen zwischen einzelnen Fachsprachen gibt. Aufgabe der Fachsprachen ist „die Bereitstellung eines Zeichenvorrats zur Verständigung über bestimmte Gegenstands- und Sachbereiche, die möglichst präzise und ökonomisch erfolgen soll" (Fluck 1996: 12–13). Sie dient letztlich der effektiven Kommunikation und Verständigung von in einem fachlich begrenzbaren Kommunikationsbereich tätigen Menschen (vgl. Hoffmann 1987: 53) und verfolgt damit nicht den Anspruch, allgemein und für alle verständlich zu sein (vgl. Hoffmann 2019: 1).

Im Rahmen der fachwissenschaftlichen Anteile des Lehramtsstudiums erfolgt die Sozialisation zur Fachperson, die dazu führt, dass fachtypische Handlungen kompetent ausgeführt werden können (z. B. die Durchführung von Experimenten unter Laborbedingungen) und dass die Kommunikation mit anderen Fachleuten darüber eindeutig erfolgen kann. Entscheidend für Lehrer*innen ist nun, dass ein erfolgreich abgeschlossenes fachwissenschaftliches Studium idealerweise dazu führt, als kompetente Fachperson auf allen Ebenen zu agieren – und zwar routiniert. Jedoch kommunizieren Lehrer*innen im schulischen Kontext mit Schüler*innen, die überwiegend Lai*innen darstellen. Zentrale Aufgabe von Lehrer*innen ist es daher, Schüler*innen an erste Aspekte von Fachsprachen heranzuführen und sie in ausgewählte Aspekte des eigenen Faches einzuführen (vgl. auch Abb. 2.1), ohne dass der Anspruch besteht, Schüler*innen im Rahmen schulischer Bildung zu voll kompetenten Fachleuten aus-

---

4 Es handelt sich interessanterweise nicht um einen Auszug aus einem Fachbuch zum Thema Falknerei, sondern um einen Auszug aus einem literarischen Werk, jedoch um eine autobiografische Abhandlung. Dennoch bzw. gerade deswegen wird hier schwer Beschreibbares beschrieben und für Leser*innen ohne Vorwissen nachvollziehbar gemacht. Dies gilt auch, wenn vermutlich nicht alle Falkner*innen diesen Prozess genau so beschreiben würden wie die Autorin Macdonald.

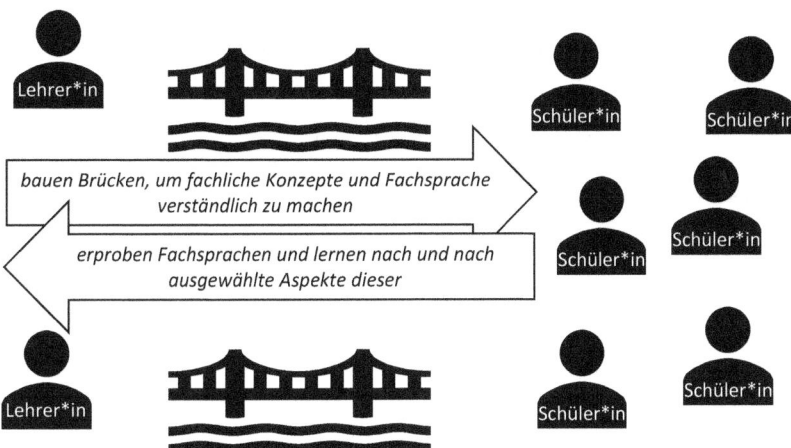

Abb. 2.1: Schulische Kommunikation als Einführungskommunikation (in Anlehnung an Maak 2018).

zubilden. Im Unterschied zu anderen Fachleuten müssen Sie als Lehrer*in sich deshalb der Eigenheiten ihrer eigenen Fächer sehr bewusst sein, da Sie nur in diesem Fall Lai*innen einen expliziten und transparenten Zugang ermöglichen können (vgl. Maak 2018: 3).

2.3 Bildungssprache

Ergebnisse der empirischen Bildungsforschung zu den fachlichen Leistungen von Schüler*innen in Deutschland, speziell bezogen auf Schüler*innen mit unterschiedlicher sozialer Herkunft sowie anderen Erstsprachen als Deutsch, haben in den letzten 20 Jahren zu einer Intensivierung des Diskurses um schulische Bildungsziele und die dafür notwendige Sprache geführt. Diese Sprache wird sehr häufig als *Bildungssprache* bezeichnet. Was ist Bildungssprache und wie unterscheidet sie sich von Fachsprache? Im Alltagsverständnis wird Bildungssprache oft verstanden als „Sprech- und Ausdrucksweise einer gesellschaftlichen Schicht", die über „gute schulische Bildung und Kenntnis klassischen Bildungsgutes" verfügt (Brockhaus-Wahrig 1980/1984: 12–13, zitiert nach Ortner 2006: 5). Bildungssprache verwenden bedeutet, sich einer „gebildeten Ausdrucksweise" (Duden 1976–1981, Bd. 1, 15, zitiert nach Ortner 2006: 5) zu bedienen. Es handelt sich in diesem Verständnis um eine eher elitäre Sprachverwendung, z. B. des Bildungsbürgertums. Im Kontext von Sprachbildung hat der Terminus jedoch eine andere Bedeutung. Mit Bildungssprache ist hier ein bestimmtes sprachliches Register gemeint, das in Kontexten formaler Bildung relevant ist und dessen Beherrschung in unserem Schulsystem von erfolgreichen Schüler*innen erwartet wird (vgl. Gogolin & Lange 2011). Folgende Definition fasst den derzeitigen, sehr vielfältigen Diskurs um Bildungssprache gut zusammen:

> Ihre Merkmale sind die Merkmale der konzeptuellen bzw. der elaborierten Schriftlichkeit, die sich in diskursive, lexikalisch-semantische und syntaktische Merkmale gliedern lassen. [...] Generell sind die Merkmale der Bildungssprache charakteristisch für kontextreduzierte Situationen. Sie können sowohl in schriftlicher als auch in mündlicher Form vorliegen. Bildungssprache zeichnet sich darüber hinaus durch Normgebundenheit aus und fordert ein hohes Maß an Reflexions- und Strukturierungsfähigkeit. [...] Sie übt bei der Vergabe von sozialen Privilegien eine Selektionsfunktion aus, sie dient der Vermittlung von kognitiv anspruchsvollen Informationen mit und ohne Verweismöglichkeit auf einen Kontext und der Bewältigung kognitiv anspruchsvoller Aufgaben des Unterrichts, sie ist ein Werkzeug zur Erlangung eines (schulischen) Orientierungswissens und eines prozeduralen Wissens. Ferner ist sie ein Medium der Wissenskontrolle und vermittelt zwischen Fach- und Umgangssprache. (Beyer 2015: 22)

Morek & Heller betrachten Lern- und Vermittlungsprozesse vornehmlich als soziale Situationen und sprechen in diesem Zusammenhang auch von „bildungssprachlichen Praktiken", betonen also die Handlungsfunktion von Bildungssprache (vgl. Morek & Heller 2012: 84). Bildungssprachliche Kompetenzen können vor diesem Hintergrund als Fähigkeit zur „Partizipation an bildungsbezogenen Handlungssituationen" verstanden werden (Heller & Morek 2021: 48).

Habermas hat den Begriff Bildungssprache ursprünglich etwas anders akzentuiert. Er bezeichnet sie als Sprache der Öffentlichkeit und macht deutlich, wie sie durch eine Mittlerposition zwischen Wissenschaften und Alltagswelt Teilhabe an Diskursen und damit an Gesellschaft ermöglicht (vgl. Habermas 1977: 40):

> Die Bildungssprache ist die Sprache, die überwiegend in den Massenmedien, in Fernsehen, Rundfunk, Tages- und Wochenzeitungen benutzt wird. Sie unterscheidet sich von der Umgangssprache durch die Disziplin des schriftlichen Ausdrucks und durch einen differenzierten, Fachliches einbeziehenden Wortschatz; andererseits unterscheidet sie sich von Fachsprachen dadurch, daß sie grundsätzlich für alle offensteht, die sich mit den Mitteln der allgemeinen Schulbildung ein Orientierungswissen verschaffen können. (Habermas 1977: 39)

Funktion der Bildungssprache sei es demnach, „Fachwissen in die einheitsstiftenden Alltagsdeutungen einzubringen (...)" (Habermas 1977: 40). Als überregional verständliche Varietät ermöglicht es Bildungssprache auch Laien*innen, Zugang zu Fachwissen zu erhalten. Dazu ein kleiner Selbstversuch: Überlegen Sie, welche der nachfolgenden Begriffe Sie a) kennen und b) fachsprachlich korrekt definieren könnten: 1.) Arsenschlamm, 2.) COVID-19.

Vermutlich sagt Ihnen Arsenschlamm nichts mehr. In den 80ern war dies aber ein wichtiges Thema, das medial sehr viel Aufmerksamkeit erhalten hat. Konkret ging es um giftigen, mit Schwermetallen belasteten Dünger, der in der Landwirtschaft eingesetzt wurde. In der Folge konnten zu hohe Werte von Arsen im Trinkwasser nachgewiesen werden (vgl. taz 1988), sodass eine konkrete Gefahr für die Bevölkerung bestand. Sehr wahrscheinlich aber sagt Ihnen der Begriff COVID-19 etwas. Es handelt sich um ein Akronym der englischen Bezeichnung *coronavirus disease* 2019. Die Verbreitung dieser Infektionskrankheit führte zu einer weltweiten Pandemie, die auch 2024 zum Zeitpunkt des Verfassens dieses Textes noch ein wichtiges gesamtgesellschaftliches Thema darstellt. Ob Sie in der Lage sind, COVID-19 auch fachsprachlich angemessen zu definieren und zu beschreiben, hängt davon ab, wie eingehend Sie sich mit der Thematik beschäftigt haben.

Diese Beispiele sollen zunächst Folgendes verdeutlichen: In beiden Fällen handelt es sich um fachlich recht komplexe Themen. Kaum eine Person kannte sich mit Arsenschlamm aus, bevor er Gegenstand der öffentlichen Debatte war. Über diese öffentliche Debatte wird ein Zugang zu fachlichen Inhalten und fachspezifischem Vokabular ermöglicht. Voraussetzung dafür ist z. B. die Fähigkeit, Nachrichten oder journalistische Texte zum Thema zu verstehen. Gleichzeitig kennen sich heutzutage nur wenige Menschen noch mit dem Thema Arsenschlamm aus, weil es eben nicht mehr Gegenstand von aktuellen Debatten und Auseinandersetzungen ist. Entsprechend ist, Habermas folgend, für die Bildungssprache kennzeichnend, dass sie in der Öffentlichkeit bzw. in den Medien überregional vorkommt, dass sie gebunden ist an differenzierten Wortschatz und eine Orientierung an schriftsprachlichen Normen aufweist. Sie ist grundsätzlich offen für alle, jedoch i. d. R. nur über den bzw. einen Bildungsweg erreichbar. Ihre Funktion besteht darin, Wissen aufzubauen und verfügbar zu machen (vgl. Ortner 2006: 4). Mit Ortner (2006: 5) lässt sich zusammenfassen: „Die Bildungssprache ist ein Medium, in dem Wissenschaftssprache und Ergebnisse der Wissenschaft für Nicht-Fachleute handhabbarer werden sollen." Zwar lässt sich in Bezug auf das Habermas-Zitat einwenden, dass es schon einige Jahrzehnte alt ist und sich die öffentliche Kommunikation in den letzten Jahrzehnten stark verändert hat. Diese wird z. B. über soziale Medien (z. B. YouTube, TikTok und Instagram) von wesentlich mehr Personen mitgestaltet. Auch werden viele Schüler*innen bei Interesse an oder Fragen zu fachlichen Themen wohl eher auf ein YouTube-(Erklär-)Video oder Ähnliches zurückgreifen als auf ein populärwissenschaftliches Sachbuch oder gar einen fachwissenschaftlichen Artikel (vgl. Rummler 2017 zum Lernen mit YouTube-Videos). Jedoch zeigt sich, dass auch anschaulich und auf die Lebenswelt von Schüler*innen bezogene peer-to-peer Erklärvideos oft nur auf den ersten Blick ausschließlich alltagssprachlich gestaltet sind, z. B. da die Erklärung fachlich komplexer Themen selten ganz ohne passende Fachtermini auskommen kann und da generell Erklärungen komplexes sprachliches Handeln erfordern (begründen, Beispiele geben, vergleichen etc.).

2.4 Alltagssprache

Abschrift eines Gesprächs:
Person A: Und, wie fandstes gestern?
Person B: Joa, geht so.

Was erfahren Sie, wenn Sie das Gespräch lesen? Sie können annehmen, dass Person A und B sich bereits kennen. Sie erfahren außerdem, dass eine Person A Person B fragt, wie diese *es* gefunden habe. Das *Es* fand ausgehend vom Gesprächszeitpunkt gestern statt. Person B weiß offensichtlich, worauf sich die Frage bezieht und fand, dass *es* so ging. Es wird nicht explizit gemacht, worum es geht, weil die beiden Personen dieses Wissen teilen. Auffällig sind auch typische Merkmale von Gesprächen, wie zum Beispiel, dass Sätze nicht im schriftsprachlich normierten Sinn vollständig sind (*geht so*) und mehrere Wörter zusammengezogen und Äußerungen damit verkürzt werden (*fandstes* statt *Wie fandst/fandest du es?*). Hoffmann (2019: 1) bezeichnet Alltagssprache[5] entsprechend als „(…) Sprache, die in Diskursen bei der alltäglichen Lebenspraxis gesprochen und zur unproblematischen Verständigung bei geteiltem Hintergrundwissen jederzeit verwendet werden kann." Die Verwendung von Alltagssprache ist gebunden an Interaktionen zwischen Menschen, prototypisch an das Gespräch, sowie an raum-zeitliche Nähe und Vertrautheit der Kommunikationspartner*innen. Sie wird situationsspezifisch und überwiegend spontan in informeller Kommunikation, vor allem in der privaten Sphäre, verwendet (vgl. Tajmel 2017a: 255; Lanwer 2015: 22) und dient entsprechend der „Bewältigung alltäglicher Kommunikation" (Ahrenholz 2010: 15). Da der Alltag eines jeden Menschen (etwas) anders aussieht und Alltagssprache somit individuell unterschiedlich ist, kann man keine universelle Alltagssprache beschreiben. Dennoch leuchtet intuitiv ein, was Alltagssprache ist, und die wenigsten Schüler*innen haben Schwierigkeiten im Umgang mit ihr.

Für den schulischen Kontext sollte die Alltagssprache der Schüler*innen als Unterrichtsausgangslage in den Blick genommen werden (vgl. Tajmel 2017a: 256). Denn Alltagssprache ist an Alltagswissen geknüpft (vgl. Tajmel 2017a: 255). Als Lehrer*in können Sie zwar ganz klar fachliche und fachsprachliche Ziele des Unterrichts festlegen und beschreiben. Welche alltagssprachlichen Voraussetzungen die Schüler*innen dafür mitbringen, können Sie aber nur bedingt antizipieren. Alltagssprache ist im Unterschied zu Fachsprachen nicht unabhängig von den jeweiligen Schüler*innen beschreibbar (vgl. Tajmel 2017a: 265). Was kann das konkret für den eigenen Unterricht bedeuten?

Ein Beispiel aus der Physik: Volumen wird als „Ausdehnung eines Körpers" oder als „Raum, den ein Körper einnimmt", definiert (Tajmel 2017a: 253). Eine dreizehnjährige Schülerin, die schriftlich dazu befragt wurde, ob Sie den Begriff schon einmal gehört habe und wisse, was das bedeute, schrieb: „Volumen ist das wenn die haare so gepuscht werden" (Tajmel 2017a: 253). Hier wird sicher deutlich, dass es sich einerseits um eine eher alltagssprachliche Formulierung handelt, und dass die Schülerin andererseits ausgehend von ihrem Alltag Vorwissen einbringt. Dabei handelt es sich nicht um eine fachkonforme Entsprechung, da der Begriff Volumen z. B. auf Shampooflaschen nicht im Sinne einer Inhaltsangabe in Milliliter verwendet wird (fachsprach-

---

5 Manchmal werden im Diskurs über Bildungssprache anstelle von Alltagssprache auch die Begriffe *Allgemein-* oder *Umgangssprache* verwendet. Auch wenn diese im Detail in der Linguistik unterschiedlich definiert werden, ist ihnen immer inhärent, dass sie sich von der Bildungs- und Fachsprache durch eine geringere Normierung und fehlende schriftsprachliche Orientierung auszeichnen.

lich: *Das Volumen des Shampoos beträgt 250ml*), sondern als Werbeversprechen für ein voluminöseres, also mehr Raum einnehmendes Haar. Wenn aber Schüler*innen anschließend an die Äußerung verdeutlicht wird, dass auch eine Frisur als Körper verallgemeinert werden kann, dann kann ausgehend von Alltagssprache und -wissen der Schüler*innen zu fachsprachlich und fachlich korrekten Ausführungen hingeleitet werden (vgl. Tajmel 2017a: 263). Das Beispiel zeigt auch, wie eng Fachliches und Sprachliches miteinander verknüpft sind. Denn die Weiterentwicklung von Präkonzepten der Schüler*innen hin zu wissenschaftlichen Konzepten (Stichwort *conceptual change*, vgl. z. B. Vosniadou 2008) ist auch gebunden an eine Veränderung der verwendeten Sprache.

Alltagssprache im schulischen Kontext ist aber nicht ausschließlich an die Schüler*innen gebunden. Auch Lehrer*innen sprechen im Unterricht nicht nur bildungs- oder fachsprachlich, zumal viele sprachliche Mittel der Alltagssprache auch Teil von bildungs- und fachsprachlicher Verwendung sind. Z.B. würde eine stärker bildungssprachliche Formulierung des Gesprächs vom Anfang des Kapitels (*Und, wie fandstes gestern?*) vielleicht mit der Frage beginnen: „Wie hat Ihnen denn das Konzert gestern gefallen?" So wird das gleiche Fragewort (*wie*), das gleiche Temporaladverb (*gestern*) und der gleiche Satzbau, der für W-Fragen im Deutschen typisch ist, verwendet.

2.5 Bedeutung von Alltags- und Bildungssprache sowie Fachsprachen für den Unterricht

Ganz zentral für die Unterscheidung von Alltags-, Bildungs- und Fachsprache ist, dass alle Sprachen funktional für bestimmte Kontexte sind. Eine bestimmte Fachsprache ist also nicht ‚besser' als die Alltagssprache. Es gibt hier per se keine Wertigkeit. Kompetente Sprecher*innen passen sich situationsspezifisch in ihrem sprachlichen Agieren an. Stellen Sie sich einen Physiker vor, der versucht, mit einem dreijährigen Kind über die Relativitätstheorie zu diskutieren. Und zwar so, wie er das auch mit einer Kollegin tun würde. Das wäre wenig funktional. Genauso wenig angemessen wäre es aber, wenn er seiner kompetenten Kollegin die Relativitätstheorie in der gleichen Weise erklärt, wie er das in einer Fernsehsendung für Kinder tun würde. Vermutlich würde die Kollegin das als Beleidigung oder Abwertung empfinden und fachlich wäre ein solcher Austausch für beide Personen auch kein Gewinn.

Ein mögliches Modell, um Schüler*innen der Sekundarstufe dafür zu sensibilisieren, dass und wie Sprache und Sprachgebrauch variiert, stellt die Unterscheidung von Konzept und Medium dar. Bezogen auf das Medium kann man den phonischen und graphischen Kode (vgl. Koch & Oesterreicher 1985: 17; vgl. auch Söll 1985) unterscheiden. Phonisch meint die Übertragung von Schallwellen, graphisch die Übertragung mittels Schriftzeichen (vgl. Kniffka & Siebert-Ott 2009: 18). Wenn Sie als Lehrer*in den Schüler*innen einen Merksatz vorlesen, dann ist das medial mündlich, wenn Sie den gleichen

Merksatz an die Tafel schreiben, dann ist das medial schriftlich. Die Dimension Konzept trägt der Tatsache Rechnung, dass Äußerungen bzw. Texte ganz unabhängig von ihrer Medialität sehr unterschiedliche Charakteristika aufweisen. Konzeptionell schriftlich bedeutet in diesem Sinn eine Orientierung an der schriftsprachlichen Norm. Unabhängig davon, ob Sie den Merksatz vorlesen oder anschreiben, weist er Merkmale der schriftsprachlichen Norm auf. Die Dimension Konzept stellt ein Kontinuum mit verschiedenen Abstufungen dar. Im Unterschied dazu sind Äußerungen bzw. Texte entweder medial mündlich oder medial schriftlich. Dazu einige Beispiele:

- Wenn Sie im Rahmen Ihres Studiums eine Hausarbeit verfassen, dann erfolgt dies medial schriftlich und konzeptionell schriftlich: Sie werden versuchen, Rechtschreibfehler zu vermeiden, nach Möglichkeit passende Fachsprache verwenden und vermutlich auf Emojis verzichten. Wenn Sie zitieren, ist es wichtig, dass Sie Konjunktiv I und II passend verwenden können.
- Wenn Sie im Rahmen Ihres Studiums eine Vorlesung besuchen, dann wird diese medial mündlich, jedoch konzeptionell eher schriftlich erfolgen. Die Dozierenden sind bemüht um eine verständliche, jedoch fachsprachlich angemessene Darstellung von Sachverhalten. Wenn Dozierende auch eine PowerPoint-Präsentation flankierend zur Vorlesung verwenden, dann ist diese wiederum medial schriftlich und konzeptionell ebenfalls schriftlich.
- Schreiben Sie Kommiliton*innen, mit denen Sie befreundet sind, über einen Messenger-Dienst Nachrichten, dann ist das zunächst medial schriftlich. Wenn es z. B. darum geht, sich für den Nachmittag zu verabreden, dann werden Sie konzeptionell eher mündlich agieren. Sie werden vermutlich nicht schreiben: „Ich würde mich freuen, wenn Sie es einrichten könnten, sich heute Nachmittag um die Mittagszeit mit mir zum Essen vor der örtlichen Mensa zu treffen."

Die Abbildung 2.2 soll am Beispiel des Themas Blut und Blutkreislauf im Biologieunterricht noch einmal zeigen, wie medial und konzeptionell unterschiedliche Sprachverwendungen zum Tragen kommen können.

Wenn Sie sich die Äußerung des Schülers zum Blutkreislauf aus der Grafik durchlesen, in der er den Blutkreislauf als Labyrinth beschreibt, dann können Sie das vermutlich nur dem passenden Thema zuordnen, weil Sie darüber bereits informiert sind bzw. dieses der Grafiküberschrift entnehmen können. Die Äußerung ist sehr kontextspezifisch und unabhängig von diesem schwer zu dekodieren (Worauf beziehen sich deiktische Verweise wie *oben* und *das da*?). Im Unterschied dazu formuliert der Schulbuchauszug sehr explizit und verdichtet zentrale fachliche Informationen, z. B. durch das Attribut *ableitend* und die Nominalisierung *Rückfluss* (vgl. Kap. 3 und Kap. 4). Wenn Schüler*innen im Unterricht ab und zu sprachliche Varietäten vergleichen, z. B. den Tafelanschrieb und die dazugehörige Äußerung eines*er Schülers*in oder überlegen, in welcher Situation welches Register angemessen ist, dann erhöht sich ihr Bewusstsein für Varietäten des Deutschen, was sie wiederum befähigt, auch in der Zukunft situationsspezifisch angemessen sprachlich zu agieren.

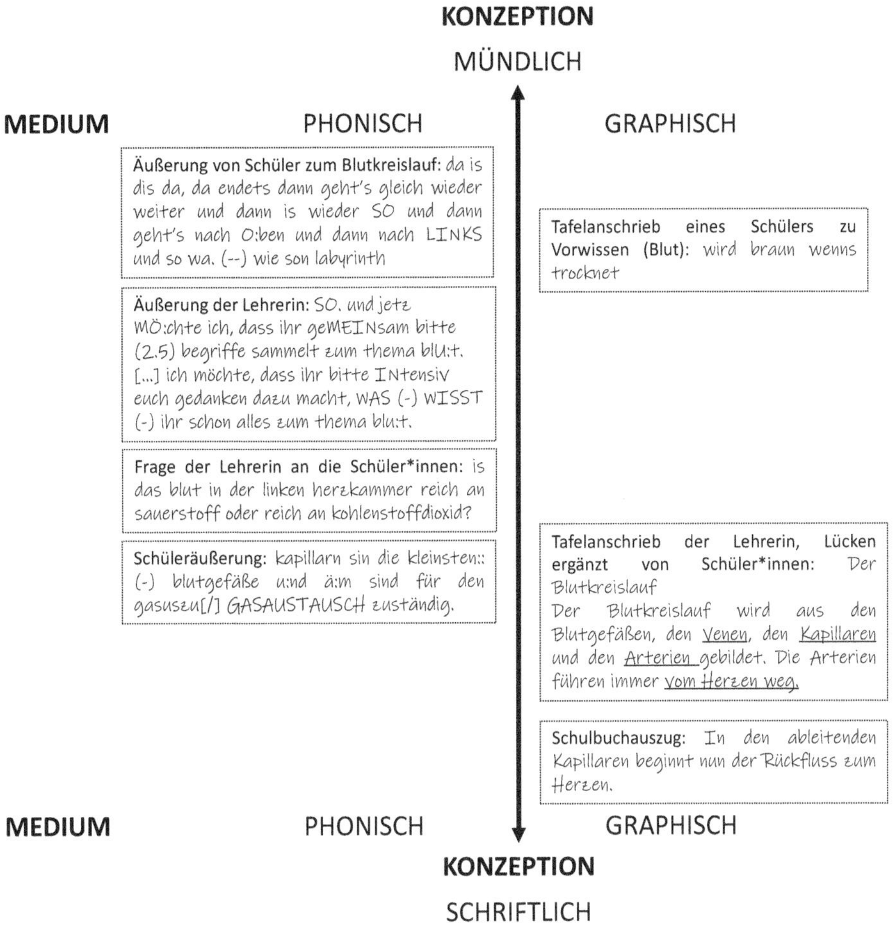

KONZEPTION
MÜNDLICH

MEDIUM PHONISCH GRAPHISCH

Äußerung von Schüler zum Blutkreislauf: da is dis da, da endets dann geht's gleich wieder weiter und dann is wieder SO und dann geht's nach O:ben und dann nach LINKS und so wa. (--) wie son labyrinth

Tafelanschrieb eines Schülers zu Vorwissen (Blut): wird braun wenns trocknet

Äußerung der Lehrerin: SO. und jetz MÖ:chte ich, dass ihr geMEINsam bitte (2.5) begriffe sammelt zum thema blU:t. […] ich möchte, dass ihr bitte INtensiv euch gedanken dazu macht, WAS (-) WISST (-) ihr schon alles zum thema blu:t.

Frage der Lehrerin an die Schüler*innen: is das blut in der linken herzkammer reich an sauerstoff oder reich an kohlenstoffdioxid?

Schüleräußerung: kapillarn sin die kleinste:: (-) blutgefäße u:nd ä:m sind für den gasuszeu[/] GASAUSTAUSCH zuständig.

Tafelanschrieb der Lehrerin, Lücken ergänzt von Schüler*innen: Der Blutkreislauf
Der Blutkreislauf wird aus den Blutgefäßen, den Venen, den Kapillaren und den Arterien gebildet. Die Arterien führen immer vom Herzen weg.

Schulbuchauszug: In den ableitenden Kapillaren beginnt nun der Rückfluss zum Herzen.

MEDIUM PHONISCH GRAPHISCH
KONZEPTION
SCHRIFTLICH

Abb. 2.2: Konzeption und Medium am Beispiel Blut und Blutkreislauf (Daten stammen aus Maak 2018, Darstellung in Anlehnung an Günther 1997: 66).

2.6 Fazit

Wissen zu den vorgestellten Varietäten ist von zentraler Bedeutung für jeden Unterricht. Zusammenfassend und vereinfacht lässt sich festhalten: Als Fachperson können Sie fachlich und fachsprachlich kompetent agieren. Je bewusster Ihnen fachliche und fachsprachliche Handlungs-, Denk- und Mitteilungsstrukturen Ihres Faches sind, desto besser können Sie Schüler*innen Ihr Fach bzw. Ihre Fächer vermitteln und dessen bzw. deren Besonderheiten auch in sprachlicher Hinsicht herausarbeiten. Schüler*innen wiederum starten in den Unterricht i. d. R. mit Alltagswissen und Alltagssprache. Diese zu kennen und als Ausgangspunkt für das Lernen ernst zu nehmen, ermöglicht ein besseres Abholen der Schüler*innen und damit ein besseres Andocken an Fachsprache und Fachkompetenz. Zentrales Anliegen schulischer Bildung ist aber nicht die Ausbildung von Schüler*innen zu fertig ausgebildeten Fachleuten. Vielmehr sollen sie am Ende der schulischen Bildung die Mittel und Fähigkeiten erworben haben, sich selbst weiter fachliches Wissen anzueignen. Dabei kommt der Bildungssprache als fächerübergreifendem Register eine wichtige Bedeutung zu. Ziel der Schul- und Sprachbildung ist daher auch, dass Schüler*innen zwischen verschiedenen Varietäten des Deutschen unterscheiden können.

Aufgaben nach dem Lesen
1. Gehen Sie noch einmal zu Aufgabe 1.) zurück: Liegt die Ursache für die falsche Lösung eher in Schwierigkeiten mit der Alltags-, Bildungs- oder Fachsprache?
2. Gehen Sie noch einmal zu Aufgabe 2.) und 3.) zurück – würden Sie Text 1 und Text 2 als eher alltags-, bildungs- oder fachsprachlich einordnen? Woran würden Sie das festmachen?
3. Lesen Sie die nachfolgenden Aussagen und beziehen Sie Stellung.
    a) Da gibt es eine Hierarchie. Erst kommt die Alltagssprache, dann die Bildungssprache. Die ist etwas schwerer und besser. Und dann kommt die Fachsprache. Die ist am wichtigsten. Die steht in der Hierarchie am höchsten und ist am spezifischsten wegen der Fachbegriffe.
    b) Lehrer*innen sprechen eigentlich immer entweder bildungs- oder fachsprachlich im Unterricht. Und auch im Schulbuch kommt Alltags-/Umgangssprache nicht vor. Diese kommt höchstens auf dem Pausenhof vor, wenn die Schüler*innen miteinander reden.
    c) Es ist die Aufgabe von Lehrer*innen an Bildungssprache heranzuführen, nicht aber an Fachsprache. Die spielt in der Schule so gut wie keine Rolle, denn die Schüler*innen sind nun einmal Lai*innen.
4. Ordnen Sie folgende Tätigkeiten im Raster Konzept/Medium (Abb. 2.3) ein.
    a) Eine Schülerin lernt wichtige Definitionen auswendig, indem sie sie sich laut vorspricht.
    b) Ein Schüler liest einen Text aus dem Schulbuch zum Thema Russische Revolution.
    c) Schüler*innen spielen ein Theaterstück vor, das eng angelehnt an Thomas Manns Buddenbrooks ist.
    d) Drei Schüler*innen unterhalten sich in der Pause darüber, was sie am nächsten Wochenende vorhaben.
    e) Finden Sie ein eigenes Beispiel und ordnen Sie dieses zu.

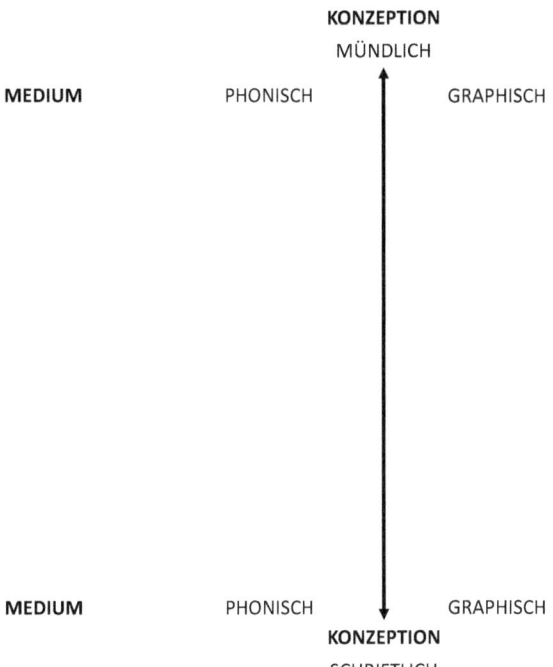

Abb. 2.3: Matrix Konzept/Medium.

Weiterführende Literatur

Habermas, Jürgen (1977): Umgangssprache, Wissenschaftssprache, Bildungssprache. In Generalverwaltung der Max-Planck-Gesellschaft München (Hrsg.), *Max-Planck-Gesellschaft – Jahrbuch 1977*, 36–51. Göttingen: Vandenhoeck & Ruprecht.
In diesem Text kann die Unterscheidung nach Habermas noch einmal im Detail nachvollzogen werden.
Gogolin, Ingrid & Imke Lange (2011): Bildungssprache und Durchgängige Sprachbildung. In Sara Fürstenau & Mechthild Gomolla (Hrsg.), *Migration und schulischer Wandel. Mehrsprachigkeit*, 107–127. 1. Aufl. Wiesbaden: VS Verlag für Sozialwissenschaften.
Ein gut verständlicher Artikel, der vertiefend auf das Konzept Bildungssprache eingeht und dieses von ähnlichen Konzepten abgrenzt. Die Relevanz des Konzepts für das Bildungssystem in der Migrationsgesellschaft wird herausgearbeitet.

3 Schulgrammatisches Grundlagenwissen für sprachbildenden Unterricht

Aufgaben vor dem Lesen

1. Lesen Sie das Beispiel. Die Satzstellung ist ungewöhnlich (vgl. Unterstreichung). Wie würde man das eher schreiben? Kennen Sie die entsprechende Regel?
   Beispiel: „Man sieht eine Flasche, wo zwei Luftballons an einem Verbindungsstück befestigt sind, und unten ist ein Gummi über die Flasche gezogen. Der Mensch hat <u>an dem Gummi fest dann</u> gezogen und die Luftballons haben sich leicht aufgebläht.[1]" [Versuchsbeschreibung eines Schülers aus dem Biologieunterricht]
2. Lesen Sie die folgende Textaufgabe aus dem Mathematikunterricht und das Transkript eines Gesprächs zwischen Schüler*innen einer fünften Klasse und ihrem Förderlehrer. Stellen Sie Vermutungen darüber an, warum der Satz „Ihrem Bruder Jonas gibt sie 1 € ab" von der Schülerin Pinar missverstanden wird.

Streichelzoo-Aufgabe
Im Streichelzoo kostet eine Packung Futter für die Ziegen zwei Euro. Die Geschwister Paula und Jonas möchten die Ziegen füttern. Von ihren Eltern bekommt jeder 2 €. Paula nimmt zusätzlich 3 € Taschengeld mit, Jonas nur 1 €.
Ihrem Bruder Jonas gibt sie 1 € ab.
Wie viele Packungen Futter kann sich jeder kaufen?

Zwei Schülerinnen, Laura (L) und Pinar (P), bearbeiten die Streichelzoo-Aufgabe. Sie sind sich nicht darüber einig, welche Personen einen Euro abgibt. Der Förderlehrer (FL) fragt erneut nach.

1	FL:	Also wer gibt wem einen Euro ab?
2	L:	Paula gibt Jonas einen Euro ab.
3	P:	Nein, ihr Bruder. (…)
12	FL:	Lies mal vor was genau hier steht.
13	P:	Ihr Bruder Jonas.
14	FL:	Stopp, lies genau … nicht ihr, da steht nicht ihr.
15	L:	Ihrem.
16	P:	Ihrem Bruder.
17	FL:	Mhm.
18	P:	Jonas gibt sie einen Euro ab. (…)
21	F:	(…) Wer gibt wem einen Euro?
22	P:	Jonas gibt seiner Schwester einen Euro.

(Beispiel entnommen aus Dröse 2019: 52)

---

1 Beispiel auf Basis von Ricart Brede (vgl. 2020: 410) konstruiert.

3. Sehen Sie sich die Termini in der Übersicht an – alle kommen im nachfolgenden Kapitel vor. Notieren Sie, was Ihnen dazu einfällt.

Terminus	Definition, Beispiel und weitere Notizen
die Syntax	
die Semantik	
die Wortart	
das Substantiv	
die Präposition	
das Prädikat	
die Flexion	
die Komposition	
der Nebensatz	
der Kasus	

3.1 Einleitung: Explizites Wissen über Sprache als Grundlage von Sprachbildung

Sprache ist das zentrale Medium des Menschen und die Grundlage unserer komplexen sozialen Systeme: „Wir alle kommunizieren täglich kompetent in unserer ersten und in weiteren Sprachen. Andere verstehen uns, reagieren auf das, was wir kommunizieren, und wir reagieren wiederum auf deren Äußerungen" (Horstmann, Settinieri & Freitag 2019: 11). Sprache hat neben einer sozialen jedoch auch eine kognitive Funktion. Wir nutzen Sprache, um Wissen auszutauschen, zu vermitteln und zu erwerben – wie beispielsweise im Kontext der Schule. „Sprachliche und fachliche Vermittlungsprozesse vollziehen sich im sprachlichen Handeln zwischen Lehrenden und Lernenden" (Krause & Wagner 2021: 68). Dabei liegt all unseren sprachlichen Handlungen ein hochkomplexes System zugrunde, über das wir *implizit* sehr viel wissen. Wir können z. B. feststellen, dass der Satz „Ich steige in dem Zug." grammatikalisch falsch ist – auch ohne dies weiter begründen zu können. Beim *expliziten Sprachwissen* lassen sich verschiedene Grade der Explizitheit unterscheiden (vgl. Andresen & Funke 2006: 441). Das höchste Level umfasst die Fähigkeit, sprachliches Wissen zu verbalisieren, also über Sprache sprechen und reflektieren zu können (vgl. Andresen & Funke 2006: 441). Über wie viel explizites Sprachwissen Sie verfügen, hängt von Ihrer Schulbildung, Ihrer Sozialisation, Ihren Studienfächern und sonstigen Interessen, z. B. für Fremdsprachen, ab. In Ihrer Schulzeit haben Sie explizites Sprachwissen erworben, das Ihnen noch mehr oder weniger präsent ist. Mit diesem Kapitel wollen wir dieses Wissen bei Ihnen gerne auffrischen und ggf. vertiefen. Ziel ist es also, linguistisches Basiswissen darzustellen, das für Lehramtsstudierende aller Fächer relevant ist, wenn sie sich mit dem Thema Sprachbildung beschäftigen.

Grundsätzlich können in der Linguistik zwei verschiedene Perspektiven auf Sprache unterschieden werden: Die *systemlinguistische* Perspektive versteht Sprache als ein kommunikationsunabhängiges, geordnetes, strukturiertes System, das aus verschiedenen Ebenen besteht, die miteinander in Beziehung stehen. Die funktionale Perspektive hingegen begreift Sprache als hochkomplexes Werkzeug zur Kommunikation. Sie konzentriert sich darauf, welche Funktionen Sprache hat und wie sie eingesetzt wird, um bestimmte Zwecke zu erfüllen. Sie untersucht Sprache als Werkzeug, das Menschen nutzen, um in verschiedenen Situationen zu kommunizieren und soziale Aufgaben zu lösen. Wir nehmen in diesem Kapitel eine vermittelnde Position zwischen den zwei Perspektiven ein: Grundsätzlich gehen wir davon aus, dass Sprache dazu da ist, „es Sprechern (oder Schreibern) zu ermöglichen, bei Hörern (oder Lesern) etwas zu erreichen" und zudem aus „vielen, vielen Einzelwerkzeugen, den sprachlichen Mitteln", besteht (Thielmann 2021: V). Dementsprechend sollten sprachliche Mittel nicht isoliert betrachtet, sondern in Beziehung zu ihrer Funktion und ihrer Rolle in der fachlichen Kommunikation betrachtet werden. (Diese Perspektive wird ausführlich im Kapitel 4 behandelt.) Jedoch gehen wir in dem vorliegenden Kapitel ebenso davon aus, dass Lehrkräfte für einen sprachbildenden Unterricht über ein grundlegendes explizites Sprachwissen verfügen müssen, das auch einige zentrale Konzepte aus der Systemlinguistik beinhaltet. Denn nur dann können sie über sprachliche Gegenstände nachdenken und kommunizieren, die im Fachunterricht relevant sind, z. B. mit Schüler*innen und Kolleg*innen. Zusammengefasst halten wir folgende Gründe für zentral:

- Um die Funktion, aber auch die Herausforderungen von sprachlichen Mitteln in Lehrbuchtexten und sprachliche Anforderungen von Aufgaben analysieren und Schüler*innentexte angemessen beurteilen zu können, ist die bewusste Wahrnehmung von Sprache und sprachlichen Merkmalen notwendig. Dies kann nur gelingen, wenn die (Fach-)Lehrkräfte über entsprechende linguistische Konzepte verfügen.
- Schüler*innen benötigen für ihre Sprachentwicklung ein differenziertes Feedback zu ihren sprachlichen Fähigkeiten. Dazu benötigen Lehrkräfte ein Bewusstsein darüber, welche sprachlichen Erwartungen sie an die Schüler*innen haben, und sie müssen diese Erwartungen kommunizieren und modellieren können.
- Für das Sprechen über Sprache, z. B. im Rahmen von Lehrveranstaltungen im Studium, aber auch später in der Schulpraxis und nicht zuletzt für die Lektüre dieses Studienbuches, braucht es eine gewisse fachliche Terminologie. Nur so ist es möglich, sich über den Gegenstand auszutauschen.

In Teilkapitel 3.2 werden wir deshalb verschiedene Gegenstände der Grammatik vorstellen. Dabei versuchen wir immer auch zu zeigen, welche Funktionen die einzelnen Phänomene für die Kommunikation in den Unterrichtsfächern haben. Bisher gibt es jedoch so gut wie keine theoretischen und empirischen Erkenntnisse dazu, welches explizite Sprachwissen Lehramtsstudierende aller Fächer zur Umsetzung von Sprachbildung benötigen (vgl. Petersen & Peuschel 2020). Es ist uns deshalb an dieser Stelle wichtig zu erwähnen, dass die hier präsentierten Wissensbestände eine subjektive Auswahl darstellen, die auf unseren Erfahrungen in der Hochschullehre und auf Ableitungen aus der Literatur basieren. Wir lehnen uns dabei an Modelle zu schulgrammatischen Kenntnissen an (vgl. IDS 2020). Verallgemeinerungen und Vereinfachungen sind dabei aus didaktischen Gründen unvermeidlich.

3.2 Gegenstände der Grammatik: Wort, Phrase, Satz

In diesem Kapitel wollen wir uns schwerpunktmäßig mit den sprachlichen Gegenständen Wort, Phrase und Satz beschäftigen und wie diese zu den unterschiedlichen linguistischen Beschreibungsebenen stehen. In der Linguistik werden klassischerweise die in Tabelle 3.1 aufgelisteten Beschreibungsebenen unterschieden (vgl. z. B. Busse & Ketsba-Khundadze 2022; Graefen & Liedke 2020; Meibauer et al. 2015):

Tab. 3.1: Linguistische Beschreibungsebenen.

Ebene	Was wird beschrieben?
Phonetik und Phonologie	die Laute einer Sprache
Graphematik	das Verhältnis von geschriebenen Formen zu lautlichen Formen
Morphologie	die innere Struktur und Bildung von Wörtern
Syntax	der Bau von Sätzen und Wortgruppen
Semantik	die Bedeutung sprachlicher Zeichen
Pragmatik	der (kontextspezifische) Gebrauch von Sprache

Zur Veranschaulichung der jeweiligen sprachlichen Phänomene nutzen wir im Folgenden – immer wenn es möglich und sinnvoll ist – folgenden Lehrbuchtext aus dem sozialwissenschaftlichen Unterricht der Sekundarstufe I zum Thema „Funktion der Massenmedien" (Riedel 2017: 60):

Funktionen der Massenmedien
1   **Informationsfunktion**
    Die Massenmedien sollen so vollständig, sachlich und verständlich wie möglich informieren, damit ihre Nutzerinnen und Nutzer in der Lage sind, das öffentliche Geschehen zu verfolgen. Da unsere Gesellschaft viel zu großräumig geworden ist, kommen wir mit dem direkten Gespräch,
5   der unmittelbaren Kommunikation, nicht mehr aus. Wir als Einzelne und die vielfältigen Gruppen, die in Gesellschaft bestehen, sind darauf angewiesen, miteinander ins Gespräch gebracht zu werden – dafür sollen die Massenmedien sorgen. Dabei müssen wir uns der Tatsache bewusst sein, dass wir die Welt zum großen Teil nicht mehr unmittelbar erfahren; es handelt sich überwiegend um eine durch Medien vermittelte Welt.

10 **Meinungsbildungsfunktion**
Bei der Meinungsbildung fällt den Massenmedien ebenfalls eine bedeutsame Rolle zu. Dies ergibt sich aus der Überzeugung, in der Demokratie sei allen am meisten damit gedient, wenn Fragen von öffentlichem Interesse in freier und offener Diskussion erörtert werden. Es besteht dann die Hoffnung, dass im Kampf der Meinungen das Vernünftige die Chance hat, sich durchzusetzen. Da
15 in einer modernen, differenziert strukturierten Gesellschaft eine Vielzahl von mehr oder weniger großen, zum Teil in Konkurrenz zueinanderstehenden Interessengruppen existiert, gehört es auch zu den Aufgaben der Massenmedien, diesen Meinungspluralismus in einem angemessenen Verhältnis widerzuspiegeln.

Zunächst wollen wir die Gegenstände „Wort" und „Satz" genauer definieren. Sie entsprechen den traditionellen Beschreibungsebenen der Grammatik: der *Morphologie* und der *Syntax*. Unter einem *Wort* soll an dieser Stelle „eine selbständige, bedeutungstragende Einheit" verstanden werden, „die mindestens aus einem Wortbaustein besteht. Wörter lassen sich einer (oder mehreren) Wortart(en) zuordnen" (IDS 2020: 13). Wörter werden in diesem Zusammenhang als *lexikalische Wörter*, also Wörter mit einem bestimmten Bedeutungsinhalt, verstanden und können auch als *Lexeme* bezeichnet werden. Lexeme sind zu unterscheiden von *grammatischen Wörtern* bzw. *Wortformen*. Beispielsweise gehören die grammatischen Wörter *sind, ist, sein, sei* alle zu dem Lexem *sein*. Ein Lexem stellt also eine Art Abstraktion eines Wortes dar.

Ein *Satz* besteht „grundsätzlich mindestens aus einem Satzgegenstand, über den etwas ausgesagt wird (dem Subjekt), und einer Satzaussage [...]. Die Satzaussage enthält das, was über den Satzgegenstand ausgesagt wird, und enthält mindestens eine finite Verbform, das Prädikat" (Horstmann, Settinieri & Freitag 2019: 200). Das Prädikat stellt also den inhaltlichen Kern des Satzes dar. So macht der folgende Satz deutlich, dass sowohl die Gesamtbedeutung des Satzes als auch sein innerer Aufbau weitgehend vom Prädikat abhängen:

(1)   Die Atmosphäre *bestimmt* das Klima auf der Erde.

Ohne das Prädikat „bestimmt" wäre nicht klar, in welchem Zusammenhang die Atmosphäre und das Klima auf der Erde stehen.

Aus funktionaler Perspektive kann die Phrase (= Wortgruppe) als zentrale Einheit der Grammatik bezeichnet werden (vgl. Hoffmann 2022: 76). Einzelne Wörter, die im Satz eng zusammengehören, werden zu einer Phrase zusammengefasst (z. B. „das Klima auf der Erde"). Phrasen befinden sich also auf einer Beschreibungsebene zwischen Wort und Satz. Abb. 3.1 verdeutlicht, wie „Wörter zu größeren Einheiten verbunden [werden]: zunächst zu Phrasen unterhalb der Satzebene und schließlich zu Sätzen" (Freywald 2023: 142). Dies wird an dem Beispielsatz „Bei der Meinungsbildung fällt den Massenmedien eine bedeutsame Rolle zu" (s. Text oben, Z. 12) illustriert:

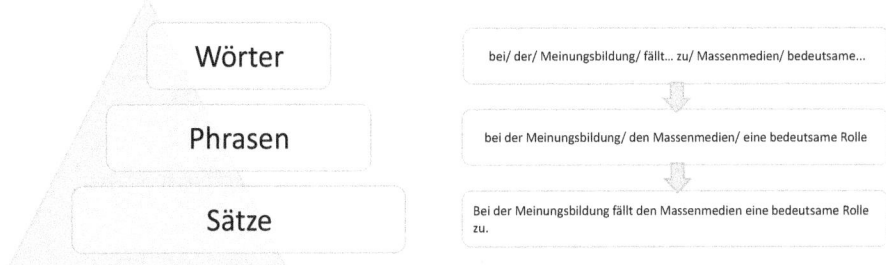

Abb. 3.1: Zusammenhänge zwischen Wörtern, Phrasen und Sätzen (eigene Darstellung).

Wir kommen auf diese Zusammenhänge im Kapitel zu den Phrasen/Wortgruppen (vgl. Teilkapitel 3.2.2) noch einmal zurück. Zunächst aber soll das Wort als linguistische Einheit näher in den Blick genommen werden.

3.2.1 Das Wort

Schüler*innen müssen sich im Unterricht einen bestimmten Wortschatz aneignen, denn Wörter spielen eine herausragende Rolle im Rahmen von fachlicher Kommunikation. Im Fachunterricht werden zum einen fachliche Konzepte vermittelt, zum anderen aber auch der spezifische Wortschatz dafür. Die Förderung fachlicher Kompetenz ist also untrennbar mit fachspezifischer Wortschatzarbeit (vgl. Kap. 11) verbunden. In diesem Zusammenhang ist es zentral zu wissen, welche Wortarten man unterscheiden kann (3.2.1.1), wie Wörter gebildet werden (3.2.1.2) und welche Formen Wörter annehmen können (3.2.1.3).

3.2.1.1 Wortarten

Wortarten sind Klassen von Wörtern, die bestimmte Merkmale gemeinsam haben, z. B. hinsichtlich ihrer Bedeutung (semantisch), ihrer Form (morphologisch) oder ihrer Position im Satz (syntaktisch). Thielmann (2021: V) geht davon aus, dass Wortarten „auf der Beliebtheitsskala schulischer Gegenstände […] sicher noch lange nach den binomischen Formeln in der Mathematik oder dem stöchiometrischen Rechnen in der Chemie [rangieren]". Für ein Verständnis der deutschen Sprache ist jedoch eine Auseinandersetzung mit Wortarten sehr gewinnbringend. Die Einteilung von Wortarten in der Sprachwissenschaft ist nicht eindeutig gelöst und es gibt unterschiedliche Ansätze. Wir möchten diese Diskussion hier nicht wiedergeben, sondern vor allem diejenigen Wortarten thematisieren, die für das Kommunizieren über fachliche Gegenstände relevant sind. Tab. 3.2 zeigt ausgewählte Wortarten und ihre jeweiligen möglichen Funktionen.

Tab. 3.2: Ausgewählte Wortarten und ihre Funktionen (nach Wöllstein & Dudenredaktion 2022: 594 und grammis: https://grammis.ids-mannheim.de/progr@mm/5200).

Wortart	Funktion	Beispiele
Verb	Prädikat, Verweis auf Tätigkeiten	*sollen* (Z.2), *informieren* (Z. 4)
Substantiv/ Nomen	Verweis auf „Dinge" und Sachverhalte in der Welt	*Massenmedien* (Z. 2), *Geschehen* (Z. 4), *Rolle* (Z. 12)
Adjektiv	Ausdrücken von Eigenschaften von „Dingen" und Sachverhalten	Das *öffentliche* Geschehen (Z. 3–4) Die Massenmedien sollen so *vollständig, sachlich* und *verständlich* wie möglich informieren ... (Z. 2–3)
Adverb	Beschreibung von Umständen, unter denen etwas geschieht	*abends, hier*
Präposition	Herstellung einer spezifischen inhaltlichen Beziehung zwischen Gegenständen oder Sachverhalten	[...] es handelt sich überwiegend um eine *durch* Medien vermittelte Welt (Z. 9–10) Da *in* einer modernen, differenziert strukturierten Gesellschaft ... (Z. 16–17)
Junktor	Herstellung von Beziehung zwischen Sätzen und Satzteilen	*damit* ihre Nutzerinnen und Nutzer in der Lage sind ... (Z. 3) *Da* unsere Gesellschaft viel zu großräumig geworden ist ... (Z. 4)
Artikelwort und Pronomen	Verweis oder Bezug auf Personen, Gegenstände oder Sachverhalte	Bei *der* Meinungsbildung fällt *den* Massenmedien *eine* bedeutsame Rolle zu. *Dies* ergibt *sich* aus *der* Überzeugung ... (Z. 12–13)
Partikel	Wörter mit vielfältigen Funktionen, die z. B. eine Aussage oder einen Ausdruck modifizieren können	*doch, bloß, halt, mal*

Verben können als Prädikate bzw. Teile von Prädikaten fungieren. Beispiele für Verben im obigen Text sind *informieren* (Z. 3) und *verfolgen* (Z. 4). Ein Prädikat kann aus einem oder mehreren Teilen bestehen (vgl. Wöllenstein & Dudenredaktion 2022: 26). In dem Satz

(2) Das Klima auf der Erde *wird* durch die Atmosphäre *bestimmt*.

besteht das Prädikat aus den Teilen *wird* und *bestimmt*.

Die Hauptfunktion von *Substantiven* ist, auf bestimmte „Dinge" oder Sachverhalte in der Welt und damit auch auf fachliche Gegenstände zu verweisen. Sie können auf konkrete (*Tisch*) oder abstrakte Konzepte (*Primzahl*) verweisen sowie als Eigennamen (*Berlin*) fungieren (vgl. Thielmann 2021: 41). Beispiele für Substantive können Sie im Text sicherlich leicht identifizieren: z. B. *Massenmedien* (Z. 2) und *Nutzerinnen* (Z. 3).

Etwas schwerer fällt vielleicht das Erkennen von *Adjektiv* und *Adverb*. Adjektive drücken Eigenschaften aus und sind flektierbar. Das bedeutet, dass sie ihre Form an ihre grammatische Umgebung im Satz anpassen. Im Text befindet sich in Zeile 6 beispielsweise das Adjektiv *öffentlich-e*, welches links von dem Substantiv *Geschehen* steht und dieses näher bestimmt. In diesem Fall ist das Adjektiv flektiert, d. h. in seiner Form verändert (Grundform: *öffentlich*). Auf die Gründe dafür kommen wir später noch zurück, wenn wir das Thema *Flexion* behandeln. Adjektive können aber auch an anderer Stelle im Satz stehen und nicht flektiert sein, wie in Beispiel (3):

(3)　Da unsere Gesellschaft viel zu *großräumig* geworden ist. (Z. 4–6)

Typisch ist, dass Adjektive Eigenschaften ausdrücken (vgl. IDS 2020: 14). Adverbien hingegen können die Umstände, unter denen etwas geschieht, näher beschreiben, z. B. in Hinblick auf Raum und Zeit, aber auch die Beurteilung der Äußerung durch den*die Sprecher*in. Im Gegensatz zu Adjektiven sind sie nicht flektierbar und beziehen sich auf Verben und ganze Sätze. Somit können Adverbien ganze Äußerungen modifizieren und haben damit eine wichtige Bedeutung für die fachsprachliche Kommunikation. Mit *Kommentaradverbien* kann der*die Sprecher*in beispielsweise anzeigen, wie er*sie eine Äußerung beurteilt. Diese Adverbien sind u. a. für historische Erzählungen zentral, da mit ihnen eine Beurteilung des Wahrheitsgehaltes einer Aussage vorgenommen werden kann:

(4)　*Vielleicht/ möglicherweise/ sicher/ eventuell* war Ötzi ein Hirte. (vgl. Siegmund 2019: 136)

Adverbien haben zudem die Funktion, Zusammenhänge herzustellen, was z. B. für die Naturwissenschaften sehr relevant ist. Adverbien können hinsichtlich ihrer Bedeutung in verschiedene Klassen eingeteilt werden (vgl. Tab. 3.3).

Tab. 3.3: Auswahl situativer Adverbien (Beispiele aus Beese et al. 2017: 19).

Bedeutung	Frage	Beispiel
Lokal / Adverbien des Ortes	Wo?	*Dort* stehen die Zellen säulenartig dicht aneinander und wirken wie ein Schwamm.
Temporal / Adverbien der Zeit	Wann?	*Danach* entwickelt sich die Eichel, die Nahrung für viele Waldbewohner ist.
Kausal / Adverbien des Grundes	Warum?	*Deshalb* kann man Eichhörnchen bei sehr niedrigen Temperaturen im Winter beobachten.
Instrumental / Adverbien des Mittels	Womit?	*Dadurch* wird ein kontrollierter Stoffaustausch mit der Umgebung möglich.

Eine weitere wichtige Wortart sind *Präpositionen*. Auch Präpositionen sind nicht flektierbar. Sie stehen prototypisch zusammen mit einem Substantiv (*in* Deutschland) und zeigen häufig ein bestimmtes (z. B. zeitliches oder räumliches) Verhältnis an (vgl. IDS 2020: 18).

(5) Da <u>in</u> einer modernen, differenziert strukturierten Gesellschaft (Z. 16–17)

Im obigen Beispieltext tritt die lokale Präposition *in* zusammen mit dem Substantiv *Gesellschaft* auf, welches durch die Adjektive *modern* und *differenziert strukturiert* näher charakterisiert wird. Die Präpositionen drückt hier aus, *wo* eine Vielzahl von Interessensgruppen existiert.

Weitere Wortarten, die Sachverhalte zueinander in Beziehung setzen und sprachliche Einheiten miteinander verknüpfen können, sind *Junktoren*. Dazu gehören z. B. *und, oder, weil, ob, falls, da, dass*. Junktoren können ganz unterschiedliche Bedeutungszusammenhänge zwischen Sätzen herstellen und sind deshalb zentral für das Verstehen und Herstellen komplexer Bedeutungsstrukturen, wie sie in der Kommunikation über fachliche Inhalte typisch sind.

(6) Die Massenmedien sollen so vollständig, sachlich und verständlich wie möglich informieren, <u>damit</u> ihre Nutzerinnen und Nutzer in der Lage sind, das öffentliche Geschehen zu verfolgen. (Z. 2–4)

Der Junktor *damit* verbindet in Beispiel (6) eine Handlung (die Information durch die Interessensgruppen) mit einem Zweck (Verfolgung des öffentlichen Geschehens durch ihre Nutzer*innen).

(7) Dies ergibt sich aus der Überzeugung, in der Demokratie sei allen am meisten damit gedient, <u>wenn</u> Fragen von öffentlichem Interesse in freier und offener Diskussion erörtert werden. Es besteht <u>dann</u> die Hoffnung, dass im Kampf der Meinungen das Vernünftige die Chance hat, sich durchzusetzen. (Z. 13–17)

Beispiel (7) enthält den Junktor *wenn*. Er stellt in Verbindung mit dem Adverb *dann* einen Zusammenhang zwischen Bedingung (*wenn*-Satz) und Folge (*dann*-Satz) her. Wenn Junktoren fehlen oder falsch benutzt werden, kann die fachliche Korrektheit von Äußerungen stark eingeschränkt sein.

Artikelwörter und *Pronomen* verweisen in einem Satz auf Personen, Gegenstände oder Sachverhalte. Sie werden deshalb auch als *Fürwort* oder *Stellvertreter* bezeichnet (vgl. IDS o. J.). Erst wenn das Bezugselement der Pronomen gefunden ist, kann Bedeutung erzeugt werden.

(8) Da <u>unsere</u> Gesellschaft viel zu großräumig geworden ist, kommen <u>wir</u> ... (Z. 4)

(9) In einer modernen, differenziert strukturierten Gesellschaft existiert eine Vielzahl von mehr oder weniger großen, zum Teil in Konkurrenz stehenden Interessensgruppen. Das nennt man Meinungspluralismus. Es gehört auch zu den Aufgaben der Massenmedien, *diesen* in einem angemessenen Verhältnis widerzuspiegeln.

Beispiel (9) macht deutlich, warum es manchmal schwierig sein kann, zu erkennen, auf was sich Pronomina beziehen: Hier muss erkannt werden, dass sich der Ausdruck *diesen* auf die Meinungen der verschiedenen Interessensgruppen in einer Gesellschaft, den Meinungspluralismus, bezieht. Um diesen Zusammenhang herzustellen, braucht es ein bestimmtes Welt- bzw. Fachwissen sowie eine gut ausgebildete Lesekompetenz.

3.2.1.2 Wortbildung

Nachdem wir im vorangegangenen Abschnitt einige Wortarten kennengelernt haben, wollen wir uns nun damit beschäftigen, wie Wörter gebildet werden können. Abb. 3.2 zeigt, dass sich zwei Typen von morphologischen Prozessen unterscheiden lassen: Die *Wortbildung*, die danach fragt, wie neue Wörter gebildet werden. Sie ist abzugrenzen von der *Flexion*, die sich mit der Erzeugung von Wortformen bzw. Grammatischen Wörtern beschäftigt. Zunächst steht die Wortbildung im Mittelpunkt.

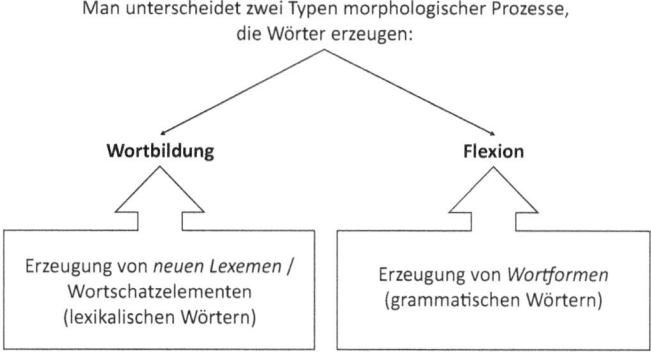

Abb. 3.2: Unterscheidung Wortbildung vs. Flexion (Busse & Ketsba-Khundadze 2022: 48).

Viele Fachwörter entstehen durch bestimmte Wortbildungsprozesse. Kenntnisse im Bereich der Wortbildung sind demnach für alle Lehrkräfte relevant. Denn „bei der Wortbildung geht es im Grunde genommen um so etwas wie Bastelanweisungen für die Herstellung von neuen Wörtern" (Hentschel 2020: 11). So kann die formale Analyse von Wörtern Schüler*innen dabei helfen, sich die Bedeutung von Wörtern zu erschließen, aber auch ihren Wortschatz zu erweitern.

Wie in Abb. 3.3 dargestellt, lassen sich neue Wörter entweder durch Zusammensetzung von mehreren eigenständigen Wörtern (*Komposition*) oder durch Ableitung

(*Derivation*) bilden. Zudem kann ein Wort auch ohne Wortbildungsmittel in eine andere Wortart überführt werden (*Konversion*). Ein sprachgeschichtlich eher junges, aber sehr produktives Wortbildungsverfahren ist die *Kurzwortbildung*.

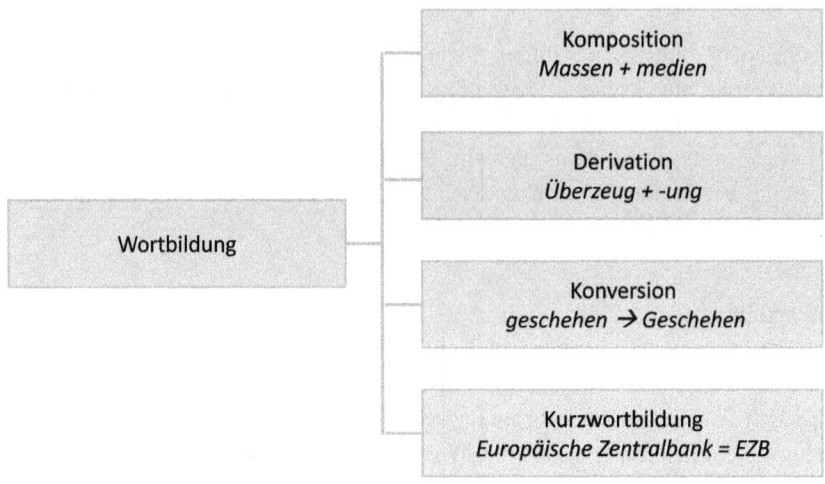

Abb. 3.3: Arten der Wortbildung (eigene Darstellung).

Die deutsche Sprache ist eine sehr kompositionsfreudige Sprache. Die Komposition ermöglicht es, neue Wörter zu schaffen, in denen viel Inhalt komprimiert wird. Aus diesem Grund spielen Komposita auch eine große Rolle in fachsprachlichen Texten. Mit ihrer Hilfe lassen sich Inhalte verdichten, präzisieren und differenzieren. Bei den meisten Komposita handelt es sich um Substantive, wie oben im Text das Kompositum *Massen-medien* (Z. 2) oder *Meinungs-bildung* (Z. 12). Aber es gibt auch zusammengesetzte Adjektive (z. B. *schadstoff-reduziert*).

Bei der *Derivation* werden ebenso zwei Wortbausteine miteinander kombiniert, von denen aber – im Gegensatz zur Komposition – einer nicht allein stehen kann. Im obigen Beispiel finden sich z. B. das Substantiv *Überzeugung* (Z. 13). Durch die Hinzufügung des Wortbausteins bzw. der Endung *-ung* an einen passenden Wortstamm (hier das Verb *überzeug-en*) werden Substantive gebildet. Weitere Beispiele sind die Wortbausteine *–ig* und *–lich* zur Bildung von Adjektiven (durchläss-ig, durchschnitt-lich) und solche, die die Bedeutung von Verben differenzieren oder ändern (*zer-legen*). Ausgehend von einem Grundwort können entsprechend Wörter abgeleitet (z. B. Substantive: *Pipette*, Verb: *pipett-ieren*) oder gebildet werden (*Pflanzen-zelle, Zell-wand, Zell-kern* etc.). Dafür braucht es grundlegendes morphologisches Wissen. Tab. 3.4 listet einige typische Endsilben für die biologische Fachsprache und ihre Bedeutung auf (nach Beese et al. 2017: 15):

Eine weitere Art der Wortbildung ist die *Konversion*, bei der ohne erkennbare morphologische Änderungen die Wortart gewechselt wird. Im Text oben findet sich

Tab. 3.4: Endsilben in der biologischen Fachsprache (Auswahl).

Endsilben	Bedeutung	Beispiel
-artig	so ähnlich wie	*harpunen-artig*
-frei	nicht vorhanden	*schmerz-frei*
-los	nicht vorhanden	*wirbel-los*
-förmig	die gleiche Form haben wie ...	*stäbchen-förmig*
-bar	lässt sich ...	*sicht-bar*

zum Beispiel das Substantiv *Geschehen* (Z. 4), das auf das Verb *geschehen* zurückgeführt werden kann. Sowohl durch Derivation (*überzeugen* → *Überzeugung*) als auch durch Konversion (*geschehen* → *Geschehen*) können Verben und Adjektive in Substantive umgewandelt werden. Substantive, die auf diese Art entstanden sind, nennt man *Nominalisierungen*. Sie kommen in der fachsprachlichen Kommunikation oft vor, da auch sie Informationen komprimieren, wie der Vergleich zwischen Bsp. (10) und (11) zeigt:

Die Massenmedien sollen so vollständig, sachlich und verständlich wie möglich informieren, ...

(10) damit ihre <u>Nutzerinnen und Nutzer</u> in der Lage sind, das öffentliche <u>Geschehen</u> zu verfolgen. (Z. 3–4)

(11) damit diejenigen, die die Massenmedien <u>nutzen</u>, in der Lage sind, das, was öffentlich <u>geschieht</u>, zu verfolgen.

Als letztes soll auf die *Kurzwortbildung* eingegangen werden. Dabei entsteht kein neues Wort, sondern nur eine reduzierte Variante der Vollform: z. B. *EZB* für Europäische Zentralbank oder *Azubi* für Auszubildender (vgl. Fleischer & Barz 2012: 91). Kurzwörter dienen der ökonomischen Kommunikation (vgl. Steinhauer 2014), weshalb sie in der Fachsprache zahlreich sind.

3.2.1.3 Flexion

Anders als bei der Wortbildung werden bei der Flexion keine neuen Wörter bzw. Lexeme gebildet. Stattdessen ändert sich abhängig vom Äußerungskontext nur die Form des Wortes, so dass die Wörter unterschiedliche grammatische Informationen enthalten.

> Der Begriff Flexion bezeichnet die grammatische Ebene, auf der Wortformen eines Lexems angepasst (d. h. flektiert oder ‚gebeugt') werden, um grammatische Eigenschaften des Lexems und seine Funktionen im Satz zu markieren. Die Informationen, die über Flexion vermittelt werden, nennt man Flexionskategorien. (Dammel & Freywald 2023: 197)

Die Flexion geschieht, indem Endungen dazukommen (z. B. *Gruppe – Gruppe-n*) und/ oder sich das Innere des Wortes ändert (*fallen – fällt*). Man, wie in Abb. 3.4 dargestellt, unterscheidet grob zwischen der *Konjugation* (Flexion der Verben), der *Deklination* (Flexion von Nominalgruppen) und der *Komparation,* auch *Steigerung* genannt, (bei Adjektiven, z. B. *groß, größer, am größten*), wobei Letztere in diesem Kapitel nicht weiter erläutert werden soll.

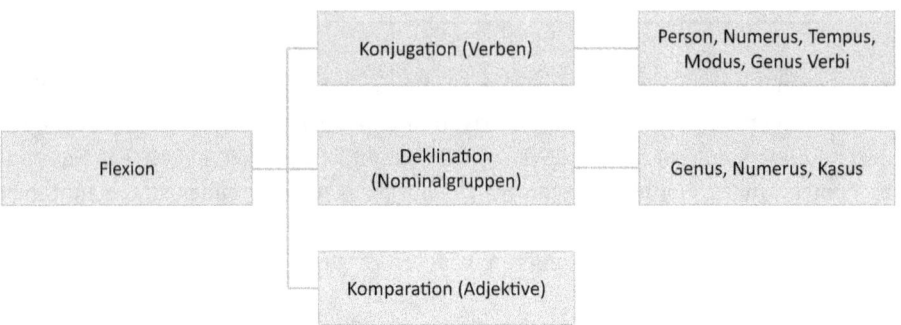

Abb. 3.4: Arten der Flexion und Flexionskategorien (eigene Darstellung).

Zunächst wollen wir uns mit der Konjugation, also der Flexion der Verben, beschäftigen. Wird ein Verb konjugiert, spricht man von einer *finiten Verbform.* Das finite Verb muss grammatisch zu dem Subjekt passen, zu dem es gehört, d. h. mit dem Subjekt *kongruieren.* Es wird daher nach den Flexionskategorien *Person* (1. bis 3. Person) und *Numerus* (Ein- oder Mehrzahl) bestimmt. Kleinkinder müssen zu Beginn des Spracherwerbs beispielsweise erst erlernen, wie Verben flektiert werden. Meist stehen die ersten Verben, die sie benutzen, im Infinitiv (*Lea malen*). Finite Verbformen sind darüber hinaus auch nach *Tempus, Modus* und *Genus Verbi* bestimmt.[2]

Das *Tempus* „ist eine Kategorie des Verbs, mit der das Verb den im Satz ausgedrückten Sachverhalt aus der Perspektive der Sprechzeit [...] in der Zeit einordnet" (IDS 2020: 20). Das Deutsche verfügt insgesamt über sechs Tempora: Präsens, Präteritum, Perfekt, Plusquamperfekt, Futur I und Futur II. Es sollen an dieser Stelle exemplarisch jedoch nur das *Präsens* und das *Präteritum* näher vorgestellt werden. Das *Präsens* kann verschiedene Funktionen haben. Es hat zwar typischerweise einen Gegenwartsbezug, kann aber, insbesondere in schriftsprachlichen Kontexten, auch für Aussagen über die Zukunft, die Vergangenheit und allgemeingültige Aussagen benutzt werden (vgl. IDS 2020: 20). Ein Beispiel für eine allgemeingültige Aussage findet sich in (12). Für u. a. historische Erzählungen ist das *historische Präsens* wichtig (13). Mit

---

[2] Wir gehen an dieser Stelle nicht weiter darauf ein, wie diese Verbformen formal im Einzelnen gebildet werden. Hinweise dazu finden sich beispielsweise in der Duden-Grammatik (vgl. Wöllstein & Duden-Redaktion 2022).

dem *Präteritum* werden typischerweise Ereignisse in der Vergangenheit eingeordnet (14):

(12) Wasser *ist* bei Raumtemperatur flüssig. (Präsens)

(13) 1914 *bricht* der erste Weltkrieg *aus*.

(14) 1914 *brach* der erste Weltkrieg *aus*. (Präteritum)

Verben können außerdem hinsichtlich des *Modus* konjugiert werden, stehen also entweder im Indikativ, Konjunktiv oder Imperativ. Der Modus dient dazu, Sachverhalte als tatsächlich (15), erwünscht (Wunsch, Aufforderung, Befehl) (16) oder potenziell bzw. irreal (17) zu markieren (vgl. IDS 2020: 22).

(15) Das Kochsalz *löst* sich im Wasser. (Indikativ)

(16) *Nimm* das Kochsalz und *schütte* es ins Wasser. (Imperativ)

(17) Der Schüler sagt, das Kochsalz *löse* sich im Wasser. (Konjunktiv)

Der Konjunktiv I wird beispielsweise zur Distanzierung der Sprecher*innen/Schreiber*innen vom Wiedergegebenen verwendet, wie der folgende Satz aus dem Beispieltext deutlich macht:

(18) Bei der Meinungsbildung fällt den Massenmedien ebenfalls eine bedeutsame Rolle zu. Dies ergibt sich aus der Überzeugung, in der Demokratie *sei* allen am meisten damit gedient, wenn Fragen von öffentlichem Interesse in freier und offener Diskussion erörtert werden. (Z. 24–31)

Die Autor*innen des Textes beziehen hier keine Stellung zu dieser Aussage, sondern kennzeichnen die im Text wiedergegebene Überzeugung zur Diskussion von Fragen von öffentlichem Interesse in einer Demokratie als referierte Fremdmeinung.

Die Kategorie *Genus Verbi* umfasst die Flexionskategorien *Aktiv* und *Passiv*. Damit werden verschiedene Perspektiven auf einen Sachverhalt eingenommen: Liegt die Perspektive auf dem Subjekt als Handlungsträger*in, so wird das *Aktiv* benutzt (19). Ist dies nicht der Fall, so kommt das *Passiv* zum Einsatz (20).

(19) Dies ergibt sich aus der Überzeugung, in der Demokratie sei allen am meisten damit gedient, wenn *die unterschiedlichen gesellschaftlichen Interessensgruppen* Fragen von öffentlichem Interesse in freier und offener Diskussion *erörtern*. (Aktiv)

(20) Dies ergibt sich aus der Überzeugung, in der Demokratie sei allen am meisten damit gedient, wenn Fragen von öffentlichem Interesse in freier und offener Diskussion *erörtert werden*. (Passiv) (Z. 12–15)

Das Passiv dient der Entpersonalisierung und ermöglicht damit die Fokussierung auf Vorgänge und Prozesse, wie in (20). In (19) hingegen werden die Agierenden (*unterschiedliche gesellschaftliche Interessensgruppen*) genannt.

Zusammenfassend kann festgehalten werden, dass Verben je nachdem, in welcher Zeitform (12–14), welchem Modus (15–18) und welchem Genus Verbi (19–20) sie stehen, unterschiedlich flektiert werden.

Nicht nur Verben, sondern auch Substantive, Artikelwörter und Adjektive werden flektiert. Wir sprechen dabei von der *Nominalflexion* oder *Deklination*. Substantive, Artikelwörter und Adjektive sind Teil einer *Nominalgruppe* oder *Nominalphrase* (vgl. Kap. 3.2.2). Bei der Nominalflexion werden die einzelnen Bestandteile einer Nominalgruppe nach bestimmten grammatischen Merkmalen dekliniert. Dabei kongruieren das Artikelwort und das Adjektiv mit dem Substantiv. Das bedeutet, dass die Endungen aufeinander abgestimmt sind, und zwar hinsichtlich der Merkmalsklassen Numerus, Kasus und Genus (Fandrych & Thurmair 2018: 142); vgl. Tab. 3.5.

Tab. 3.5: Merkmalsklassen und Merkmale bei der Nominalflexion.

Merkmalsklasse	Einzelne Merkmale
Numerus	Singular (Einzahl)/Plural (Mehrzahl)
Genus	Maskulinum/Femininum/Neutrum
Kasus	Nominativ/Akkusativ/Dativ/Genitiv

Die Flexion von Substantiven erfolgt erstens hinsichtlich *Numerus*. Bei diesem Merkmal geht es um die Anzahl dessen, worüber gesprochen wird: Steht die Nominalgruppe im Singular (*die/eine Gesellschaft*) oder im Plural (*Gesellschaften*)? Im Deutschen gibt es für die Pluralmarkierung der Substantive viele unterschiedliche Endungen (*-e, -en, -er, -n, -s*). In manchen Fällen ist die Pluralbildung zudem mit einem Umlaut verbunden (der/*ein Kampf – die Kämpfe*) oder es wird keine Pluralbildung angehängt, nämlich wenn die Substantive auf *-er, -el* oder *-en* enden. (*das/ein Zeichen – die Zeichen*).

Die Flexion der Artikelwörter und Adjektive erfolgt zweitens auch nach *Genus*. Dabei handelt es sich um das grammatische Geschlecht eines Substantivs. Im Deutschen gibt es drei Genera, die Sie am bestimmten Artikel eines Substantivs erkennen können: Maskulinum *(der)*, Neutrum *(das)* und Femininum *(die)*. In einer Nominalphrase wird die Genusmarkierung vor allem an den Artikeln und Adjektiven, die zum Substantiv hinzutreten, vorgenommen, und nur in seltenen Fällen am Substantiv selbst.

Eine dritte relevante Merkmalsklasse für die Nominalflexion ist schließlich der *Kasus* (Nominativ, Akkusativ, Dativ, Genitiv). Der Kasus eines Substantivs wird durch den Satzzusammenhang bestimmt. In dem folgenden Satzbeispiel (21) steht die Nominalgruppe *unsere Gesellschaft* im Nominativ, da es sich um das Subjekt des Satzes handelt. Die Nominalgruppen *(mit) dem direkten Gespräch* und *(mit) der untermittelbaren Kommunikation* stehen im Dativ, weil die Präposition *mit* den Dativ erfordert.

(21) Da unsere Gesellschaft viel zu großräumig geworden ist, kommen wir mit dem direkten Gespräch, der unmittelbaren Kommunikation, nicht mehr aus. (Z. 4–6)
 – *unsere Gesellschaft* (Singular, Femininum, Nominativ)
 – *(mit) dem direkten Gespräch* (Singular, Neutrum, Dativ)
 – *der unmittelbaren Kommunikation* (Singular, Femininum, Dativ)

Es bleibt festzuhalten, dass die Nominalflexion in der deutschen Sprache durch das Zusammenspiel der unterschiedlichen Merkmalsklassen relativ komplex ist. Für Lerner*innen des Deutschen, wie z. B. neu zugewanderte Schüler*innen, stellt das deutsche Deklinationssystem eine große Herausforderung dar. Die Beherrschung der Flexion wird jedoch benötigt, „um grammatisch korrekte Sätze bilden zu können und um leichter/schneller verständlich zu sein" (Horstmann, Settinieri & Freitag 2019: 166). Dies gilt insbesondere für das Genus von Substantiven. Das Genus des Substantivs „bestimmt die zu wählenden Formen von Artikeln, Adjektiven und Pronomen. Wenn das Genus eines Substantivs nicht bekannt ist, ist es also unmöglich, grammatisch korrekte Sätze zu bilden" (ebd.: 187).[3]

3.2.2 Die Phrase

Im vorangegangenen Kapitel haben wir uns mit Wörtern beschäftigt. Aus Wörtern können Sätze gebildet werden. Allerdings muss festgehalten werden: „Die unmittelbaren Bestandteile von Sätzen sind nicht Wörter, sondern hierarchisch strukturierte Gliederungseinheiten, die man als Phrasen oder Wortgruppen bezeichnet" (Wöllstein & Duden-Redaktion 2022: 36). Im vorangegangenen Abschnitt haben wir uns bereits mit *Nominalgruppen* beschäftigt. Diese können ebenso als *Nominalphrasen* bezeichnet werden. Ganz allgemein zeichnen sich Phrasen dadurch aus, dass sie ein bestimmtes Wort enthalten, das über die wesentlichen grammatischen Eigenschaften der gesamten Phrase entscheidet. Dieses Wort wird fachsprachlich auch als *Kopf* bezeichnet (vgl. Graefen & Liedke 2020: 143). Anhand der Köpfe werden unterschiedliche Arten

---

[3] Eine niedrigschwellige Unterstützung für den Genuserwerb im Fachunterricht kann sein, im Rahmen von Wortschatzarbeit neue Substantive immer mit dem jeweiligen Artikel einzuführen (vgl. Kap. 11).

von Phrasen unterschieden (vgl. auch Horstmann, Settinieri & Freitag 2019: 199). Wir fokussieren hier ausschließlich auf Nominalphrasen.

Kopf	Phrase	Beispiel
Substantiv/Nomen	Nominalphrase	das öffentliche Geschehen (Z. 3–4)

Denn im Kontext des Fachunterrichts sind Nominalphrasen häufig durch sog. *Attribute* erweitert. Attribute charakterisieren Nominalphrasen genauer und können entweder links oder rechts vom Substantiv stehen. Durch Attribute erweiterte Nominalphrasen dienen zur „expliziten Spezifizierung, d. h. möglichst vollständigen Nennung wesentlicher Merkmale fachlicher Subjekte (und Objekte) [...]" (Hoffmann 1998: 423) und haben damit eine wichtige Funktion für die exakte und ökonomische Darstellung von fachlichen Inhalten. Wichtig ist u. a., dass Sie komplexe Nominalphrasen in Texten erkennen und Schüler*innen ggf. bei der Dekodierung und Produktion von solchen unterstützen.

Es werden verschiedene Arten von Attributen (kursiv) unterschieden (Kopf der Phrase unterstrichen):

(22) <u>Funktionen</u> *der Massenmedien* (Nominalphrase mit Genitivattribut)

(23) [...] wenn <u>Fragen</u> *von öffentlichem Interesse* [...] erörtert werden. (Nominalphrase mit Präpositionalattribut) (Z. 14–15)

(24) [...] wenn Fragen von öffentlichem Interesse in *freier und offener* <u>Diskussion</u> erörtert werden. (Nominalphrase mit Adjektivattribut) (Z. 14–15)

Auch ganze Nebensätze (s. Teilkapitel 3.2.3) können als Attribute fungieren und ein Substantiv genauer beschreiben:

(25) Wir als Einzelne und die vielfältigen <u>Gruppen</u>, *die in dieser Gesellschaft bestehen*, sind darauf angewiesen [...] (Relativsatz oder Attributsatz) (Z. 6–7)
Der Attributsatz „die in dieser Gesellschaft bestehen" bestimmt hier die Nominalphrase „die vielfältigen Gruppen" näher.

Komplexe Nominalphrasen stellen sowohl in der Sprachrezeption als auch -produktion häufig eine Herausforderung dar. Die Schwierigkeit ergibt sich oft daraus, dass die Attribute sehr lang sind und/oder sowohl rechts als auch links vom Kopf der Nominalphrase (hier unterstrichen) stehen, z. B.:

(26) die *mehr oder weniger großen, zum Teil in Konkurrenz stehenden* <u>Interessens-gruppen</u> *einer modernen, differenziert strukturierten Gesellschaft.*

In Beispiel (26) sieht man, wie das Substantiv *Interessensgruppen* sowohl nach links (Partizipialattribut) als auch nach rechts (Genitivattribut) erweitert ist. Um den Satz zu verstehen, müssen der Kopf der Phrase erkannt und die auf ihn bezogenen Informationen korrekt eingeordnet werden: Es gibt Interessensgruppen, die mehr oder weniger groß sind. Diese Interessensgruppen stehen zum Teil in Konkurrenz miteinander. Diese Interessensgruppen sind Teil einer Gesellschaft, die modern und differenziert strukturiert ist.

3.2.3 Der Satz

Die Syntax beschäftigt sich mit den Regeln der Zusammensetzung von Wörtern und Wortgruppen zu *Sätzen* (vgl. Horstmann, Settinieri & Freitag 2019: 199). Die Fähigkeit, Sätze zu bilden und verstehen zu können, ist auch für den Fachunterricht zentral: Erstens müssen Schüler*innen im Unterricht komplexe fachliche Zusammenhänge nachvollziehen können, die in Sätzen und Satzverbindungen ausgedrückt werden. Zweitens ist es im Bereich der Produktion für den Kompetenzerwerb förderlich, wenn Schüler*innen im Unterricht auch mündlich wie schriftlich komplexe Texte produzieren können. Drittens erfordert die sprachliche Umsetzung fachlicher Operatoren, vor allem in den Anforderungsbereichen 2 und 3, die Formulierung von einzelnen oder mehreren miteinander verbundenen Sätzen.

Um die Architektur der Sätze im Deutschen besser zu verstehen, kann das sog. *topologische Feldermodell* (vgl. z. B. Meibauer et al. 2015:122–126) helfen. Dabei handelt es sich um ein Modell, das die Struktur deutscher Sätze abbildet, indem diese in Abschnitte (Felder) unterteilt werden. Die Felder ergeben sich aus den Verbpositionen. Denn diese

> [...] bilden im Deutschen sozusagen das Gerüst des Satzes, ähnlich wie zwei Pfeiler, die eine Brücke stützen. Da zwischen den Prädikatsteilen mehrere Phrasen stehen können, die dann vom finiten und infiniten Prädikatsteil umschlossen (oder: eingeklammert bzw. eingerahmt) werden, werden die beiden Verbpositionen auch als ‚Satzrahmen' oder ‚Satzklammer' bezeichnet. (Freywald 2023: 147)

Die Satzklammer besteht aus der *linken* und der *rechten* Satzklammer. Beide umschließen das sog. Mittelfeld. Das Feld vor der linken Satzklammer wird Vorfeld genannt.

Im Deutschen steht das finite Verb in Hauptsätzen normalerweise an zweiter Stelle, d. h. in der linken Satzklammer (Bsp. 1–2; vgl. Tab. 3.6). Man spricht dann von *Verbzweitstellung.* Kommt in dem Satz ein mehrteiliges Prädikat vor, so steht der zweite Teil des Prädikats in der rechten Satzklammer (Bsp. 1–2). In Nebensätzen ist

Tab. 3.6: Stellungsfeldermodell.

Verbstellung	Vorfeld	Linke Satzklammer	Mittelfeld	Rechte Satzklammer
1 Verbzweitstellung	Bei der Meinungsbildung	**fällt**	den Massenmedien ebenfalls eine bedeutsame Rolle	zu.
2 Verbzweitstellung	Die Massenmedien	**sollen**	so vollständig, sachlich und verständlich wie möglich	informieren,
3 Verbletztstellung		damit	Ihre Nutzerinnen und Nutzer in der Lage	**sind**, ...
4 Verberststellung		**Informieren**	die Massenmedien tatsächlich vollständig und sachlich?	
5 Verberststellung		**Informiere**	dich!	
6 Verberststellung		**Werden**	Fragen von öffentlichem Interesse in freier und offener Diskussion,	erörtert,
7 Verbzweitstellung	dann	**besteht**	die Hoffnung ...	

die *Verbletztstellung* erforderlich (Bsp. 3). Das Wort, das den Nebensatz einleitet (in diesem Fall *damit*) steht dann in der linken Satzklammer, das finite Verb (*sind*) in der rechten Satzklammer. Es gibt aber auch die *Verberststellung*, z. B. bei Entscheidungsfragen (Bsp. 4), Imperativen (Bsp. 5) und sog. Verberstsätzen (Bsp. 6). Hier steht das Verb in der linken Satzklammer und das Vorfeld ist nicht besetzt. Die Verberstsätze haben die Besonderheit, dass sie durch die Stellung des finiten Verbs in der linken Satzklammer eine besondere Bedeutung erhalten: In dem Satz

(27) <u>Werden</u> Fragen von öffentlichem Interesse in freier und offener Diskussion erörtert, <u>dann</u> besteht die Hoffnung ...

wird allein durch die Verberststellung eine konditionale Bedingung ausgedrückt. Der Satz könnte auch folgendermaßen paraphrasiert werden:

(28) <u>Wenn</u> Fragen von öffentlichem Interesse in freier und offener Diskussion erörtert werden, <u>dann</u> besteht die Hoffnung ...

Verberstsätze mit konditionaler Bedeutung kommen in der Alltagssprache eher selten vor, werden aber beispielsweise häufig in naturwissenschaftlichen Texten verwendet (vgl. Siegmund 2022: 89–90). Damit ist der Unterricht der Ort, an dem die Schüler*innen dieser unvertrauten Konstruktion begegnen und sie erwerben müssen (vgl. Siegmund 2022: 90).

Eine weitere wichtige Unterscheidung ist die zwischen *einfachen Sätzen, Satzgefügen und Satzreihen*. Wie durch das Feldermodell deutlich wurde, lassen sich Haupt- und Nebensätze formal ganz einfach an der Stellung des finiten Verbs (Verbzweitstellung in Hauptsätzen, Verbletztstellung in Nebensätzen) erkennen. Ein einfacher Satz besteht nur aus einem Hauptsatz, während ein Satzgefüge ein Satz ist, „der aus mehreren Teilsätzen besteht. Einer davon ist der Hauptsatz, der oder die anderen sind Nebensätze. Der Hauptsatz ist den Nebensätzen übergeordnet" (IDS 2020: 27).

(29) Wir als Einzelne und die vielfältigen Gruppen, die in unserer Gesellschaft bestehen, sind darauf angewiesen, miteinander ins Gespräch gebracht zu werden. (Z. 6–7)

Bei Beispiel (29) handelt es sich z. B. um ein Satzgefüge. In den Hauptsatz ist ein Nebensatz (*die in unserer Gesellschaft bestehen*) eingefügt. Mit Satzgefügen können im Fachunterricht komplexe Sachverhalte ausgedrückt werden und sie können gleichzeitig – je nachdem, wie verschachtelt sie sind – zu Verständnisschwierigkeiten führen. Mit *Satzreihen* ist eine Aneinanderreihung von Sätzen oder Satzgefügen gemeint (vgl. IDS 2020: 27), die z. B. durch den Junktor „und" verbunden wird.

(30) Wir sprechen miteinander und wir streiten miteinander.

Nebensätze können hinsichtlich ihrer Funktion grob in drei Typen unterschieden werden (nach Reich & Reis 2013): Erstens können sie eine inhaltliche Leerstelle füllen, die sich aus dem Hauptsatz ergibt (*Komplementsätze*, Beispiel (31)), zweitens können sie sich auf einen nominalen Ausdruck im Hauptsatz beziehen und diesen näher beschreiben (*Attributsätze*, Beispiel (32)) und drittens können sie eine inhaltliche Beziehung zu dem übergeordneten Hauptsatz herstellen (*Adverbialsätze*, Beispiel (33)). Dabei ist allen Nebensätzen gemein, dass sie durch bestimmte Funktionswörter eingeleitet werden, die in der linken Satzklammer stehen und in den Beispielen unterstrichen sind:

(31) Dabei müssen wir uns der Tatsache bewusst werden, *dass wir die Welt zum großen Teil nicht mehr unmittelbar erfahren* […]. (Komplementsatz)

(32) Wir als Einzelne und die vielfältigen Gruppen, *die in unserer Gesellschaft bestehen*, sind darauf angewiesen, miteinander ins Gespräch gebracht zu werden […]. (Attributsatz/Relativsatz)

(33) Mit dem direkten Gespräch, der unmittelbaren Kommunikation, kommen wir nicht mehr aus, *da unsere Gesellschaft viel zu großräumig geworden ist.* (Adverbialsatz)

Alle drei Typen von Nebensätzen kommen in der fachsprachlichen Kommunikation vor. Adverbialsätze (vgl. Tab. 3.7) sind besonders wichtig, wenn man bestimmte fachliche Zusammenhänge zum Ausdruck bringen möchte (ähnlich wie mit den Adverbien, vgl. Tab. 3.3).

Tab. 3.7: Auswahl von Adverbialsätzen (Beispiele aus Beese et al. 2017: 19).

Bedeutung	Beispiel
Zeitliche Abfolge (Temporal)	*Bevor die Gänse in den Süden fliegen, bilden Sie einen Schwarm.*
Begründung (Kausal)	*Sie wird durch forstlichen Anbau in Deutschland verbreitet, da sie wertvolles Nutzholz liefert.*
Mittel (Modal)	*Die Spannungsunterschiede entstehen, indem verschiedene positiv oder negativ geladene Ionen durch die Zellmembran wandern.*

3.3 Fazit

In diesem Kapitel haben Sie drei zentrale Gegenstände der Grammatik kennengelernt bzw. Ihr Wissen dazu aufgefrischt: das Wort, die Phrase und den Satz. Dabei wurden Sie mit grundlegenden Kategorien und Konzepten der Morphologie und Syntax vertraut gemacht. Es ist hoffentlich deutlich geworden, dass es auch für Sie als Fachlehrkräfte, die keine Sprache unterrichten, wichtig ist, einen Überblick über die in der fachlichen Kommunikation häufigen sprachlichen Formen und ihre Funktionen zu haben. Mit diesem Wissen können Sie Ihre Schüler*innen beim Erwerb und beim Gebrauch genau dieser sprachlichen Mittel unterstützen und so fachliche Lernprozesse effektiver gestalten.

Aufgaben nach dem Lesen
1. Nachfolgend finden Sie sechs Fragen und Äußerungen von Deutschlernenden, die aufzeigen, wie ,merkwürdig' die deutsche Sprache ist – bitte ordnen Sie die sechs Fragen den verschiedenen linguistischen Beschreibungsebenen a-f zu?[4]

---

[4] Die Übung stammt aus: Barkowski, Hans, Patrick Grommes, Beate Lex, Sara Vincente, Franziska Wallner & Britta Winzer-Kiontke (2017): *Deutsch als fremde Sprache* (Dll 3). Stuttgart: Klett-Langenscheidt.

1) Warum muss ich das /h/ in *gehen* ignorieren? In *geheim* wird das /h/ ja ausgesprochen.	a) Die Pragmatik geht der Frage nach, wie bestimmte Wörter, Wendungen oder Sätze in einem bestimmten Kontext richtig gebraucht werden.
2) Laut Fahrplan müsste der Zug schon da sein. Was bedeutet *laut* in dieser Äußerung?	b) Die Morphologie befasst sich mit den Bausteinen, aus denen Wörter bestehen, und beschreibt, wie sie gebildet werden.
3) Zwei Mädchen, zwei Brüder, zwei Häuser, zwei Kleider, zwei Hunde, zwei Kugeln, zwei Betten, zwei Parks ... Wie viele Möglichkeiten, den Plural zu markieren, gibt es denn noch?	c) Die Lexikologie beschäftigt sich u. a. mit der Frage, wie sich Wörter in Klassen aufteilen und wozu diese Klassen dienen. Die Semantik untersucht die Bedeutung sprachlicher Zeichen, also von Wörtern, aber auch von morphologischen Einheiten.
4) Deutsch ist irgendwie willkürlich, z. B. muss man auf die Frage *Wie geht es dir?* antworten *Es geht mir gut.* oder *Gut!*, das ist beides in Ordnung, aber *Geht es gut.* darf man nicht sagen. Können Sie mir das erklären?	d) Die Syntax beschäftigt sich mit den Regeln nach denen aus einzelnen Wörtern Sätze gebildet werden können.
5) *König* sprichst du wie in ‚ich' aus, aber warum muss ich das mit einem < g > am Ende und nicht mit < ch > schreiben? Das verstehe ich nicht.	e) Die Phonetik beschreibt die Laute, die es in einer bestimmten Sprache gibt. Die Phonologie beschäftigt sich mit den Regeln, nach denen Wörter und Sätze ausgesprochen werden.
6) In den Ferien war ich in Deutschland und da hat eine Passantin gelacht, als ich sie nach dem Weg fragen wollte und sie mit *Sehr geehrte Frau* angesprochen habe. Hatten Sie nicht gesagt, dass *Sehr geehrte Dame* höflich ist?	f) Die Graphematik beschäftigt sich mit dem Verhältnis von geschriebenen Formen zu lautlichen Formen.

2. Bestimmen Sie die Wortart der unterstrichenen Wörter in dem Text unten.
3. Bestimmen Sie in dem Text unten die Attribute (Adjektiv-/Präpositional- oder Genitivattribut) der kursiv gesetzten Nominalphrasen. Hinweis: Eine Nominalphrase kann auch mehrere Attribute haben!

Funktionen der Massenmedien
1 **Informationsfunktion**
Die Massenmedien sollen so vollständig, sachlich und verständlich wie möglich informieren, damit ihre Nutzerinnen und Nutzer in der Lage sind, das öffentliche Geschehen zu verfolgen. Da unsere Gesellschaft viel zu großräumig geworden ist, kommen wir mit dem direkten Gespräch,
5 der unmittelbaren Kommunikation, nicht mehr aus. Wir als Einzelne und die vielfältigen Gruppen, die in Gesellschaft bestehen, sind darauf angewiesen, miteinander ins Gespräch gebracht zu werden – dafür sollen die Massenmedien sorgen. Dabei müssen wir uns der Tatsache bewusst sein, dass wir die Welt zum großen Teil nicht mehr unmittelbar erfahren; es handelt sich überwiegend um eine durch Medien vermittelte Welt.

10 **Meinungsbildungsfunktion**
Bei der Meinungsbildung fällt den Massenmedien ebenfalls *eine bedeutsame Rolle* zu. Dies ergibt sich aus der Überzeugung, in der Demokratie sei allen am meisten damit gedient, wenn *Fragen von öffentlichem Interesse* in freier und offener Diskussion erörtert werden. Es besteht dann die Hoffnung, dass im *Kampf der Meinungen* das Vernünftige die Chance hat, sich durchzusetzen. Da
15 in einer modernen, differenziert strukturierten Gesellschaft eine Vielzahl von mehr oder weniger großen, zum Teil in Konkurrenz zueinanderstehenden Interessengruppen existiert, gehört es auch zu den Aufgaben der Massenmedien, diesen Meinungspluralismus in einem angemessenen Verhältnis widerzuspiegeln.

4. Bitte ordnen Sie die folgenden Sätze in das Feldermodell bzw. die Tabelle unten ein:
   1) Bestehen Atome aus Protonen?
   2) Im Kunstunterricht können Schüler*innen ihre kreativen Fähigkeiten entfalten.
   3) Melde dich!
   4) Werden die binomischen Formeln im Unterricht behandelt,
   5) dann entstehen viele Fragen.
   6) Der Englischlehrer wird den Vokabeltest erst am Montag zurückgeben,
   7) damit er mehr Zeit für die Korrektur hat.

	Verbstellung	Vorfeld	Linke Satzklammer	Mittelfeld	Rechte Satzklammer
1					
2					
3					
4					
5					
6					
7					

Weiterführende Literatur

https://grammis.ids-mannheim.de/progr@mm
Das grammatische Informationssystem LernGrammis des Instituts für Deutsche Sprache stellt ein digitales, interaktives und modulares Lehr- und Lernangebot für sprachliches Wissen dar.
Ossner, Jakob (2022): *Grammatik: verstehen – erklären – unterrichten. Theorie und Praxis der Schulgrammatik des Deutschen.* Stuttgart: utb.
Dieser Band stellt anhand vieler Beispiele ein grammatisches Curriculum für die Klassen 1-10 aller Schularten vor. Ein Glossar hilft beim Verständnis der Terminologie.

4 Funktion und Herausforderung von Sprache im Kontext der Wissensvermittlung

Aufgaben vor dem Lesen

1. Bitte stellen Sie sich folgende Situation vor: Sie besuchen eine Vorlesung zum Thema Sprachbildung. Nach drei Wochen sind die PowerPoint-Präsentationen zur Vorlesung noch immer nicht auf Ihrer digitalen Lernplattform eingestellt. Sie möchten die Vorlesung gerne nachbereiten und kontaktieren daher die Professorin:
   a) Schreiben Sie zwei E-Mail-Versionen: Formulieren Sie eine Mail, die so höflich wie möglich ist und in der Sie nicht zu fordernd klingen. Formulieren Sie eine weitere Mail, die möglichst kurz ist. Es ist auch in Ordnung, wenn sie unhöflich klingt.
   b) Vergleichen Sie die beiden Mails. Was unterscheidet sie auf sprachlicher und was auf inhaltlicher Ebene?
2. Lesen Sie sich die Aufgaben a) bis c) durch. Wie würden Sie den Schwierigkeitsgrad der Aufgaben ordnen? Welche Aufgabe ist am leichtesten formuliert, welche am schwierigsten? Woran erkennen Sie das?

(a) Tim will, dass eine Glühlampe leuchtet. Er nimmt vier Dinge: eine Batterie, eine Glühlampe, ein kurzes Kabel und ein langes Kabel. Er verbindet alles zu einem Stromkreis. [...]

(b) Tim hat vor, eine Glühlampe zum Leuchten zu bringen. Er baut einen Stromkreis auf, für den er vier Gegenstände miteinander verbindet: eine Batterie, eine Glühlampe sowie ein kurzes und ein langes Kabel [...].

(c) Mit dem Ziel, eine Glühlampe zum Leuchten zu bringen, verbindet Tim vier Einzelbauteile – eine Batterie, eine Glühlampe, ein kurzes und ein langes Kabel – zu einem Stromkreis. [...]

Heine et al. (vgl. 2018: 86)

---

3. Lesen Sie den nachfolgenden Auszug aus einem Schulbuchtext aus dem Fach Geschichte über das Ende des Ersten Weltkrieges und notieren Sie zwei bis drei Aspekte, die das Verstehen für Schüler*innen erschweren könnten.

Aufgabe: Liste Gründe für den Wandel in der Stimmung in Deutschland auf. Halte auf dieser Grundlage eine Rede gegen die Fortführung des Krieges.

1918 – „ein Ende mit Schrecken"

1 Nach der anfänglichen Kriegsbegeisterung sehnten die Menschen das Ende des
2 Krieges herbei. „Besser ein Ende mit Schrecken als ein Schrecken ohne Ende",
3 dachten viele. Wie kam es zu diesem Sinneswandel?

4	**Der Kriegsalltag zu Hause**
5	Mit jedem Tag des Krieges breiteten sich Enttäuschung, Trauer und Not aus.
6	Fast jede Familie hatte den Tod eines oder mehrerer Söhne, des Bruders oder
7	des Ehemanns zu beklagen. Viele Frauen mussten zunehmend anstrengende
8	Tätigkeiten in Rüstungsbetrieben und in anderen „Männer-Berufen" überneh-
9	men. Kinder sammelten Obstkerne und Kaninchenfelle, Altmetalle und Frau-
10	enhaar. Diese Materialien ersetzten wichtige Rohstoffe, die wegen der engli-
11	schen Blockade nicht mehr eingeführt werden konnten. Seife, Leder und andere
12	Güter des täglichen Bedarfs waren dennoch bald Mangelwaren. Für fehlende
13	Lebensmittel gab es hingegen kaum Ersatz. Viele Menschen hungerten daher
14	seit 1916/17, fast 70000 starben an Unterernährung.
15	Dieser totale Krieg zermürbte die Menschen zunehmend. Hinzu kam die Ver-
16	bitterung über die Regierung, die unwillig und unfähig schien, die ausweg-
17	lose Lage zu verbessern. Auch auf versprochene politische Reformen hatten
18	die Menschen vergebens gehofft. Seit 1916/17 kam es daher zu immer mehr
19	Massenprotesten nicht nur für Frieden und Brot, sondern auch gegen die be-
20	stehende politische Ordnung.

(Sauer 2009: 319; gekürzt und leicht angepasst)

4.1 Einleitung

In der Diskussion um Sprachbildung und sprachbildenden Unterricht wird häufig thematisiert, welche sprachlichen Schwierigkeiten Schüler*innen im Schulalltag haben und wie man sie bei diesen Schwierigkeiten unterstützen kann. Es könnte beispielsweise darum gehen, dass ein bestimmter Lehrbuchtext sprachlich zu schwierig ist und das Textverständnis deshalb eingeschränkt sein könnte. Auf diese Weise wäre auch der fachliche Kompetenzerwerb gefährdet. Dementsprechend finden sich verschiedene Lösungsvorschläge, die darauf abzielen, diese Schwierigkeiten zu ‚beseitigen'. Dies kann z. B. erfolgen, indem Schulbuchtexte vereinfacht werden oder Glossare mit Worterklärungen erstellt werden. Aus dieser Perspektive, die in Kap. 4.2 behandelt wird, geht es also um Schwierigkeiten, die zunächst identifiziert und im Anschluss möglichst behoben werden. Eine andere Perspektive, die beim Fokus auf sprachliche Schwierigkeiten, Herausforderungen oder Hürden jedoch oft außer Acht gelassen wird, ist die auf die *Funktionalität* von Sprache (vgl. Kap. 4.3). Denn die konkrete Sprachverwendung ist jeweils funktional und nicht beliebig. So geht die Vereinfachung von Texten in so gut wie jedem Fall auch mit einer Veränderung des Inhalts einher.

Das vorliegende Kapitel beleuchtet diese zwei Perspektiven auf Sprach(en)verwendung in der Schule exemplarisch an hand der Arbeit mit Schulbuchtexten.[1] Eine eher auf Herausforderungen und Schwierigkeiten hin orientierte Herangehensweise würde u. a. folgende Fragen an Texte stellen:
- Welche Wörter kennen die Schüler*innen nicht?
- Welche Aspekte des Textes könnten das Textverständnis erschweren?
- Wie kann ich als Lehrer*in den Text bzw. die Arbeit mit dem Text entlasten?

Im Gegenzug dazu würde eine auf funktionale Aspekte von Sprache hin orientierte Herangehensweise eher folgende Fragen zur Folge haben:
- Welche Eigenschaften hat der Text – warum ist er so und nicht anders aufgebaut?
- Welche Besonderheiten fachlicher Kommunikation bzw. der Textsorte weist der Text auf?
- Was können Schüler*innen über den Zusammenhang von Sprache und Inhalt aus dem Text lernen?

Besonders hervorzuheben ist, dass Fragen der ersten Perspektive vor allem in als leistungsschwach angesehenen Gruppen bzw. mit Blick auf Schüler*innen, die als weniger sprachstark eingeschätzt werden, gestellt werden. Auch für diese Schüler*innen sollte jedoch die zweite Perspektive der Funktion von Sprachverwendung fruchtbar gemacht werden. Beide Perspektiven weisen zwar Überschneidungen auf, dennoch sind die Antworten auf die oben gestellten Fragen selten deckungsgleich. So ist das, was besonders oder typisch für einen bestimmten Fachtext und fachliche Kommunikation ist, nicht unbedingt eine Herausforderung für das Verstehen eines Textes. Umgekehrt ist nicht alles, was eine Herausforderung für Verstehen darstellt bzw. darstellen könnte, besonders relevant für fachsprachliches Lernen. Genau weil diese beiden Perspektiven unterschiedliche Foki setzen, gehen wir davon aus, dass die Berücksichtigung beider für eine gelungene Sprachbildung von großer Bedeutung ist und sie sich im besten Fall konstruktiv ergänzen. Die Anwendung der beiden Perspektiven erfolgt hier linear nacheinander, um besser Unterschiede der Herangehensweise und Ergebnisse darzustellen. Tatsächlich handelt es sich in der praktischen Umsetzung eher um wechselseitige Beeinflussung. Erst durch die Identifizierung eines als Herausforderung eingeordneten Merkmals wird ggf. dessen Funktionalität hinterfragt und geklärt. Das vorliegende Kapitel konzentriert sich auf die Anwendung der beiden Perspektiven auf von den Schüler*innen zu lesende Texte, um möglichst kohärente und konkrete Ausführungen zu ermöglichen (Kap. 4.4). Selbstverständlich ist eine Übertra-

---

[1] Wir danken an dieser Stelle Geeske Strecker ganz herzlich für hilfreiche Kommentare und Ergänzungen zu diesem Kapitel.

gung auf andere Kontexte (z. B. Texte, die Schüler*innen schreiben und nicht lesen sollen) möglich und sinnvoll.

4.2 Sprachliche Herausforderungen im Fachunterricht

In diesem Teilkapitel steht die herausforderungsorientierte Herangehensweise im Fokus. Was macht Texte leicht, und was macht sie schwer verständlich? Dieser Frage haben sich sehr viele Untersuchungen in der Leseforschung gewidmet. Dabei ist die Antwort auf diese Frage nicht ganz einfach: „Die tatsächlichen Anforderungen beim Leseverstehen ergeben sich aus einem Komplex an individuellen und situativen Faktoren in dynamischer Interaktion mit einem Textprodukt" (Heine et al. 2018: 80). Es gibt also nicht DAS eine sprachliche Merkmal, das einen Text einfach oder schwer verständlich macht. Allerdings gibt es Hinweise darauf, „(...), dass das Vorkommen strukturell einfacher, semantisch klarer und hochfrequenter Konstruktionen im Text das Sprachverstehen erleichtert (...)." (Heine et al. 2018: 80). Was genau das bedeutet, wird nachfolgend ausgeführt. Wir beziehen uns dabei auf Heine et al. (vgl. 2018), weil diese Publikation auf empirischen Erkenntnissen basiert, die für den Umgang mit Texten in der Schule anschlussfähig sind.

Strukturelle Komplexität als erster Aspekt von möglicher Schwierigkeit hängt mit dem kognitiven ‚Aufwand', der für Verstehen notwendig ist, zusammen. Im Deutschen steht die relevante Information häufig in Form des infiniten Verbs am Ende eines Satzes und je länger ein Satz ist und je mehr Informationen er enthält, desto stärker wird das Arbeitsgedächtnis belastet. So dürfte der nachfolgende Beispielsatz selbst für Sie als kompetente Leser*innen nicht ganz unaufwändig in der Dekodierung sein:

(1) Die Merkmale der oft als Sprache der Öffentlichkeit bezeichneten und durch konzeptionelle Schriftlichkeit gekennzeichneten Bildungssprache, die aktuell umfassend empirisch erforscht werden, sind nicht schwer zu erlernen, wenn man sich eingehend damit beschäftigt.

Kernaussage des Satzes ist, dass die Merkmale der Bildungssprache ‚nicht schwer zu erlernen sind'. Diese Aussage muss man aus der komplexen Struktur jedoch erst ‚herausfiltern'. Dafür sind vor allem syntaktische Analysefähigkeiten notwendig.

Neben der strukturellen Komplexität stellt zweitens die *Eindeutigkeit von Form-Bedeutungsbeziehungen* einen wichtigen Baustein für die Verständlichkeit dar. Informationen sind dann semantisch klar, wenn sie nicht mehrdeutig sind. Das Wort *Bank* z. B. hat unterschiedliche Bedeutungen. Der Satz „Ich gehe zur Bank." ist mehrdeutig. Es kann ein Gebäude gemeint sein, in dem eine Bank untergebracht ist, oder eine Sitzgelegenheit aus Holz oder Stein.

Ein dritter Aspekt, der für Textschwierigkeit von Bedeutung ist, ist die *Frequenz*, also die Verwendungshäufigkeit, wobei die Grundlage solcher Einschätzungen i. d. R. alltags- und bildungssprachliche Sprachverwendung (z. B. Zeitungskorpora) bilden. Tendenziell gilt, je frequenter ein Wort, desto leichter verständlich ist es. Wörter wie *sein, machen, Haus, Schwimmbad, gut, groß* sind leichter zu verstehen als Wörter wie *erstehen, Gebälk, betagt, erschwinglich* (Beispiele aus Heine et al. 2018: 82 sowie ergänzt).

In Tab. 4.1 sind die drei erläuterten Aspekte zur Erfassung von sprachlicher Schwierigkeit bei der Dekodierung von Texten noch einmal im Überblick zusammengefasst und mit Beispielen ergänzt dargestellt. Wichtig ist, zu betonen, dass sich alle drei Aspekte sowohl auf Wort-, Satz- und Textebene beziehen lassen.

In den Aufgaben vor dem Lesen haben Sie sich mit drei Varianten einer Aufgabe beschäftigt:

1) Tim will, dass eine Glühlampe leuchtet. Er nimmt vier Dinge: eine Batterie, eine Glühlampe, ein kurzes Kabel und ein langes Kabel. Er verbindet alles zu einem Stromkreis. [...]
2) Tim hat vor, eine Glühlampe zum Leuchten zu bringen. Er baut einen Stromkreis auf, für den er vier Gegenstände miteinander verbindet: eine Batterie, eine Glühlampe sowie ein kurzes und ein langes Kabel [...].
3) Mit dem Ziel, eine Glühlampe zum Leuchten zu bringen, verbindet Tim vier Einzelbauteile – eine Batterie, eine Glühlampe, ein kurzes und ein langes Kabel – zu einem Stromkreis. [...]

In Anlehnung an die bisherigen Ausführungen lässt sich konkret beschreiben, warum Aufgabenstellung 3) als schwierigste Variante eingeordnet werden kann:

> Bestimmtes Vokabular wird dabei über die Versionen hinweg konstant gehalten: *Glühlampe, Batterie, (kurzes und langes) Kabel, Stromkreis* und auch *verbinden* sind für das fachliche Problemlösesezenario notwendiges Fachvokabular und werden daher bei allen drei Versionen identisch realisiert [...].Während Version 1 allerdings mit *wollen, nehmen* und *Dinge* hochfrequente und einfache Lexeme realisiert, finden sich in Version 2 als Entsprechung Partikelverben (*vorhaben, aufbauen*) und mit *Gegenstände* ein typisch bildungssprachliches Lexem mit mittlerer Häufigkeit. Version 3 realisiert vergleichbares Vokabular wie Version 2, tauscht aber Gegenstände gegen seltene und morphologisch komplexe *Einzelbauteile* aus; vor allem aber setzt es auf syntaktischer Ebene eine komplexe Konstruktion um: Was in Version 1 in kurzen Einzelsätzen mit Standardwortstellung und in Version 2 mit einfachen und verhältnismäßig kurzen Nebensatzkonstruktionen umgesetzt wird, kommt in Version 3 in einem einzigen Satzgefüge zum Ausdruck. Dieses weicht von der kanonischen Wortstellung ab [...] und erfordert durch den langen Einschub in den Gedankenstrichen eine verhältnismäßig große Gedächtnisleistung. (Heine et al. 2018: 86–87)

Abschließend lassen sich basierend auf Heine et al. (vgl. 2018) folgende Leitfragen zur Einschätzung sprachlicher Schwierigkeiten in Texten ableiten, die als Grundlage für die Unterrichtspraxis dienen können:

- Enthält der Text Wortschatz, der im Alltag der Schüler*innen eher selten vorkommt (niedrig-frequent) und/oder mehrdeutig ist?
- Enthält der Text viele lange und komplexe Einzelwörter?
- Enthält der Text lange Sätze und komplexe Syntax?

Tab. 4.1: Prinzipien zur Erfassung sprachlicher Schwierigkeit (zusammenfassende Darstellung in Anlehnung an Heine et al. 2018: 75–85).

	Beschreibung	Beispiele für eher schwierigkeitsgenerierende Merkmale
Strukturelle Komplexität	– Das Arbeitsgedächtnis hat begrenzte Kapazitäten für die Verarbeitung von Informationen. Daher stellt sich die Frage: Wie hoch sind die Kosten der kognitiven Verarbeitung für bestimmte sprachliche Strukturen? – Die Schwierigkeit hängt auch davon ab, wie viele Einzelelemente verarbeitet werden müssen.	– Auf Wortebene Wortlänge und morphologische Komplexität (z. B. Nominalisierungen, Komposita) – Passivkonstruktionen – Untypische und komplexe Syntax erhöhen die Lesezeit – Je weiter ein Relativsatz vom Bezugsnomen entfernt ist, desto länger sind die Lesezeiten (_Diese Materialien ersetzten wichtige Rohstoffe für die Menschen, die wegen der englischen Blockade nicht mehr eingeführt werden konnten._)
Eindeutigkeit von Form-Bedeutungsbeziehungen	– Geringe Transparenz entsteht auf semantischer Ebene durch uneindeutige Form-Bedeutungsbeziehungen. – Wörter oder Ausdrücke, die mehrdeutig sind, sind schwierigkeitsgenerierend. – Der Zusammenhang des Textes wird über sprachliche Mittel wie Pronomen hergestellt – diese können ggf. auch das Verständnis erschweren.	– z. B. Ausdrücke, die sowohl eine konkrete, alltägliche und/oder abstraktere Bedeutung aufweisen (_scheinen, durchgehen, Pech_) – Präfixverben, die sich aus Präfix (_er- ver-, be-_) und alltäglich gebräuchlichen Verb zusammensetzen (_stehen – erstehen, verstehen, bestehen_) – Wiederaufnahmen durch Pronomen können Verständnis erschweren, wenn das Bezugsnomen weiter entfernt steht oder ambig sein, wenn keine eindeutige Zuordnung möglich ist (z. B. _Der Junge geht spazieren. Er überquert die Straße_ vs. _Der Junge geht mit seinem Hund spazieren. Er ist sieben Jahre alt._)
Frequenz (Häufigkeit)	– Selten abgerufene Strukturen können u. a. aufgrund mangelnder Automatisierung weniger gut abgerufen werden. – Geringe Vertrautheit und geringe Automatisierung sind schwierigkeitsgenerierende Einflussfaktoren.	– Verwendung wenig frequenter Verben, Adjektive, Substantive etc. – Verwendung wenig frequenter Zeitformen (z. B. Präteritum und Plusquamperfekt)

- Enthält der Text wenig frequente, ungewöhnliche Syntax?
- Werden im Text mehr- bzw. nicht ganz eindeutige Bezüge zwischen Sätzen und Textteilen hergestellt?

Je mehr dieser Fragen mit einem Ja beantwortet werden, desto höher ist die Komplexität des Textes. Antworten auf diese Fragen sollten für die Planung des Unterrichts berücksichtigt werden, wenn ein Text zum Einsatz kommen soll. Ein konkretes Beispiel dafür wird in Teilkapitel 4.4 gegeben. Im nächsten Teilkapitel wird jedoch zunächst auf die funktionale Perspektive eingegangen.

4.3 Funktionen von Fach- und Bildungssprache im Fachunterricht

Eine funktionale Perspektive auf Sprache fragt danach, „(...) wozu wir Sprache haben und was wir damit tun und erreichen können, wie wir uns verständigen und woran wir scheitern können, welche Formulierungen unser Handeln gelingen lässt" (Hoffmann 2006: 21). Das bedeutet, dass wir mit Sprache aktiv etwas tun bzw. etwas bewirken (wollen). Dies soll an einem Beispiel illustriert werden. Nachfolgend finden Sie mehrere E-Mailentwürfe[2], im Rahmen derer eine Professorin darum gebeten wird, Powerpoint-Präsentationen auf die digitale Lernplattform zu stellen (s. entsprechende Aufgabe vor dem Lesen). Die Antworten beinhalten verschiedene Merkmale von (Un-)Höflichkeit und wirken insgesamt unterschiedlich (un-)höflich. Wie aber erreichen wir es, ‚höflich' oder ‚unhöflich' zu sein bzw. zu wirken?

Beispiel 1
Sehr geehrte Frau Professorin XXX,
ich habe soeben die Vorlesung der letzten Wochen nachbereitet und die PPP gesucht. Könnten Sie mir bitte sagen, wo diese zu finden sind? Ich entschuldige mich für Unannehmlichkeiten.
Mit freundlichen Grüßen
Student*in
Beispiel 2
Sehr geehrte Frau Prof. XXX,
ich kontaktiere Sie, um Sie daran zu erinnern, dass die PPP noch nicht hochgeladen worden sind. Da ich diese für die Vorbereitung auf die Prüfung benötige, wäre es sehr hilfreich, wenn Sie das noch tun könnten. Ich verstehe, dass Sie sehr viel zu tun haben und sicher viele Mails erhalten, wäre aber sehr dankbar, wenn Sie die PPP zeitnah einstellen könnten.
Herzlichen Dank und viele Grüße
Student*in

---

2 Es handelt sich um leicht angepasste Mitschriften von Studierendenmails, die diese Mails im Rahmen einer Vorlesungssitzung als Teil einer Übung geschrieben und vorgelesen haben.

Beispiel 3
Hallo Frau XXX,
können Sie mal die Präsentationen von den letzten Wochen einstellen?
MfG
Student*in
Beispiel 4
Hallo,
bitte laden Sie die PPP hoch!
Student*in

Höflichkeit wird in den Mails über verschiedene sprachliche und textuelle Mittel hergestellt. So wird der Konjunktiv II (*könnten, wäre*) verwendet, um indirekte Fragen oder Bitten höflicher zu formulieren (*Könnten Sie mir bitte sagen [...]*). Vermieden wird dafür der Imperativ (in Beispiel 4 aber [...] <u>laden</u> *Sie die Präsentation [...] <u>hoch</u>.*). Auf lexikalischer Ebene können bestimmte formelhafte Wendungen (z. B. *Herzlichen Dank im Voraus*; *Ich entschuldige mich für Unannehmlichkeiten*) sowie andere standardisierte Höflichkeitsformen (z. B. *Bitte*) verwendet werden. Dazu gehört auch die Anrede (z. B. *Sehr geehrte Frau Professorin*). Auf textueller Ebene führt Höflichkeit oft zu einer Verlängerung von Texten, weil z. B. Begründungen ergänzt werden (*Da ich diese für die Vorbereitung auf die Prüfung benötige ...*) oder wie im vorliegenden Fall die Perspektive der Adressatin berücksichtigt wird (*Ich verstehe, dass Sie sehr viel zu tun haben [...]*). Es ist also nicht so, dass ein bestimmtes sprachliches Merkmal zu Höflichkeit führt; vielmehr handelt es sich um ein Zusammenspiel verschiedener sprachlicher Mittel auf verschiedenen Ebenen. Beispiel 4 würde ohne das *bitte* noch unfreundlicher wirken. Es zeigt ferner, dass auch Interpunktion für Höflichkeit eine Rolle spielen kann. Das Ausrufezeichen verstärkt den Aufforderungscharakter der kurzen Mail noch.

Umgekehrt ist es nicht so, dass bestimmte sprachliche Mittel lediglich *eine* Funktion erfüllen. So kann der Konjunktiv II nicht nur dazu genutzt werden, sich höflich(er) auszudrücken. Er wird darüber hinaus z. B. dazu verwendet, Vermutungen und hypothetische Bedingungen zu formulieren (*Wenn ich eine Million Euro gewinnen würde, dann könnte ich ...*) oder um Wünsche und Vorstellung auszudrücken (*Ich hätte gerne mehr Zeit für Sport und meine Freunde*).

Inwiefern handelt es sich bei der Formulierung von (un-)freundlichen Mails um funktionales sprachliches Handeln? Die Art und Weise, wie wir Menschen ansprechen (und anschreiben), hat Folgen. Die Frage, die sich jeweils stellt, ist, wie eigene Ziele am besten erreicht werden können. Dies ist auch für schulische Kontexte von zentraler Bedeutung. Ziel sollte es sein, dass Schüler*innen kontextspezifisch kompetent sprachlich handeln können. Nicht jede Konvention für sprachliches Handeln ist jedoch transparent. Z.B. wissen viele Studierende zu Beginn des Studiums nicht, dass es eher unhöflich ist, Titel und Namen von Dozent*innen – wie in Beispiel 4 – in der Anrede mindestens beim ersten Mailkontakt nicht zu verwenden.³ Wenn der*die Student*in sich dessen bewusst ist und den Titel dennoch nicht verwendet, dann ist es intendiert unhöflich, wenn sie*er sich dessen jedoch gar nicht bewusst ist, dann wirkt sie*er vielleicht unhöflicher als gewollt. Da viele Konventionen für sprachliches Handeln nicht explizit gemacht werden, sind Menschen, die sich dieser nicht bewusst sind, im Nachteil.

Insbesondere im Rahmen der Sekundarstufe erfolgt die stärkere Differenzierung nach Fächern und damit spielen fachspezifische Denk- und Handlungsmuster sowie fachsprachliche Aspekte eine größere Rolle. Die Einsicht in die Funktion von (Fach-)Sprachen sowie die Fähigkeit, (Fach-)Sprachen nach ihren Funktionen differenziert einschätzen zu können, ist Teil (fach-)kommunikativer Kompetenz. Und diese wiederum kann „als Grundlage einer erfolgreichen Kommunikation in der modernen Gesellschaft" (Kniffka & Roelcke 2016: 23) angesehen werden. Daher sollten Sie als Fachlehrer*in mindestens Spezifika Ihrer Fachsprachen kennen und für Schüler*innen regelmäßig transparent machen. Dabei lässt sich zwischen generellen Funktionen von Fachsprache und fachspezifischen Funktionen bzw. Charakteristika sprachlichen Handelns unterscheiden:

> Fachsprachen dienen letztlich der Kommunikation von Fachleuten in einem spezialisierten menschlichen Tätigkeitsbereich, indem sie eine höhere Genauigkeit (Präzision im Einzelnen) und Deutlichkeit (Differenzierung im Ganzen) erlauben. Einige weitere Funktionen bestehen (zumindest im westeuropäischen Kulturkreis) in der Kürze des Ausdrucks (Sprachökonomie), der Verständlichkeit von Texten und der Stiftung von sozialer Identität. (Kniffka & Roelcke 2016: 60, bezugnehmend auf Roelcke 2010: 13–28)

Ähnlich formulieren Czicza & Hennig (vgl. 2011: 50) u. a. folgende Gebote für Wissenschaftskommunikation: erstens Präzision (mittels Charakterisierung), zweitens Ökonomie (mittels Kondensation/Verdichtung) und drittens Origo-Exklusivität (Ausdruck von Anonymität, Neutralität und Generalität mittels Deagentivierung und Detemporalisierung). Diese fach- bzw. wissenschaftssprachlichen Funktionen werden vor allem in für die Schule verfassten Sach- und Darstellungstexten sowie ggf. auch in fachspezifischen Textsorten (ggf. schulspezifisch adaptiert wie z. B. Versuchsprotokolle in Chemie) tradiert: „Ihr Aufbau und ihre sprachlichen Merkmale sind oft Ausdruck einer fachlichen Logik und Systematik und können, bewusst vermittelt, fachliches Lernen initiieren" (Beese et al. 2014: 98).

Die bereits erwähnten fach- bzw. wissenschaftssprachlichen Funktionen werden nachfolgend anhand einer Darstellung von drei unterschiedlichen Farnpflanzen⁴ illustriert (vgl. Abb. 4.1 bis Abb. 4.3). Ganz grundlegend wäre es keine gute Idee, alle Farne einfach als *Farn* zu bezeichnen, da sich Farnarten voneinander hinsichtlich diverser Merkmale unterscheiden (z. B. giftig/ungiftig, Größe, Orte, an denen sie wach-

---

[3] Selbstverständlich ist dies nicht als universelle Empfehlung anzusehen. So ist in bestimmten Fachdisziplinen das Duzen auch zwischen Dozierenden und Studierenden durchaus üblich.
[4] Darstellung orientiert sich an einem Schulbuchauszug.

sen (können)). Die Beispiele für Merkmale verdeutlichen, dass eine entsprechende Differenzierung nicht lediglich für Fachleute, sondern – in gewissem Umfang – auch für Lai*innen von Bedeutung ist.

Abb. 4.1: Teich-Schachtelhalm (Equisetum fluviatile)[5.]
Größe: 0,5 bis 1,5 m
Vorkommen: am Ufer stehender und fließender Gewässer; in Sümpfen
Besonderheit: kann in der Verlandungszone eines Gewässers große Bestände bilden (vgl. Dobers 2008: 14–15).

Präzision erfolgt über möglichst eindeutige Benennungen (z. B. mit Hilfe von Wörtern wie *Rippenfarn, Teich-Schachtelhalm*) sowie durch Charakterisierung. Sprachliche Mittel, mit Hilfe derer Charakterisierung erfolgen kann, sind z. B. Komposita und Attribute (vgl. Czicza & Hennig 2011: 50). Es handelt sich beim Rippenfarn um eine *Zierpflanze* (Kompositum). Diese wächst nicht in allen Wäldern; der Eintrag lautet: *in feuchten, schattigen Wäldern*. Die Adjektive *feucht* und *schattig* präzisieren als Attribute entsprechend, in welchen Wäldern der Rippenfarn wächst. Auch Definitionen, die Bedeutungen festlegen (vgl. Kniffka & Roelcke 2016: 61) tragen zu Präzision bei. Präzise fachliche Kommunikation kann Missverständnissen vorbeugen und ermöglicht eine differenzierte Darstellung, z. B. von Sachverhalten.

Ökonomie im Ausdruck wird ebenfalls mittels unterschiedlicher sprachlicher Mittel erreicht. Z.B. können Komposita, Attribute, Kurzwortbildung bzw. Abkürzungen und Textsortenkonventionen dazu beitragen. Komposita wie *Waldrand* sind kürzer als z. B. der Ausdruck *am Rand von Wäldern*. Attribute können ebenfalls zur Verdichtung beitragen, z. B. in der Wendung *am Ufer stehender und fließender Gewässer*. Eine alternative Formulierung wäre: *am Ufer von Gewässern, die stehen und am Ufer von*

---

5 Equisetum fluviatile 1 beentree, https://commons.wikimedia.org/wiki/File:Equisetum_fluviatile_1_be entree.jpg (22.01.2024)

Abb. 4.2: Keulen-Bärlapp (Lycopodium clayatum).[6]
Größe: bis über 1 m lang, kriechend
Vorkommen: an Weg- und Waldrändern; in lichten Heiden und Nadelwäldern
Besonderheit: geschützt (!); kann bis zur Schneegrenze vordringen (vgl. Dobers 2008: 14–15).

Abb. 4.3: Rippenfarn (Struthiopteris spicant).[7]
Größe: 15 bis 50 cm
Vorkommen: in feuchten, schattigen Wäldern; an Quellen, Bächen und Gräben; vor allem im Gebirge
Besonderheit: wird als Zierpflanze in Gärten gepflanzt (vgl. Dobers 2008: 14–15).

Gewässern, die fließen. Aber auch das Attribut *licht* (*lichte Nadelwälder*) ist ökonomisch in dem Sinne, dass damit solche Nadelwälder gemeint sind, in denen viel Licht den Waldboden erreicht, da die Bäume nicht zu dicht beieinander stehen. Die Abkürzung *cm* (statt Zentimeter) trägt ebenfalls zur Ökonomie bei. Schließlich sieht

---

[6] Lycopodium clavatum https://commons.wikimedia.org/wiki/File:Lycopodium_clavatum_(1289194411).jpg (22.01.2024)
[7] Von Drahkrub Attribution must include the URL http://de.wikipedia.org/wiki/Benutzer:Drahkrub. - Eigenes Werk, CC BY-SA 4.0, https://commons.wikimedia.org/w/index.php?curid=58587198 (22.01.2024)

man an der Darstellung der Farne in einer Form von Steckbrief mit sich wiederholenden Merkmalen (Informationen zu Größe, Vorkommen und Besonderheit) auch eine Verdichtung auf Textebene – ein ausformulierter Text wäre wesentlich umfangreicher. Gleichzeitig ermöglicht der Steckbrief eine schnelle Orientierung und gute Möglichkeit zum Vergleichen der verschiedenen Farnpflanzen.

Origo-Exklusivität ist verbunden mit Anonymität und Neutralität (vgl. Czicza & Hennig 2011: 52). Das wissenschaftliche Wissen soll „unabhängig von sozialen, lokalen und historischen Bedingungen" (Steinhoff 2007: 111) gelten. Daran gebunden ist auch der Aspekt von Generalisierung bzw. Generalisierbarkeit. Origo-Exklusivität wird mittels Deagentivierung erreicht. Dabei handelt es sich um ein vor allem für den westeuropäischen Kulturkreis typisches Merkmal (vgl. Kniffka & Roelcke 2016: 60). Ziel ist, einen Agens bzw. eine*n Handelnde*n oder einen Handlungsauslöser nicht konkret zu benennen und daraus ergibt sich ein unpersönliches Kommunizieren über Vorgänge und Zustände. Sprachliche Mittel zur Deagentivierung sind im Deutschen z. B. Passiv- sowie Passiversatzformen und Nominalisierungen. Z.B. *wird der Rippenfarn als Zierpflanze in Gärten gepflanzt*. Mit der Verwendung des Passivs wird markiert, dass es unerheblich ist, wer in welchen Gärten genau den Rippenfarn als Zierpflanze anpflanzt. Eine aktive Formulierung könnte z. B. lauten: *Vor allem Hobbygärtner*innen pflanzen den Rippenfarn als Zierpflanze an*. Auch eine Formulierung mit einer Nominalisierung macht den Agens verzichtbar: *Anpflanzung als Zierpflanze*. Die Verwendung einer Passiversatzform wie *man* würde ebenfalls zu einem unpersönlichen Stil beitragen: *Man pflanzt sie als Zierpflanze an*.

Origo-Exklusivität wird ferner durch Detemporalisierung (vgl. Czicza & Hennig 2011: 50) erreicht. Als sprachliches Mittel dient dabei die Verwendung des Präsens, da damit eine universelle Gültigkeit der Informationen beansprucht wird. Die Steckbriefe zu den Farnen enthalten durch den Verzicht auf Verben so gut wie keine Hinweise zu Temporalität: *am Ufer stehender und fließender Gewässer* soll gelesen werden als: *Der Teich-Schachtelhalm wächst am Ufer stehender und fließender Gewässer*. und nicht als *Der Teich-Schachtelhalm ist vor 110 Jahren an Ufern stehender und fließender Gewässer gewachsen*. Es kann nämlich davon ausgegangen werden, dass der Rippenfarn auch in ein paar Jahren noch in feuchten schattigen Wäldern wachsen wird und nicht in trockenen Savannen.

Die vorgestellten Gebote von Fach- und Wissenschaftskommunikation können jedoch fach-, gegenstands- und kontextspezifisch auftreten bzw. nicht auftreten. Dies soll an einem Beispiel illustriert werden. Siegmund (vgl. 2019a: 57) hat für das Fach Geschichte herausgearbeitet, dass insbesondere das Herstellen von temporalen Zusammenhängen als Rekonstruktion von bzw. Annäherung an Vergangenheit von zentraler Bedeutung ist. Detemporalisierung ist dementsprechend kein wesentliches Merkmal von (Fach-)Sprache im Fachunterricht Geschichte. Vielmehr werden zeitliche Beziehungen durch die Verwendung verschiedener Tempora (Präteritum, Plusquamperfekt u. a.) sowie bestimmter lexikalischer Mittel (Substantive wie *Jahrhundert, Altertum*, Adjektive wie *zeitgenössisch, aktuell*, Adverbien wie *zunächst, zeitlebens* und Verben wie *vollen-*

den, anbrechen), sowie ferner temporaler Präpositionen (*nach, um vor, während, seit* ...) und temporale Junktoren (*seitdem, danach* ...) ausgedrückt (vgl. Siegmund 2019a: 58). Dies dient der Versprachlichung von Zeitpunkten, Zeitabschnitten und Zeitlichkeit ganz generell. Dieses Beispiel verdeutlicht noch einmal, dass es wichtig ist, die sprachlichen Kennzeichen und Konventionen der eigenen Fächer zu kennen.

4.4 Konsequenzen für die Praxis

In diesem Teilkapitel sollen die beiden Perspektiven nun vergleichend an einem Beispiel ausdifferenziert und Synergien aufgezeigt werden. Als Grundlage dient ein Schulbuchauszug aus dem Fach Geschichte zum Ende des Ersten Weltkriegs. Die Analyse erfolgt dabei zu Illustrationszwecken lediglich in Auswahl und nicht erschöpfend. Exemplarisch werden abschließend auch mögliche Konsequenzen für die Unterrichtspraxis abgeleitet.

1918 – „ein Ende mit Schrecken"

1 Nach der anfänglichen Kriegsbegeisterung sehnten die Menschen das Ende des
2 Krieges herbei. „Besser ein Ende mit Schrecken als ein Schrecken ohne Ende",
3 dachten viele. Wie kam es zu diesem Sinneswandel?

4 **Der Kriegsalltag zu Hause**
5 Mit jedem Tag des Krieges breiteten sich Enttäuschung, Trauer und Not aus.
6 Fast jede Familie hatte den Tod eines oder mehrerer Söhne, des Bruders oder
7 des Ehemanns zu beklagen. Viele Frauen mussten zunehmend anstrengende
8 Tätigkeiten in Rüstungsbetrieben und in anderen „Männer-Berufen" überneh-
9 men. Kinder sammelten Obstkerne und Kaninchenfelle, Altmetalle und Frau-
10 enhaar. Diese Materialien ersetzten wichtige Rohstoffe, die wegen der engli-
11 schen Blockade nicht mehr eingeführt werden konnten. Seife, Leder und andere
12 Güter des täglichen Bedarfs waren dennoch bald Mangelwaren. Für fehlende
13 Lebensmittel gab es hingegen kaum Ersatz. Viele Menschen hungerten daher
14 seit 1916/17, fast 70000 starben an Unterernährung.
15 Dieser totale Krieg zermürbte die Menschen zunehmend. Hinzu kam die Ver-
16 bitterung über die Regierung, die unwillig und unfähig schien, die ausweg-
17 lose Lage zu verbessern. Auch auf versprochene politische Reformen hatten
18 die Menschen vergebens gehofft. Seit 1916/17 kam es daher zu immer mehr
19 Massenprotesten nicht nur für Frieden und Brot, sondern auch gegen die be-
20 stehende politische Ordnung.
   (Sauer 2009: 319; gekürzt und leicht angepasst)

4.4.1 Perspektive *Herausforderung*

Mit Blick auf strukturelle Komplexität könnte zunächst angenommen werden, dass der Textauszug vor allem einfache, überwiegend kurze Hauptsätze enthält (z. B. *Kinder sammelten Obstkerne und Kaninchenfelle, Altmetalle und Frauenhaar.* (Z. 9–10)). Dennoch finden sich strukturell komplexe Phrasen. Z.B. weist der Satz *Fast jede Familie hatte den Tod eines oder mehrerer Söhne, des Bruders oder des Ehemanns zu beklagen* (Z. 6–7) eine komplexe Rechtsattribuierung zu *Tod* auf, die ferner nicht ganz einheitlich ist – so müsste es *den Tod eines oder mehrerer Söhne, eines oder mehrerer Brüder oder des Ehemanns* heißen, was die Rechtsattribuierung noch erweitern würde. Der Text enthält ferner Satzgefüge mit Relativsätzen. Da das Bezugsnomen und Relativpronomen im Relativsatz jeweils direkt beieinander stehen, sollte dies nicht unbedingt erschwerend für das Verstehen sein (*Diese Materialien ersetzten wichtige Rohstoffe, die wegen der englischen Blockade nicht mehr eingeführt werden konnten.* (Z. 10–11); *Hinzu kam die Verbitterung über die Regierung, die unwillig und unfähig schien, die ausweglose Lage zu verbessern.* (Z. 15–17)). Zu erwähnen ist, dass ausgehend von Kasus, Genus und Numerus das Relativpronomen in beiden Sätzen mehrere Bezüge zulassen würde. Im ersten Satz wäre in diesem Sinne auch *diese Materialien* eine passendes Bezugswort, im zweiten Satzbeispiel betrifft das *die Verbitterung* beziehen, was im Kontext jedoch vermutlich gut auszuschließen ist. Der Text beinhaltet ferner Komposita (*Unterernährung* (Z. 14), *Massenproteste* (Z. 19)) und eine Reihe von Präfigierungen (*unwillig* (Z. 16), *unfähig* (Z. 16)), die die strukturelle Komplexität etwas erhöhen.

Es lassen sich einige Herausforderungen im Hinblick auf die Eindeutigkeit der Form-Bedeutungsbeziehungen identifizieren. Die Wendung *hatte (...) zu beklagen* kann als *sich über etwas bzw. jemanden beklagen* in der Bedeutung *jemandem gegenüber seine Unzufriedenheit über ein Unrecht oder Ähnliches klagend äußern* missverstanden werden und nicht in seiner intendierten Bedeutung im Text als *Äußerung von Empfindungen des Schmerzes und der Trauer über einen Verlust*. Fachspezifisch spielen die Perspektivierung und Bedeutungsverschiebungen über die Zeit eine Rolle. Z.B. muss die Wendung *anstrengende Tätigkeiten in Rüstungsbetrieben und in anderen „Männer-Berufen"* (Z. 7–8) zeitspezifisch verstanden werden: Was waren zu Zeiten des Ersten Weltkriegs Männer-Berufe? Der Satz *Viele Frauen mussten zunehmend anstrengende Tätigkeiten in Rüstungsbetrieben und in anderen „Männer-Berufen" übernehmen.* (Z. 7–9) könnte für das Verständnis ebenfalls eine Herausforderung darstellen. Mögliche Lesarten mit Blick auf *zunehmend* wären:

a) Viele Frauen mussten Tätigkeiten in Rüstungsbetrieben und in anderen „Männer-Berufen" übernehmen. Diese Tätigkeiten wurden immer anstrengender.
b) Immer mehr Frauen mussten Tätigkeiten in Rüstungsbetrieben und in anderen „Männer-Berufen" übernehmen. Diese Tätigkeiten waren anstrengend.
c) Viele Frauen mussten immer mehr Tätigkeiten in Rüstungsbetrieben und in anderen „Männer-Berufen" übernehmen. Diese Tätigkeiten waren anstrengend.

d) <u>Immer öfter</u> mussten viele Frauen Tätigkeiten in Rüstungsbetrieben und in anderen „Männer-Berufen" übernehmen. Diese Tätigkeiten waren anstrengend.

Lesart b) scheidet aus, weil man das Attribut (hier: *zunehmend*) nicht von seinem Bezugselement (hier: *viele Frauen*) trennen kann, was im Ausgangssatz aber der Fall ist. Die Lesarten a), c) und d) kommen infrage, aber die Lesarten c) und d) sind inhaltlich wahrscheinlicher, da die Tätigkeiten selbst nicht anstrengender wurden. Frauen mussten die anstrengenden Tätigkeiten aber immer häufiger übernehmen, weil die Männer im Krieg waren. Denkbar wäre sogar auch, dass Schüler*innen hier *zunehmend* als *Zunahme an Gewicht* missverstehen.

Der Text stellt ferner hohe Anforderungen an Leser*innen, wenn es um die Herstellung von Zusammenhängen, z. B. zwischen Auflistungen sowie einzelnen Sätzen geht, da für ein tiefes Verständnis viel Vorwissen notwendig ist. Als Beispiel soll folgender Satz dienen: *Kinder sammelten Obstkerne und Kaninchenfelle, Altmetalle und Frauenhaar* (Z. 9–10). Z.B. erschließt sich das Sammeln von Obstkernen vielleicht noch, die Vorstellung darüber, was Altmetalle sind und wie diese gesammelt werden, würde vermutlich bei den Schüler*innen bereits recht weit auseinandergehen, aber insbesondere wie Kaninchenfelle ‚gesammelt' werden, ist schon weniger klar. Unklar bleibt bei der weiteren Lektüre auch, was hier wodurch ersetzt wird. Ob z. B. Obstkerne Seife, Leder oder andere Güter des täglichen Bedarfs ersetzen (können), müssen Leser*innen wissen – aus dem Text kann es nicht eindeutig herausgelesen werden und müsste über zusätzliche Informationen geklärt werden: „Es muß alles geschehen, um durch Ausnutzung heimischer Rohstoffe unsere Fettvorräte zu vermehren. Als wesentliche Hilfe hat sich dabei das Sammeln von Obstkernen erwiesen die zu Speiseöl verarbeitet werden. Der Bevölkerung erwächst die vaterländische Pflicht, Kerne von Kirschen, Pflaumen und Zwetschen, Amarellen, Mirabellen, Reineklauden und Aprikosen, Zitronen, Apfelsinen und Kürbis in gereinigtem und getrocknetem Zustand zu sammeln und nach Arten getrennt den Sammelstellen zu überführen." (Siegburger Kreisblatt vom 26. Juni 1918).[8]

Hinsichtlich der Frequenz lässt sich festhalten, dass der Textauszug überwiegend über relativ frequenten Wortschatz verfügt; allerdings sind Verben wie *beklagen* (Z. 7), *zermürben* (Z. 15) eher als niedrig-frequent anzusehen. Auch Wörter wie *Rüstungsbetriebe* (Z. 8), *Blockade* (Z. 11), *Reformen* (Z. 17) sind eher mittel-frequent – ggf. ist deren Bedeutung jedoch über den Unterricht bereits bekannt. Die Verwendung des Präteritums (*kam, schien, sammelten* ...) ist in der Alltagssprache eher niedrigfrequent und könnte ebenso eine Herausforderung darstellen.

Mit Blick auf die Determinanten der Lesekompetenz (vgl. Kap. 13 zum Lesen) wird deutlich, dass neben der Textbeschaffenheit weitere Faktoren Einfluss auf die Textschwierigkeit nehmen, z. B. die Aufgabenstellung. Diese lautet: „Liste Gründe für den Wandel in der Stimmung in Deutschland auf. Halte auf dieser Grundlage eine Rede

---

8 https://archivewk1.hypotheses.org/tag/obstkerne (letzter Zugriff 26.03.2025)

gegen die Fortführung des Krieges." (Sauer 2009:319). Eine Liste anzufertigen ist verhältnismäßig einfach (Trauer wegen der Todesfälle, Güter des täglichen Bedarfs und Lebensmittel fehlen etc.) – allerdings begünstigt sie ein oberflächliches Lesen des Textes, das nicht dazu anregt Bezüge herzustellen, z. B. zwischen Ereignissen im 1. Weltkrieg (Männer werden im Krieg getötet) und deren Auswirkungen auf den Kriegsalltag in Deutschland (Familien trauern um männliche Angehörige, Frauen müssen „Männer-Berufe" übernehmen). Dies wäre wiederum aber eine wichtige Voraussetzung, um eine Rede zu halten, die argumentativen Charakter hat, wie sie im zweiten Teil der Aufgabe gefordert ist.

4.4.2 *Funktionale* Perspektive

Abgesehen von wenigen Fachwörtern bzw. themenspezifischen Substantiven/Nominalphrasen (*englische Blockade* (Z. 10–11)) tragen vor allem Verben zur Präzision bei: *beklagen* (Z. 7), *übernehmen müssen* (Z. 7–9), *nicht mehr einführen können* (Z. 11), *hungern* (Z. 13), *sterben* (Z. 14), *zermürben* (Z. 15), *hoffen* (Z. 18). Sie dienen dazu, die zunehmende Belastung der Bevölkerung und die damit einhergehende Veränderung der Stimmung in der Bevölkerung in der dargestellten Zeit nachzuzeichnen. *Zermürben* bedeutet, sich aufzureiben, nach und nach zu entkräften, bis nichts mehr übrig ist. Diese Bedeutung im Satz *Dieser totale Krieg zermürbte die Menschen zunehmend.* (Z. 15) würde mit einer alternativen Formulierung wie *Es ging den Menschen mit dem totalen Krieg immer schlechter.* kaum vermittelt werden können. Es ist außerdem ein Verb, das oft im Zusammenhang mit lange andauernden Kampfhandlungen benutzt wird.[9]

Tendenziell kurze Sätze und Auflistungen wie *Kinder sammelten Obstkerne und Kaninchenfelle, Altmetalle und Frauenhaar.* (Z. 9–10) dienen der Veranschaulichung und Konkretisierung, ggf. auch der Verdichtung z. B. im Fall von *Obstkernen* und *Altmetallen* als Oberbegriffen. Verdichtend wirken ferner Attribute (*anstrengende Tätigkeiten, fehlende Lebensmittel, versprochene politische Reformen*) sowie Wiederaufnahmen, die Bezüge zwischen Textteilen herstellen (z. B. *diese Materialien, daher*), wobei letztere nicht sehr häufig sind.

Interessant ist der Aspekt der Deagentivierung im Text. Auf den ersten Blick könnte man ihn als sachlichen Darstellungstext lesen. Dass es nur ein Passiv gibt (*eingeführt werden konnten* (Z. 11)) weist jedoch bereits darauf hin, dass Deagentivierung kein zentrales Anliegen des Textes ist. Betrachtet man folgende Formulierung näher: *Fast jede Familie hatte den Tod eines oder mehrerer Söhne, des Bruders oder des Ehemanns zu beklagen.* (Z. 6–7), dann könnte eine alternative, sachlichere Formulierung lauten: *Von den*

---

9 Vgl. z. B. Ergebnisse für Korpusabfrage zu zermürben im Deutschen Nachrichten-Korpus (https://corpora.uni-leipzig.de/de/res?corpusId=deu_news_2022&word=zerm%C3%BCrben; Abfrage vom 06.03.2024)

mehr als 13 Millionen deutschen Soldaten starben zwei Millionen.[10] Der Text bietet jedoch über seine Gestaltung Perspektivwechsel für Leser*innen an, ohne diese zu erzwingen. Denn auch wenn nicht einzelne Individuen im Zentrum stehen – dies wäre z. B. über die Auseinandersetzung mit Quellen von Zeitzeug*innen möglich – werden über Bezeichnungen wie *viele Frauen* (Z. 7), *fast jede Familie* (Z. 6), *Kinder* (Z. 9) bestimmte Personengruppen fokussiert. Hinter diesen Bezeichnungen stecken Individuen und individuelle Schicksale – diese werden jedoch gewissermaßen kollektiviert dargestellt, sodass Bezüge zu übergeordneten gesellschaftlichen Entwicklungen (wachsende Unzufriedenheit) aufgezeigt werden können. Ein weiteres Beispiel für mögliche Perspektivwechsel ist der Satz *Kinder sammelten Obstkerne und Kaninchenfelle, Altmetalle und Frauenhaar.* (Z. 9–10) – selbstverständlich könnte im Unterricht hier ein Perspektivwechsel über eine entsprechende Thematisierung erfolgen, um für Schüler*innen die damalige Situation besser nachvollziehbar zu machen. Die Herausforderungen mit Blick auf das Verstehen dieses Satzes und der darauf folgenden wurden bereits besprochen.

Für diesen Text zeigt sich – im Einklang mit den obigen Ausführungen zu Geschichte –, dass Detemporalisierung nicht von Bedeutung ist. Die Darstellung der zeitlichen Abfolge ist vielmehr von großer Bedeutung (Geschehen bis zum Ende des Krieges). Die Darstellung erfolgt dabei – abgesehen vom Titel (1918), der vorgreift, chronologisch. Die zeitliche Verortung in der Vergangenheit erfolgt über Verwendung des Präteritums, die Konkretisierung z. B. über Monats- und Jahresangaben, wobei es eine Tendenz zu Zeiträumen gibt (seit 1916/17). Auch über Ausdrücke wie *mit jedem Tag des Krieges* (Z.5) wird Zeitlichkeit konkretisiert. Gleichzeitig werden die thematisierten historischen Vorgänge und Entwicklungen als Fakten dargestellt (das ist, was passiert ist). Wenn die im gesamten Schulbuchtext dargestellte zeitliche Abfolge rekonstruiert wird, was sich gut über einen Zeitstrahl abbilden lässt, dann wird deutlich, dass es neben eher konkreten Zeitangaben (Frühjahr 1918) auch einen großen vagen Zeitraum gibt (Kriegsbeginn bis etwa ‚seit 1916/17), in dem der Wunsch nach einem Ende des Krieges wächst.

4.4.3 Mögliche Synthese der beiden Perspektiven

Ausgehend von Schwierigkeiten des Textes könnte es z. B. naheliegen, niedrigfrequente durch hoch-frequente Verben zu ersetzen. Allerdings zeigt die funktionale Perspektive deren Bedeutung für das im Text Dargestellte. Daher wäre es ggf. zielführender, z. B. ausgewählte Verben und Substantive aus dem Text (*Verbitterung, zermürben, hungern* u. a.) vor dem ersten Lesen des Textes an die Tafel zu schreiben und Schüler*innen zu bitten, deren Bedeutung ggf. nachzuschlagen und überlegen zu lassen, welche Stimmung diese Wörter bei den Schüler*innen selbst erzeugen bzw. in

---

[10] https://www.ndr.de/geschichte/chronologie/erster_weltkrieg/ (letzter Zugriff 26.03.2025)

einem Text erzeugen würden. Dies könnte eine vorentlastende Wortschatzarbeit darstellen, die gleichzeitig dem fachlichen Verstehen zuträglich sein könnte. Dass der Text zwar im Aktiv verfasst ist, jedoch ohne Referenz auf Individuen und daher dennoch eher deagentiviert wirkt und auf diese Weise auf kollektive gesellschaftliche Entwicklungen Bezug genommen wird, ist sicher interessant. Allerdings stellt sich die Frage, ob das für das fachliche Lernen von zentraler Bedeutung ist. Für das Textverstehen stellt es vermutlich keine Herausforderung dar. Um die inhaltlichen Bezüge besser herauszuarbeiten, könnte sich die Arbeit mit einem Flussdiagramm anbieten (vgl. Abb. 4.4) und von der Aufgabe, eine Liste zu erstellen, abgewichen werden.

Folgen der Kriegsereignisse

Ereignis im 1. Weltkrieg		Auswirkung auf den Kriegsalltag zu Hause
Männer werden im Krieg getötet		• Familien trauern um männliche Angehörige • Frauen müssen „Männer-Berufe" übernehmen
Englische Blockade	Handelsverbot betrifft: • Rohstoffe • Grundbedarfsgüter 　– z.B. Seife, Leder 　– Lebensmittel	Importgüter müssen ersetzt werden: • Kinder müssen Materialien sammeln • kaum Ersatz 　– Mangel 　– Menschen hungern und sterben

= „totaler Krieg"

• Menschen werden kriegsmüde
• Menschen sind verbittert über Regierung
• Massenproteste „für Frieden und Brot"
• Massenproteste gegen die Regierung

Abb. 4.4: Flussdiagramm zum Text 1918 – "ein Ende mit Schrecken" (Darstellung von Geeske Strecker).

Zum Thema *Sprachbildung für fortgeschrittene Sprachforscher*innen* soll an dieser Stelle noch ein Beispiel ergänzt werden. Es wurde bereits erläutert, dass der Text die Darstellung von Fakten suggeriert. Lediglich in einem Satz findet sich eine anders gelagerte Beurteilung: *Hinzu kam die Verbitterung über die Regierung, die unwillig und unfähig schien, die ausweglose Lage zu verbessern.* (Z. 15 f.). Es waren die Menschen damals, die die Regierung als unwillig und unfähig empfanden; die Verwendung von *schien* (statt z. B. *war*) lässt offen, inwieweit die Autor*innen des Schulbuchs diese Wahrnehmung teilen. Ähnlich zeigt Siegmund dies für bestimmte Adverbien (z. B. *vielleicht, möglicherweise, sicher, eventuell*), die die Einstellung der Sprecher*innen zum Wahrheitsgehalt ihrer Äußerung anzeigen (vgl. Siegmund 2019b: 136). Man spricht dabei auch von *epistemischer Modalität*. Eine Auseinandersetzung mit entsprechenden Beurteilungen ist insbesondere für die Arbeit mit Quellen im Geschichtsunterricht von Bedeutung und könnte daher sinnvoll sein.

4.5 Zusammenfassung

(Schulbuch-)Texte aus dem Fachunterricht zu verstehen – das kann für Schüler*innen eine Herausforderung darstellen. Daher fragt sprachbildender Unterricht danach, welche konkreten Aspekte potentiell eine Herausforderung darstellen können und wie damit umgegangen werden kann. Sprachbildender Unterricht sollte aber auch danach fragen, welche Funktion Sprache für die Darstellung fachlicher Sachverhalte zukommt. Inhalt und Sprache stehen immer in Wechselwirkung zueinander: eine Änderung der Form geht so gut wie immer auch mit der Veränderung des Inhalts einher. Analysen von Texten, die sowohl Herausforderungen als auch die Funktion von Sprachverwendung in den Blick nehmen, ermöglichen es, sowohl Unterstützungsangebote für Schüler*innen zu erarbeiten als auch Schüler*innen Zugang zu fachlichen Inhalten über das Erforschen der sprachlichen ‚Verpackung' zu ermöglichen. Je intensiver Texte gelesen und sie auf ihre Herausforderungen und Funktionen befragt werden, desto interessantere Erkenntnisse lassen sich – auch für das fachliche Lernen – gewinnen. Entsprechend ist es von zentraler Bedeutung, dass Lehrer*innen aller Fächer Wissen über Sprache und sprachliche Spezifika ihrer Fächer haben (vgl. auch weiterführende Literaturhinweise) und dieses Wissen für die Unterrichtspraxis fruchtbar machen können.

Aufgaben nach dem Lesen
1. „Ein Schwimmbecken, das 780 m^3 Wasser fasst, kann in 4 ⅓ Stunden gefüllt werden. Der Ablauf des gesamten Wassers dauert 3 ⅓ Stunden. Berechne, wie viel m^3 Wasser pro Stunde zufließen und wie viel abfließen." (Quelle: https://www.igs-skw.de/fileadmin/dateien/Lernmaterial_Corona_vor_Ostern/Stufe_6/6b_Mathematik_Stein_.pdf, letzter Zugriff 26.03.2025).
Bitte versuchen Sie zunächst, die obige Textaufgabe zu lösen (Mathematik, 6. Klasse). Analysieren Sie diese im Anschluss nach den Prinzipien zur Erfassung sprachlicher Schwierigkeit nach Heine et al. (2018). Geben Sie für jedes Prinzip ein Beispiel und erläutern Sie dieses knapp.
2. Lesen Sie den Schulbuchauszug unten zum Thema „Großlandschaften" und notieren Sie stichpunktartig, welche Textmerkmale auf die Funktionen Präzision, Ökonomie und Origo-Exklusivität zurückzuführen sind.
Beispiel: Detemporalisierung → Der Text ist im Präsens verfasst und suggeriert damit Faktizität.

Großlandschaften (Lateinamerika)
Mittel- und Südamerika weisen hinsichtlich ihres geologischen Baus verschiedene Gemeinsamkeiten auf: Parallel zur Westküste verlaufen Kettengebirge, die Kordilleren (span. *cordillere* = Kette), die nach ihrer Entstehung zu den jungen Faltengebirgen gehören. Mittelamerika wird zum größten Teil von den Kordilleren eingenommen, nur die Schwemmlandniederung der Halbinsel Yucatán weist ausgedehnte Tiefländer auf. Nach Osten geht Mittelamerika in das Senkungsgebiet des amerika-

nischen Mittelmeeres über, aus dem die Großen und Kleinen Antillen als Inselbögen herausragen. Der Osten Südamerikas wird von ausgedehnten Bergländern eingenommen, die von Tiefländern umgeben sind. (Berger et al. 2002: 77)
3. Projektaufgabe: Analysieren Sie in Anlehnung an den Text einen (Schulbuch-) Text aus Ihrem eigenen Fach bzw. Unterricht mit Hilfe der beiden Perspektiven, die im Kapitel vorgestellt worden sind. Welche Gemeinsamkeiten und Unterschiede weisen die aus der Analyse hervorgehenden Ergebnisse auf? Und welche Ableitungen lassen sich für den Umgang mit dem Text im Unterricht ziehen?

Weiterführende Literatur

Altun, Tülay, Katrin Günther & Eva Lipkowski (2017): *DaZ für den Fachunterricht. Gesellschaftswissenschaften Klasse 5-10. Materialien, Tipps, Hilfen und Methoden*. Herausgegeben von Cakir-Dikkaya, Yurdakul. Berlin: Cornelsen.
Gute Einführung, die neben Hinweisen zu Charakteristika der Fachsprache auch Hinweise zur methodisch-didaktischen Gestaltung im Bereich Textrezeption, Textproduktion und Wortschatzarbeit gibt.
Handt, Claudia, Eva Lipkowski & Ingrid Weis (2017): *DaZ für den Fachunterricht. Mathematik Klasse 5-10. Materialien, Tipps, Hilfen und Methoden*. Herausgegeben von Cakir-Dikkaya, Yurdakul. Berlin: Cornelsen.
Dient einer grundlegenden Orientierung, enthält außerdem eine relativ umfassende Darstellung der Fachsprache in Mathematik und konkrete Hinweise zur Umsetzung sprachsensiblen Fachunterrichts.
Beese, Melanie, Ayke Kleinpaß, Silke Krämer, Maren Reschke, Sarah Rzeha & Marie Wiethoff (2017): *Praxishandbuch Sprachbildung Biologie. Sprachsensibel unterrichten – Sprache fördern*. Stuttgart: Ernst Klett Sprachen.
Enthält Ausführungen zu Charakteristika der Sprache sowie der sprachlichen Teilfertigkeiten im Biologieunterricht und darüber hinaus Vorschläge für sprachsensibel angelegte Unterrichtseinheiten.

III Die mehrsprachige Schule

5 Mehrsprachigkeit in Schule und Unterricht

Aufgaben vor dem Lesen

1. Lesen Sie die nachfolgenden Fragen – sprechen Sie auch gerne mit Kommiliton*innen oder Kolleg*innen darüber.
    a. Würden Sie sich selbst als mehrsprachig bezeichnen? Warum (nicht)?
    b. Ab wann ‚kann' man eine Sprache?
2. Wo auch immer Sie gerade sitzen oder stehen, um diesen Text zu lesen. Sehen Sie sich um – gibt es in Ihrer Nähe irgendwo Mehrsprachigkeit? Z. B. auf einem Schild oder einer Webseite, die Sie geöffnet haben – an wen wendet sich diese Mehrsprachigkeit und was ist ihre Funktion? Falls Sie keine Mehrsprachigkeit entdecken können, warum ist das der Fall?
3. Bitte überlegen Sie, inwieweit Sie den nachfolgenden Äußerungen zustimmen und kreuzen Sie dementsprechend an.

Bitte kreuzen Sie bei den folgenden Aussagen jeweils an, inwieweit Sie zustimmen.	Stimme gar nicht zu	Stimme eher nicht zu	Stimme eher zu	Stimme voll zu
Schüler*innen sollten im Fachunterricht die Möglichkeit haben, sich untereinander von Zeit zu Zeit auch in nicht-deutschen Erstsprachen auszutauschen.	☐	☐	☐	☐
Wenn mehrsprachige Schüler*innen ihre Sprachen mischen, dann ist das meist ein Zeichen von hoher Sprachkompetenz.	☐	☐	☐	☐
Andere Sprachen als Deutsch, wie z. B. Türkisch, im Unterricht zu berücksichtigen ist nur dann möglich, wenn die Lehrkraft diese auch beherrscht.	☐	☐	☐	☐
Mehrsprachige Schüler*innen können oft keine ihrer Sprachen richtig.	☐	☐	☐	☐
Wenn Schüler*innen auch andere Sprachen als Deutsch sprechen, z. B. zwei Schülerinnen mit einander Albanisch sprechen, dann leidet das Klassenklima darunter.	☐	☐	☐	☐
Auch nicht-deutschsprachige Eltern sollten mit ihren Kindern zu Hause Deutsch sprechen, um deren Bildungschancen zu erhöhen.	☐	☐	☐	☐

4. Wie nennen Sie das in Abb. 5.1 und Abb. 5.2 Abgebildete? Recherchieren Sie weitere Bezeichnungen.[1]

---

[1] https://commons.wikimedia.org/wiki/File:Kaisersemmel-.jpg Wikimedia Commons (letzter Zugriff 18.07.2023; https://commons.wikimedia.org/wiki/File:2023_Kotlety_mielone.jpg Wikimedia Commons (letzter Zugriff 18.07.2023), https://www.falstaff.com/de/news/typisch-deutsch-frikadelle-bulette-fleisch

Abb. 5.1: Backware.

Abb. 5.2: Gebratene Fleischspeise.

5.1 Einleitung

Dieses Kapitel fokussiert individuelle Mehrsprachigkeit von Lehrer*innen und Schüler*innen. Zunächst werden wir in Kap. 5.2 zeigen, dass die Definition von Mehrsprachigkeit einerseits nicht ganz einfach ist und sich andererseits daraus auch konkrete Folgen für die Wahrnehmung von und den Umgang mit Mehrsprachigkeit im Unterricht ergeben. Anschließend an ein Plädoyer für eine weite Definition von Mehrsprachigkeit wer-

---

pflanzerl (2013 ohne Angabe von Autor*in, letzter Zugriff 18.07.2023). Vgl. auch Riegler, Laser & Girshausen (2015: 19) für ein Unterrichtsbeispiel für die Grundschule.

den Fragen zur Berücksichtigung von Mehrsprachigkeit im Unterricht diskutiert, wobei wir für eine *Kultur der Mehrsprachigkeit* (vgl. Kap. 5.3) eintreten.

5.2 Mehrsprachigkeit

5.2.1 Definitionen von Mehrsprachigkeit

Unter Mehrsprachigkeit wird die menschliche Fähigkeit, in mehreren verbalen Sprachen[2] zu kommunizieren (vgl. Videsott 2006: 51) bzw. der Umstand, dass einer Person mehrere Sprachen zur Verfügung stehen (vgl. Haider 2010: 207), verstanden. Was genau ist unter einer ‚Sprache' zu verstehen, wie viele sind *mehrere* Sprachen und was bedeutet es, eine Sprache *zu können* bzw. in dieser kommunizieren zu können? Stellt man sich diese Fragen, dann gestaltet sich eine eindeutige Definition von Mehrsprachigkeit schon wesentlich schwieriger.

Was ist unter einer Sprache zu verstehen? I. d. R. werden darunter so genannte Einzelsprachen wie Deutsch, Arabisch und Französisch verstanden. Die Beherrschung mehrerer Einzelsprachen bezeichnet man auch als äußere Mehrsprachigkeit (vgl. Maak 2019: 200). Einzelsprachen verfügen jeweils über zahlreiche Varietäten. Zum Beispiel gibt es im Deutschen viele Dialekte wie das Bayerische oder das Berlinerische, aber auch verschiedene Ethnolekte oder Soziolekte, die von bestimmten sozialen Gruppen (z. B. Jugendlichen) gesprochen werden. Die Beherrschung von mehreren Varietäten einer Sprache bezeichnet man als innere Mehrsprachigkeit (vgl. Maak 2019: 200).

Wann kann man eine Sprache? Spontan reagieren Personen auf diese Frage iwahrscheinlich mit Antworten wie z. B. *Man kann eine Sprache, wenn man sich im Alltag verständigen kann und relativ flüssig sprechen kann.* Häufig entsprechen Antworten auf diese Frage damit in etwa der Kompetenzbeschreibung des B1-Niveaus des Gemeinsamen Europäischen Referenzrahmens (vgl. Kap. 7):

> Kann die Hauptpunkte verstehen, wenn klare Standardsprache verwendet wird und wenn es um vertraute Dinge aus Arbeit, Schule, Freizeit usw. geht. Kann die meisten Situationen bewältigen, denen man auf Reisen im Sprachgebiet begegnet.
> Kann sich einfach und zusammenhängend über vertraute Themen und persönliche Interessengebiete äußern.
> Kann über Erfahrungen und Ereignisse berichten, Träume, Hoffnungen und Ziele beschreiben und zu Plänen und Ansichten kurze Begründungen oder Erklärungen geben.
> (Trim et al. 2001: 35)

---

[2] Die verbale Kommunikation (lat. verbum = Wort, communicatio = Mitteilung) umfasst alles, was eine Person einer anderen Person mit Worten vermittelt. Dazu zählt sowohl die gesprochene und geschriebene Sprache als auch die Gebärdensprache. (https://studyflix.de/biologie/kommunikationsarten-4762/verbale-kommunikation, letzter Zugriff 25.04.2022).

Im Zitat geht es vor allem um die Teilfertigkeit Sprechen. Neben dieser sind jedoch auch das Hören, das Lesen und das Schreiben Teilfertigkeiten, die für den Spracherwerb von Bedeutung sind. Aktuell wird im Fremdsprachenunterricht normalerweise versucht, alle vier Fertigkeiten zu berücksichtigen.

Wie Sie Mehrsprachigkeit definieren und ab wann eine Person für Sie mehrsprachig ist, das hängt ganz stark von Ihren Antworten auf die eben diskutierten Fragen ab. So hat Thiery (1976: 52) den ‚wahren/echten Bilingualismus' wie folgt definiert: „Le bilinguisme vrai est le fait pour un individu d'être pris pour un des leurs par les membres de milieux socio-culturels équivalents de chacune des deux communiautés linguistiques auxquelles il appartient."³ Dementsprechend wären nur solche Personen als mehrsprachig anzusehen, die nicht als Fremd-/Zweitsprachler*innen ‚erkannt' werden. Bloomfield (2001: 87) bezeichnet es allerdings als „Extremfall", wenn Sprecher*innen beim Lernen einer Fremd-/Zweitsprache so umfassende Kompetenzen erwerben, dass sie von Muttersprachler*innen in der Umgebung nicht unterschieden werden können: „In Fällen, in denen ein vollkommener Fremdsprachenerwerb nicht mit dem Verlust der Muttersprache einhergeht, führt er zu Z w e i s p r a c h i g k e i t, der muttersprachlichen Beherrschung zweier Sprachen" (Bloomfield 2001: 87, Hervorhebung im Original).

Eine so enge Definition von Bilingualismus bzw. Zwei- und Mehrsprachigkeit wird bereits seit einiger Zeit im Fachdiskurs kritisch gesehen. Erstens stellt ‚muttersprachenähnlich' eine Konstruktion dar, von der unklar ist, was sie genau bedeutet. Schließlich gibt es große Unterschiede in der Sprachkompetenz zwischen einzelnen Erstsprachler*innen. Zweitens ist es die Regel, dass mehrsprachige Personen in den verschiedenen Sprachen unterschiedliche Kompetenzprofile entwickeln, die funktional für ihren mehrsprachigen Alltag sind (vgl. z. B. Bialystok 2009). Wenn in der Schule etwa Wörter wie *Pfanne* oder *Kuchengabel* keine Rolle spielen, dann ist es nicht verwunderlich, dass Schüler*innen, die zu Hause vor allem eine andere Erstsprache als Deutsch sprechen, Bezeichnungen für diese Wörter in einer anderen Erstsprache als Deutsch, jedoch nicht im Deutschen erwerben. Domänenspezifischer Spracherwerb erfolgt häufig auch im Kontext von Hobbies. Dies betrifft sowohl innere als auch äußere Mehrsprachigkeit. Widmet man sich dem Hobby der Falknerei (vgl. auch Teilkapitel 2.2), dann lernt man z. B. Fachbegriffe wie das *Abtragen* oder *locke machen*. Bei manchen Hobbies stammen relevante (Fach-)Begriffe zudem aus einer anderen Sprache, z. B. beim Ballett aus dem Französischen (z. B. *Jambe sur la barre, plié*; vgl. Norddeutsche Tanzwerkstatt 2018 für einen Überblick).

Wir plädieren hier für eine weite Definition von Mehrsprachigkeit, da diese erstens weniger exkludierend ist, zweitens besser zu schulischen Gegebenheiten passt

---

[3] Übersetzung: Echte bzw. wahre Zweisprachigkeit trifft dann auf ein Individuum zu, wenn es von Mitgliedern mit gleichwertigem soziokulturellem Hintergrund aus jeder der beiden Sprachgemeinschaften, denen es angehört, als eines der ihren angesehen wird.

und drittens vielfältigere Möglichkeiten für die Berücksichtigung von Mehrsprachigkeit im Schulalltag eröffnet:

> Eine Person ist mehrsprachig, wenn sie mindestens zwei Sprachen erworben bzw. gelernt hat. Dabei wird sowohl innere als auch äußere Mehrsprachigkeit berücksichtigt; der Sprachbegriff beinhaltet folglich auch Varietäten wie Dialekte, Soziolekte etc. Ferner ist nicht Perfektion, sondern die Fähigkeit, kommunikative und interkulturelle Situationen konstruktiv zu bewältigen, wesentliches Kriterium für mehrsprachige Kompetenz. Daher ist es nicht notwendig, dass über kommunikative Fähigkeiten in allen Teilfertigkeiten verfügt wird, vielmehr werden auch Formen funktionaler bzw. domänenspezifischer Mehrsprachigkeit berücksichtigt. (Maak & Geist 2021: 393)

Für den Unterricht folgt aus einer weiten Definition, dass zur Umsetzung einer Mehrsprachigkeitsdidaktik auch die Berücksichtigung von Varietäten gehört. Diese spielen für die Lebenswelt von Jugendlichen häufig eine große Rolle, etwa im Fall von (Multi-)Ethnolekten, die entweder im eigenen Sprechen und/oder im medialen Konsum auftreten. Ethnolekte sind sprachliche Varietäten, die Sprecher*innen als Angehörige einer ethnischen Gruppe kennzeichnen (vgl. Riehl 2018: 55), Multiethnolekte werden von verschiedenen (Minderheiten-)Gruppen gemeinsam verwendet (vgl. Riehl 2018: 57).

Anzumerken ist, dass auch die weite Definition die Vorstellung perpetuiert, dass Einzelsprachen in sich geschlossene Gebilde sind – so als ob man jeder Sprache eine Schublade im Gehirn zuweisen könnte. Es wird also eine klare und einfache Trennung suggeriert – ähnlich wie die farbliche Sortierung der Murmeln auf der linken Seite der Abb. 5.3:

Abb. 5.3: Sind Sprachen im Kopf getrennt? © Marei Kölling, 2022.

Im fachlichen Diskurs wird jedoch vielmehr davon ausgegangen, dass jede Person im Laufe des Lebens ein einzigartiges sprachliches Repertoire entwickelt:

> Das Repertoire wird als ein Ganzes begriffen, das jene Sprachen, Dialekte, Stile, Register, Codes und Routinen einschließt, die die Interaktion im Alltag charakterisieren. Es umfasst also die Gesamtheit der sprachlichen Mittel, die Sprecher*innen einer Sprechgemeinschaft zur Verfügung stehen, um (soziale) Bedeutungen zu vermitteln. (Busch 2021: 22)

5.2.2 Mythen über Mehrsprachigkeit

Eine Schwierigkeit, die sich mit Blick auf Mehrsprachigkeit ergibt, ist, dass unterschiedlichen Formen von Mehrsprachigkeit mitunter ein unterschiedlicher ‚Wert' beigemessen wird und zum mehrsprachigen Aufwachsen auch noch immer zahlreiche Mythen im Umlauf sind. Wenn Mehrsprachigkeit sich als Folge von eigener Migration oder der Migration z. B. der Eltern entwickelt, dann wird das als *migrationsbedingte Mehrsprachigkeit* bezeichnet (vgl. Maak 2019: 201). Z. B. wird Deutsch im Libanon eher selten in Schule und Freizeit gelernt. Wenn ein Kind im Fall einer Migration nach Deutschland zieht, dann wird das Lernen der Zweitsprache Deutsch aufgrund von kommunikativen Aspekten aber ggf. auch aufgrund von gesetzlichen Vorgaben notwendig. Insbesondere für solche Erwerbskontexte werden in privaten und öffentlichen Diskursen immer wieder Mythen zum mehrsprachigen Aufwachsen reproduziert, die im Fachdiskurs längst kritisch diskutiert und häufig bereits widerlegt wurden (vgl. Tracy 2011, Kersten et al. 2011, Riehl 2018, Cantone et al. 2024 u. a.). Z. B. finden sich häufig Bedenken dahingehend, dass mehrsprachige Kinder und Jugendliche ‚keine Sprache richtig lernen' würden (vgl. Kersten et al. 2011: 97, detaillierter zur Kritik des *native speaker*-Konzepts Cantone et al. 2024: 88–91). Als Beleg dafür werden häufig Sprachmischungen, also Wechsel zwischen Sprachen innerhalb eines Satzes angeführt. Eine zentrale Erkenntnis aus der Forschung zum mehrsprachigen Spracherwerb ist jedoch, dass Sprachmischungen und -wechsel, sogenanntes Code-Switching, keine Anzeichen von Defiziten im sprachlichen Wissen der Sprecher*innen sind, sondern bei Kindern das verstärkte Auftreten zu einem natürlichen Übergangsstadium gehört (vgl. im Detail zu Sprachmischungen bei Kindern Müller et al. 2023). Bei erwachsenen und bei jugendlichen Sprecher*innen sind sie selbstverständlicher Teil des sprachlichen Repertoires, das bewusst und gezielt eingesetzt wird (vgl. Riehl 2018). Korrekt ist, dass mehrsprachige Kinder ihre Sprachen nicht gleich schnell entwickeln und mehrsprachige Sprecher*innen im Verlauf ihres Lebens meist eine dominante Sprache entwickeln (vgl. Müller et al. 2023 für kritische Perspektive auf den Begriff Sprachdominanz in diesem Zusammenhang). Es ist also eher die Regel, dass mehrsprachige Sprecher*innen in ihren Sprachen unterschiedliche Kompetenzprofile entwickeln; so kam Cook (vgl. 1995) im Rahmen einer Studie zu der Erkenntnis, dass lediglich 5% der Teilnehmer*innen als ‚perfect bilinguals' (vgl. Paradis 2004) zu bezeichnen wären.

Ein weiterer Mythos findet medial mit einiger Regelmäßigkeit große Beachtung. Auf Basis der Annahme, dass mehr Input und Interaktion im Deutschen immer gut für das Lernen sind, wird häufig die Empfehlung gegeben, dass auch Eltern, zu deren Erstsprachen nicht Deutsch gehört, mit ihren Kindern (mehr) Deutsch sprechen sollten, insbesondere auch zu Hause (vgl. Tracy 2011: 79). Zunächst dazu ein Gedankenspiel: Stellen Sie sich vor, Sie sind gezwungen, nach China zu migrieren. Angenommen, Sie hätten Kinder – würden Sie (sofort?) anfangen, mit diesen Mandarin (bzw. eine andere in China gesprochene Sprache) zu sprechen? Wie würde es sich wohl anfühlen, z. B. emotionale Gespräche mit ihren Kindern in einer Sprache zu führen, die nicht Ihre Erstsprache ist? Wenn Eltern, deren Erstsprache nicht Deutsch ist und die erst im Erwachsenenalter begonnen haben, Deutsch zu lernen, mit ihren Kindern Deutsch sprechen, dann ist davon auszugehen, dass sie ihren Kindern im Deutschen nicht unbedingt den erforderlichen reichhaltigen, authentischen sprachlichen Input liefern können, der für Spracherwerb notwendig ist. Deshalb sollten sie vielmehr dazu ermutigt werden, mit ihren Kindern (auch) in der(den) Erstsprache(n) zu kommunizieren (für konkrete Strategien und Beispiele für Spracherhalt in Familien vgl. Cantone et al. 2024: 45– 52). Solche Mythen, vielleicht sogar Vorurteile, können sich auch negativ auf den Bildungsweg von mehrsprachigen Schüler*innen auswirken, z. B. wenn es um Übergangsentscheidungen von der Grundschule auf weiterführende Schulen geht. Dies veranschaulicht der nachfolgende Comic:

Abb. 5.4: Vorurteile über Mehrsprachigkeit ©erzählmirnix[4].

---

[4] Vgl. auch Flyer zu weiteren Themen wie Code-Switching unter https://www.linguistik.hu-berlin.de/en/institut-en/professuren-en/rueg/uebersicht7p-3-jpg.pdf (letzter Zugriff 11.08.2023).

Zusammenfassend ist festzuhalten: Mehrsprachigkeit ist weder schädlich noch problematisch. Mehrsprachige Kompetenz äußert sich u. a. auch in Sprachmischungen. Die Idee von ‚perfekt bilingualen' Menschen stellt eine Illusion dar. Vielmehr verfügen mehrsprachige Menschen über ein spezifisches Sprachprofil und gebrauchen ihre gesamtsprachliche Kompetenz funktional in unterschiedlichen Domänen. Hinzu kommt: „Mehrsprachigkeit ist weltweit der Normalfall, so geht Oksaar (1996: 8) davon aus, dass 70% der Weltbevölkerung mehrsprachig sind" (Geist 2021: 77). Zahlreiche Studien (vgl. Chlosta, Ostermann & Schroeder 2003; Fürstenau, Gogolin & Yağmur 2003; Decker & Schnitzer 2012; Ahrenholz & Maak 2013) belegen, dass mehrsprachige Schüler*innen längst keine Ausnahme darstellen. Trotz erheblicher regionaler Schwankungen kann man davon ausgehen, dass etwa „ein Drittel aller eingeschulten Schüler*innen in ihrem außerschulischen Alltag noch mindestens eine weitere Sprache neben dem Deutschen verwenden, die sie ungesteuert, d. h. ohne formellen Unterricht erworben haben" (Woerfel 2021: 103). Ferner ist Folgendes zu beachten:

> Gilt nicht nur der-/diejenige als mehrsprachig, der/die von Geburt an mehr als eine Sprache erwirbt, sondern im Verlauf seines/ihres Lebens weitere Sprachen erwirbt oder erlernt, und verwendet man statt einer engen Definition von 'Sprache' eine in der Sprachwissenschaft etablierte, die auch Dialekte und soziale Varietäten umfasst, ist wohl kaum ein Mensch noch als 'einsprachig' zu bezeichnen. (Geist 2021: 77)

Alle Fakten und Argumente in diesem Kapitel lassen sich nun in einer Forderung an den Unterricht in allen Fächern zusammenführen: Wenn Mehrsprachigkeit ein alltägliches Phänomen ist, dann sollte die Berücksichtigung von Mehrsprachigkeit auch integraler Bestandteil von Unterricht sein. Wie dies gelingen kann und welche Chancen sich für das fachliche Lernen daraus ergeben, das soll im folgenden Kapitel thematisiert werden.

5.3 Kultur der Mehrsprachigkeit im Unterricht

Mit Blick auf durchgängige Sprachbildung soll es im Unterricht von Fächern wie Geschichte, Biologie und Chemie nicht darum gehen, einzelne Sprachen zu vermitteln – das wäre dann genuine Aufgabe des Fremd- und Herkunftssprachenunterrichts bzw. Ziel von CLIL-Konzepten[5]. Vielmehr sind alle Lehrer*innen angehalten, dass Schüler*innen die Möglichkeit erhalten, ihr gesamtes sprachliches Repertoire für fachliches Lernen zu nutzen und ihre Mehrsprachigkeitskompetenz weiterzuentwickeln. Unter Mehrsprachigkeitskompetenz verstehen wir die Ermöglichung einer Handlungskom-

---

5 CLIL bedeutet Content and Language Integrated Learning und wird auch bilingualer Sachfachunterricht genannt. Darunter werden Unterrichtssettings verstanden, in denen Unterrichtsinhalte in einer Sprache vermittelt werden, die nicht die Umgebungssprache darstellt und Sprachvermittlung (wie im Fremdsprachenunterricht) kein Selbstzweck ist (vgl. Wolff 2010: 298).

petenz eines Individuums in unterschiedlichen Kommunikationssituationen unter Bezugnahme auf alle Sprachkenntnisse und -erfahrungen (vgl. Trim et al. 2001: 17). Dazu gehört auch, über den Gebrauch und Erwerb von Sprache(n) reflektieren zu können (vgl. Oomen-Welke & Dirim 2013: 7).

Ein wichtiges Argument für die Berücksichtigung von Mehrsprachigkeit im Unterricht ist die Tatsache, dass Sprachen eng verbunden sind mit Identität. Wenn z. B. Sprachen der Schüler*innen (und natürlich auch Lehrer*innen) nicht geachtet oder gar als minderwertig abgetan werden, dann kann das das Selbstbewusstsein von Sprecher*innen verletzen und im Extremfall zu Ablehnung eigener Erstsprachen führen (vgl. Riehl 2014: 18).[6] Das Recht auf Erlernen und Nutzen eigener Erstsprachen gehört außerdem zu den kulturellen Menschenrechten und ist im Artikel 5 der Allgemeinen Erklärung zur kulturellen Vielfalt der UNESCO verankert:

> Deshalb sollte jeder die Möglichkeit haben, sich selbst in der Sprache seiner Wahl auszudrücken und seine Arbeiten zu erstellen und zu verbreiten, insbesondere in seiner Muttersprache; jeder hat Anspruch auf eine qualitativ hochwertige Bildung und Ausbildung unter voller Achtung seiner kulturellen Identität; jeder sollte sich am kulturellen Leben beteiligen und unter Achtung der Menschenrechte und Grundrechte Anderer seine eigenen kulturellen Praktiken ausüben können. (UNESCO-Generalkonferenz 2001, Artikel 5)[7]

Ein weiteres Argument für die Berücksichtigung von anderen Sprachen als Deutsch im Kontext des Fachunterrichts ist die Funktion von Sprachen als wichtiges Denkwerkzeug. So kann mehrsprachiges Handeln im Fachunterricht zu einem tiefgreifenden sachlichen Verstehen und Wissensaufbau beitragen. Belegt werden konnte dies z. B. bereits für das Fach Mathematik (vgl. Redder et al. 2022).

Nachfolgend möchten wir Hinweise dazu geben, wie eine Kultur der Mehrsprachigkeit[8] in jedem Fachunterricht etabliert werden kann.[9] Eine sinnvolle Voraussetzung dafür ist, dass Lehrer*innen überhaupt wissen, welche Sprachen ihre Schüler*innen beherrschen, da dies nur so in die Unterrichtsplanung einbezogen werden kann.[10]

---

[6] Häufig wird in der Literatur auch auf generelle Vorteile von Mehrsprachigkeit verwiesen – z. B. erhöhtes metasprachliches Bewusstsein und andere Fertigkeiten, die das Erlernen weiterer Sprachen begünstigen sowie die Erweiterung so genannter ‚interkultureller' Kompetenzen (vgl. z. B. Riehl 2014: 18).
[7] Bei Interesse an einer Vertiefung zum Thema Linguistic Human Rights siehe z. B. Skutnabb-Kangas & Phillipson (2023).
[8] Das Konzept Kultur der Mehrsprachigkeit wurde ursprünglich von Oomen-Welke (2000; 1997) für den Deutschunterricht entwickelt und besteht aus diversen Vorschlägen für den Umgang mit Mehrsprachigkeit im (Deutsch-)Unterricht, z. B. das Zulassen von Sprachen und den systematischen durch die Lehrperson angeregten Vergleich von Sprachen. Die hier vorgestellten Aspekte beziehen sich auf das Konzept von Oomen-Welke, wandeln dieses jedoch leicht ab und erweitern es mit Blick auf alle Fächer.
[9] Die folgenden Ausführungen basieren auf konzeptuellen Überlegungen, Materialanalysen sowie unterrichtspraktischen Erprobungen, die in Kooperation mit Marei Kölling und Benedikt Fichtinger erfolgten.
[10] Wenn Sie sich dafür interessieren, die Mehrsprachigkeit Ihrer Schüler*innen etwas umfassender sichtbar zu machen, dann empfehlen wir das Kapitel *Mehrsprachigkeit an Schulen* in der Publikation von Beese et al. (2014).

Für die Berücksichtigung im Fachunterricht ist unseres Erachtens die Beschäftigung mit folgenden Fragen zielführend:
a) Inwiefern kann ich Mehrsprachigkeit in meinem Unterricht zulassen?
b) Inwiefern kann ich Mehrsprachigkeit in meinen Unterricht einbinden?
c) Welche Hilfs- und/oder Kooperationsmöglichkeiten gibt es für die Berücksichtigung von Mehrsprachigkeit in meinem Unterricht?
d) Inwieweit kann ich Mehrsprachigkeitskompetenz bei der Leistungsbewertung berücksichtigen?

Die Beantwortung der vier Fragen können Sie sich – in Abhängigkeit vom konkreten Lehr-/Lerngegenstand und -ziel – auf einer Skala vorstellen, die sich von sehr wenig aufwändig über mittelmäßig aufwändig hin zu sehr aufwändig erstreckt. Was das konkret bedeutet, werden wir nachfolgend jeweils am Beispiel erläutern.

Bezüglich der ersten Frage *Inwiefern kann ich Mehrsprachigkeit in meinem Unterricht zulassen?* drängt sich vielen Lehrer*innen zunächst eine andere Frage auf: Was machen Schüler*innen, die im Unterricht – z. B. während einer Arbeitsphase – eine Sprache bzw. eine Varietät sprechen, die die Lehrkraft nicht versteht? Misstrauen und Ängste – auch von Seiten der Mitschüler*innen – können die Folge sein. Auf Basis bisheriger Untersuchungen lässt sich zunächst Folgendes festhalten: Andere Sprachen als Deutsch werden meist in weniger kontrolliertem Rahmen wie Gruppen- oder Freiarbeit sowie ggf. parallel zum Unterricht in Schüler*innengesprächen (vgl. Frey 1997; Dirim 1997) verwendet. In offiziellen Unterrichtsgesprächen werden sie eigentlich nur dann verwendet, wenn explizite Hinweise diesbezüglich bestehen, die Lehrkraft das also aktiv zulässt (vgl. Dirim 1997; 1998; 2009). Wenn andere Sprachen als Deutsch im Regelunterricht verwendet werden, dann überwiegend für unterrichtsspezifische Zwecke und zur allgemeinen Verständigung (vgl. Grießhaber, Özel & Rehbein 1996; Frey 1997; Gogolin 1997; Dirim 1998; Oomen-Welke 2000; Rehbein 2011; Kaluk 2011; Bührig & Duarte 2013; Fuchs, Maak & Ahrenholz 2014). In den angeführten Studien finden sich keine Belege dafür, dass die Schüler*innen ihre Mehrsprachigkeit dazu nutzen, Lehrer*innen oder Mitschüler*innen zu beleidigen. „Die Sorge vieler Lehrkräfte, die Kontrolle über Abschweifungen zu verlieren, ist dabei unbegründet: In einer Studie bezogen sich durchschnittlich 25 % der Beiträge in Kleingruppengesprächen auf Außerunterrichtliches, diese Quote erhöht sich nicht, wenn Lernende ihre Erstsprache nutzen" (Kuzu, Uribe & Prediger 2020: 105, bezugnehmend auf Duarte 2019). Interessant ist, dass einige Studien belegen, dass es gar nicht so einfach ist, Schüler*innen dazu zu animieren, andere Sprachen als Deutsch zu verwenden. Vielmehr müssen sie im Rahmen von Untersuchungen eher ‚überredet' bzw. sogar regelrecht ‚ausgetrickst' werden, damit sie andere Sprachen als das Deutsche nutzen (vgl. z. B. Meyer & Prediger 2011 für Mathematik).

Aus den bisherigen Forschungsbefunden lässt sich also ableiten, dass nichts gegen das Zulassen von anderen Sprachen als Deutsch im Regelunterricht spricht. Wenn es Schüler*innen erlaubt wird, in Gruppenarbeitsphasen ihr gesamtsprachliches Repertoire zu nutzen (und nicht ausschließlich das Standarddeutsche), dann handelt es sich um eine sehr niedrigschwellig Möglichkeit des Zulassens von Mehrsprachigkeit: „Empirische Studien haben immer wieder gezeigt, dass das Erlauben der Familiensprachen in Gruppenarbeitsphasen gerade bei Lernenden mit begrenzter Kompetenz in der Unterrichtssprache dazu führen kann, dass sie sich stärker einbringen" (Kuzu, Uribe & Prediger 2020: 104–105, bezugnehmend auf Norén 2015 und Planas 2014). Schüler*innen können weiterhin dazu angeregt werden, fachlich erarbeitete Konzepte und Themen auch in anderen Sprachen auszudrücken und entsprechend „mehrsprachigkeitsoffene Hausaufgaben" (Kuzu, Uribe & Prediger 2020: 110) in den Unterrichtsalltag miteinbezogen werden. Diese können z. B. zu einem gezielten Austausch mit Eltern, Geschwistern, Freunden oder Nachbar*innen führen und Schüler*innen dazu motivieren, sich sowohl eingehender mit fachlichen Aspekten als auch mit sprachlichen Aspekten auseinanderzusetzen (vgl. Kuzu, Uribe & Prediger 2020: 110). Weitere unaufwändige Möglichkeiten können darin bestehen, Schüler*innen dazu zu ermutigen bzw. anzuregen, für die Planung von Texten oder Redebeiträgen z. B. Assoziogramme und Mindmaps zu entwickeln, bei denen ebenfalls auf das gesamtsprachliche Repertoire zurückgegriffen wird.

Im Unterschied zur ersten Frage gehört zur zweiten Frage *Inwiefern kann ich Mehrsprachigkeit in meinen Unterricht einbinden?* eine stärkere lehr-/lerngegenstandsbezogene Planung sowie ggf. proaktivere Einbindung von Mehrsprachigkeit durch die Lehrperson. Wir trennen hier zwischen einer sprachlichen und inhaltlichen Einbindung. Die sprachliche Einbindung bezieht sich darauf, dass Mehrsprachigkeit und Formen der Sprachreflexion selbst Teil des Lehr-/Lernziels sind. Eine entsprechende Berücksichtigung findet sich z. B. im Kontext von Sprachvergleichen, deren systematische Berücksichtigung sich vor allem im Deutsch- bzw. Fremdsprachenunterricht anbietet. Inhaltlich meint, dass das fachliche Lernen im Vordergrund steht und mehrsprachige Ressourcen genutzt werden, um fachliche Lehr-/Lernziele zu erreichen, ohne dass linguistische Aspekte notwendigerweise von Bedeutung sein müssen, wie es z. B. im Fall von Sprachvergleichen zutrifft. So kann Mehrsprachigkeit niedrigschwellig eingebunden werden, indem Schüler*innen z. B. bei Recherchen zu einem Thema ermutigt werden, auch in anderen von ihnen beherrschten Sprachen zu recherchieren. Ein Beispiel: Wenn ein argumentativer Text zum Thema Maßnahmen zum Schutz vor Covid 19 und deren Vor- und Nachteile verfasst werden soll, dann bietet sich die Ausweitung der Recherche auf Maßnahmen in anderen Ländern an, wobei auch Texte in anderen Sprachen, die die Schüler*innen beherrschen, als Grundlage dienen können. Häufig gehen eine sprachliche und inhaltliche Einbindung jedoch gewissermaßen Hand in Hand. So zeigen Redder et al. (vgl. 2022: 314–315), am Beispiel Brüche im Mathematikunterricht, dass Einzelsprachen jeweils eigene Zugriffe auf Fachinhalte und damit das Verstehen ermöglichen:

> Zum Beispiel werden Brüche im Türkischen (und in Turksprachen Asiens) bezogen auf die algebraische Schreibweise von unten nach oben gelesen und artikuliert, z. B. ¾ als „4, enthaltend/darin

3" statt „drei Viertel"; damit wird die Teil-Ganzes-Beziehung im Türkischen von einem holistischen Ganzen aus und nicht, wie im Deutschen, von einem portionierten Ganzen aus versprachlicht (vgl. Redder et al., 2018, S. 159 ff.). Empirische Analysen konnten zeigen, dass zweisprachig deutsch-türkische Jugendliche diese Konzeptfacette mit der quasikardinalen Konzeptfacette (drei Viertel als drei Elemente einer Einheit Viertel) gewinnbringend verknüpfen und so ihr Bruchverständnis konsolidieren können [...]. (Redder et al. 2022: 314–315)

Sprach- bzw. Konzeptvergleiche bieten sich für eine facettenreicheres Verständnis fachlicher Konzepte an und können dementsprechend auch für die Lernenden fruchtbar gemacht werden, die lediglich Deutsch bzw. nicht die jeweils thematisierte(n) Sprache(n) sprechen. So berichten Kuzu, Uribe & Prediger (vgl. 2020: 108) davon, wie eine Lehrerin die bereits erläuterten Unterschiede in der Sprechweise bzgl. der Brüche im Deutschen und Türkischen mit der Klasse thematisiert: „Julius (einsprachig deutsch) hebt den Finger, „Ah cool! Find ich besser gedacht, ich muss ja erst das Ganze teilen und kann dann sagen, wie viel Stücke ich nehme" (Kuzu, Uribe & Prediger 2020: 108). An dem Beispiel wird deutlich, wie mittels des Sprachvergleichs eine vertiefte Auseinandersetzung mit dem fachlichen Konzept angeregt wird.

Auch wenn Mehrsprachigkeit in Lehr-/Lernmaterialien bislang eher als ‚Häppchen' denn als ‚Hauptgericht' (vgl. z. B. Lehrwerksanalyse von Marx 2014) Eingang gefunden hat, so offenbaren die meisten Unterrichtsmaterialien bei eingehenderer Betrachtung hier und da auch eine verdeckte bzw. versteckte Mehrsprachigkeit. Zum Beispiel findet sich zum Thema *Reden* (Klasse 10) in einem Schulbuch der Abdruck von Auszügen einer Rede von Steve Jobs, Mitbegründer von Apple Inc. Die Aufgaben zur Rede bestehen u. a. darin, den Redeanlass sowie Adressatenbezüge herauszuarbeiten. Nur: Diese Rede ist im Original englischsprachig. Da es ganz grundlegend sinnvoll ist, Reden im Original zu hören bzw. zu sehen, wäre es sehr einfach, einen Auszug aus der Rede vorzuspielen. Dabei wäre es nicht unbedingt notwendig, alles im Detail zu verstehen – die deutsche Übersetzung ist ja abgedruckt. Eine entsprechende Einbindung von Mehrsprachigkeit wäre nicht aufwändig und außerdem dem Lehr-/Lerngegenstand angemessen.

Die dritte Frage *Welche Hilfs- und/oder Kooperationsmöglichkeiten gibt es für die Berücksichtigung von Mehrsprachigkeit in meinem Unterricht?* ist eng mit der Frage nach Möglichkeiten und Grenzen der Umsetzung von Ideen für die Einbindung von Mehrsprachigkeit verbunden. Unter *Hilfsmöglichkeiten* verstehen wir die eher einseitige Unterstützung, von der Sie als Lehrer*in profitieren. Niedrigschwellige Hilfsmöglichkeiten können Übersetzungsprogramme wie *deepL* darstellen oder auch die Unterstützung von Lehrer*innen, die Herkunftssprachenunterricht durchführen und z. B. einen mehrsprachigen Text einer Schüler*in lesen und für Sie kommentieren oder einschätzen könnten. Auch Mitschüler*innen, die z. B. als Mittler*innen agieren, oder Eltern können natürlich eine wichtige Hilfe darstellen. Ebenfalls zu nennen sind hier Materialien und Programme, die mehrsprachiges Unterrichten unterstützen können. Im Rahmen von *Kooperationen*, z. B. mit anderen Lehrkräften, profitieren beide bzw. mehrere Seiten und bringen sich entsprechend auch aktiv ein. Denkbar wäre z. B. für das Thema *Reden* auch eine Kooperation mit Fremdsprachenlehrer*innen, da Reden auch im Fremdsprachenunterricht eine Rolle spielen. Im Rahmen einer Projektwoche könnten mehrsprachige Reden sowohl rezipiert als auch produziert werden. Die beteiligten Lehrer*innen müssten die Woche gemeinsam planen und jeweils Material etc. in die Gestaltung einbringen.

Die vierte Frage *Inwieweit kann ich Mehrsprachigkeitskompetenz bei der Leistungsbewertung berücksichtigen?* wird zwar häufig von Lehrer*innen gestellt, jedoch selten in fachdidaktischen Publikationen verhandelt. Von keiner Benotung zur Vergabe von Bonus- bzw. Zusatzpunkten über eine Teilbewertung (z. B. 10% der Note) bis hin zur vollwertigen Benotung sind sehr unterschiedliche Optionen denkbar. Angenommen, die Schüler*innen sollen ein Erklär-Video für andere Schüler*innen als Unterrichtsergebnis produzieren, im Rahmen dessen sie ihr gesamtsprachliches Repertoire nutzen können. Je nach Aufgabe könnte z. B. die Verwendung von Varietäten (z. B. Jugendsprache) sogar besser zur Zielgruppe passen und entsprechend positiv bewertet werden. Das Versehen mit Untertiteln oder Besprechen in mehr als einer Sprache könnte mit Bonuspunkten bewertet werden und würde zu einem Produkt führen, dass einem wesentlich größeren Publikum zugänglich wäre. Scheinbar einsprachige Schüler*innen haben hier nur anscheinend einen Nachteil. Denn auch sie können in der Sekundarstufe i. d. R. bereits auf Fremdsprachenkompetenzen zurückgreifen. Gleichzeitig werden migrationsbedingt mehrsprachige Schüler*innen mehrheitlich benachteiligt, da jeweils nur ein Teil ihrer sprachlichen Kompetenzen, nämlich die deutschen, schul- und bildungsrelevant sind.

Zusammenfassend ist festzuhalten, dass die Frage nicht lautet, ob Mehrsprachigkeit berücksichtigt werden sollte, sondern ob und wie es im konkreten Unterrichtskontext möglich ist. Die Bandbreite von wenig bis sehr arbeitsaufwändiger Berücksichtigung ist groß. Erfahrungsgemäß bietet es sich an, im Rahmen der Unterrichtsplanung für eine ganze Unterrichtseinheit über die vier Fragen nachzudenken und ggf. auch Lehr-/Lernziele anzupassen (Stichwort Mehrsprachigkeitskompetenz).

Die Kultur der Mehrsprachigkeit ist jedoch nicht bedenkenlos umzusetzen. Auf zwei Aspekte, die jeweils bedacht werden sollten, wird im Folgenden noch eingegangen: die symbolische Inferiorisierung sowie das *Othering*. Dirim (2016: 323) arbeitet heraus, dass auch die Anerkennung von Familiensprachen zu symbolischer oder faktischer Ausgrenzung von „Migrationsanderen" führen kann. Sie gibt dafür folgendes Beispiel: Wenn in Schulen Schilder aufgehängt werden, auf denen in verschiedenen Sprachen „Willkommen" geschrieben steht, dann ist das zwar als Geste der Anerkennung anzusehen; wenn jedoch Deutsch als Unterrichtssprache gesetzt und deren bildungssprachliche Beherrschung für gute Abschlüsse notwendig ist, außerdem gleichzeitig die bildungssprachliche Beherrschung anderer Sprachen völlig irrelevant ist, dann geht von solchen Schildern auch die Markierung von Inferiorität aus. Denn solange diese Sprachen nicht für „Ernsthafteres", z. B. als Arbeitssprache, genutzt werden können, repräsentiert ihr Dasein vielleicht eine Wertschätzung von Mehrsprachigkeit, jedoch bleibt diese oberflächlich und ohne Bedeutung für den schulischen

Alltag. Ein weiterer Aspekt ist die Gefahr des *Othering* (vgl. Dirim 2016). Dabei handelt es sich um einen Prozess, im Rahmen dessen Eigenschaften als abweichend von einer Norm interpretiert werden und Menschen somit als „Andere" konstruiert und von einem „Wir" unterschieden werden. Damit geht häufig eine Aus-/Abgrenzung, ggf. auch Abwertung einher (vgl. z. B. Riegel 2016 für eine ausführliche Einführung in das Konzept). Wenn Schüler*innen z. B. gefragt werden, ob sie etwas ‚in ihrer Sprache' erklären können oder etwas darüber erzählen mögen, wie das ‚bei ihnen in ihrem Land' so sei, dann werden sie klar als (Migrations-)Andere im Klassenkontext markiert. Es sollte vermieden werden, dass mit Hilfe von Sprachen eine solche Dichotomie eröffnet wird. Vielmehr ist es wichtig, allen Sprachen Raum zu geben, ohne Schüler*innen als anders herauszustellen oder sie in eine Expert*innenrolle zu drängen, die sie evtl. nicht erfüllen können oder wollen. Das Einbringen von Sprachkompetenzen sollte entsprechend immer freiwillig und optional sein und sich nicht gar in eine Art ‚Bringschuld' der Schüler*innen verkehren.

5.4 Zusammenfassung und Ausblick

Zusammenfassend lässt sich festhalten, dass Mehrsprachigkeit für alle Schüler*innen eine lebensweltliche Relevanz besitzt und der (Weiter-)Entwicklung von Mehrsprachigkeitskompetenz aller Schüler*innen im Unterrichtsalltag ausreichend Bedeutung zukommen sollte. Ziel sollte es sein, in jedem Fachunterricht eine Kultur der Mehrsprachigkeit zu etablieren. Dies muss nicht aufwändig sein und es bedeutet auch nicht, dass Lehrer*innen alle Sprachen, die von Schüler*innen gesprochen werden, lernen müssen. Allerdings ist auch festzuhalten, dass Mehrsprachigkeit als integraler Bestandteil eines jeden Unterrichts verstanden und dementsprechend auch verstärkt in Curricula und bei der Gestaltung von Lehr-/Lernmaterialien Berücksichtigung finden sollte. Hier besteht noch ein großes Entwicklungspotential.

Aufgaben nach dem Lesen
1. Lesen Sie die Aussagen in Aufgabe 3. zu vor dem Lesen in diesem Kapitel noch einmal. Würden Sie nach der Lektüre hier etwas ändern an Ihrer Einschätzung? Warum (nicht)?
2. Januschek (2016: 213) hält Mehrsprachigkeitskompetenz für die „einzig sinnvolle Alternative zu einer universalen Sprache". Welche Haltung haben Sie dazu? Was kann Mehrsprachigkeitskompetenz leisten und was nicht? Welche Vor- und Nachteile hätte es, wenn alle Menschen dieser Welt eine einzige, universale Sprache sprechen würden?
3. Wählen Sie ein Schulbuchkapitel aus einem Ihrer Fächer aus und überlegen Sie, wie Sie das Thema im Unterricht bearbeiten würden. Wird Mehrsprachigkeit bereits berücksichtigt? An welchen Stellen wäre es (darüber hinaus) möglich, im Un-

terrichtsverlauf Mehrsprachigkeit zu berücksichtigen? Beantworten Sie dazu die vier Fragen zur Kultur der Mehrsprachigkeit. Und überprüfen Sie, ob sich auch Beispiele für ‚verdeckte Mehrsprachigkeit' in den Unterrichtsmaterialien finden.

Weiterführende Literatur

Bredthauer, Stefanie, Magdalena Kaleta & Marco Triulzi (2021): *Mehrsprachige Unterrichtselemente. Eine Handreichung für Lehrkräfte.* Köln: Mercator-Institut https://mercator-institut.uni-koeln.de/publikationen-material/material-fuer-die-praxis/mehrsprachige-unterrichtselemente (letzter Zugriff 24.05.2024)

Diese Handreichung für Lehrkräfte zeigt exemplarisch für unterschiedliche Fächer, wie die Mehrsprachigkeit der Lernenden in den Unterricht eingebunden werden kann.

REPA/CARAP – Referenzrahmen für plurale Ansätze zu Sprachen und Kulturen, https://carap.ecml.at/Handbook/tabid/2602/language/de-DE/Default.aspx (letzter Zugriff 30.03.2024)

Der Referenzrahmen regt dazu an, sich im Unterricht auf plurale Ansätze zu stützen, um mehrsprachige und interkulturelle Kompetenzen bei Lernenden aller Fächer zu entwickeln. Dafür finden sich einerseits Deskriptoren sowie anderseits auch Beispiele für Unterrichtsmaterialien.

6 Sprachen und Macht im schulischen Kontext

Aufgaben vor dem Lesen
1. Was ist für Sie die schönste Sprache der Welt? Und aus welchen Gründen ist dies für Sie die schönste Sprache der Welt?
2. Lesen Sie die Fragen (vgl. Krumm 2021: 13, 16, 33; gekürzt, teilweise angepasst und ergänzt). Wählen Sie spontan eine Frage aus, die Sie interessiert, und schreiben Sie auf, was Ihnen dazu einfällt.
- Wer entscheidet, welche Sprachen wann benutzt und gelernt werden dürfen oder müssen?
- Gibt es Regelungen, die Sprachen schützen oder ihre Ausbreitung begünstigen? Und gibt es Regelungen, die Sprachen verbieten und ggf. diskriminieren?
- Welche Regelungen (Gesetze?) schützen eine Sprache und welche Mechanismen begünstigen die Ausbreitung einer anderen?
- Ermöglicht Schule den Ausbau von Sprachenvielfalt oder trägt sie auch zur Unterdrückung von Sprachen bei?
- Wie weit wird sprachlichen Minderheiten, den autochthonen[1] ebenso wie den zugewanderten Minderheiten, im deutschen Sprachraum der Zugang zur deutschen Sprache ermöglicht bzw. wie weit haben ihre eigenen Herkunfts- und Familiensprachen neben der deutschen Sprache Gültigkeit und auch einen Platz im Bildungswesen?
- Sind Sprachen geschlossene Systeme, die eingesetzt werden können, um politische, wirtschaftliche oder ideologische Interessen umzusetzen, oder sind Sprachen dynamische, offene Systeme, die es Individuen erlauben, ihre eigenen Perspektiven auf die Welt zu artikulieren?

6.1 Schule, Macht und Sprache

Schule ist ein System, das durch offenkundige und subtile Machtstrukturen gekennzeichnet ist (vgl. Leonhardt et al. 2023: 11). Denn Machtstrukturen lassen sich überall dort finden, wo Menschen interagieren (vgl. Drinck 2023: 130; bezugnehmend auf Kupfer 2011: 68–78). Macht ist

> [...] weder positiv noch negativ besetzt, sondern schlicht präsent. Eine Wertung kann erst im Einklang mit folgender Frage vorgenommen werden: Wie, durch wen und auf welche Weise kommt Macht zum Einsatz (und wirkt sich in weiterer Folge auf konkrete Personen aus)? (Kremsner 2020: 10)

---

[1] Autochthon meint so genannte indigene Bevölkerungsgruppen, z. B. die dänische Minderheit in Schleswig-Holstein.

Für die Institution Schule ergibt sich das Paradoxon, dass sie einerseits als zentraler Ort für Demokratiebildung (vgl. Kenner & Lange 2022) und „gelebte Demokratie" (Achour et al. 2020: 6) angesehen wird. Andererseits ist sie jedoch durch klare Hierarchiestrukturen und Machtgefälle geprägt (vgl. Drinck 2023: 131). Letztere zeigen sich in den Ungleichheiten von Rechten, von Kompetenzen und Möglichkeiten der Sanktionierung (vgl. Drinck 2023: 131). Dabei ist Schule zunächst die Institution, durch deren Ordnung Machtungleichheiten konstituiert werden, die wiederum auf Individuen wirken und ihnen bestimmte Rollen zuweisen. Die Institution als Verursacherin „[...] ermöglicht durch ihre (Ordnungs-)Struktur eine Machtungleichheit unter den Akteur*innen, die sie selbst nicht gewählt haben, die sie selbst möglicherweise nicht befürworten, die sie vielleicht sogar noch nicht einmal bemerken" (Drinck 2023: 131).

In diesem Zusammenhang stellt sich die Frage, welche Rolle Sprache(n) und sprachlichem Handeln in der Institution Schule zukommt. Hier sind zunächst zwei Ebenen von Bedeutung. Erstens fungiert Sprache als Machtinstrument, „[...] durch welches auch Realitäten erst hergestellt werden" (Leonhardt et al. 2023: 13). Sprache ist nicht neutral (vgl. Süßebecker 2023: 101) und Macht wird mithilfe von Sprache ausgeübt (vgl. Krumm 2021: 106). „Pädagog*innen und insbesondere Lehrkräfte haben durch ihren Beruf, der häufig auch mit Bewertung zu tun hat, eine selten reflektierte höchst machtvolle Position, in der sie durch und mit ihre*r Sprache bzw. ihr sprachliches Handeln Anerkennung zu- oder absprechen können" (Süßebecker 2023: 109). Neben dem konkret-sprachlichen Handeln von Individuen ist eine zweite relevante Ebene der Umgang mit Sprachen als Entitäten (*das* Deutsche, *das* Sächsische, *das* Armenische, *das* Englische). Darum soll es in diesem Kapitel schwerpunktmäßig gehen. Im Zentrum steht die Auseinandersetzung mit Sprachideologien, Sprachenpolitik sowie Sprachhierarchien und welche Bedeutung diese für den Unterrichtsalltag haben.

6.2 Sprachideologien als Sprachenpolitik in Aktion

Was ist für Sie die schönste Sprache auf der Welt? Welche weiteren Sprachen gefallen Ihnen gut und welche Sprachen gefallen Ihnen gar nicht? Die Antworten auf diese Fragen hängen im Wesentlichen von zwei Aspekten ab – einerseits Ihren ganz persönlichen Erfahrungen. Andererseits werden persönliche Präferenzen und Einstellungen mit Blick auf Sprachen beeinflusst von der vorherrschenden Sprachenpolitik sowie durch verbreitete Sprachideologien und sich daraus ergebende Praxen der Sprachrepräsentation. Was genau das bedeutet und welche Relevanz dies für den schulischen Kontext hat, das ist Gegenstand der nachfolgenden Ausführungen.

6.2.1 Sprachideologien

Als Ideologie werden in der Gesellschaft vorhandene Rahmenbedingungen verstanden, die unterschwellig, unsichtbar und systematisch Regeln, Wertesysteme, Normen und somit sämtliche Lebensbereiche beeinflussen (vgl. Darvin & Norton 2015: 42). Laut Darvin und Norton (2015: 51) sind Ideologien „systemic patterns of control", die durch wiederkehrende kommunikative Praktiken angezeigt werden (vgl. Eckardt 2024: 104). Silverstein zufolge dienen *Sprachideologien* Menschen zur Rationalisierung oder Rechtfertigung von wahrgenommenen Sprachstrukturen (vgl. Silverstein 1979). Sprachideologien und Diskurse über Sprache geben Regeln dafür vor, wie sprachliche Interaktion verläuft, die als ‚normal' und angemessen gilt. Diese Regeln können einerseits in Form von Gesetzen und offiziellen Sprachregelungen vorgegeben sein. Andererseits können sie ungeschrieben sein und auf Konventionen beruhen, die durch aktuelle Machtverhältnisse beeinflusst sind (vgl. Busch 2013: 81). Dabei sind ungeschriebene Regeln nicht weniger wirksam. Das Spezifikum der Ideologie ist, etwas unbemerkt als Evidenz zu etablieren. Diese Evidenz muss gewissermaßen anerkannt werden, da sie so offenbar und wenig widersprüchlich scheint. Ein Sachverhalt erscheint uns also als ganz ‚normal', ‚natürlich' und ‚selbstverständlich', sodass z. B. eine kritische Reflexion überflüssig scheint:

> Während es verhältnismäßig leichtfällt, sich sprechende Menschen und Orte vorzustellen, sind Ideologien und Diskurse abstrakte Begriffe, die nicht ohne Weiteres zu ‚begreifen' sind, zumal sie ihre Macht nicht zuletzt dem Umstand verdanken, dass sie den Anschein von Offensichtlichkeit und Selbstverständlichkeit wecken. (Busch 2013: 82)

Als Beispiel soll das Englische[2] dienen, dessen Bedeutung im folgenden Auszug thematisiert wird.

Wie Englisch zur Weltsprache wurde[3] (Frankfurter Allgemeine)
Englisch gilt schon seit dem 19. Jahrhundert als die Weltsprache schlechthin. Sie ist insgesamt betrachtet die meistgesprochene Sprache der Welt, offizielle Landessprache in 38 Ländern, und außerdem eine wichtige internationale Bildungs- und Kultursprache. Das macht Englisch als Zweitsprache besonders interessant zu lernen, da man sich fast auf der ganzen Welt damit verständigen kann. Die Bezeichnung als Weltsprache ist jedoch gar nicht offiziell und Englisch wurde auch nie ordentlich als solche geküret. [...] Wie kam es also tatsächlich dazu, dass die englische Sprache sich den Status als Weltsprache sichern konnte?
Englisch eroberte die Welt
Bereits im 19. Jahrhundert breitete sich mit der Ausdehnung des britischen Weltreichs auch die britische Sprache aus: Englisch. Zwar segelten die englischen Eroberer schon um 1500 durch die Weltmeere und machten sich Land zu eigen. Doch erst im 19. Jahrhundert stand ein Großteil der Welt inklusive Teile Nordamerikas, Chinas und Afrikas sowie ganz Australien, Neuseeland und Indien unter Herrschaft der

---

2 Wir sind uns darüber bewusst, dass wir durch die starke Thematisierung der englischen Sprache in diesem Kapitel entsprechende sprachliche Hierarchisierungen nicht nur problematisieren, sondern auch reproduzieren.
3 https://bildungsmarkt.faz.net/wie-englisch-zur-weltsprache-wurde/ letzter Aufruf 06.03.2024.

britischen Krone, was etwa ein Drittel der Weltbevölkerung einschloss – und Englisch setzte sich dort als Hauptlandessprache durch. In vielen Teilen der Welt ist sie es bis heute geblieben, auch wenn die Weltherrschaft des British Empire im 20. Jahrhundert ihr Ende fand. Englisch soll heute als Weltsprache gewiss keine anderen Sprachen verdrängen. Sie soll lediglich die internationale Kommunikation ermöglichen und Menschen der ganzen Welt mit einem gemeinsamen Nenner zusammenbringen. Deswegen ist Englisch die Zweitsprache mit den meisten Sprechern weltweit.

Haben Sie beim Lesen des Auszugs an der Aussage, dass Englisch eine Weltsprache ist, gezweifelt? Vermutlich nicht, denn bei dieser Vorstellung handelt es sich um eine aktuell sehr mächtige Sprachideologie, die selten hinterfragt wird. Aus dieser heraus scheint es auch ganz ‚logisch', dass Schüler*innen Englisch als (erste) Fremdsprache lernen sollen. Tatsächlich könnte man auch dafür argumentieren, dass Türkisch als erste Fremdsprache in Deutschland sinnvoll wäre, da viele Menschen[4] in Deutschland Türkisch sprechen und Schüler*innen das Türkische häufig im Alltag anwenden könnten. Auch Chinesisch könnte eine gute Wahl sein. Diese Sprache wird immerhin von ca. 1,2 Milliarden Menschen gesprochen. Da jedoch die Sprachideologie vom Englischen als Weltsprache aktuell kaum hinterfragt wird, wirken diese (nicht unberechtigten) Vorschläge auf viele Menschen eher überflüssig oder gar irritierend.

Vielleicht ist ihnen auch aufgefallen, dass Kolonialismus als Begriff nicht im Text verwendet wird. Zwar wird von *erobern* geschrieben, aber Formulierungen wie *unter Herrschaft der britischen Krone stehen* wirken wesentlich neutraler. Besonders interessant ist hier die Rolle der englischen Sprache: *Englisch setzte sich dort als Hauptlandessprache durch* ist ebenfalls eine beschönigende, mildernde Umschreibung dessen, was passierte. Englisch (wie auch Französisch, Spanisch oder Deutsch) wurde ganz aktiv von Kolonialmächten als Kolonialsprache aufgezwungen und als Amtssprache etabliert (vgl. exemplarisch Ausführungen in Krumm 2021 zu Deutsch als Kolonialsprache). Die Beherrschung dieser war Voraussetzung für den Zugang zu Bildung und beruflichen Aufstieg.

> Während der Kolonialzeit verboten die Spanier:innen die am weitesten verbreitete indigene Sprache Lateinamerikas: Quechua – auch bekannt als Inkasprache. Sie war die Sprache des mächtigen Inkareichs, das große Teile des heutigen Perus, aber auch Bolivien, Ecuador, Chile, Argentinien und Kolumbien umfasste. Das Verbot der Sprache durch die Erobernden hatte verschiedene Gründe. Die Spanier:innen betrachteten die indigene Kultur und Sprache als Hindernisse für ihre eigene Vorherrschaft und die Durchsetzung des katholischen Glaubens. In der Verbreitung des Spanischen sollte ihre eigene Macht gefestigt werden. Trotz der Unterdrückung und des Verbots gelang es der Sprache, in den indigenen Gemeinschaften zu überleben. Quechua wurde oft im Geheimen weitergegeben und innerhalb der Familien und Gemeinschaften gespro-

---

4 Die Zahlen sind nicht ganz eindeutig, aber es ist von ca. 1.500.000 Sprecher*innen in Deutschland auszugehen. Laut Mikrozensus 2021 ist bei Haushalten in Deutschland nach Deutsch Türkisch die am häufigsten genutzte Sprache. https://de.wikipedia.org/wiki/T%C3%BCrkische_Sprache#cite_note-7 (06.03.2024).

chen. Es war ein Akt des Widerstands gegen die koloniale Herrschaft und eine Möglichkeit, die eigene kulturelle Identität zu bewahren. (Olbrich 2023)

Busch (vgl. 2013: 84) weist darauf hin, dass Ideologien im neutralen Verständnis als kulturell bedingte Weltsichten verstanden werden, im kritischen Verständnis werden sie hingegen als Strategien der Verschleierung und Legitimierung von sozialer Ungleichheit angesehen. Um dies zu illustrieren können wir noch einmal auf das Textbeispiel zu Englisch zurückkommen. Die Selbstverständlichkeit von Englisch als Weltsprache legitimiert auch postkolonial die Verwendung von Englisch in vielen von Kolonialismus betroffenen Ländern – das bedeutet ggf. aber auch für Menschen die zumindest sprachliche Fortführung des Kolonialismus, die das (Wieder-)Erstarken von indigenen Sprachen ggf. behindert.

6.2.2 Sprachenpolitik

Sprachideologien müssen im Zusammenhang mit *Sprachenpolitik* gesehen werden, wie das Beispiel zu Quechua bereits deutlich macht. In Anlehnung an Busch versteht Krumm (2021: 31) „Sprachenpolitik als ‚Sprachideologien in Aktion'". Krumm (2021: 34) fasst unter Sprachenpolitik alle Versuche der Beeinflussung des Sprachverhaltens von Menschen:

(1) Sprachenpolitik umfasst alle Maßnahmen und Regelungen, die den Zugang zu Sprachen, das Erlernen und den Gebrauch von Sprachen möglich machen, fördern oder behindern.
(2) Sprachenpolitik bezieht sich auch auf alle Maßnahmen, die den Stellenwert von Sprachen, ihren Wert, ihr Prestige und ihre Reichweite positiv oder negativ beeinflussen.
(3) Sprachenpolitik setzt sich mit allen Maßnahmen auseinander, mit denen Sprachen als Instrumente der Macht für politische, soziale, wirtschaftliche o. ä. Zwecke instrumentalisiert werden. (Krumm 2021: 34)

Sprachenpolitik bezieht sich einerseits auf gesetzliche und andere offizielle Regelungen, wie sie von Staaten, Organisationen und Institutionen explizit eingeführt und implementiert werden, erfolgt jedoch auch auf eher indirektem Weg, z. B. wenn Angebote für die Ausbildung von Sprachlehrkräften gefördert oder eher verhindert werden (vgl. Krumm 2021: 27; Ricart Brede, Maak & Draber 2024 zur Ausbildungssituation für das Fach Deutsch als Zweitsprache für Lehramtsstudierende) sowie über Bildungspläne und finanzielle Förderungen, Stipendien und Austauschprogramme (vgl. Krumm 2021: 26). Wichtige Mechanismen zur Umsetzung der Sprachenpolitik in der Praxis sind z. B. Lehrpläne, Sprachunterrichtsangebote und Sprachtests (vgl. Krumm 2021: 26). Krumm (2021: 22) sieht Sprachenrechte und Sprachdiskriminierung als zentrales Aktionsfeld von Sprachenpolitik: „Das Recht auf freie Rede, das Recht, die eigene Familiensprache zu gebrauchen sowie das Verbot, wegen seiner Sprache diskriminiert zu werden, gehören zu den zentralen Menschenrechten."

Allerdings wird Sprachenpolitik nicht lediglich als top-down-Prozess – also gewissermaßen ‚von oben' durch z. B. staatliche Institutionen vorgegeben. Auch betroffene Menschen – Schüler*innen, Eltern, Lehrer*innen – können Einfluss nehmen auf die offizielle Sprachenpolitik und diese in bottom-up-Prozessen, z. B. (Bürger-)Initiativen, verändern und mitgestalten (vgl. Krumm 2021: 28). Dabei kommt Lehrkräften auch als ‚policy makers' (vgl. Krumm 2021: 29; bezugnehmend auf Menken & Garcia 2010) eine zentrale Rolle zu. Lehrer*innen haben einen großen Einfluss auf die Sprachverwendung im Klassenraum. Z. B. können sie darauf bestehen, dass alle Schüler*innen zu jeder Zeit im Biologie- oder Geschichtsunterricht die deutsche Sprache verwenden. Sie können aber auch zulassen, dass andere Sprachen, die Schüler*innen beherrschen, in Gruppenarbeiten oder in anderen Kontexten verwendet werden (vgl. Kap. 5). Unabhängig von eigenen sprachenpolitischen Maßnahmen sind sie ggf. aber auch an Vorgaben der Institution gebunden. Selbst, wenn Sie z. B. Chinesisch oder Türkisch als erste Fremdsprache befürworten würden, könnten Sie das nicht ohne Weiteres durchsetzen. Dementsprechend greifen die nationale, gesetzliche, institutionelle und (inter-)personale Ebene bei Sprachenpolitik ineinander (vgl. Krumm 2021: 31).

6.2.3 Praxen der Sprachrepräsentation

Praxen der Sprachrepräsentation stellen häufig das Ergebnis bzw. die konkrete Umsetzung von Sprachenpolitik dar, wirken jedoch ggf. auch auf Sprachenpolitik zurück. Gemeint ist damit, dass Sprachen sehr unterschiedlich in der Gesellschaft und in der Institution Schule (re-)präsentiert sein können. Daryai-Hansen (vgl. 2010a) unterscheidet diverse Praxen der Sprachrepräsentation, die hier in Auswahl vorgestellt werden: Sprachpromovierung, Sprachkonkurrenz und Sprachdiskriminierung.

Von *Sprachpromovierung* wird gesprochen, wenn Sprachen aktiv gefördert und unterstützt werden. Sie werden als erlernte bzw. erlernenswerte und geförderte bzw. zu fördernde Sprachen sowie generell mit positiven Werteurteilen dargestellt (vgl. Daryai-Hansen 2010a: 154–155). Der oben besprochene Auszug zu Englisch als Weltsprache stellt dafür ein gutes Beispiel dar. Ein weiteres Beispiel dafür ist, dass Englisch in Deutschland bereits in der Grundschule in fast allen Bundesländern und von fast allen Schüler*innen als obligatorische erste Fremdsprache gelehrt und gelernt wird (vgl. KMK 2013). Vermutlich haben Sie selbst Englisch als erste (oder mindestens zweite) Fremdsprache gelernt. Dabei wird dies selten als Zwang empfunden – dennoch handelt es sich nicht um eine freie Entscheidung.

Sprachen können jedoch auch in einem Wettbewerbsverhältnis, in Sprachkonkurrenz, zueinander stehen bzw. kann dies im gesellschaftlichen Diskurs so verhandelt werden. Meist geht es um eine Konkurrenz zur Nationalsprache bzw. zu Nationalsprachen (vgl. Daryai-Hansen 2010a: 158). Als Beispiel kann der nachfolgende Auszug von der Homepage des Vereins *Deutsche Sprache e.V.* dienen. Dieser Verein engagiert sich für die „Förderung und Bewahrung des Deutschen als Sprache von Kultur, Wirtschaft und Wissenschaft" (https://vds-ev.de/, 15.03.2024), was mit dem Bestreben des ‚Reinhaltens des Deutschen' von englischen Einflüssen einhergeht:

> Die deutsche Sprache wird seit Jahren von einer Unzahl unnötiger und unschöner englischer Ausdrücke überflutet. Die Werbung bietet *hits for kids* oder Joghurt mit *weekend feeling*. [...] Wir kleiden uns in *outdoor jackets*, *tops* oder *beach wear*. Wir schmieren uns *anti-ageing-Creme* ins Gesicht oder sprühen *styling* ins Haar. Bei der Bahn mit ihren *tickets*, dem *service point* und *McClean* verstehen wir nur Bahnhof.
>
> Manche Leute finden das *cool*. Andere – die Mehrheit der Menschen in Deutschland – ärgern sich über die überflüssigen englischen Brocken und sehen darin eine verächtliche Behandlung der deutschen Sprache. (Verein Deutsche Sprache, https://vds-ev.de/arbeitsgruppen/deutsch-in-der-oeffentlichkeit/denglisch-deutsch-oder-englisch/ 09.03.2024)

Ob tatsächlich die Mehrheit der Deutschen Wörter wie *cool* und *tickets* als problematisch ansieht, das sei dahingestellt. Aus Perspektive der Sprachwissenschaft handelt es sich dabei um normale Phänomene des Sprachwandels. Die Übernahme von Lehnwörtern aus anderen Sprachen fungiert u. a. als Motor zur Weiterentwicklung von Sprache und blickt auf eine jahrhundertelange Tradition zurück (vgl. Berg 2023). D. h. Wörter wie Kaffee (Übernahme aus dem Türkischen *kahve*) und Fenster (Übernahme aus dem Lateinischen *finestra*) müssten in der obigen Argumentationslogik für ein ‚reines' Deutsch getilgt werden. Zudem spricht man auch von *Entlehnungsmoden*, die überdies wellenförmig verlaufen und mit der Zeit wieder abflachen. „Und das ist auch für das Englische zu erwarten, auch wenn die Welle sich momentan noch aufbaut" (Berg 2023: 15). Zu jedem Zeitpunkt ist darüber hinaus die Zahl der Entlehnungen deutlich geringer als die Zahl der Wörter, die durch Wortbildung, d. h. mit in der deutschen Sprache vorhandenem Sprachmaterial, gebildet werden (vgl. Berg 2023: 15).

Ein Beispiel für sprachpolitische Maßnahmen im Kontext von Sprachenkonkurrenz sind z. B. „Radioquoten zur Förderung heimischer Musik" (Rendchen 2021), die es in vielen Ländern Europas gibt, wobei sich unterschiedliche Interessen und Ziele damit verbunden haben:

> So gab es in der DDR eine Quote von 60 Prozent für Musik aus einheimischer Produktion. Und auch Frankreich führte 1994 eine Quote für einheimische Songs ein, um die damals stark geschwächte französische Musikindustrie vor dem Untergang zu retten. Bis heute müssen die Radiosender mindestens 40 Prozent französischsprachige Musik im Programm unterbringen. Obwohl die Quote auch in Frankreich anfangs heftig kritisiert worden war, galt sie schon kurze Zeit später als großer Erfolg. Viele sehen in ihr den Grundstein für eine neue Generation französischer Künstler. (Rendchen 2021)

Während es in Frankreich vor allem um die Konkurrenz zur englischen Sprache ging, lagen der Quote in der DDR weitere politische Interessen zugrunde. Auch ein Vorschlag im Jahr 2021, die Radioquote für polnische Musik von 33 % auf 49 % zu erhöhen, wurde als weiterer „Mosaikstein einer Strategie" hin zum verstärkten Nationalismus (Rendchen 2021) eingeordnet. Dieses Beispiel zeigt allerdings auch, dass Radio als Mittel zur Einflussnahme auf Bürger*innen mittlerweile wesentlich weniger mächtig ist als noch zu Zeiten der DDR. Denn Hörer*innen können z. B. auf Musik-Streaming-Dienste ausweichen und so hören, was sie möchten (vgl. Rendchen 2021).

Eine Praxis der *Sprachdiskriminierung* (siehe auch Ausführungen zu Linguizismus in Springsits 2015) stellt Sprachen als nicht erlernenswerte und nicht zu fördernde Sprachen mit negativem Wert dar (vgl. Daryai-Hansen 2010a: 158) und es geht um Maßnahmen, die das Lernen oder Verwenden von Sprachen verhindern (sollen). Ein Beispiel, in dem sich sowohl Diskriminierung als auch Sprachkonkurrenz zeigen, ist die Diskussion um ‚Deutsch auf dem Pausenhof'. Sie wird seit Jahrzehnten recht regelmäßig sowohl in Deutschland, der Schweiz als auch in Österreich geführt.

Schulhof-Diktat
Schüler begrüßen Deutsch-Pflicht
Eine Realschule in Berlin-Wedding verpflichtet Schüler, auch auf dem Pausenhof ausschließlich Deutsch zu sprechen. Türkische Verbände und grüne Politiker laufen Sturm und sprechen von Diskriminierung – die Schüler selbst sehen das aber ganz anders.
(Reimann 2006; Der Spiegel)[5]

FDP: Lindner für Deutschpflicht:
Man spricht deutsch auf dem Pausenhof
FDP-Generalsekretär Christian Lindner kopiert eine alte Schnapsidee und fordert: Deutschpflicht auf allen deutschen Schulhöfen. Das könnte Probleme bei der Überwachung geben.
(Holzmüller 2010, Sueddeutsche Zeitung)[6]

Weil Kinder Albanisch sprechen
Schweizer Schule führt Deutschpflicht auf dem Pausenhof ein
Weil sich ein Schweizer Junge seinen ausländischen Freunden angepasst und im Pausenhof mit ihnen Albanisch gesprochen hat, hat die Schule jetzt durchgegriffen: An der Kreisschule Reinach-Leimbach im Kanton Aargau darf nur noch Deutsch gesprochen werden – auch in den Pausen.
(ohne Autor 2022, Focus Online)[7]

---

[5] https://www.spiegel.de/lebenundlernen/schule/schulhof-diktat-schueler-begruessen-deutsch-pflicht-a-396842.html (letzter Zugriff: 06.05.2024).
[6] https://www.sueddeutsche.de/karriere/fdp-lindner-fuer-deutschpflicht-man-spricht-deutsch-im-pausenhof-1.1011477 (letzter Zugriff: 06.05.2024).
[7] https://www.focus.de/panorama/welt/fremdsprachenverbot-fuer-kinder-schule-in-der-schweiz-fuehrt-deutschpflicht-auf-pausenplatz-ein_id_179435655.html (letzter Zugriff: 06.05.2024).

Aus Sicht der Kinderrechte
Deutsch im Schulhof als politischer Pausenfüller
Spätestens seit der neuen politischen Zweckehe zwischen ÖVP und FPÖ in Niederösterreich ist die Diskussion um Deutsch als "Amtssprache" in den Schulhöfen wieder aktuell befeuert worden. Neu ist die Debatte allerdings ganz und gar nicht. Schon vor Jahren sorgten ähnliche Vorstöße – sogar direkt aus der steirischen Bildungsdirektion – für Aufsehen. MeinBezirk.at hat nachgefragt, was aus kinderrechtlicher Sicht von der Kontroverse zu halten ist.
(Sittinger 2023, MeinBezirk.at)[8]

Auf Basis einer nationalsprachlichen Sprachideologie (z. B. in Deutschland ist Deutsch zu sprechen) werden andere Sprachen als Deutsch verboten, vor allem da migrationsbedingte Mehrsprachigkeit häufig als Hindernis und Problem auf dem Weg zu guten Deutschkenntnissen und nicht als Ressource und Bereicherung gesehen wird (vgl. Wiese et al. 2020). Interessant ist hierbei, dass meist die zu verbietenden Sprachen gar nicht explizit vorkommen (bis auf das Albanische im dritten Beispiel) und gewissermaßen unsichtbar gemacht werden. Wir halten solche Verbote aus verschiedenen Gründen für sehr problematisch. Abgesehen davon, dass es für solche Verbote keine rechtliche Grundlage gibt, sollte es Schüler*innen mindestens in der Pausenzeit freistehen, in welcher Sprache und Varietät sie sich verständigen. Außerdem werden andere Sprachen als Deutsch auf diese Weise marginalisiert und unsichtbar gemacht, obwohl Mehrsprachigkeit die Regel und nicht die Ausnahme ist. Damit werden wichtige Ressourcen und Potenziale negiert. Solche und ähnliche Maßnahmen stehen auch im krassen Gegensatz zu Bestrebungen der Europäischen Union, dass möglichst alle Bürger*innen mehrsprachig sind bzw. werden. Für eine ausführliche Diskussion und Vertiefung zum Thema *Deutsch auf dem Pausenhof* verweisen wir an dieser Stelle aber auf Wiese et al. (vgl. 2020): *Deutschpflicht auf dem Schulhof? Warum wir Mehrsprachigkeit brauchen*. Wichtig ist, dass sprachdiskriminierende Maßnahmen zum *silencing*, dem ‚sprachlos machen' (vgl. Thomauske 2015, 2017), beitragen. Dabei ist abschließend zu betonen, dass Sprachdiskriminierung keine Bagatelle darstellt. Im Extremfall können sprachdiskriminierende Maßnahmen zum Aussterben von Sprachen führen (vgl. z. B. den Atlas der gefährdeten Sprachen der UNESCO).

6.2.4 Sprachhierarchien

Sprachenpolitik, Sprachideologien und Praxen der Sprachrepräsentation tragen zu *Sprachhierarchien* bei, also dem Anordnen von Sprachen in einer Rangfolge oder Rangordnung. Dies geht mit einer Wertung der Sprachen einher. Sprachhierarchien stellen mit Risager (vgl. 2005: 10) imaginäre soziale Hierarchien zwischen verschiede-

---

8 https://www.meinbezirk.at/steiermark/c-politik/deutsch-im-schulhof-als-politischer-pausenfueller_a5954575 (letzter Zugriff: 06.05.2024).

nen Sprachen oder Sprachvarietäten dar. Sprachhierarchien lassen sich sowohl auf gesellschaftlicher als auch individueller Ebene verorten, wobei die gesellschaftliche und die individuelle nicht unbedingt nicht deckungsgleich sind. Sprachhierarchien sind veränderbar (vgl. Lund & Daryai-Hansen 2018: 76). Neben Praxen der Sprachrepräsentation nimmt auch die Sprachenwahl, die z. B. von staatlichen Institutionen oder Unternehmen als Teil von Sprachenpolitik getroffen wird, eine wichtige Rolle für die Entwicklung und Veränderung von Sprachhierarchien ein (vgl. Lund & Daryai-Hansen 2018: 76). Sprachhierarchien werden nicht allein durch die Anzahl der Sprecher*innen einer Sprache bestimmt; vielmehr werden sie durch soziale, politische und ökonomische Verhältnisse und daran gebundene Sprachideologien bestimmt (vgl. Lund & Risager 2001). Sprachhierarchien üben Macht aus, da sie von sprachlichen Akteur*innen reproduziert werden und da sie Einfluss haben auf unsere aktuellen und zukünftigen Haltungen zu Sprachen und Entscheidungen mit Blick auf Sprachenwahl (vgl. Daryai-Hansen 2010b: 89). Im schulischen Kontext muss es auch darum gehen, Sprachhierarchien sichtbar zu machen und ggf. auch aktiv zu dekonstruieren und zu verändern (Dehierarchisierung, vgl. Daryai-Hansen 2010).

Basierend auf den bisherigen Ausführungen und den Annahmen von Bourdieu (vgl. 2005) können Sprachen auch als Kapital angesehen werden, wobei ihnen in Abhängigkeit vom Kontext unterschiedliche (Markt-)Werte zugeordnet werden können. Bourdieu geht von Sprachmärkten mit spezifischen Machtverhältnissen aus, die dadurch gekennzeichnet sind, dass es i. d. R. eine legitime Sprache mit hohem Prestige gibt. Z. B. ist im deutschen Schulsystem Deutsch (Standardsprache) als die legitime Sprache mit hohem Prestige einzuordnen. Sowohl andere Sprachen als das Deutsche als auch Dialekte und andere Varietäten werden hier als weniger legitim angesehen. Für die Sprachnutzer*innen gilt: Je höher die eigene Sprachkompetenz (bezogen auf die legitime Sprache) ist, desto günstiger wirken sich die Gesetze des Marktes aus, wobei dies letzten Endes auch davon abhängt, wie zwingend der Gebrauch der legitimen Sprache geboten ist. Sehr gute alltags- und bildungssprachliche Kompetenzen im Deutschen sind entsprechend eine gute Grundlage für erfolgreiches schulisches (Sprach-)Handeln. Je offizieller der Markt ist, das heißt, je mehr er praktisch den Normen der legitimen Sprache entspricht, desto mehr wird er von den Herrschenden beherrscht, das heißt von den Besitzer*innen der legitimen Sprachkompetenz, die autorisiert sind, als Autoritäten zu sprechen (vgl. Bourdieu 2005: 76). Die Institution Schule kann als besonders offizieller Markt gelten. Lehrpersonen sind entsprechend Autoritäten, die bestimmtes Sprachhandeln einfordern und auch als nicht legitim angesehenes Sprachhandeln sanktionieren können:

> Den „Elitesprachen", die sich ökonomisch, sozial und kulturell kapitalisieren lassen, stehen „Armutssprachen" gegenüber, deren Beherrschung weder sozial noch ökonomisch Vorteile bringt, sondern oftmals dazu dient, die Sprecherinnen und Sprecher dieser Sprachen abzuqualifizieren. (Krumm 2021: 127)

Von den Schüler*innen ‚mitgebrachte' Sprachen (außer Deutsch) lassen sich nur selten als Vorteil nutzen. Die Möglichkeit, als Fremdsprache in der Schule Türkisch zu wählen, kann z. B. als ökonomischer Vorteil für Schüler*innen, die mit Türkisch aufgewachsen sind, gesehen werden.

Diese stark ökonomisierte Perspektive auf Sprache wurde zu Recht kritisiert. Jedoch ist die Metapher des Sprachmarkts hilfreich für den Umgang mit Sprachen im schulischen Kontext. Dabei ist es wichtig, zu berücksichtigen, dass es sich nicht – wie die Marktmetapher vielleicht suggeriert – um ein ganz freies Zusammenspiel von Angebot und Nachfrage handelt (vgl. Krumm 2021: 129). Vielmehr nehmen Sprachideologien, Sprachenpolitik, Sprachhierarchien und Praxen der Sprachrepräsentation Einfluss auf den Marktwert einzelner Sprachen.

6.3 Fazit

Zentral für das vorliegende Kapitel ist, dass unsere Wahrnehmung von Sprachen und unsere Einstellungen zu ihnen stark von sprachenpolitischen Maßnahmen und Praxen der Sprachenrepräsentation beeinflusst werden. Insbesondere für den schulischen Kontext ist es entscheidend, gängige Ideologien und Praxen der Sprachrepräsentation kritisch zu hinterfragen. Denn aufgrund Ihrer machtvollen Rolle sind Sie einerseits Teil der Reproduktion aktueller Verhältnisse, haben jedoch andererseits Spielraum zur Einflussnahme auf diese. Deshalb ist es wichtig, immer wieder die eigene (machtvolle) Position als Lehrkraft und die damit verbundenen sprachlichen Normen, Erwartungen und Wertungen zu reflektieren.

Aufgaben nach dem Lesen
1. Zentrale Termini des Kapitels sind: Sprachideologie, Sprachenpolitik, Praxen der Sprachrepräsentation, Sprachhierarchien, Sprachmarkt – versuchen Sie, diese mit eigenen Worten zu definieren.
2. Notieren Sie Ihre ganz persönliche Sprachenhierarchie und überlegen Sie, durch welche persönlichen Erfahrungen und welche sprachenpolitischen Maßnahmen und Sprachideologien diese beeinflusst sind.
3. Recherchieren Sie zu Sprachverboten bzw. verbotenen Sprachen und informieren Sie sich zu einem konkreten Beispiel näher.
4. Sehen Sie sich die Plakate in Abb. 6.1 und Abb. 6.2 zur Kampagne ich-spreche-deutsch an. Welche Sprachideologie wird hier erkennbar?

„Deutschlandstiftung Integration" is a campaign initiated by the lobby of German Newspaper Publishers and runs under the patronage of Chancellor Angela Merkel. It supports the integration of young immigrants and promotes the importance of learning and speaking the German language. The initiative offers free language classes and scholarships and is supported by young, famous immigrants.

5. Lesen Sie den Zeitungsbericht „Türkisch studieren an der FU Berlin" (S. 104). Woran zeigt sich in diesem Fall, wie Sprachenpolitik auch mit der Durchsetzung politischer Interessen zusammenhängt? Recherchieren Sie, ob der Studiengang mittlerweile an der FU Berlin eingeführt worden ist.

Abb. 6.1: Kampagne ich-spreche-deutsch mit Collien Fernandes.

Abb. 6.2: Kampagne *ich-spreche-deutsch* mit Elyas M'Barek.

TÜRKISCH STUDIEREN AN DER FU BERLIN: SO AUSSERGEWÖHNLICH REAGIERT DER SENAT
Berlin – **Es gibt eine Menge türkisch-stämmige Mitmenschen in Deutschland. In vielen Familien wird Türkisch gesprochen, auch in manchem Klassenzimmer unterhalten sich Schüler nicht nur auf Deutsch. Die Sprache wird auch schon mancherorts als wählbare Fremdsprache im Unterricht angeboten.**

Die FU bietet bald Türkisch als Lehramtsstudium an (Symbolbild, Abb. 6.3). © dpa/Rainer Jensen
Nun erobert Türkisch auch die Hochschule. Denn an der Freien Universität Berlin wird bald ein entsprechendes Lehramtsstudium eingerichtet. Studenten können also zu Türkisch-Lehrern ausgebildet werden.

Wann die FU das Angebot genau starten wird, ist noch nicht ganz sicher. Vielleicht wird es schon im übernächsten Semester, also dem Wintersemester 2020/2021 angeboten – möglicherweise aber auch erst im darauffolgenden Jahr.

Abb. 6.3: Freie Universität Berlin.

Die dafür nötigen Stellen müssten allerdings erst einmal geschaffen, ausgeschrieben und besetzt werden, sodass der spätere Start wohl etwas realistischer erscheint. Wie viele Studenten dafür zugelassen werden könnten, kann die Universität noch nicht sagen.

Lehramtsstudenten hierzulande für Türkisch auszubilden hat auch den Vorteil, dass weniger Lehrer aus der Türkei kommen müssten, um in Deutschland zu unterrichten. Der Rahmenplan aus Ankara war bereits negativ aufgefallen, weil dort nationalistische und/oder religiöse Inhalte mit eingeflossen sein sollen.

Der Abgeordnete Joschka Langenbrinck (34, SPD) stellte eine schriftliche Anfrage an die Senatskanzlei Wissenschaft und Forschung, wie der Senat die Einführung des Studiengangs denn bewerte. Sonst fallen die Antworten recht ausführlich aus. Diesmal antwortete man ungewöhnlich kurz und bündig mit den Worten: "Sehr positiv / Çok olumlu."

https://www.tag24.de/berlin/lokales/tuerkisch-studieren-an-der-fu-eine-gute-idee-so-aussergewoehnlich-reagiert-der-senat-1397244 (vom 24.02.2020; letzter Zugriff 09.03.2024, leicht angepasst)

Weiterführende Literatur

Busch, Brigitta (2021): *Mehrsprachigkeit* (3. Auflage). Wien: facultas.
Die Ausführungen von Busch sind mit Blick auf Mehrsprachigkeit zwar durchaus komplex, jedoch gleichzeitig sehr grundlegend und interessant. Das Buch ist gut für diejenigen geeignet, die sich eingehender mit der Rolle von Sprachideologien auseinandersetzen möchten.
Krumm, Hans-Jürgen (2021): *Sprachenpolitik Deutsch als Fremd- und Zweitsprache. Eine Einführung.* Grundlagen Deutsch als Fremd- und Zweitsprache. Berlin: Erich Schmidt.

Auch wenn der Fokus auf Deutsch als Fremdsprache/Deutsch als Zweitsprache liegt, so bietet der Band einen guten Einstieg für alle, die sich für Sprachenpolitik interessieren.

Mecheril, Paul (2016): *Handbuch Migrationspädagogik*; unter Mitarbeit von Veronika Kourabas und Matthias Rangger. Weinheim Basel: Beltz. sowie Mecheril, Paul (2010): Migrationspädagogik. Hinführung zu einer Perspektive. In Paul Mecheril, María do Mar Castro Varela, İnci Dirim, Annita Kalpaka und Claus Melter (Hrsg.), *Migrationspädagogik*, 7–22. Weinheim: Beltz.

Bei der Migrationspädagogik handelt es sich um einen macht- und gesellschaftstheoretischen pädagogischen Ansatz (Dirim 2023: 377), in dessen Zentrum „durch Migrationsphänomene bestätigte [...] und hervorgebrachte [...] Zugehörigkeitsordnungen und [...] insbesondere die Frage, wie diese Ordnungen in Bildungskontexten wiederholt und produziert, aber auch problematisiert und verschoben werden" (Mecheril 2010: 16) stehen. Migrationspädagogik war nicht Gegenstand dieses Kapitels, diese Perspektive floss jedoch in die Ausführungen ein und ist für sie von Bedeutung. Diejenigen, die ein verstärktes Interesse an dem Verhältnis zwischen Migration und Bildung haben, seien auf diese beiden Publikationen verwiesen.

7 Neu zugewanderte Schüler*innen im Regelunterricht

Aufgaben vor dem Lesen

1. Lesen Sie sich die nachfolgenden Zitate aus Interviews mit vier unterschiedlichen neu zugewanderten Schüler*innen durch[1], die über ihre Erfahrungen im deutschen Schulunterricht berichten, und beschreiben Sie die besondere Lernsituation, in der sich diese Schüler*innen befinden.

Beispiel 1: Zeynep
Ja, die Aufgaben waren nicht so einfach. Zum Beispiel wenn man eine Erörterung schreibt, also ich weiß nicht, wie kann man eine Erörterung also richtig schreiben. Also wir haben das geübt, aber ich bin neu dafür. Also ich weiß nicht, wie das geht. Ich weiß nicht, wie ich anfangen soll.

Beispiel 2: Yong
In Korea lernten wir nur, wir gucken nur den Lehrern und wir sitzen alle da. Aber in Deutschland sitzen meisten immer so kreisförmig oder eckig. Und wir alle gucken die Schüler und die Lehrerin und ja diese Tischform war auch für mich besonders.

Beispiel 3: Vanja
In ander Stunden ist nicht so schwer weil ich schon in Bulgarien gelernt habe. Aber zum Beispiel in praktische Philosophie dann habe ich nur eine Stunde pro Woche. Und in Bulgarien habe ich nicht gelernt. Und dann ich weiß nicht, über was sprechen wir. Und ja, in Mathe, das ist leichter als Mathe in Bulgarien. Weil hier lernt nicht so schneller als in Bulgarien.

Beispiel 4: Katja (seit ca. zwei Jahren in Deutschland, Erstsprache Russisch, besucht erfolgreich das Gymnasium):
Na, das muss man erstmal verstehen, also ja, manche Lehrer verstehens trotzdem nich, würd ich mal so sagen. [...] weil es für mich schwierig ist, immer noch, obwohl ich ganz gut Deutsch kann. Also sprechen und lesen und schreiben alles, aber ist für mich trotzdem schwierig. Und das wird auch für mich schwierig die nächsten fünf Jahre, denk ich mal. Nein, fünf Jahre nicht, aber so ein Jahr oder zwei Jahre – das wird schon dauern, denke ich mal, bis ich perfekt Deutsch kann.

2. Lesen Sie die nachfolgenden Schlagzeilen unterschiedlicher Nachrichtenportale durch. Analysieren Sie, wie die neu zugewanderten Schüler*innen im Bildungskontext medial dargestellt werden.

---

[1] Die Zitate 1 bis 3 stammen aus Schiffel (2023). Das Zitat 4 stammt aus Maak (2014). Die dort abgedruckten Transkripte wurden für den Zweck dieser Publikation vereinfacht und sprachlich geglättet. Bei den Namen handelt es sich um Pseudonyme.

Die Migrations-Krise an unseren Schulen
(https://www.bild.de/politik/kolumnen/kolumne/kommentar-die-migrations-krise-an-unseren-schulen-86336436.bild.html) (vom 05.12.2023): Nun sind wir also auch für die Bildung zu blöd: Pisa-Note 6, setzen! Das Debakel entspringt dem Doppel-Versagen bei Bildungs- und Migrationspolitik: schlechte Schulen, überfordert mit zu vielen Migranten. Der Anteil der Kinder aus Migranten-Familien stieg seit 2012 von 13 Prozent auf 26 Prozent! Im selben Zeitraum rauschten wir ab in Richtung Mittelfeld. [...]

Ukrainische Flüchtlingskinder: Schulen fühlen sich allein gelassen
(https://www.swr.de/swraktuell/rheinland-pfalz/trier/grundschulen-an-mosel-fordern-mehr-hilfe-im-umgang-mit-gefluechteten-kindern-100.html) (vom 15.02.2023): Sie können noch wenig deutsch – einige sind traumatisiert. Ukrainische Flüchtlingskinder müssten besser gefördert werden, fordern Lehrer an der Mosel. Sie fühlen sich vom Land allein gelassen. [...]

So klappt die Integration in den Schulen
(https://www.tagesschau.de/inland/gesellschaft/ukraine-gefluechtete-kinder-schulen-101.html) (vom 25.02.2023): Wegen der hohen Zahl an neu zugewanderten Schülern sehen sich viele Schulen in Deutschland am Limit. 53 Prozent der Schulleitungen sehen keine Möglichkeit mehr, weitere geflüchtete Kinder aufzunehmen. Das hatte eine repräsentative Umfrage Ende vergangenen Jahres für das Deutsche Schulbarometer der Robert Bosch Stiftung ergeben. [...] Ein weiteres Problem stellt die Sprachförderung dar. Geflüchtete Kinder besuchen häufig den normalen Regel-Unterricht im Klassenverband. In Deutsch als Fremdsprache werden sie separat unterrichtet. Das Problem aber: Von diesen Deutschstunden würden zu wenige genehmigt, kritisiert die Leitung einer weiteren Grundschule in Rheinland-Pfalz. [...] "Hilfen für ukrainische Flüchtlingskinder zu beantragen, ist zu kompliziert und mit zu viel Bürokratie verbunden." Und viele Schulen seien personell ohnehin bereits am Limit. [...]

7.1 Einleitung

Kinder und Jugendliche, die im schulpflichtigen Alter nach Deutschland einwandern, stehen vor der komplexen Aufgabe, sich in ein neues Schulsystem einzufinden und gleichzeitig die deutsche Sprache erwerben zu müssen. Der Anteil dieser Kinder und Jugendlichen in Deutschland hat sich durch die Migrationsbewegungen der letzten Jahrzehnte und insbesondere im Zuge aktueller Zuwanderungsdynamiken, ausgelöst durch den Angriffskrieg Russlands auf die Ukraine, stark erhöht. Allein von 2022 bis Ende 2023 sind ca. 215.000 Kinder und Jugendliche aus der Ukraine in das deutsche Schulsystem aufgenommen worden. Zusammen mit Schüler*innen aus anderen Herkunftsländern gehörten im Jahr 2022 fast 10 % der 15-jährigen Schüler*innen zur ersten Generation (vgl. Stanat et al. 2023), d. h. diese Schüler*innen sind nicht in Deutschland geboren und oft erst im Laufe ihrer Schulbiografie nach Deutschland migriert. Gleichwohl ist die Beschulung von Kindern und Jugendlichen mit geringen Deutschkenntnissen angesichts der Geschichte der Migration in Deutschland keine neue Aufgabe, „anders als es der öffentliche Diskurs bisweilen vermuten lässt" (Ahrenholz, Grommes & Brede 2023: 279). Insgesamt kann also konstatiert werden, „dass die Präsenz neu zugewanderter Schüler/innen an deutschen Schulen Normalität ist" (Gamper 2020: 348), ebenso wie die damit einhergehende sprachliche und kulturelle Vielfalt der Schülerschaft. Dementsprechend sollten alle (angehenden) Lehrkräfte – unabhängig von Unterrichtsfach und Schulform – über professionelle Kompetenzen für den Unterricht mit Schüler*innen verfügen, die Deutsch als Zweitsprache (DaZ) erwerben.

Mit *Deutsch als Zweitsprache* ist an dieser Stelle gemeint, dass die Schüler*innen Deutsch ab dem 3./4. Lebensjahr oder später erwerben. Die Aneignung der Zweitsprache erfolgt im Zielsprachenland und auch bzw. überwiegend in der alltäglichen Kommunikation. Eine Besonderheit dieses Spracherwerbsprozesses ist, dass bedeutsame kommunikative Aufgaben mit eventuell unzureichenden sprachlichen Mitteln bewältigt werden müssen (vgl. Ahrenholz 2017).

Die Ergebnisse der aktuellen Schulleistungsstudien zeigen, dass es dem deutschen Schulsystem bisher nicht gelingt, neu zugewanderten Schüler*innen ausreichend gute Bildungsangebote zu machen (vgl. OECD 2023; Stanat et al. 2023). Das vorliegende Kapitel versteht sich daher als Einführung in die Thematik *Neu zugewanderte Schüler*innen im Regelunterricht* und möchte basale Kenntnisse zu den Voraussetzungen, spezifischen Fähigkeiten und Bedürfnissen vermitteln, die diese Schüler*innen mitbringen. Dabei soll es auch um die Frage gehen, wie gelungene Integration im Regelunterricht aussieht und wie diese Schüler*innen sprachlich gefördert werden können. Das bedeutet, dass sich dieses Kapitel schwerpunktmäßig dem Aspekt Sprachförderung im Kontext von Deutsch als Zweitsprache widmet, der häufig Teil von schulischen Sprachbildungskonzepten ist (vgl. Kap. 1). Nach einer Beschreibung der besonderen Voraussetzungen der neu zugewanderten Schüler*innen (vgl. Kap. 7.2) werden Konzepte für die Integration in den Regelunterricht vorgestellt (vgl. Kap. 7.3). Aufgrund ihrer großen Bedeutung für den Unterricht mit diesen Schüler*innen wird am Ende noch auf die (sprachliche) Binnendifferenzierung eingegangen (vgl. Kap. 7.4).

7.2 Neu zugewanderte Schüler*innen – Merkmale, Kompetenzen, Bedürfnisse

7.2.1 Eine heterogene Zielgruppe

Mit dem Terminus *neu zugewanderte Schüler*innen* werden im Folgenden Schüler*innen bezeichnet, die im schulpflichtigen Alter, also mit sechs Jahren oder älter, nach Deutschland migrieren und (anfangs) über keine oder nicht ausreichende Kenntnisse der deutschen Sprache verfügen, um erfolgreich am Regelunterricht teilzunehmen (vgl. Maak 2014: 319; Massumi et al. 2015: 13). Jedoch ist es nicht sinnvoll, dass Schüler*innen dauerhaft als „neu zugewandert" bezeichnet werden:

> Sind die Deutschkenntnisse einer Schülerin oder eines Schülers so gut, dass sie oder er ohne weitere Unterstützung im Fachunterricht einer Regelklasse sprachlich zurechtkommt, besteht auch keine Notwendigkeit mehr, von einer neu zugewanderten Schülerin bzw. einem neu zugewanderten Schüler zu sprechen. (von Dewitz 2022: o.S.)

Die Bezeichnung „neu zugewanderte Schüler*innen" illustriert hier die paradoxe Situation, dass die Kinder und Jugendlichen als ‚Andere' wahrgenommen und kategorisiert werden und sich gleichzeitig der gesellschaftlichen Erwartung ausgesetzt sehen, sich ‚anzupassen' und zu integrieren (vgl. Eckardt 2024: 118). Ein typisches Merkmal der Gruppe der neu zugewanderten Schüler*innen ist ihre große Heterogenität in sprachlicher, herkunftsbedingter und schulbiografischer Hinsicht. Diebel & Ahrenholz (2023: 51) konstatieren auf Grundlage einer Befragung von 1470 neu zugewanderten Schüler*innen: „Die einzige Gemeinsamkeit der Schüler*innen scheinen die unzureichenden Deutschkenntnisse zu sein, die vor dem Besuch einer Regelklasse die Teilnahme an vorbereitendem Unterricht notwendig machen". Insgesamt ist es aber wichtig, nicht nur die mangelnden Deutschkenntnisse in den Blick zu nehmen, sondern sich die diversen Erfahrungen und Kompetenzen vor Augen zu führen, über die die Schüler*innen aufgrund ihrer Biografie und Mehrsprachigkeit verfügen. Denn sie unterscheiden sich sowohl im Hinblick auf ihre(n) …

– Herkunftsländer,
– Migrationsgeschichte(n),
– Aufenthaltsdauer und -status,
– Erstsprachen, Zweit- und Fremdsprachen,
– (schulischen) Sprachlernerfahrungen,
– Grad an Alphabetisierung,
– fachlichen Vorkenntnisse,
– Schulbesuchsdauer
– …

Dabei können diese Schüler*innen über eine mehrjährige, altersgemäße oder sogar längere Schulbiografie als ihre deutschen Mitschüler*innen verfügen, aber auch über eine unterbrochene oder nicht vorhandene Schulbiografie: Somit variieren „einerseits das Vorwissen und andererseits die Unterrichtserfahrungen (erfahrene Unterrichtsstile, Sozialformen und Methodenkenntnisse, Unterbrechungen in der Schullaufbahn), die auch die Einstellungen und die Eingewöhnung in das deutsche Schulsystem beeinflussen können" (Diebel & Ahrenholz 2023: 52).

Bedacht werden muss auch, dass viele neu zugewanderte Schüler*innen nicht freiwillig nach Deutschland migriert sind, sondern z. B. aufgrund von Krieg und Verfolgung in ihrem Herkunftsland, oder aber auch schlichtweg aufgrund der Entscheidung ihrer Erziehungsberechtigten.

> Viele geflüchtete Kinder und Jugendliche haben aufgrund der Bedingungen in ihren Heimatländern und durch die Zwangsmigration traumatische Erfahrungen machen müssen. Diese Erlebnisse können über einen längeren Zeitraum Einfluss auf die Psyche, die Lernfähigkeit und das Wohlbefinden nehmen [...]. (Rüter 2023: 101)

Unter *traumatischen Erlebnissen* wird ein plötzliches oder langanhaltendes Ereignis außergewöhnlicher Bedrohung, das bei fast jedem tiefe Verzweiflung auslösen würde, verstanden, wobei es keine einheitlich objektive Bewertung diesbezüglich gibt, da auch subjektive Faktoren eine Rolle spielen (vgl. WHO 2000: 169; Scherwath & Friedrich 2014: 17, American Psychiatric Association 1996). Das gleiche Ereignis kann für die eine Person traumatisch sein, für eine andere Person wiederum jedoch nicht die gleiche Bedeutung haben. Grundsätzlich sollten Lehrkräfte dafür sensibilisiert sein, dass insbesondere geflüchtete Schüler*innen solchen schwerwiegenden psychosozialen Belastungen ausgesetzt gewesen sein können. Von Bedeutung ist ferner, dass auch nach dem Ankommen in Deutschland die Lebensumstände weiterhin sehr belastend und potentiell traumatisch sein können, „da sich die Kinder und Jugendlichen sowie ihre Familienmitglieder in einem neuen Land und einem neuen und unbekannten Schulsystem zurechtfinden müssen, während Wohn- und Aufenthaltsbedingungen sowie viele weitere lebensrelevante Bedingungen noch im Unklaren sind" (vgl. Eckardt 2024: 133). Gleichzeitig können diese Schüler*innen aber auch über eine große Resilienz verfügen, die ihnen hilft, die belastenden Erlebnisse zu verarbeiten (vgl. Rüter 2023). Insgesamt wird also deutlich, dass es sich um eine Gruppe von Schüler*innen handelt, die neben einer sprachlichen und fachlichen Förderung auch ganz besonders einer Unterstützung im emotionalen, sozialen und motivationalen Bereich bedürfen (vgl. Fingerle 2018: 137).

7.2.2 Beschulungsmodelle

Eine wichtige Frage im Kontext der Beschulung dieser Gruppe ist, wie das Lernziel des Erwerbs basaler Sprachkenntnisse, aber auch die Anbahnung bildungssprachlicher Kompetenzen (vgl. Kap. 2) im Deutschen am besten zu erreichen ist, damit die Schüler*innen möglichst schnell erfolgreich am Regelunterricht partizipieren können und ihr Recht auf Bildung erfüllt wird. Bundesweit existieren dafür grob kategorisiert zwei Beschulungsmodelle: Die neu zugewanderten Schüler*innen werden in speziell eingerichteten Klassen unterrichtet und erhalten dort vornehmlich Unterricht in Deutsch als Zweitsprache (*paralleles Modell*), oder sie werden von Beginn an im Regelunterricht beschult (*submersives Modell*). Dabei ist beim parallelen Modell eine Teilintegration in den Regelunterricht (z. B. in Sport, Kunst, Mathe, Englisch ...) und beim submersiven Modell zusätzlicher Förderunterricht möglich (vgl. Massumi et al. 2015: 44). Die Vorgaben in den Bundesländern zu den jeweiligen Beschulungsmodellen haben jedoch unterschiedliche Verbindlichkeit (vgl. Massumi et al. 2015: 7), so dass die

Umsetzung nicht nur von Bundesland zu Bundesland, sondern auch von Schule zu Schule variieren kann.

Insgesamt ist noch wenig darüber bekannt, welches Modell ggf. für welche Zielgruppe am erfolgversprechendsten ist. Grundsätzlich kann an den separierenden Modellen kritisiert werden, dass sie den Prinzipien inklusiver Beschulung entgegenstehen (vgl. Karakayali & Heller 2022). Im Extremfall verbleiben die Schüler*innen mehrere Jahre in einer Vorbereitungsklasse. Das führt dazu, dass ein großer Leistungsrückstand in den Fächern entsteht. Zudem wird die soziale Integration erschwert. Eine neuere Studie zum Lernerfolg von neu zugewanderten Grundschulkindern belegt dementsprechend in Klasse 5 Leistungsnachteile bei Besuch einer Vorbereitungsklasse im Vergleich zur direkten Integration in den Regelunterricht, insbesondere in den Fächern Mathematik und Deutsch, sowie eine geringere Wahrscheinlichkeit, ein Gymnasium zu besuchen (vgl. Höckel & Schilling 2022). Ähnliche Studien liegen für den Sekundarschulbereich jedoch (noch) nicht vor. Andere Autor*innen machen darauf aufmerksam, dass „je nach individuellen Gegebenheiten einer Einzelschule jedes schulorganisatorische Modell seine Berechtigung haben kann und die Modelle keinen Hinweis auf die Qualität des Unterrichts beziehungsweise der Sprachförderung sowie der sozialen Einbindung geben" (El-Mafaalani & Massumi 2019: 16). Denn Studien zeigen, dass der Regelklassenunterricht häufig nicht auf die Anwesenheit von neu zugewanderten Schüler*innen ausgerichtet ist (vgl. z. B. Maak 2014; Massumi 2019). Dies kann sich nicht nur negativ auf den Lernerfolg, sondern auch auf ihr emotionales Empfinden auswirken und beispielsweise zu Langeweile und Sprechangst führen (vgl. Schmiedebach & Wegner 2019). Marx, Gill & Brosowski (vgl. 2021) berichten von positiven Effekten der Aufenthaltsdauer in einer Vorbereitungsklasse auf die Entwicklung der Lesekompetenz. Insgesamt erscheinen Ansätze vielversprechend, in denen der DaZ- und Regelunterricht sinnvoll aufeinander abgestimmt und die Beschulung der neu zugewanderten Schüler*innen im Rahmen eines inklusiven Schulkonzeptes erfolgt (vgl. Plöger 2023).

7.2.3 Kompetenzen in der deutschen Sprache

Unabhängig von der spezifischen Beschulungsform ist in der Wissenschaft Konsens, dass die Aneignung der deutschen Sprache durch diese Kinder und Jugendlichen einer jahrelangen, durchgängigen Förderung und Begleitung bedarf:

> An eine intensive Phase der Erstförderung im Deutschen sollten sich längerfristige Unterstützungsmaßnahmen anschließen, die die bildungs- und fachsprachlichen Anforderungen in den Fächern aufgreifen und für alle Schülerinnen und Schüler mit einer gezielten sprachlichen Förderung im Deutschen sowie weiteren Sprachen verzahnen. Alle Fördermaßnahmen sollten die vorhandenen Sprachkenntnisse und fachlichen Fähigkeiten der Schülerinnen und Schüler ressourcenorientiert aufgreifen und Anknüpfungspunkte bieten. (von Dewitz 2022, o.S.)

Aufgrund der unterschiedlichen Regelungen deutschlandweit aber auch innerhalb der Bundesländer kann das sprachliche Niveau, über das die Schüler*innen verfügen, wenn sie neu in den Regelunterricht kommen, stark variieren. Sinnvoll ist eine Orientierung am Gemeinsamen Europäischen Referenzrahmen für Sprache (GER), der häufig als Bezugsgröße auch für schulisches Sprachenlernen herangezogen wird. Der GER modelliert Sprachkompetenzen vor allem für den Kontext des Fremdsprachenlernens und wurde entwickelt, um Fremdsprachenlehren und -lernen sowie das Überprüfen von Sprachkompetenzen im europäischen Raum vergleichbar zu machen (vgl. Trim, North & Coste 2001). Der GER unterscheidet drei Stufen der Sprachverwendung (A: Elementare Sprachverwendung, B: Selbständige Sprachverwendung, C: kompetente Sprachverwendung), die wiederum in jeweils zwei Kompetenzstufen unterteilt werden (vgl. Tab. 7.1).

Tab. 7.1: Die Kompetenzstufen des GeR.

Gemeinsamer Europäischer Referenzrahmen für Sprachen					
A Elementare Sprachverwendung		B Selbständige Sprachverwendung		C Kompetente Sprachverwendung	
A1	A2	B1	B2	C1	C2

Besuchen neu zugewanderte Schüler*innen eine Vorbereitungsklasse, so wird i. d. R. angestrebt, dass sie sich beim Übergang in die Regelklasse ungefähr auf dem Niveau A2 bis B1 befinden (vgl. z. B. SenBJF 2023 für Berlin oder MSB 2017 für Schleswig-Holstein). Für die unterschiedlichen Niveaustufen liegen jeweils sog. Kann-Beschreibungen für unterschiedliche sprachliche Fertigkeiten vor, u. a. für das Lesen, Schreiben, Hören und Sprechen. Die folgende Auswahl an Kann-Beschreibungen in Tab. 7.2 zeigt Ihnen beispielhaft, welche sprachlichen Kompetenzen im Bereich Schreiben, Lesen und Sprechen auf den Niveaustufen A2 und B1 erwartbar sind. Wichtig ist, dass bei den Lernenden unterschiedliche Niveaustufen in den einzelnen Teilfertigkeiten vorliegen können, z. B. A2 im Lesen, jedoch B1 im Sprechen.

Tab. 7.2: Ausgewählte Kann-Beschreibungen (Trim, North & Coste 2001).

	A2	B1
Schriftliche Produktion allgemein	Kann eine Reihe einfacher Wendungen und Sätze schreiben und mit Konnektoren wie *und*, *aber* oder *weil* verbinden.	Kann unkomplizierte, zusammenhängende Texte zu mehreren vertrauten Themen aus ihrem/seinem Interessengebiet verfassen, wobei einzelne kürzere Teile in linearer Abfolge verbunden werden.

Tab. 7.2 (fortgesetzt)

	A2	B1
Leseverstehen allgemein	Kann kurze, einfache Texte zu vertrauten konkreten Themen verstehen, in denen gängige alltags- oder berufsbezogene Sprache verwendet wird. Kann kurze, einfache Texte lesen und verstehen, die einen sehr frequenten Wortschatz und einen gewissen Anteil international bekannter Wörter enthalten.	Kann unkomplizierte Sachtexte über Themen, die mit den eigenen Interessen und Fachgebieten in Zusammenhang stehen, mit befriedigendem Verständnis lesen.
Mündliche Produktion allgemein	Kann eine einfache Beschreibung von Menschen, Lebens- oder Arbeitsbedingungen, Alltagsroutinen, Vorlieben oder Abneigungen usw. geben, und zwar in kurzen listenhaften Abfolgen aus einfachen Wendungen und Sätzen.	Kann relativ flüssig eine unkomplizierte, aber zusammenhängende Beschreibung zu Themen aus ihren/seinen Interessengebieten geben, wobei die einzelnen Punkte linear aneinander gereiht werden.

Wenn Sie sich die Kann-Beschreibungen ansehen, merken Sie vielleicht bereits, dass die sprachlichen Erwartungen im Fachunterricht über die hier beschriebene Sprachkompetenz hinausgehen. Das liegt daran, dass für die Aneignung und Kommunikation von Fachwissen nicht nur alltagssprachliche, sondern auch bildungs- und fachsprachliche Kompetenzen notwendig sind (vgl. Kap. 2).

Exkurs: BICS und CALP und die Interdependenz-Hypothese
Im Kontext des Zweitspracherwerbs werden die alltagssprachlichen Kompetenzen als *Basic Interpersonal Communicative Skills* (BICS) bezeichnet und die bildungs- und fachsprachlichen Kompetenzen als *Cognitive Academic Language Proficiency* (CALP). Die Unterscheidung zwischen BICS und CALP geht auf Jim Cummins zurück (vgl. Cummins 1991). Er hat diese Begrifflichkeiten eingeführt, um zu erklären, warum sich bei Schüler*innen mit anderen Erstsprachen als der Mehrheits- oder Amtssprache Kompetenzen im alltäglichen mündlichen und schriftlichen Sprachgebrauch stark von schriftsprachlichen Kompetenzen in der Zweitsprache unterscheiden können. Cummins geht für das Englische davon aus, dass BICS-Fähigkeiten in ca. zwei Jahren erworben werden können. Der Erwerb von CALP setzt aber einen Zeitraum von 5-7 Jahren voraus (vgl. Cummins 1991). Es ist davon auszugehen, dass diese Erkenntnisse auch auf den Erwerb von BICS und CALP in der deutschen Sprachen übertragen werden können.

Cummins hat auch die sog. Interdependenzhypothese entwickelt. Sie besagt, dass erst- und zweitsprachliche Kompetenzen im CALP-Bereich bezüglich ihrer Entwicklung voneinander abhängen (vgl. Cummins 1982). Wenn Zweitsprachenlernende über gute schriftsprachliche Kompetenzen in ihrer L1 verfügen, haben sie gute Voraussetzungen, um diese auch in der L2 zu entwickeln. Für Lehrkräfte bedeuten diese Annahmen, dass im Unterricht an die bereits vorhandene Sprachkompetenz angeknüpft und Transfer angeregt werden sollte. Die Interdependenzhypothese ist auch ein gutes Argument für die Förderung der Erstsprachen von Schüler*innen, z. B. im Rahmen von herkunftssprachlichem Unterricht.

Hinsichtlich des Spracherwerbs ist problematisch, dass die weithin verbreiteten Erwartungen, die an neu zugewanderte Schüler*innen von Seiten der Gesellschaft, der Bildungspolitik sowie auch der Lehrer*innen und der Schüler*innen an sich selbst gestellt werden, nur bedingt durch Forschungserkenntnisse der Zweitspracherwerbsforschung gerechtfertigt sind. Aufgrund hoher interindividueller Unterschiede kann eine Dauer von sechs Monaten bis drei Jahre für den Erwerb allgemeiner Sprachkompetenzen (ca. Niveau B1), die eine gute Verständigung im Alltag ermöglichen, als ‚normal' angesehen werden. Um umfassende Kompetenzen zu erwerben, die auch eine ‚reibungslose' Teilnahme am Fachunterricht aller Fächer gewährleistet, sind weitere anderthalb bis fünf Jahre als vollkommen ‚normal' anzusehen. Von Bedeutung ist hier, dass Spracherwerbsprozesse auch durch Plateaueffekte, also zeitweise keine bzw. kaum sichtbare Fortschritte, sowie ggf. auch (zeitweise) Rückschritte gekennzeichnet sind. Ein Blick in die Realität der Schulen offenbart, dass Fachlehrer*innen mitunter irritiert sind, dass neu zugewanderte Schüler*innen auch nach zwei Jahren Aufenthalt in Deutschland ‚noch immer nicht alles können' (vgl. auch Decker-Ernst 2017), obwohl dies eher der Normalfall ist.

Lehrkräfte müssen sich also darüber im Klaren sein, dass sich der Erwerb der deutschen Sprache von neu zugewanderten Schüler*innen insbesondere in den ersten zwei bis drei Jahren ihres Aufenthalts noch sehr dynamisch weiterentwickelt und sie sich in Bezug auf ihre Lernvoraussetzungen somit ggf. deutlich von den Mitschüler*innen unterscheiden, die in Deutschland geboren und eingeschult worden sind (vgl. Maak 2014: 334). Die oben bereits zitierte Studie zur Entwicklung der Lesekompetenz von neu zugewanderten Schüler*innen zeigt beispielsweise, dass diese Schüler*innen im Regelunterricht nur sehr langsam Fortschritte machen und auch nach mehreren Jahren noch nicht über eine altersgemäße Lesekompetenz in der deutschen Sprache verfügen (vgl. Marx, Gill & Brosowski 2021).

Gleichzeitig ist die Einsicht zentral, dass von den Sprachkompetenzen im Deutschen keine Rückschlüsse auf die fachlichen, kognitiven und sonstigen sprachlichen Fähigkeiten der Schüler*innen gezogen werden können. Die Schüler*innen wissen unter Umständen wesentlich mehr, als das, was sie in der deutschen Sprache ausdrücken können. In Bezug auf das Erzählen bedeutet das beispielsweise:

> In der Zweitsprache fehlen ihnen noch die sprachlichen Mittel, um selbstständig eine aus sich selbst heraus verständliche Textwelt zu generieren, aber sie wissen, dass es narrative Mittel gibt, die diesen Zweck erfüllen. Wenn also Kinder und Jugendliche in Erzählsituationen zunächst nur einzelne Wörter äußern, darf nicht vergessen werden, dass hinter diesen Wörtern mental bereits das Konzept einer ganzen Geschichte stehen kann. Das Erleben und Wahrnehmen der eigenen Erzählbegrenzung führt im besten Fall dazu, dass die Schülerinnen und Schüler ihre Aufmerksamkeit bei zukünftigen Gelegenheiten auf genau die sprachlichen Mittel richten, die diese „Sprachlücke" füllen (Schramm 2005: 20). Voraussetzung dafür ist, dass die Lehrkraft gegenüber den potentiellen Geschichtenerzählerinnen und -erzählern von Anfang an eine ermutigende und fehlerfreundliche Haltung einnimmt. (Weinrich & Altunay 2016: 60)

Diese Dissonanz zwischen sprachlich Machbarem und kognitiv/fachlich Denkbarem kann für die Schüler*innen sehr frustrierend sein. Es ist deshalb sehr zentral, ihnen auch bei eingeschränkten sprachlichen Mitteln Teilhabe am Unterrichtsgeschehen zu ermöglichen und sie zur Sprachproduktion zu ermutigen.

Es ist deutlich geworden, dass neu zugewanderte Schüler*innen im Fachunterricht vor einer doppelten Herausforderung stehen: Sie müssen nicht nur die fachlichen Kompetenzen erwerben, sondern gleichzeitig auch die unterrichtsrelevante(n) Sprache(n). Das ‚Sprachbad', in dem sich die Schüler*innen in der Regelklasse befinden, stellt aber nicht nur eine Anforderung, sondern auch eine große Chance dar: Wo können die Schüler*innen besser ihre bildungs- und fachsprachlichen Kompetenzen ausbauen als in authentischen fachlichen Lernsituationen? Wichtig ist jedoch, die Schüler*innen mit ihrer Lernaufgabe nicht allein zu lassen, sondern ihnen passende Unterstützungsmaßnahmen anzubieten, und zwar idealerweise sowohl in den Fachunterricht integriert als auch zusätzlich im Rahmen von Förderstunden. Was bei der Gestaltung des Übergangs in die Regelklasse wichtig ist und wie neu zugewanderte Schüler*innen durch Differenzierung bei der erfolgreichen Teilnahme am Fachunterricht unterstützt werden können, ist Thema der nächsten zwei Kapitel.

7.3 Ankommen im Regelunterricht

Egal, ob Kinder oder Jugendliche, die kürzlich nach Deutschland migriert sind, direkt in eine Regelklasse eingeschult werden oder zunächst eine Vorbereitungsklasse besucht haben: Das Ankommen in der Regelklasse einer deutschen Schule stellt für sie einen zentralen bildungsbiografischen Übergang dar. Aus erziehungswissenschaftlicher Perspektive können Übergänge als Lebensereignisse verstanden werden, „die Bewältigung von Diskontinuitäten auf mehreren Ebenen erfordern, Prozesse beschleunigen, intensiviertes Lernen anregen und als bedeutsame biografische Erfahrungen von Wandel in der Identitätsentwicklung wahrgenommen werden" (Griebel & Niesel 2017: 37). Für neu zugewanderte Kinder und Jugendliche umfasst der Übergang in die Regelklasse vielfältige Dimensionen, z. B. den Übergang in neue kulturbezogene Erfahrungen, ein neues Schulsystem, neue Schultraditionen, -formen und -regelungen, ein neues schul- und unterrichtsbezogenes sprachliches Register und ein neues fachliches und fachsprachliches Lernen – um nur einige Beispiele zu nennen (vgl. Budde & Prüsmann 2020). Diese Übergänge machen große Anpassungsleistungen im Bereich der Sprachaneignung notwendig, aber beispielsweise auch im Bereich der sozialen Kontakte, des Selbstkonzeptes und der Motivation. Dadurch, dass Übergänge intensiviertes Lernen anregen, enthalten sie gleichzeitig ein großes Entwicklungspotenzial.

Soll der Übergang bzw. die Eingliederung in die Regelklasse für neu zugewanderte Schüler*innen eine solche positive Wirkung entfalten, so muss der Prozess intensiv pädagogisch begleitet werden. „Die Phase des Übergangs ist eine Querschnittsaufgabe. Alle Beteiligten, von Schulleitung über Kollegium und Mitschülerinnen und Mitschülern bis zu dem betroffenen Kind und seinen Eltern, sollten dabei einbezogen und aktiv an der Gestaltung des Übergangs beteiligt werden" (BiSS-Trägerkonsortium 2020: 12).

Empfehlungen aus der Literatur zur Begleitung dieses Übergangs sind in Tab. 7.3 zusammengefasst (vgl. BiSS-Trägerkonsortium 2020; Michalak, Lotter & Grimm 2020; Senatsverwaltung für Bildung, Jugend und Familie 2023; von Dewitz & Bredthauer 2020; von Dewitz & Massumi 2023).

Tab. 7.3: Empfehlungen für den Übergang von neu zugewanderten Schüler*innen in die Regelklasse.

Prinzip	Erläuterung	Beispiele
Information	Einholen von Informationen anhand von Dokumentationen und Gesprächen über zentrale Kompetenzen der Schüler*innen (z. B. (fremd-)sprachlicher und fachlicher Leistungsstand, Arbeits- und Sozialverhalten) und individuelle Voraussetzungen (z. B. Lebenssituation, gesundheitliche Verfassung)	– Lernstandsberichte oder Übergabebogen mit Förderschwerpunkten und -zielen – Beobachtungsbogen – Sprachlernportfolios – Gespräch mit DaZ-Lehrkraft, Eltern
Kommunikation & Kooperation	Schaffung von Transparenz durch Kommunikation und Kooperation aller unmittelbar Beteiligten: betroffenes Kind und dessen Eltern, Kollegium, Schulleitung, Mitschüler*innen	– Leitfaden für alle unmittelbar Beteiligten über klare Routinen und Richtlinien zum Übergang – Beratung des Lernenden beim Wechsel in die Regelklasse (u. a. Wahlpflichtfächer, Profile)
Kontinuierliche Förderung/Übergang langfristig begleiten	Im Sinne der durchgängigen Sprachbildung erhalten die Schüler*innen langfristige und bedarfs- und bedürfnisgerechte sprachliche Förderangebote	– Co-Teaching – additiver, auf den Fachunterricht abgestimmter Förderunterricht – binnendifferenziertes und sprachsensibles Unterrichten in allen Fächern
Ressourcenorientierung	Orientierung an den gesamten individuellen sprachlichen und fachlichen Ressourcen der Schüler*innen	– Nutzung der L1 im Unterricht, z. B. mittels einer Übersetzungsapp und bei individuellen Notizen, z. B. zu einer Präsentation – individuelle Lern- und Förderpläne
soziale Integration und emotionale Unterstützung	Pädagogische Unterstützung sowohl beim Aufbau stabiler und vertrauensvoller Beziehungen zu Mitschüler*innen und Lehrkräften als auch bei der Einbindung in die Schule selbst	– Sensibilisierung von Mitschüler*innen – Peer-Patenschaften – außercurriculare Einbindungen (z. B. AGs, gemeinsame Aktivitäten aller Schüler*innen)

Tab. 7.3 (fortgesetzt)

Prinzip	Erläuterung	Beispiele
(externe) personelle Unterstützung	Unterstützung der Lehrkräfte durch Einbezug von weiterem (pädagogischen) Personal, Arbeit in multiprofessionellen Teams	– Sozialarbeiter*innen, Schulpsycholog*innen, Lehrkräfte für den herkunftssprachlichen Unterricht, Dolmetscher*innen
differenzierte Leistungserbringung und -bewertung	sprachbedingter Nachteilsausgleich und Notenschutz für einen bestimmten Zeitraum	– verlängerte Bearbeitungszeiten in Prüfungen – Ersatz von Klassenarbeiten durch andere Formen der Leistungserbringung

Ein Anknüpfen an die mitgebrachten Kompetenzen der neuen Schüler*innen beim Übergang in die Regelklasse ist nicht möglich ohne entsprechende *Informationen*, die bestenfalls systematisch dokumentiert wurden. Haben die Schüler*innen eine Vorbereitungsklasse besucht, so können Übergabegespräche mit den DaZ-Lehrkräften stattfinden und die Dokumentation des Lernstands weitergegeben werden. Relevant sind dabei natürlich Informationen über den Sprachstand, aber auch über fachliche Vorkenntnisse und Interessen sowie das Lern- und Sozialverhalten. Wechseln Schüler*innen von der Vorbereitungs- in die Regelklasse, so kann es sinnvoll sein, dass sich DaZ-Lehrkraft und Fachlehrkraft nicht nur über organisatorische Fragen zum Übergang, sondern auch über Unterrichtsmaterialien, Klassenklima, Rituale, Methoden und Praktiken der beiden Klassen sowie über spezifische Aufnahme- oder Unterstützungsangebote austauschen (vgl. BISS-Trägerkonsortium 2020). Um Einblicke in das außerschulische Umfeld und die Migrationsgeschichte der Kinder und Jugendlichen zu bekommen, sind Elterngespräche sowie Gespräche mit den Lernenden selbst wichtig.

Informationen können nur ausgetauscht werden, wenn *Kommunikation* stattfindet. Unabdingbar für das Gelingen des Übergangs ist deshalb die kontinuierliche *Kommunikation* und *Kooperation* der Lehrkräfte untereinander (sowohl Fachlehrkräfte als auch ggf. DaZ-Lehrkräfte). Idealerweise erfolgt diese Zusammenarbeit regelmäßig und im Rahmen von an der Schule etablierten Strukturen. Dies kann nur gelingen, wenn auch die Schulleitung eingebunden ist. Eine wichtige Bedeutung kommt auch der Kommunikation mit den Eltern zu. Elterngespräche dienen dazu, Eltern über die schulischen Entwicklungsmöglichkeiten zu informieren sowie in den Prozess des Übergangs, aber auch in schulische Prozesse und Gremien allgemein, einzubinden. Dies ist besonders wichtig für die Motivation und den Bildungserfolg der Lernenden.

Der Erwerb der deutschen Sprache und insbesondere der entsprechenden Bildungs- und Fachsprache ist ein langfristiger Prozess, der keineswegs mit dem Absolvieren einer Vorbereitungsklasse abgeschlossen ist (vgl. Decker-Ernst 2017). Man könnte sogar sagen, dass dieser Prozess nun, wo die Lernenden sich im ‚Sprachbad' des Fachunterrichts befinden und mit den entsprechenden sprachlichen Anforderungen konfrontiert werden, erst so richtig startet. Von einer *kontinuierlichen sprachlichen Unterstützung* im Sinne der durchgängigen Sprachbildung, wie sie in diesem Studienbuch dargestellt wird, profitieren zwar alle, neu zugewanderte Schüler*innen aber in besonderem Maße. Dabei sollten sich alle Unterstützungsmaßnahmen immer an den gesamten individuellen sprachlichen und fachlichen *Ressourcen* der Schüler*innen orientieren, z. B. durch den Einbezug ihrer Mehrsprachigkeit. Ideen dazu finden sich im ganzen Studienbuch (vgl. insbesondere Kap. 5).

Die Teilnahme am Regelunterricht stellt die Schüler*innen nicht nur vor sprachliche, sondern auch vor soziale Herausforderungen. In Interviewstudien mit neu zugewanderten Schüler*innen berichten diese immer wieder von Erfahrungen sozialer Ausgrenzung und Diskriminierung (vgl. z. B. Massumi 2019). Die beste Prävention dafür sind vertrauensvolle Beziehungen zwischen den Schüler*innen und den Lehrkräften, aber auch freundschaftliche Beziehungen zu den Mitschüler*innen. Eine didaktische Schlussfolgerung lautet also, dass denjenigen (neu zugewanderten) Schüler*innen,

> die sich in ihren sprachlichen Kompetenzen selbst noch unsicher fühlen, die Angst vor Fehlern beim Sprechen genommen werden und eine wertschätzende Atmosphäre in der Klasse geschaffen werden muss. Um das zu gewährleisten, müssen sich nicht nur Fachlehrkräfte und neu Zugewanderte dieser Aufgabe stellen, sondern es müssen auch die Mitschülerinnen und Mitschüler aufgeklärt und Unterrichts- und Schulkulturen überdacht werden. (Havkic et al. 2018: 183)

Die Gestaltung des Unterrichts im Sinne der neu zugewanderten Schüler*innen geht mit einem erhöhten Aufwand für die Lehrkräfte einher, z. B. durch die Notwendigkeit von individualisierten Lernangeboten. Es sollten deshalb weitere verfügbare personelle Ressourcen herangezogen – oder wenn möglich – geschaffen werden. Beispielsweise sind mancherorts zeitweise Doppelbesetzungen im Unterricht möglich, oder es kann der Einsatz von Dolmetscher*innen, z. B. im Rahmen der Elternarbeit, durch die Bildungsministerien finanziert werden (vgl. BISS-Trägerkonsortium 2020: 20).

Schließlich stellt sich auch die Frage, wie die Leistungen von neu zugewanderten Schüler*innen möglichst fair bewertet werden können. Prinzipiell ist es wichtig, Inhalt und sprachliche Form möglichst differenziert zu betrachten, damit es nicht zu einer Urteilsverzerrung kommt. Z. B. kann ein Text inhaltlich gut sein, obwohl er viele grammatische Fehler enthält (vgl. Kap. 9). Viele Bundesländer sehen zudem einen Nachteilsausgleich vor. Im Land Berlin haben neu zugewanderte Schüler*innen an allgemeinbildenden Schulen z. B. bis zu drei Jahre Anspruch auf einen Nachteilsausgleich in Form von verlängerten Arbeitszeiten oder die Bereitstellung eines zweisprachigen Wörterbuchs. Zudem wird die Zeugnisnote in manchen Fächern durch eine verbale Beurteilung ersetzt (vgl. SenBJF 2023).

Zusammenfassend lässt sich festhalten:

> Was der Schule als Ganzem, was allen Schülerinnen und Schülern zugutekommt — verlässliche Informationen, Partizipation aller Beteiligten, gemeinsame Absprachen und Regelungen, Routinen, nachvollziehbare transparente Vorgehensweisen usw. –, erleichtert auch den Übergang neu zugewanderter Kinder von einer Vorbereitungs- in eine Regelklasse und ihre langfristige Einbindung in die Gemeinschaft der Schule. (BiSS-Trägerkonsortium 2020: 13)

Eine Hilfestellung für die schulorganisatorische Umsetzung und Begleitung des Übergangs können Empfehlungen und Regelungen der Bundesländer sein (vgl. Massumi et al. 2015). Das Land Berlin hat beispielsweise einen „Leitfaden zur Integration von neu zugewanderten Kindern und Jugendlichen in die Schule" (SenBJF 2023) herausgegeben, in dem über Grundsätze, Rahmenbedingungen und Unterstützungsangebote im Zusammenhang mit der Beschulung von neu zugewanderten Schüler*innen aufgeklärt wird.

7.4 Sprachliche Binnendifferenzierung im Regelunterricht

In den letzten Abschnitten ist deutlich geworden, dass die neu zugewanderten Schüler*innen zum einen eine sehr heterogene Gruppe sind und sich bezüglich ihrer Lernvoraussetzungen – insbesondere in den ersten Monaten und Jahren nach dem Ankommen in der Regelklasse – stark von ihren Mitschüler*innen unterscheiden. Um ihnen unter diesen Bedingungen trotzdem die Entfaltung ihrer kognitiven und sprachlichen Potenziale zu ermöglichen, ist eine Berücksichtigung dieser individuellen Lernvoraussetzungen im Unterricht unumgänglich. Ganz grundsätzlich profitieren diese Schüler*innen wie alle anderen Schüler*innen von der durchgängigen Sprachbildung und einer sprachbildenden Gestaltung des Unterrichts. Leitendes Prinzip ist der (sprachlich) adaptive Unterricht in Form von sprachlichem Scaffolding (vgl. Kap. 1). Für neu zugewanderte Kinder und Jugendliche ist es je nach Sprachstand ferner nötig, spezielle individuelle Differenzierungsangebote bereit zu stellen, mit denen ihren besonderen sprachlichen Voraussetzungen Rechnung getragen wird.

Unter Differenzierung (im Sinne von Binnendifferenzierung) wird hier die Gesamtheit aller didaktisch-methodischen Maßnahmen verstanden, mit welchen die individuelle Förderung von einzelnen Lernenden in einer heterogenen Lerngruppe im Unterricht ermöglicht werden kann (vgl. Böttinger 2023: 58). Dabei bekommen Schüler*innen unterschiedliche Aufgaben bzw. bei der Bearbeitung der Aufgabe werden unterschiedliche Sozialformen, Hilfestellungen und Methoden angeboten (vgl. Fladung 2022: 85). In Anlehnung an Dumont (vgl. 2019: 257) können fünf unterschiedliche Formen der Differenzierung unterschieden werden. Da Sprache im Unterricht omnipräsent ist, können alle Differenzierungsformen auch auf sprachliche Gesichtspunkte und die besonderen Bedarfe von neu zugewanderten Schüler*innen bezogen werden. Wir ergänzen hier zudem die soziale Differenzierung sowie die Differenzierung nach dem Grad an sprachlicher Unterstützung. All diese Formen sprachlicher Binnendifferenzierung sind in Tab. 7.4 zusammengefasst.

Tab. 7.4: Formen der sprachlichen Binnendifferenzierung.

Differenzierungsform	Bezogen auf ...	Beispiel mit Bezug auf Sprache
Quantitativ	die Lernzeit oder das Pensum	Schüler*innen erhalten für das Lesen eines Textes, das Schreiben eines Textes oder die Planung und Produktion eines Redebeitrags mehr Zeit. Schüler*innen werden Textausschnitte in unterschiedlicher Länge angeboten.
Qualitativ	den Schwierigkeitsgrad	Schüler*innen bearbeiten Lesetexte mit unterschiedlichem sprachlichem Schwierigkeitsgrad, z. B. hinsichtlich des Wortschatzes. Schüler*innen verfassen unterschiedlich anspruchsvolle Textprodukte (z. B. zusammenhängender Text vs. stichwortartige Notizen, Argumentation vs. Beschreibung).
Medial	die eingesetzten Medien, die mediale Aufbereitung	Schüler*innen erhalten zu einem Lesetext zusätzliche Abbildungen oder eine Audiodatei. Bei einem (Erklär-)Film werden zusätzlich Untertitel angeboten.
Thematisch/ nach Interesse	die inhaltlichen Schwerpunkte	Schüler*innen arbeiten an unterschiedlichen Themen, z. B. weil sie kulturspezifisches oder ein anderes (sprachliches) Vorwissen einbringen möchten.
Methodisch	Aufgabenstellungen und -formate	Schüler*innen arbeiten in verschiedenen Sozialformen und erhalten so mehr/weniger sprachliche Unterstützung von Peers. Schüler*innen arbeiten an verschiedenen Aufgabenstellungen, z. B. eher offene/geschlossene oder konvergente/divergente Aufgaben, die sich hinsichtlich ihres Grads an Selbständigkeit und damit auch hinsichtlich ihres sprachlichen Anspruchs unterscheiden.
Sozial	die gezielte Gruppenzusammensetzung	Schüler*innen mit derselben L1 arbeiten bei Gruppenarbeiten zusammen. Schüler*innen mit unterschiedlichen Sprachständen, z. B. hinsichtlich der Lesekompetenz, arbeiten in Gruppen zusammen und helfen sich gegenseitig.
Sprachliche Unterstützung	zusätzliche (gestufte) sprachliche Hilfen	Die Schüler*innen erhalten unterschiedliche Formen der sprachlichen Unterstützung, z. B. Glossare, Textbausteine, Formulierungshilfen. Die Schüler*innen erhalten Übersetzungen, z. B. von Texten, in ihre L1.

Die Maxime bei jeglicher Differenzierung sollte sein, dass diese nicht zur Vereinzelung führen darf, sondern die Klassengemeinschaft stellt „den Dreh- und Angelpunkt zur Planung, Verarbeitung, Zusammenführung und Auswertung unterschiedlicher Zugangs-, Lösungs- und Erkenntniswege" dar (Scholz 2007: 21). Auch wenn die Schüler*innen also an unterschiedlichen Aufgaben oder Themen arbeiten, so sollten die Inhalte „eine gemeinsame Basis haben und auf irgendeine Art wieder zusammengefügt werden, z. B. indem jeder einen Beitrag zum Gelingen des gesamten Vorhabens leistet" (Müller 2018: 20). Dieses Prinzip der ‚Gemeinsamkeit in der Differenzierung' erhält im Kontext der Integration von neu zugewanderten Schüler*innen, die sich wie oben ausgeführt ggf. auch in sozialer Hinsicht in einer äußerst herausfordernden Übergangssituation befinden, noch einmal eine besondere Relevanz. Langfristig ist es auf jeden Fall erstrebenswert, dass die Differenzierung für neu zugewanderte Schüler*innen zielgleich erfolgt, d. h. sie sollen dieselben Lehr-/Lernziele wie alle anderen (ohne besonderen Förderbedarf) erreichen. Wenn Schüler*innen jedoch noch über sehr geringe Deutschkenntnisse verfügen, muss von diesem Ziel ggf. abgewichen werden. Dennoch sollte so oft wie möglich gewährleistet werden, dass die Schüler*innen an demselben Thema wie der Rest der Klasse arbeiten. Mittlerweile existieren auch eine Reihe von fachbezogenen Materialien, die zur Differenzierung eingesetzt werden können (vgl. Kap. 16). Neu zugewanderte Schüler*innen sollten sich jedoch im Fachunterricht nicht dauerhaft allein und mit ganz anderen Inhalten, z. B. Arbeitsblättern zu deutscher Grammatik für den DaZ-Unterricht, beschäftigen.

7.5 Fazit

In diesem Kapitel haben wir uns mit den Merkmalen und Voraussetzungen von neu zugewanderten Schüler*innen beschäftigt sowie mit der Frage, wie das Ankommen in der Regelklasse pädagogisch begleitet werden kann. Zentral ist die Erkenntnis, dass diese Kinder und Jugendlichen besondere Potenziale, aber auch Bedürfnisse haben, die im deutschen Schulsystem noch nicht ausreichend berücksichtigt werden. Denn die Besonderheit, dass sie Spracherwerb und fachlichen Kompetenzerwerb parallel bewältigen müssen, macht eine intensive und langfristige Förderung und Begleitung notwendig. Der Regelunterricht stellt durch seine vielfältigen und hohen sprachlichen Anforderungen eine anspruchsvolle, aber auch anregende Sprachlernumgebung dar. Diese sollte durch die Lehrkräfte bewusst so gestaltet werden, dass neu zugewanderte Schüler*innen am Fachunterricht partizipieren und gleichzeitig ihre bildungs- und fachsprachlichen Kompetenzen ausbauen können.

Aufgaben nach dem Lesen
1. Stellen Sie sich folgende Situation vor: Ihre Schulleiterin teilt Ihnen zwei Wochen vor den Sommerferien mit, dass nach den Sommerferien zwei neue Schüler*innen (beide mit L1 Ukrainisch) in die Klasse kommen werden, in der Sie Klassenlehrer*in

sind (7. Jahrgang). Die Schüler*innen haben vorher DaZ-Unterricht in einer Vorbereitungsklasse besucht. Bitte überlegen Sie:
a) Welche Informationen benötigen Sie über die Schüler*innen? Bereiten Sie Gespräche mit der zuständigen DaZ-Lehrkraft sowie den Schüler*innen und ihren Eltern vor. Formulieren Sie jeweils mind. drei konkrete Fragen.
b) Nennen Sie vier Maßnahmen, die Sie treffen möchten, um den beiden Schüler*innen den Übergang in ihre Klasse zu erleichtern.
2. Lesen Sie die Kurzbeschreibung zu einer Unterrichtsstunde zum Thema Versailler Vertrag. Im Anschluss finden Sie Hinweise dazu, was Schüler*innen (noch nicht) können und wie sie unterstützt werden könnten. Ordnen Sie diese in der nachfolgenden Tabelle den Fertigkeiten und der passenden Niveaustufe zu.

Kurzbeschreibung Unterrichtsthema und -stunde:
Gymnasium, 10. Klasse
Thema Der Versailler Vertrag → Stundenfrage: „Der Versailler Vertrag – Soll Deutschland ihn annehmen?"
Die Schüler*innen setzen sich mit den Bestimmungen des Versailler Vertrags auseinander und stimmen als Nationalversammlung ab, ob dieser angenommen werden sollte. Anschließend analysieren die Schüler*innen zwei Textquellen in Paaren (Rede des Ministerpräsidenten Philipp Scheidemann und Rede des Reichsarbeitsministers Gustav Bauer) und tragen die Ergebnisse in Gruppen zusammen. Im Anschluss wird ein zweites Mal abgestimmt, ob der Versailler Vertrag angenommen werden sollte.

---

a) Schüler*in hat evtl. Schwierigkeiten, in der Paararbeitsphase Inhalte zu verstehen (mit Hintergrundgeräuschen etc.) und könnte infolgedessen nach einigen Minuten anfangen, dem Unterricht nicht mehr zu folgen.
b) Schüler*in kann ohne Unterstützung evtl. nicht als Expert*in im Gruppenpuzzle fungieren.
c) Schüler*in könnte ohne Unterstützung Schwierigkeiten haben, den*die Gesprächspartner*in zu verstehen; wenn der*die Mitschüler*in Äußerungen wiederholt und etwas langsamer spricht, dann könnte das entlasten.
d) Schüler*in kann ausgewählte Textpassagen der Rede nach mehrmaligen Lesen verstehen, benötigt also etwas mehr Zeit als Mitschüler*innen; ggf. bietet es sich an, ausgewählte Wörter/Wendungen in einem Glossar zu erklären oder Übersetzungen bereitzustellen. In jedem Fall sollte der*die Schüler*in Nachschlagemöglichkeiten haben.
e) Die Textlänge und Komplexität der Sprache in den Reden bedeutet eine sehr hohe, eigenständig kaum zu bewältigende Anforderung für den*die Schüler*in. Unterstützungsmöglichkeiten könnten eine Übersetzung der Rede oder eine vereinfachte Zusammenfassung als Einstieg in die Arbeit mit dem Text darstellen.
f) Schüler*in kann Ergebnisinhalte einer Plenumsbesprechung zu den Bestimmungen des Versailler Vertrags notieren, sofern sie an der Tafel gesichert worden sind.
g) Textverständnisschwierigkeiten können gut im Lerntandem im Rahmen der Paararbeit gemeinsam geklärt werden, da i. d. R. das Wesentliche von dem*der

Schüler*in verstanden werden konnte und lediglich gewisse Details geklärt werden müssen.

	Zuordnung
Schriftliche Produktion allgemein	B2 Kann klare, detaillierte Texte zu verschiedenen Themen aus seinem*ihrem Interessengebiet verfassen und dabei Informationen und Argumente aus verschiedenen Quellen zusammenführen und gegeneinander abwägen.
	B1 Kann unkomplizierte, zusammenhängende Texte zu mehreren vertrauten Themen aus ihrem*seinem Interessengebiet verfassen, wobei einzelne kürzere Teile in linearer Abfolge verbunden werden.
Leseverstehen allgemein	B2 Kann sehr selbstständig lesen, Lesestil und -tempo verschiedenen Texten und Zwecken anpassen und geeignete Nachschlagewerke selektiv benutzen. Verfügt über einen großen Lesewortschatz, hat aber möglicherweise Schwierigkeiten mit seltener gebrauchten Wendungen.
	B1 Kann unkomplizierte Sachtexte über Themen, die mit den eigenen Interessen und Fachgebieten in Zusammenhang stehen, mit befriedigendem Verständnis lesen.
Muttersprachliche Gesprächspartner*innen verstehen	B2 Kann im Detail verstehen, was zu ihm/ihr in der Standardsprache gesagt wird – auch wenn es in der Umgebung störende Geräusche gibt.
	B1 Kann verstehen, was man in einem Alltagsgespräch zu ihm*ihr sagt, falls deutlich gesprochen wird, muss aber manchmal um Wiederholung bestimmter Wörter/Wendungen bitten.

Weiterführende Literatur

Harr, Anna-Katharina, Martina Liedke & Claudia Maria Riehl (2018): *Deutsch als Zweitsprache. Migration – Spracherwerb – Unterricht.* Stuttgart: Metzler.
Bei diesem Buch handelt es sich um eine Einführung in alle Aspekte des Deutschen als Zweitsprache mit dem Schwerpunkt Migration und Mehrsprachigkeit.

Massumi, Mona (2019): *Migration im Schulalter. Systemische Effekte der deutschen Schule und Bewältigungsprozesse migrierter Jugendlicher.* Berlin: Peter Lang.

In dieser Interviewstudie werden die Bildungsbiografien von 21 Migrant*innen nachgezeichnet, die im Jugend- und jungen Erwachsenenalter nach Deutschland migriert sind. Die Untersuchung gibt Einblicke in ihren Umgang mit Herausforderungen, denen sie im deutschen Schulsystem begegnen.

Müller, Christoph (2021): *Pädagogisch arbeiten in traumatischen Prozessen. Geflüchtete Kinder und Jugendliche in der Schule.* Wiesbaden: Springer.

Diese Studie stellt eine Auseinandersetzung mit den Themen Flucht und Trauma dar. Sie geht der Frage nach, wie sich die potenziellen Traumatisierungen geflüchteter Schüler*innen in der Schule zeigen und welche pädagogischen Konsequenzen sich daraus ergeben.

IV Grundlagen der Planung von sprachbildendem Unterricht

8 Bedarfsanalyse: Sprachliche Anforderungen des Unterrichts

Aufgaben vor dem Lesen

1) Die folgende Tabelle zeigt einige Aussagen zum Thema sprachbildender Fachunterricht (vgl. Reble & Petersen 2021). Bitte geben Sie bei jeder Aussage an, inwieweit diese auf Sie persönlich zutrifft. Falls die Aussagen (eher) nicht auf Sie zutreffen: Welche Kompetenzen würden Sie noch benötigen, um den Aussagen voll und ganz zustimmen zu können?

	trifft voll und ganz zu				trifft gar nicht zu
Ich traue mir zu, Unterricht so zu planen, dass auch sprachschwache Schüler*innen von meinem Unterricht profitieren.	○	○	○	○	○
Ich bin sicher, dass ich auch bei größten Leistungsunterschieden für so gut wie jede*n Schüler*in ein angemessenes Lernangebot bereithalten kann.	○	○	○	○	○
Ich bin in der Lage, einen Unterricht sprachlich so zu gestalten, dass fast alle Schüler*innen verstehen können, was ich von ihnen will.	○	○	○	○	○
Ich traue mir zu, den Ausprägungsgrad der sprachlichen Kompetenzen von Schüler*innen zutreffend zu beurteilen.	○	○	○	○	○

2) *Scaffolding* ist im pädagogisch-psychologischen Kontext ein wichtiges Konzept für die konstruktive Unterstützung von Schüler*innen in einem adaptiven Unterricht. Bitte notieren Sie sich alles, was Ihnen zum Thema *Scaffolding* einfällt.
3) Bitte nehmen Sie Stellung zu der folgenden Aussage einer Lehrkraft. Gerne können Sie sich auch mit Kommiliton*innen und/oder Kolleg*innen dazu austauschen.

> Ich merke, dass meine Schülerinnen und Schüler fast nie etwas verstehen, wenn sie sich Inhalte durch einen Schulbuchtext erarbeiten sollen. Deshalb versuche ich, so viele Inhalte wie möglich mündlich, mit kurzen einfachen Texten, Bildern und anderem Anschauungsmaterial zu erarbeiten. Dann lernen sie wenigstens den Fachinhalt. Das Schreiben eines zusammenhängenden Textes fällt ihnen übrigens noch schwerer. Da weiß ich oft gar nicht, was meine Schüler sagen wollten. Ich setze stattdessen Lückentexte, Puzzle- und Ankreuzaufgaben ein. So können meine Schüler mir zeigen, ob sie die Fachinhalte verstanden haben und haben außerdem Erfolgserlebnisse. (Beese et al. 2014: 30)

8.1 Einleitung: Sprachbildende Unterrichtsplanung

Im Laufe des Studiums üben angehende Lehrkräfte eine auf die Lernprozesse der Schüler*innen fokussierte Unterrichtsplanung ein, indem schriftliche Unterrichtsentwürfe erstellt werden. In Praktikumsbegleitveranstaltungen und Praktika werden erste Stunden und Unterrichtseinheiten entworfen, geplant, durchgeführt und reflektiert. Einen zentralen Platz nimmt die Planung, Durchführung und Reflexion von Unterricht dann in der zweiten Phase der Lehrkräftebildung ein. Sicherlich haben auch Sie in Ihrem Studium Unterricht geplant und einen schriftlichen Unterrichtsentwurf erstellt. Wollen Sie Ihren Unterricht sprachbildend gestalten, so gilt es, den ‚traditionell' geplanten Unterricht aus Perspektive der Sprachbildung zu analysieren, zu reflektieren und ggf. methodisch anzupassen. Dafür bietet sich der Scaffolding-Ansatz an, denn dieser „nimmt stets fachliche und sprachliche Ziele zugleich in den Blick und verknüpft sie in jeder Phase" (Kniffka 2019: 2). Der Ansatz des Scaffolding wird deshalb in diesem Kapitel näher erläutert. Nach einer theoretischen Einführung in das Scaffolding-Konzept aus pädaogisch-psychologischer und sprachdidaktischer Sicht liegt der Schwerpunkt anschließend auf der Analyse von sprachlichen Anforderungen des Unterrichts, der sog. Bedarfsanalyse.

8.1.1 Scaffolding als pädagogisch-psychologisches Konzept

Ein, wenn nicht *der* zentrale theoretische Bezugspunkt des sprachbildenden Unterrichts ist das Konzept des *Scaffolding*, welches in diesem Abschnitt vorgestellt wird. Bei dem Wort *Scaffolding* handelt es sich um eine Metapher aus dem Bauwesen: Es bezeichnet im Englischen wörtlich ein Baugerüst. Wichtig an dieser Metapher ist, dass es sich bei dem Baugerüst zum einen um eine *Hilfskonstruktion* handelt und dass diese zum anderen *temporär* ist.

Das Konzept des *Scaffolding* ist Ihnen vielleicht bereits aus den pädagogischen Anteilen Ihres Studiums bekannt. Dort ist es in den konstruktivistischen bzw. soziokulturellen Lerntheorien verortet. Wood, Bruner & Ross (1976) untersuchten beispielsweise einen Problemlöseprozess zwischen eine*r erwachsenen „Tutor*in" und drei- bis fünfjährigen Kindern, nämlich den Bau eine Pyramide mit Bauklötzen, und beschrieben anschließend den beobachteten *Scaffolding*-Prozess. Wichtige Elemente des *Scaffolding* waren die Steuerung der Aufmerksamkeit der Kinder auf die Aufgabe, die Vereinfachung der Aufgabe, die Hervorhebung wichtiger Informationen zur Lösung der Aufgabe, die Gefühlsregulierung und die Modellierung der Problemlösung durch die Erwachsenen (vgl. Wood, Bruner & Ross 1976: 98). Trotz einer sehr langen Begriffsgeschichte und unterschiedlicher Gebrauchsweisen des Begriffs *Scaffolding* kann er in diesem Sinne verstanden werden als „*a temporary adaptive support* [...] *that is constituted in an accomplishment of some task, thus bridging current state of the student's abilities with an anticipated future state*'" (Svarts & Bakker 2019: 16, Hervorhebungen im Original). Bezogen auf den schulischen Kontext verstehen wir unter *Scaffolding* somit die Unterstützung eines*einer Schüler*in durch eine Lehrperson bei einer Aufgabe, deren Bearbeitung ohne Hilfe nicht möglich wäre: „The use of scaffolding as a metaphor within the domain of learning refers to the temporary support provided for the completion of a task that learners otherwise might not be able to complete" (van de Pol et al. 2010: 271–272).

Exkurs: Zone der nächsten Entwicklung
Scaffolding weist eine Nähe zur Idee der Zone der nächsten Entwicklung (*Zone of proximal development*, ZPD) nach Vygotski (vgl. 1962) auf. Da die kognitive Verarbeitungskapazität von Lernenden individuell unterschiedlich ist, z. B. in Abhängigkeit von vorhandenem Vorwissen und den kognitiven Grundfähigkeiten, sollten die Lernenden idealerweise entsprechend ihrer „Zone der nächsten Entwicklung" gefördert werden (vgl. Sliwka, Klopsch & Dumont 2022: 6). Mit dieser Zone ist der Bereich zwischen dem tatsächlichen und dem potentiellen Entwicklungsniveau einer lernenden Person gemeint, in dem Aufgaben mit der Unterstützung einer kompetenteren Person bearbeitet werden können und Lernprozesse besonders effektiv sind (vgl. Abb. 8.1). Der Schwierigkeitsgrad der Aufgabenstellung sollte daher etwas über den bereits erworbenen Kompetenzen liegen, also eine Herausforderung darstellen und gleichzeitig nicht so schwierig sein, dass der nächste Entwicklungsschritt zu weit entfernt und unerreichbar scheint (vgl. Sliwka, Klopsch & Dumont 2022: 6).

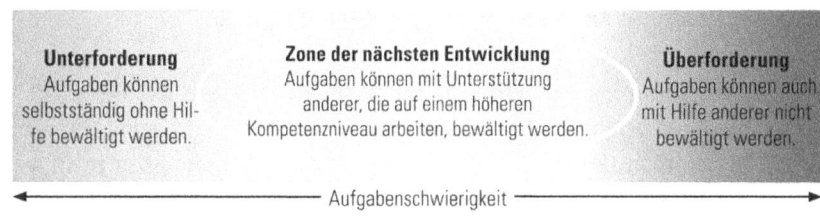

Abb. 8.1: Zone der nächsten Entwicklung (Sliwka, Klopsch & Dumont 2022: 6).

Wie Abb. 8.2 deutlich macht, ist Scaffolding nach van der Pol et al. (vgl. 2010) durch drei zentrale Merkmale gekennzeichnet: die *Adaptivität* (*Contingency*), *der sukzessive Abbau von Unterstützung* (*Fading*) und die *Übertragung von Verantwortung* (*Transfer of Responsibility*). Abb. 8.2 zeigt, wie die Lehrkraft zu einem bestimmten (ersten) Zeitpunkt im Lernprozess Unterstützung bei einer Aufgabe gibt, die die Lernenden alleine nicht lösen könnten. Diese Unterstützung muss genau auf die Zone der nächsten Entwicklung abzielen und erfordert eine hohe Adaptivität seitens der Lehrkraft. Diese erreichen die Lehrenden durch den Einsatz diagnostischer Strategien und indem sie die Reaktionen der Lernenden auf die Unterstützung auswerten und das Scaffolding ggf. anpassen. Der Grad an Unterstützung seitens der Lehrenden ist zu diesem Zeitpunkt hoch, die Verantwortung und Eigenständigkeit der Lernenden eher gering. Im Laufe des Lernprozesses dreht sich dieses Verhältnis jedoch um: Die Unterstützung durch die Lehrkräfte nimmt ab, die Verantwortung der Lernenden steigt. Die Lernenden können so sukzessive (ehe-

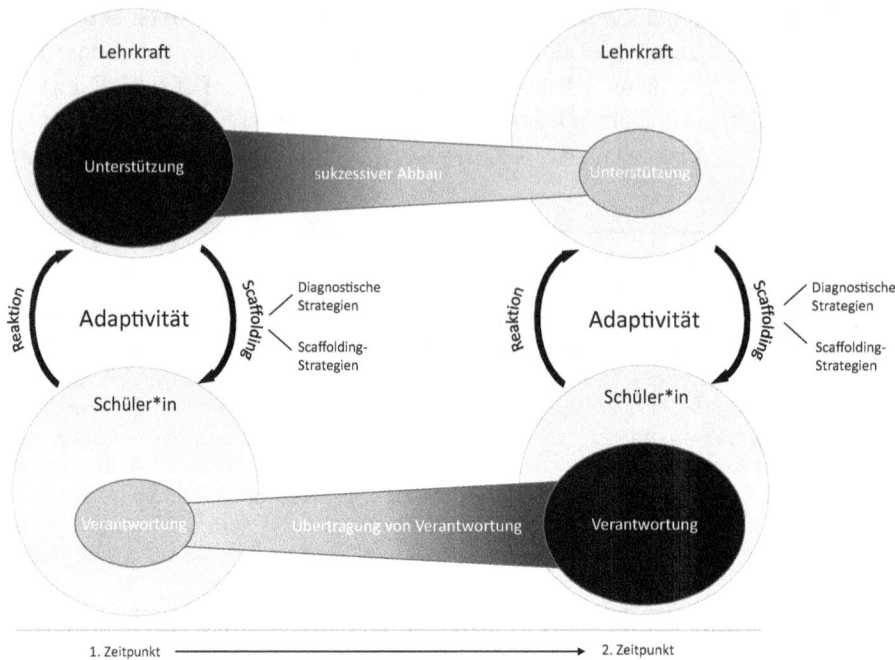

Abb. 8.2: Scaffolding-Modell (nach van de Pol et al. 2010: 274, eigene Übersetzung).

mals) schwierige Aufgaben immer eigenständiger lösen. Wichtig ist, dass diese beiden Entwicklungen nicht notwendigerweise miteinander verknüpft sind. Es kann z. B. sein, dass zwar die Lehrperson Unterstützungsangebote zurückfährt, die Schüler*innen allerdings keine Verantwortung übernehmen und auch nicht in der Lage sind, die Aufgabe eigenständig und ohne Unterstützung zu lösen. In diesem Fall wäre das Scaffolding nicht erfolgreich. Scaffolding ist ein in die Zukunft gerichtetes und entwicklungsorientiertes Konzept. Das Verständnis von van de Pol et al. (2010) hat dabei den Vorteil, dass nicht jede Hilfe im Unterricht generisch als Scaffold anzusehen ist – Voraussetzung ist, dass alle drei Merkmale (Adaptivität, sukzessiver Abbau von Unterstützung, Übertragung von Verantwortung) Berücksichtigung finden.

8.1.2 Scaffolding als Prinzip des sprachbildenden Fachunterrichts

Gibbons (vgl. 2002) hat den Terminus *Scaffolding* auf die Unterstützung von Zweitsprach-Lernenden im Regelunterricht übertragen. Von da aus hat er Eingang in den Diskurs um Sprachbildung, mit der alle Schüler*innen adressiert werden, gefunden und wird hier verstanden als ein Unterrichtsprinzip, dessen Anwendung die kommunikative Handlungsfähigkeit von Lernenden mithilfe von zeitlich begrenzten sprachlichen Hilfen erweitern soll. Lehrkräfte konfrontieren die Lernenden mit hohen Herausforderungen, und bieten zugleich eine hohe Unterstützung an. Lernende sind somit in der Lage, sprachliche Anforderungen zu bewältigen, die sie ohne Scaffolds nicht lösen könnten. (Gantefort & Maahs 2023: 1)

Scaffolding ist damit mehr als der Einsatz bestimmter sprachbildender Methoden oder Hilfestellungen. Es ist ein Unterstützungssystem, welches das sprachliche Lernen parallel zum fachlichen Lernen unterstützt (vgl. Gibbons 2002). Gibbons unterscheidet zwei Formen des Scaffolding: das curricular-systemische Scaffolding (*designed-in* oder *macro scaffolding*, im Folgenden *Makroscaffolding*) und das interaktionale Scaffolding (*contingent* oder *micro scaffolding*, im Folgenden *Mikroscaffolding*). Das Makroscaffolding stellt im weitesten Sinne die sprachbildende Unterrichtsvorbereitung dar und besteht aus einer intensiven Analyse- und Planungsphase, die dem Unterrichtsgeschehen vorausgeht. Das Mikroscaffolding bezieht sich auf das sprachliche Verhalten von Lehrkräften in der Unterrichtsinteraktion. In den folgenden Abschnitten werden die Elemente des Makroscaffolding vorgestellt. Hinweise zum Mikroscaffolding erhalten Sie in Kap. 10.

Ganz allgemein werden bei der Unterrichtsplanung vor der Durchführung des Unterrichts begründete didaktisch-methodische Entscheidungen getroffen. In der Ausbildung von Lehrkräften erfolgt die konkrete Unterrichtsplanung je nach Tradition und Fach mit Bezug auf unterschiedliche didaktische Modelle (vgl. Baumgart, Lange & Wigger 2005). Allgemein lässt sich aber sagen, dass eine Unterrichtsplanung mindestens Überlegungen zu folgenden Aspekten beinhaltet (vgl. Jäger & Maier 2019):

1) Curriculare und fachwissenschaftliche Vorgaben sowie Lehr-/Lernziele
2) Lernvoraussetzungen der Schüler*innen
3) Methodische Ausgestaltung des Unterrichts (Verlaufsform, Aufgaben, Sozialform, Medien)

Diese drei zentralen Aspekte der Unterrichtsplanung finden sich auch im Makroscaffolding wieder (vgl. auch die Übersicht in Tab. 8.1):

Bei der sprachlichen Bedarfsanalyse werden die sprachlichen Anforderungen analysiert, die sich aus den fachwissenschaftlichen Vorgaben und den Lehr-/Lernzielen ergeben. Die sprachliche Lernstandsanalyse stellt die Analyse der sprachlichen Lernvoraussetzungen der Schüler*innen dar. Auf Basis der ersten beiden Schritte erfolgt die sprachliche Unterrichtsplanung. So werden sprachliche Lehr-/Lernziele abgeleitet und die methodische Umsetzung geplant. Dabei kommen z. B. lese- und schreibdidaktische Methoden zum Einsatz. Kap. 9 widmet sich schwerpunktmäßig der Erfassung des sprachlichen Lernstands der Schüler*innen und anhand eines konkreten Beispiels werden auch Konsequenzen für die Unterrichtspraxis exemplarisch abgeleitet. Nachfolgend wird dargestellt, was sprachliche Bedarfsanalysen beinhalten, und es werden geeignete Methoden zur Durchführung vorgestellt.

Tab. 8.1: Makroscaffolding (in Anlehnung an Gabler et al. 2020).

Bereich und Funktion	Fragen
1. Sprachliche Bedarfsanalyse: *Analyse der sprachlichen Anforderungen des Unterrichts*	Ausgehend von den (fachlichen) Lehr-/Lernzielen und dem zu diesem Zeitpunkt geplanten Vorgehen im Unterricht: – Welche sprachlichen Anforderungen ergeben sich aus dem Fachunterricht allgemein und spezifisch für ein bestimmtes Unterrichtsthema? – Was müssen die Lernenden lesen, schreiben, hören, darstellen, präsentieren? Und in welchem sprachlichen Register sollen Sie das tun? – Welche Texte und Textsorten müssen gelesen und geschrieben werden? – Welche mündlichen Äußerungen sollen verstanden und produziert werden? – Welche lexikalischen und grammatischen Besonderheiten enthalten die relevanten Texte und Äußerungen? – Welche sprachlichen Anforderungen sind typisch und damit langfristig relevant für das Fach?
2. Sprachliche Lernstandsanalyse: *Bestimmung des Sprachstands der Lernenden*	– Auf welchem (bildungs- und fach-)sprachlichen Stand befinden sich die Schüler*innen? – Über welche (bildungs- und fach-)sprachlichen Ressourcen verfügen sie? – Gibt es generelle bzw. individuelle Schwierigkeiten mit den in der Bedarfsanalyse ermittelten sprachlichen Anforderungen? – Beherrschen die Lernenden die geforderten Texsorten und Operatoren, den Wortschatz, die grammatischen Strukturen?
3. Sprachliche Unterrichtsplanung: *Formulierung sprachlicher Lehr-/Lernziele und Planung der methodischen Umsetzung*	– Welche sprachlichen Lehr-/Lernziele ergeben sich aus der Bedarfs- und Lernstandsanalyse? – Mit welchen Methoden und Hilfestellungen kann die Erreichung dieser Lehr-/Lernziele gewährleistet werden?

8.2 Sprachliche Bedarfsanalyse

Bei der *sprachlichen Bedarfsanalyse* werden die sprachlichen Anforderungen des geplanten Unterrichts analysiert. Dabei werden die sprachlichen Kompetenzerwartungen herausgearbeitet, die mit der Erreichung der fachlichen Lehr-/Lernziele einhergehen. Ganz grundsätzlich kann hier zwischen Kompetenzerwartungen im Bereich der produktiven (Sprechen, Schreiben) und rezeptiven (Lesen, Hören) Fertigkeiten unterschieden werden. Weiterhin muss das Vorkommen bestimmter fachlicher Textsorten und Diskurse sowie fachlicher Operatoren bzw. sprachlicher Handlungen berücksichtigt werden. Diese wiederum können die Beherrschung spezifischer sprachlicher Mittel auf Wort-, Satz- und Textebene notwendig machen (vgl. Kap. 3).

Abb. 8.3 zeigt, wie Lehr-/Lernziel, Sprachhandlung und Sprachmittel zusammenhängen.

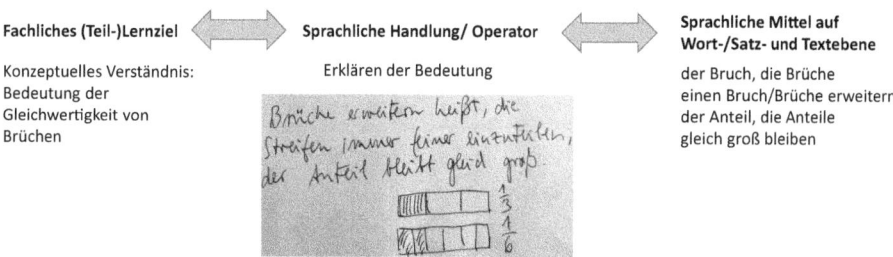

Fachliches (Teil-)Lernziel	Sprachliche Handlung/ Operator	Sprachliche Mittel auf Wort-/Satz- und Textebene
Konzeptuelles Verständnis: Bedeutung der Gleichwertigkeit von Brüchen	Erklären der Bedeutung	der Bruch, die Brüche einen Bruch/Brüche erweitern der Anteil, die Anteile gleich groß bleiben

Abb. 8.3: Zusammenhänge zwischen Lehr-/Lernziel, Sprachhandlung und Sprachmitteln zum Thema Brüche im Mathematikunterricht (nach Wessel, Büchter & Prediger 2018).

In der Bedarfsanalyse geht es darum, sich diese Zusammenhänge klar zu machen und zu definieren, welche Sprachhandlung(en) (hier: *erklären*) und sprachlichen Mittel (hier: ein bestimmter fach- und bildungssprachlicher Wortschatz wie *der Bruch, gleich groß bleiben* ...) mit dem jeweiligen Lehr-/Lernziel einhergehen. Geeignete Methoden, um die sprachliche Bedarfsanalyse einzuüben, werden im nächsten Abschnitt vorgestellt.

8.2.1 Produktive Aufgaben

Eine Methode, die im Rahmen der Bedarfsanalyse Anwendung finden kann, ist das sog. *Konkretisierungsraster* (vgl. Tajmel & Hägi-Mead 2017), mit dem sich geplante *produktive* Aufgaben genauer analysieren lassen. Die zentrale Idee dabei ist, dass Lehrkräfte einen ausformulierten Erwartungshorizont zu einer Aufgabe erstellen. Bei dem nachfolgenden Beispiel in Abb. 8.4 handelt es sich um ein ausgefülltes und für den Geschichtsunterricht adaptiertes Konkretisierungsraster. Es bezieht sich auf ein Foto von 1945, das einen deutschen Soldaten vor dem brennenden Reichstag zeigt. Die Aufgabe enthält den Operator *einordnen*. Dieser wiederum beinhaltet die beiden Sprachhandlungen *nennen* und *zuordnen*. In der Zeile „Ausformulierter Erwartungshorizont" wird von der Lehrkraft der Text bzw. die Äußerung notiert, die sie von den Schüler*innen erwartet. Dabei ist es wichtig, dass die Erwartungen realistisch sind und der Text bzw. die sprachlichen Äußerungen tatsächlich so formuliert wird bzw. werden, wie die Schüler*innen es (wahrscheinlich) tun bzw. konkret umsetzen sollen.

Anschließend werden in der Zeile „Ressourcen" die fachlichen und sprachlichen Anforderungen der Aufgabe analysiert. Es werden die sprachlichen Mittel notiert, die sich aus dem Erwartungshorizont auf Wort-, Satz- und Textebene ableiten lassen. Dabei werden auch grammatische Merkmale notiert (z. B. der jeweilige Artikel, abgekürzt durch „s" für das, „e" für „die" und „r" für „der", und die Pluralendungen, z. B. „-s" oder „-n". Auf der fachlichen Ebene wird das Arbeitswissen identifiziert, das konkret zur Be-

Klasse: 9	Thema: Ende Zweiter Weltkrieg	Datum:
Aufgabenstellung	Ordne das Foto Q1 in den Kontext des Zweiten Weltkrieges ein.	
Operator	Einordnen	
Sprachhandlung	Nennen Zuordnen	
Ausformulierter Erwartungshorizont	Das Foto wurde laut Zusatzinformationen am 9. Mai 1945 in Berlin vor dem Reichstag aufgenommen. Es zeigt im Vordergrund einen unbekannten deutschen Soldaten, der vor Trümmern sitzt, und im Hintergrund das brennende Reichstagsgebäude. Am 8./9. Mai kapitulierte die deutsche Wehrmacht bedingungslos, nachdem Berlin von russischen Truppen erobert wurde. In Europa endete damit der Zweite Weltkrieg. Laut Zusatzinformationen muss das Foto in dieser Zeit entstanden sein. Der abgebildete und stark zerstörte Reichstag und der unbewaffnete deutsche Soldat bestätigen diese Annahme.	
Ressourcen — Wortebene	• s Foto, -s, e Zusatzinformation, -en, s Gebäude, -, r Vordergrund, -ē, r Soldat, -en, e Trümmer, -, r Hintergrund, -e, s Gebäude, -, e Truppe, -n, e Zeit, -en, e Annahme, -n • r Reichstag, Berlin, 09. Mai 1945, s Europa, r Zweiter Weltkrieg, e Wehrmacht • aufnehmen (nahm auf, aufgenommen), sitzen (saß, gesessen), sein (war, gewesen), kapitulieren (kapitulierte, kapituliert), erobern (eroberte, erobert), enden (endete, geendet), müssen (musste, gemusst), entstehen (entstand, entstanden), abbilden (bildete ab, abgebildet), brennen (brannte, gebrannt), zerstören (zerstörte, zerstört), bestätigen (bestätigte, bestätigt) • unbekannt, deutsch, bedingungslos, russisch, unbewaffnet, stark • unten, vor, damit	
Satz- und Textebene	Das Foto wurde ... aufgenommen; Es zeigt ...; ... im Vordergrund/Hintergrund; ... das brennende Reichstagsgebäude; ... laut Zusatzinformationen ...; am ... kapitulierte ..., nachdem ...; In Europa endete ...; Der abgebildete ... bestätigen diese Annahme ...	
Arbeitswissen	Verlauf Zweiter Weltkrieg in Europa; Reichstagsgebäude; Schlacht um Berlin; Kapitulation der Wehrmacht am 8./9. Mai 1945	
Kompetenzen	Urteils- und Methodenkompetenz (Bildanalyse – Fotographie; Beurteilung von Ereignissen im Zweiten Weltkrieg); Sachkompetenz (Einordnung von Ereignissen, Personen in den Verlauf des Zweiten Weltkrieges)	

Abb. 8.4: Ausgefülltes Konkretisierungsraster (leicht angepasst nach Zörner & Must 2019: 237).

arbeitung der Aufgabenstellung nötig ist. Dazu gehört z. B. das Verständnis zentraler historischer Ereignisse und der dazugehörigen Begriffe. In der Zeile „Kompetenzen" werden die erwarteten Fähigkeiten und Fertigkeiten historischen Lernens festgehalten (vgl. Zörner & Must 2019: 232–233). Das Konkretisierungsraster ermöglicht vor allem die intensive Auseinandersetzung damit, welche spezifischen sprachlichen Mittel von den jeweiligen Operatoren in einer Aufgabenstellung gefordert werden (vgl. Tajmel & Hägi-Mead 2017: 78–79). Nicht unerwähnt bleiben soll an dieser Stelle, dass in einigen Lehr-/Lernsettings – z. B. bei der Kommunikation über ästhetische Erfahrungen im Rahmen von Kunst-, Musik- oder Deutschunterricht – nicht vorab festgelegt werden kann, welcher Wortschatz und welche Formulierungen genau angewendet werden sollen. In einem solchen Setting kann es quasi unmöglich sein, vorab zu antizipieren, welche sprachlichen Bedürfnisse sich im Hinblick auf die Verhandlung fachlicher Gegenstände entwickeln. In diesen Fällen ist die adaptive Begleitung der Schüler*innen im Prozess von besonderer Bedeutung.

8.2.2 Rezeptive Aufgaben

Will man einen Text (oder beispielsweise auch einen Film oder Hörtext) im Unterricht einsetzen, so sollte man sich vorab im Rahmen der Bedarfsanalyse Gedanken darüber machen, welche potentiellen Schwierigkeiten dieser enthält. Textverständnis entsteht aus der Interaktion von Leser*innen und Texten (vgl. Schnotz 1994). Textschwierigkeit ist somit ein relatives Konstrukt und hängt von verschiedenen leser*innen- und textbezogenen Merkmalen ab (vgl. Kap. 13). Tab. 8.2 zu textseitigen Einflussfaktoren auf die Lesbarkeit kann helfen, Schwierigkeiten zu antizipieren. Neben den sprachlichen Merkmalen, die Texte schwer oder einfach verständlich machen können und die auch in Kap. 4 thematisiert wurden, können darüber hinaus auch inhaltliche und optische Merkmale des Textes eine Rolle spielen und im Rahmen der Unterrichtsplanung ggf. adaptiert werden.

Tab. 8.2: Textseitige Einflussfaktoren auf die Lesbarkeit.

Textbezogene Merkmale	Fragen	Mögliche (sprachbildende) Maßnahmen
Übergeordnete Merkmale	– Der Einsatz welcher Lesestrategien bietet sich für die Erschließung des Textes an?	– Allgemein: geeignete Lesestrategien empfehlen, Leseprozess durch lesedidaktische Maßnahmen unterstützen
Sprachliche Merkmale: *Lexikalisch-semantische Ebene*	– Welche unbekannten, komplexen oder mehrdeutigen Wörter und Wortverbindungen enthält der Text?	– Wortschatz vorab entlasten

Tab. 8.2 (fortgesetzt)

Textbezogene Merkmale	Fragen	Mögliche (sprachbildende) Maßnahmen
Sprachliche Merkmale: *Morpho-syntaktische Ebene*	– Welche langen und komplexen Sätze enthält der Text? – Welche unbekannten grammatischen Strukturen enthält der Text?	– Sätze vereinfachen – schwierige Textstellen thematisieren
Sprachliche Merkmale: *Textebene*	– Wie lang ist der Text? – Sind die Informationen im Text kohärent organisiert? – Handelt es sich um eine bekannte Textsorte?	– Text kürzen – Abbildungen zu Textpassagen – Textsorte vorab thematisieren
Inhaltliche Merkmale	– Welches Weltwissen setzt der Text voraus? – Welches fachliche Vorwissen setzt der Text voraus? – Wie informationsdicht ist der Text?	– Inhaltliche Textentlastung – (fachliches) Vorwissen aktivieren
Optische Merkmale	– Enthält der Text Absätze und Zwischenüberschriften? – Wie eindeutig sind die Text-Bild- und ggf. die Bild-Bild-Bezüge? – Gibt es Zeilennummerierung? – Sind wichtige Begriffe grafisch hervorgehoben? – Ist das Layout übersichtlich? – Enthalten die Bilder bestimmte Darstellungscodes?	– Textdesign ändern, z. B. Veränderungen der Textoberfläche des Ausgangstextes (z. B. durch Einfügen von Absätzen und Zwischenüberschriften, Zeilen nummerieren) – Optimierung der Textstruktur (z. B. durch Einfügen von Absätzen) – Hervorhebung wichtiger Begriffe (z. B. durch Fettdruck) – Bildunterschriften oder Erläuterungen zu graphischen Darstellungen (Graphen, Diagramme) einfügen

Textbezogene Merkmale, die die Rezeption beeinflussen, befinden sich auf der sprachlichen, inhaltlichen und optischen Ebene. Auf der sprachlichen Ebene können Texte bestimmte sprachliche, insbesondere bildungs- und fachsprachliche Mittel enthalten, die das Textverständnis erschweren. Auf der inhaltlichen Ebene kann ein Text beispielsweise bei den Leser*innen ein bestimmtes Weltwissen voraussetzen, über das die Schüler*innen sozialisationsbedingt ggf. nicht verfügen. Auf der optischen Ebene kann ein Text unübersichtlich sein und die Kohärenzbildung erschweren, weil es beispielsweise an Absätzen und Zwischenüberschriften fehlt. Diese potentiellen Schwierigkeiten sollten im Rahmen der Bedarfsanalyse antizipiert werden, so dass mit Blick auf die tatsächliche Lerngruppe entsprechende sprachbildende Maßnahmen in die Unterrichtsplanung einfließen können.

An dieser Stelle sei noch einmal darauf hingewiesen, dass neben Fragen zu potentiellen Schwierigkeiten bei der Rezeption von Texten eine weitere wichtige Perspektive die Fokussierung von Funktion(en) sprachlichen Handelns darstellt. Ausführliche Hinweise dazu finden sich in Kap. 4.

8.3 Ausblick

In diesem Kapitel wurde die sprachbildende Unterrichtsplanung thematisiert und dabei ein Schwerpunkt auf die Bedarfsanalyse gelegt, die hierbei einen unverzichtbaren Schritt darstellt. Leider gibt es für eine integrierte fachdidaktische und sprachbildende Unterrichtsplanung noch sehr wenig empirische Untersuchungen oder theoretische Überlegungen. Sieberkrob (vgl. 2023) untersuchte jedoch Planungsprozesse von Studierenden zu sprachbildendem Geschichtsunterricht. Dabei konnte er u. a. zeigen, dass Studierende vor allem Unterstützungsmaßnahmen zur Sprachrezeption, weniger für die Sprachproduktion fokussieren (vgl. Sieberkrob 2023: 225). Auch Darsow und Lütke (vgl. 2018) konnten dies fächerübergreifend zeigen.

Es ist davon auszugehen, dass es neben dem professionellen Wissen viel Erfahrung und Routine im sprachbildenden Unterricht bedarf, um die sprachlichen Aspekte des Unterrichts bei der Planung durchgängig und von Anfang an mit zu berücksichtigen. Da die konkrete Unterrichtsplanung je nach Unterrichtsfach, didaktischer Tradition, Professionalisierungsgrad etc. sehr unterschiedliche Formen annimmt, konnte in diesem Kapitel deshalb kein allgemein gültiges, die fachliche bzw. fachdidaktische und die sprachbildende Planung des Unterrichts integrierendes Konzept präsentiert werden. Mit dem Scaffolding-Ansatz bzw. dem Makroscaffolding liegt jedoch ein theoretisches Konzept vor, mit dem sich Unterrichtsplanung aus sprachlicher Perspektive reflektieren lässt. Es ist wichtig festzuhalten, dass es beim Makroscaffolding nicht um eine lineare, von der eigentlichen Unterrichtsplanung völlig abgelöste Planung geht. Vielmehr geht es darum, den geplanten Unterricht mit einer ‚sprachlichen Brille' zu analysieren und auf dieser Grundlage die didaktisch-methodischen Entscheidungen anzupassen. Dabei ist es sowohl denkbar, dass a) fachliche und sprachliche Unterrichtsplanung von Anfang an parallel erfolgen oder b) die sprachliche Unterrichtsplanung auf die fachliche Unterrichtsplanung folgt oder c) an verschiedenen Stellen im Planungsprozess die sprachliche Reflexion und ggf. Adaption der Unterrichtsplanung stattfindet.

Unterrichtsplanung ist wie bereits ausgeführt eine unverzichtbare Aufgabe von Lehrkräften. Hägi-Mead & Tajmel (2023) machen darauf aufmerksam, dass dieser Aufgabe auch eine gesellschaftliche Relevanz zukommt und sie

> dementsprechend einer kritischreflexiven Auseinandersetzung bedarf. Denn Unterrichtsplanung wird geprägt von auch normativen Vorstellungen davon, wie die Verwendung von Sprache(n) im Unterricht auszusehen hat, von Überlegungen in Bezug auf damit verbundene Lernziele sowie von Annahmen, Kenntnissen und Einschätzungen sowohl der Lerner*innen als auch ihren Sprechweisen. (Hägi-Mead & Tajmel 2023: 452–453)

Sprachlich-kulturelle sowie soziale Heterogenität und damit einhergehende Unterschiede in den sprachlichen Voraussetzungen der Schüler*innen sind heutzutage selbstverständliche schulische Rahmenbedingungen. Morek & Heller (2012) gehen jedoch davon aus, dass nicht die unterschiedlichen sprachlichen Voraussetzungen zur Bildungsungleichheit führen, „sondern erst und vor allem die Tatsache, dass die Schule ihre sprachlichen Anforderungen und Bewertungsmaßstäbe nicht offenlegt bzw. zum expliziten Vermittlungs- und Lerngegenstand macht" (Morek & Heller 2012: 78); vgl. auch Kap. 1 und die Ausführungen zum *hidden curriculum* von Schleppegrell (vgl. 2004). Die Bedarfsanalyse, wie wir sie in diesem Kapitel skizziert haben, kann in diesem Zusammenhang dazu dienen, die sprachlichen Anforderungen des Unterrichts und die sprachlichen Lehr-/Lernziele transparent zu machen – sowohl für die Lehrkraft selbst als auch für die Schüler*innen – und somit einen Beitrag zu mehr Bildungsgerechtigkeit leisten.

Aufgaben nach dem Lesen
1. Sehen Sie sich das Bild von Napoleon Bonaparte an (Abb. 8.5). Lesen Sie dann zunächst die Schreibaufgabe zum Bild und im Anschluss die beiden Erwartungshorizonte.
    a) Vergleichen Sie die beiden Erwartungshorizonte in Hinblick auf Wort-, Satz- und Textebene.
    b) Angenommen, die Schüler*innen der Klasse können aktuell den Erwartungshorizont 2 erfüllen, welche Unterstützung könnte ihnen dabei helfen, auch den Erwartungshorizont 1 zu erfüllen? Ggf. können Sie auch die Aufgabenstellung noch einmal anpassen.

Abb. 8.5: Napoleon Bonaparte (Quelle: Von Jacques-Louis David – Google Art Project, Gemeinfrei, https://commons.wikimedia.org/w/index.php?curid=38872895).

Schreibaufgabe (für die Schüler*innen):
Beschreibe das Bild „Napoleon Bonaparte beim Überschreiten der Alpen am Großen St. Bernard" und dessen Wirkung auf Betrachter*innen. Achte auf Details und darauf, dass die folgenden Begriffe in deinem Text vorkommen: Pferd, Mantel, Kleidung, Stimmung.

Erwartungshorizont 1:
Auf dem Gemälde sieht man im Zentrum Napoleon Bonaparte, welcher auf einem weißen, sich aufbäumenden Pferd sitzt. Die Mähne sowie der Schweif des Pferdes wehen in Vorwärtsrichtung, was ebenfalls für den Mantel Bonapartes gilt. Mit seiner rechten Hand zeigt er in die gleiche Richtung und streckt dabei seinen Zeigefinger aus. Bonaparte trägt die Kleidung eines Soldaten und ein Schwert. Seine Kleidung wirkt z.B. durch Verzierungen am Kragen prunkvoll. Sein roter Mantel betont durch den Faltenwurf die nach oben

Erwartungshorizont 2:
Auf dem Gemälde ist in der Mitte Napoleon Bonaparte zu sehen. Er sitzt auf einem weißen Pferd. Es ist sehr windig. Das sieht man an der Mähne und dem Schwanz vom Pferd und an dem Mantel von Napoleon. Napoleon trägt Soldatenkleidung. Er schaut einen direkt an. Im Hintergrund sieht man Berge. Der Himmel ist bewölkt, aber die Farben des Gemäldes wirken warm.

gestreckte Hand sowie das dem Betrachter zugewandte entschlossene Gesicht Bonapartes. Im Hintergrund des Bildes ist eine Berglandschaft erkennbar und es lassen sich ebenfalls einige Soldaten ausmachen. Der Himmel ist bewölkt, jedoch erzeugt das Wetter keine dunkle Stimmung, sondern die gewählten Farben lassen das Gemälde warm wirken.

2. Projektaufgabe:

Wählen Sie für ein Thema Ihres Unterrichtsfaches eine Aufgabenstellung, die einen sprachlichen Operator (*beschreiben, erklären, begründen* ...) beinhaltet. Formulieren Sie den Erwartungshorizont für diese Aufgabe aus und identifizieren Sie die notwendigen sprachlichen Mittel auf Wort-/, Satz- und Textebene.

Weiterführende Literatur

Caspari, Daniel, Torsten Andreas, Julia Schallenberg, Victoria Shure & Matthias Sieberkrob (2017): Instrument zur sprachbildenden Analyse von Aufgaben im Fach (isaf). In Daniela Caspari (Hrsg.), *Sprachbildung in den Fächern: Aufgabe(n) für die Fachdidaktik. Materialien für die Lehrkräftebildung*, 40-46, Berlin: Sprachen – Bilden – Chancen. https://bimm.at/wp-content/uploads/2019/01/sbcmanualgesamtpublikation.pdf (letzter Zugriff 24.05.2024).
isaf ist ein Analyseinstrument, mit dem sich Aufgaben aus dem Fachunterricht hinsichtlich sprachbildender Aspekte untersuchen lassen, um sie anschließend ggf. zu modifizieren und um sprachliche Hilfen zu ergänzen.
Tajmel, Tanja & Sara Hägi-Mead (2017): *Sprachbewusste Unterrichtsplanung. Prinzipien, Methoden und Beispiele für die Umsetzung.* Münster: Waxmann.
Der Band enthält sowohl theoretische Grundlagen für die sprachbewusste Unterrichtsplanung als auch praktische Hilfen.

9 Erfassung aufgabenbezogener Sprachkompetenz im Fachunterricht: Formative sprachliche Diagnostik

Aufgaben vor dem Lesen
1. Lesen Sie die nachfolgenden Aussagen und überlegen Sie, welche Haltung bzw. Erfahrung Sie diesbezüglich haben. Diskutieren Sie auch gerne mit Kommiliton*innen und/oder Kolleg*innen.
   a) Ich fühle mich vor allem für die Diagnose fachlicher Kompetenzen zuständig. Zwar spielt Sprache eine Rolle, aber ich bin selbst bzgl. orthografischer, grammatischer und syntaktischer Regeln des Deutschen (schriftsprachliche Norm) nicht so sicher, dass ich mir zutraue, diese Bereiche im Rahmen der Diagnostik zu berücksichtigen.
   b) Wenn ich schriftliche Texte von Schüler*innen (Klausuraufgaben, Aufsätze, Protokolle) bewerten muss, dann bewerte ich ausschließlich, ob der Inhalt fachlich korrekt ist. Manchmal ist es aber nicht so leicht, zu entscheiden, ob Schüler*innen etwas fachlich nicht verstanden haben oder ob ihnen die passenden sprachlichen Mittel fehlen, sich korrekt und verständlich auszudrücken.
2. Der folgende Text stammt von einem Schüler aus der 6. Klasse und ist im Biologieunterricht entstanden. Der Schreibauftrag lautete: „Beschreibt den Menstruationszyklus und verwendet die entsprechenden Fachbegriffe."

Bitte richten Sie Ihren Blick auf die sprachlichen Stärken des Textes: Gibt es Sätze oder Formulierungen, die besonders gut gelungen sind und die z. B. von besonderer Kreativität oder sprachlichem Mut zeugen?

1	Der Menstruationszykluss
2	- Eine Eizelle reift im Eierstockan
3	- Der Eisprung findet stadt
4	- Die Frau ist 3 Tage Fruchtbar
5	- Die Gebärmutter schleimhaut wird Dicker
6	- Eshat keine befruchtung statdgefunden
7	- Die Eizellestirbt ab
8	- Die Gäbärmutterschleimhaut helt sichab
9	- Die Eizelle und Die Gebärmtter-
10	schleimthaut wird mit Blut nach
11	Drausen ab gelasen.
12	- Alles beginnt wieder Neu
13	- (es hat eine befruchtung stad gefunden)

14	-(Die Eizelle niestet sich in der
15	Gebärmutterschleimhaut ein)
16	- (Der Menstruationszüklus wird
17	unter brochen und hört erst mal auf.)

9.1 Einleitung

Diagnostische Kompetenz ist ein wichtiger Teil professioneller Kompetenz von Lehrpersonen, denn es wird angenommen, dass passgenaue Lernangebote für Schüler*innen im Rahmen eines adaptiven Unterrichts auf einer entsprechenden Diagnostik beruhen (vgl. Tröster 2019). Dementsprechend werden in den Standards für die Lehrer*innenbildung der Kultusministerkonferenz die Bereiche Diagnostik und Beurteilung als ein inhaltlicher Schwerpunkt formuliert: „Lehrkräfte diagnostizieren Lernvoraussetzungen und Lernprozesse von Schülerinnen und Schülern; sie fördern Schülerinnen und Schüler gezielt und beraten Lernende und deren Eltern (vgl. KMK 2004: 12). Auch für die Gestaltung eines sprachbildenden Unterrichts sind diagnostische Informationen über die (sprachlichen) Fähigkeiten der Schüler*innen von großer Bedeutung. Daher widmet sich dieses Kapitel der Erfassung fach- und aufgabenbezogener Sprachkompetenz im Fachunterricht. Nachfolgend wird zunächst erläutert, warum alle Fachlehrer*innen sprachliche Aspekte im Rahmen der Diagnostik berücksichtigen sollten. Als Ausgangspunkt wird die formative Diagnostik vorgestellt (vgl. Kap. 9.2). Anschließend wird näher erläutert, was unter Sprachkompetenz zu verstehen ist (vgl. Kap. 9.3) und welche Sprachbereiche für den Fachunterricht aller Fächer relevant sind. Schließlich werden Methoden zur aufgabenbezogenen Diagnose vorgestellt (vgl. Kap. 9.4) und an einem Praxisbeispiel illustriert (vgl. Kap. 9.5).

Im Rahmen des für die Sprachbildung zentralen Scaffolding-Konzeptes nach Hammond & Gibbons (vgl. 2005) wird zwischen Makroscaffolding (Unterrichtsplanung) und Mikroscaffolding (Unterrichtsinteraktion) unterschieden. Beim Makroscaffolding folgt auf die Phase der Bedarfsanalyse, in der die sprachlichen Anforderungen des jeweiligen Unterrichtsgegenstandes analysiert werden, die Lernstandsanalyse. Dabei wird überlegt, über welche sprachlichen Kompetenzen, die für die Erreichung der geplanten fachlichen Lernziele notwendig sind, die Lerner*innen verfügen:

> Komplementär zur Bedarfsanalyse wird der Sprachstand der Klasse oder individueller Lerner erhoben und mit den sprachlichen Anforderungen verglichen. Beherrschen die Lernenden die geforderten Strukturen? Brauchen die Schülerinnen und Schüler noch Unterstützung? (Kniffka 2010: 2)

Die sprachlichen Kompetenzen der Lernenden werden also bezogen auf die sprachlichen Anforderungen des geplanten Fachunterrichts betrachtet. Für die Planung und Gestaltung eines sprachbildenden Unterrichts müssen Lehrkräfte in einem gewissen Maße somit auch über sprachdiagnostische Kompetenzen verfügen. Diagnostische Kompetenz wird unterschiedlich definiert und modelliert, jedoch

> herrscht Einigkeit darüber, dass sie die Fähigkeit umfasst, Merkmale von Lernenden wie sprachliche und kulturelle Voraussetzungen, Leistungsstand, Motivation und Interessen oder Lernentwicklung und Lernbeeinträchtigungen angemessen genau zu erfassen und aus den Ergebnissen adressatenspezifische Fördermaßnahmen abzuleiten. (Selter et al. 2017: 13)

Nach der Modellierung von Fischer et al. (vgl. 2017: 174) besteht Diagnosekompetenz aus vier unterschiedlichen Dimensionen: Lehrkräfte sollen …
1) … Diagnostik und ihre Bedeutung für das Lehren und Lernen beschreiben und einordnen können. Dazu gehören z. B. Kenntnisse über die Möglichkeiten, Grenzen und Risiken von Diagnosen.
2) … Lerngegenstände fachlich und fachdidaktisch analysieren und beurteilen können. Sie müssen z. B. typische Vorstellungen, Fähigkeiten und Lernschwierigkeiten von Schüler*innen kennen.
3) … Diagnose- und Förderinstrumente analysieren und beurteilen können, z. B. Aufgaben hinsichtlich ihres Lern- und Diagnosepotenzials beurteilen können.
4) … Diagnose und Förderung planen und durchführen können. Sie können u.a. Lerngruppen- und Individualdiagnosen durchführen, Diagnosedaten analysieren, fachdidaktische Schlussfolgerungen ziehen und Feedback sowie konkrete Fördermaßnahmen ableiten.

Wie aus den Dimensionen 2 bis 4 ersichtlich ist, ist diagnostische Kompetenz somit keine (rein) fachübergreifende, sondern eine „fachspezifische Kompetenz zur Leistungsbeurteilung von Schülerkompetenz" und deshalb domänenspezifisch anzulegen (Heusinger von Waldegge & Hößle 2010: 154). Die genannten Dimensionen sind zudem eng mit Sprache verknüpft, da wie wenigsten von ihnen nicht-sprachlich umgesetzt werden können.

Die Forschungslage zu sprachbezogenen diagnostischen Kompetenzen von Lehrkräften ist jedoch eher schmal. Die Studien von Tajmel (vgl. 2017b) und Feser (vgl. 2019) zeigen, dass Lehrer*innen bei der Bewertung von fachlichen Leistungen oft unbewusst sprachliche Leistungen mitbeurteilen, was langfristig zur Benachteiligung von sprachlich schwächeren Schüler*innen führen kann. Bei der Beurteilung von schriftlichen Texten zeigen Lehrkräfte unterschiedlicher Unterrichtsfächer zudem die Tendenz, vor allem die sprachliche Oberfläche von Texten, insbesondere Orthographiefehler, zu fokussieren (vgl. z. B. Döll & Saalmann 2021; Eckardt & Petersen 2023; Jansen et al. 2021; Oleschko & Schmitz 2016). Diese Art von Fehlern sind für die Lehrenden sehr salient, d.h. sehr auffällig, und damit leicht zu identifizieren. Aus Perspektive der Sprachbildung lässt sich aber tendenziell festhalten, dass Fehler, die die sprachliche Oberfläche betreffen, in den meisten Fällen von geringer Bedeutung für die fachliche Korrektheit sind und nur in seltenen Fällen, z. B. wenn sie sehr frequent sind und zu Mehrdeutigkeit führen, Auswirkungen auf die Verständlichkeit haben. Hinzu kommt, dass dieser Fokus auf sprachformale Mängel in Schüler*innentexten dazu führen kann, dass inhaltliche Qualitäten nicht wahrgenommen werden. Insgesamt erscheint es also wichtig, dass Lehrkräfte solche möglichen Urteilsfehler kennen und dass sie ein Bewusstsein dafür haben, dass Inhalt und Sprache so eng zusammenhängen, dass bei der Beurteilung von fachlichen Leistungen immer auch sprachliche Qualitäten eine Rolle spielen. Lehrkräfte müssen dementsprechend die für die Beurteilung relevanten sprachlichen Ebenen kennen, so dass ein hilfreiches Feedback sowie passende Scaffoldingmaßnahmen für die Schüler*innen ermöglicht werden.

Aufgabe einer fach- und aufgabenbezogenen Sprachdiagnostik, wie wir sie in diesem Kapitel vorstellen möchten, muss es dementsprechend sein, diejenigen sprachlichen Kompetenzen der Schüler*innen zu erfassen, die konstitutiv für den jeweiligen konkreten fachlichen Unterrichtsgegenstand sind. Auf dieser Basis können dann (sprachbildende) Aufgaben sowie differenzierende Aufgabenvarianten entwickelt werden. Das Kapitel ist folgendermaßen aufgebaut: Nach einer näheren Auseinandersetzung mit formativem Assessment als theoretischer Grundlage wird der Frage nachgegangen, was Sprachkompetenz im Kontext von Fachunterricht überhaupt bedeutet und wie sprachliche Kompetenzen von Schüler*innen durch Lehrkräfte aufgabenbezogen erfasst werden können.

9.2 Formative Diagnostik

Eine wichtige Unterscheidung im Kontext (sprachlicher) Diagnostik im Fachunterricht ist die Abgrenzung von *summativer* und *formativer Diagnostik*. Bei der summativen Diagnostik werden Lernprozesse abschließend (oder *summativ*) beurteilt. Die Ergebnisse werden oft in Form von Noten festgehalten und sind z. B. Grundlage für Versetzungs- oder Übergangsentscheidungen. Solche Prozesse der Leistungsbeurteilung haben damit eine hohe Relevanz für den*die einzelne*n Schüler*in und sollten dementsprechend möglichst hohen methodischen Anforderungen sowie den Gütekriterien der pädagogischen Diagnostik (Objektivität, Validität, Reliabilität) genügen (vgl. Schrader 2013).

Bei der formativen Diagnostik steht hingegen die Optimierung der Lehr-Lernprozesse im Mittelpunkt. Die Anpassung des Unterrichts an die Lernvoraussetzungen, die sog. Adaptivität, gilt dabei als Grundlage für den Lern- und Unterrichtserfolg der Schüler*innen (vgl. Schrader 2013: 155). Man spricht in diesem Zusammenhang auch von *formativem Assessment*. Allgemein kann formatives Assessment nachweislich die Leistungen von Schüler*innen positiv beeinflussen, wie McLaughlin & Yan (vgl. 2017) beispielsweise für formatives Assessment im Rahmen von Online-Formaten nachweisen. Wir machen an dieser Stelle die Merkmale des formativen Assessments nach William & Thompson (vgl. 2008) zum Ausgangspunkt, da sie sich gut mit den Zielen und Prinzipien des sprachbildenden Unterrichts verbinden lassen.

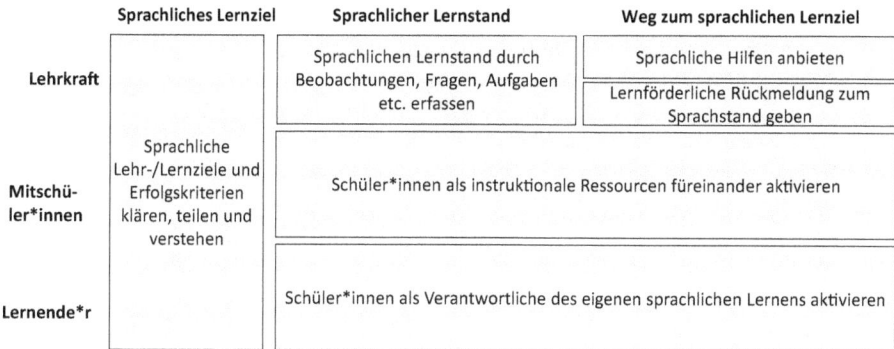

Abb. 9.1: Merkmale eines formativen sprachlichen Assessments (adaptiert nach Schütze et al. 2018: 701).

Abb. 9.1 zeigt die Merkmale des formativen Assessments im Rahmen von Sprachbildung. Zunächst wird deutlich, dass die relevanten Akteur*innen des formativen Assessments sowohl die Lehrkraft und der*die Lernende als auch Mitschüler*innen sind. Zudem spielen drei Aspekte eine Rolle: Was ist das sprachliche Lehr-/Lernziel? Wie ist der sprachliche Lernstand? Und wie kann der Weg zum sprachlichen Lehr-/Lernziel erreicht werden?[1]

Sprachliche Lehr-/Lernziele: Sprachliche Lehr-/Lernziele und Kompetenzerwartungen transparent zu machen und klar zu kommunizieren, ist ein grundlegendes Prinzip des sprachbildenden Unterrichts. Beim Austausch über die Lehr-/Lernziele und Erfolgskriterien können die Schüler*innen ein tiefergehendes Verständnis dieser erlangen, z. B. wenn sie gemeinsam Texte oder eine Präsentation anhand von Kriterien analysieren, die sie beispielsweise auf einem Lernplakat festgehalten haben.

Sprachlicher Lernstand: Um allen Schüler*innen das Erreichen der sprachlichen Lehr-/Lernziele zu ermöglichen, muss die Lehrkraft den sprachlichen Lernstand der Schüler*innen erfassen. Dieser Schritt entspricht der sprachlichen Lernstandsanalyse im Rahmen des Makroscaffolding (s.o.).

Weg zum sprachlichen Lehr-/Lernziel: Die eingeholten diagnostischen Informationen haben für die Lehrkraft eine zweifache Funktion: Zum einen kann sie die Informationen nutzen, um ihren Unterricht an den sprachlichen Lernstand der Schüler*innen anzupassen und differenzierte sprachliche Unterstützungsmaßnahmen anzubieten.

---

[1] Da auf die sprachlichen Lehr-/Lernziele an dieser Stelle nicht noch einmal im Detail eingegangen wird, soll noch einmal darauf hingewiesen werden, dass diese sich immer von den fachlichen Lehr-/Lernzielen ableiten (vgl. Kap. 8).

Zum anderen können die Informationen aber auch als Feedback an die Schüler*innen rückgemeldet werden, so dass diese ihren Lernprozess optimieren können (vgl. Kap. 14).

Denn langfristig sollen die Schüler*innen dazu befähigt werden, ihre sprachlichen Kompetenzen und Fortschritte selbst beurteilen und ihren Sprachlernprozess eigenständig steuern zu können. Auf dem Weg zum sprachlichen Lehr-/Lernziel kann es zudem helfen, wenn Schüler*innen sich gegenseitig beurteilen:

> Peer-Assessment ermöglicht die Aktivierung von Schülerinnen und Schülern als wechselseitige instruktionale Ressource: Schülerinnen und Schüler beurteilen die Leistung der anderen („Where the learner is right now"), geben sich Rückmeldung, unterstützen sich gegenseitig („How to get there"), arbeiten und diskutieren miteinander. (Schütze et al. 2018: 701)

Denkbar sind hier z. B. Peer-Assessments im Rahmen von Präsentationen oder Texten, die (auch) nach sprachlichen Kriterien beurteilt werden. Eine mögliche Methode ist z. B. das ‚Aushandeln': Eine Aufgabe wird zunächst alleine bearbeitet, dann mit eine*r Partner*in verglichen. Man einigt sich auf eine gemeinsame Lösung und erstellt einen ‚neuen' gemeinsamen Text, im nächsten Schritt wird dieser mit einer anderen Gruppe verglichen und sich erneut auf eine Lösung geeinigt.

9.3 Sprachliche Kompetenzen: Was wird erfasst?

Sprachkompetenz im Kontext des Fachunterrichts – was bedeutet das eigentlich? Sprachkompetenz ist ein sehr komplexes Konstrukt. Das erkennt man beispielsweise daran, dass die Entwicklung qualitativ hochwertiger sprachdiagnostischer Verfahren eine anspruchsvolle und aufwändige Aufgabe ist. In der Linguistik wird angenommen, dass das Konstrukt „Sprachkompetenz" einen ganzen Fächer von Teilfähigkeiten umfasst. Ehlich spricht in Bezug auf den Spracherwerb von Kindern und Jugendlichen auch von sprachlichen *Basisqualifikationen* (vgl. Ehlich 2012). Zu diesen sprachlichen Basisqualifikationen gehören z. B.:
- die Fähigkeit zur Produktion und Rezeption von Lauten (phonische Qualifikation),
- die Kenntnis über die Bedeutung von Wörtern (semantische Qualifikation),
- die Fähigkeit, sprachliche Formen, Wörter, Sätze sowie Kombinationen von Sätzen zu verstehen und herzustellen (morpho-syntaktische Qualifikation),
- die Fähigkeit, Schriftzeichen zu erkennen und zu produzieren, die Beherrschung von Orthografie und Interpunktion, die Fähigkeit Texte zu produzieren und zu lesen, Sprachbewusstsein (literale Qualifikation),
- die Aneignung formaler Strukturen der Kommunikation (z. B. Sprecher*innenwechsel), die Befähigung zum zweckgerichteten sprachlichen Handeln mit anderen (diskursive Qualifikation),

– das Erkennen und der Ausdruck sprachlicher Handlungsziele, die Beherrschung angemessener sprachlicher Mittel für unterschiedliche Kommunikationssituationen (z. B. formell und informell) (pragmatische Qualifikation).

Einige dieser Fähigkeiten erwerben Kinder im Laufe der Grundschule (z. B. phonische Qualifikation und Teile der literalen Fähigkeit), andere entwickeln sich im Laufe der gesamten Schulzeit (z. B. pragmatische Qualifikation) und sogar ein Leben lang immer weiter (z. B. semantische Qualifikation). Sie als Fachlehrkräfte sind nicht dafür zuständig, alle diese sprachlichen Fähigkeiten bei ihren Schüler*innen explizit zu fördern. Die Vermittlung von Orthografie-Regeln ist beispielsweise eindeutig die Aufgabe des Deutschunterrichts. Ebenso müssen Lehrer*innen in anderen Fächern als Deutsch mit Schüler*innen keine genuin deutschdidaktischen Grammatikübungen machen.

Die Tab. 9.1 zeigt Ihnen aber, welche Teilbereiche von sprachlicher Kompetenz für die Kommunikation über bestimmte fachliche Gegenstände relevant sein können und deshalb auch in ihrem Fachunterricht thematisiert werden müssen:

Tab. 9.1: Basisqualifikationen im Fachunterricht.

Qualifikation	Sprachlicher Kompetenzbereich für den Fachunterricht
Semantische Qualifikation	bildungs- und fachsprachlicher Wortschatz, typische Formulierungen, formelhafte Wendungen
Morpho-syntaktische Qualifikation (mit funktionalem Bezug)	grammatische Strukturen mit bildungs- und fachsprachlicher Funktion, z. B. das Passiv zum Ausdruck von Unpersönlichkeit, Nebensätze zur Darstellung komplexer Sachverhalte, Nominalphrasen mit Attributen zur präzisen Darstellung von fachlichen Gegenständen ...
Literale Qualifikation	Produktion und Rezeption fachspezifischer Textsorten, z. B. textsortenspezifische Lesestrategien (vgl. Kap. 13), Kenntnisse über den Aufbau von fachsprachlichen Texten (vgl. Kap. 15)
Diskursive Qualifikation	Produktion und Rezeption fachspezifischer Diskurse (vgl. Kap. 12)
Pragmatische Qualifikation	verschiedene schulrelevante Register (vgl. Kap. 2), konzeptionell mündlicher und schriftlicher Sprachgebrauch, fachspezifisches Verständnis und Umsetzung von Operatoren

Je nachdem, welches fachliche und sprachliche Lehr-/Lernziel sie verfolgen, sind also folgende Überlegungen leitend, um den sprachlichen Lernstand näher zu erfassen: Beherrschen die Lernenden die geforderten Textsorten, Diskurse und fachlichen Operatoren? Verfügen Sie über die notwendigen sprachlichen Mittel zum Verständnis von Aufgaben, Texten und mündlichen Äußerungen im Unterricht oder zur eigenen Produktion von Texten und Äußerungen?

9.4 Informelle Diagnostik sprachlicher Kompetenzen: Wie wird erfasst?

Bei der Erfassung von Kompetenzen, egal ob summativ oder formativ, sind ganz allgemein formelle und informelle diagnostische Zugänge zu unterscheiden. Die formelle Diagnostik umfasst gezielte und systematische Diagnosen mithilfe wissenschaftlicher Methoden. Beispiele dafür sind standardisierte Tests wie z. B. BiSpra 2-4 (vgl. Heppt et al. 2020). Dabei handelt es sich um einen Test zur Erfassung bildungssprachlicher Kompetenzen von Grundschulkindern. BiSpra umfasst drei Untertests, die sich auf das Verständnis von Hörtexten, das Verständnis von Satzverbindungen und das Verständnis von bildungssprachlichem Wortschatz beziehen. Für die Sekundarstufe liegt ein solcher standardisierter Test zur Erfassung bildungssprachlicher Kompetenzen noch nicht vor. Als halbstandardisiertes Verfahren kann jedoch das Instrument „Fast Catch Bumerang" (Dirim & Döll 2009) genannt werden. Es verfolgt das Ziel, die berufsspezifischen fach- und bildungssprachlichen Kompetenzen von Jugendlichen im Übergang von der Oberstufe in den Beruf zu erfassen und ist mehrsprachig ausgelegt. Die Schüler*innen erhalten zwei Schreibaufträge: Das Verfassen eines Bewerbungsschreibens und die Beschreibung des Baus eines Bumerangs. Die Schreibaufgaben werden hinsichtlich der Aufgabenbewältigung sowie Wortschatz und Grammatik ausgewertet. Sowohl mit BiSpra 2-4 als auch mit Fast Catch Bumerang lassen sich also allgemeine bildungssprachliche Kompetenzen für Schüler*innen unterschiedlichen Alters erfassen.

Die formative sprachliche Diagnostik im Fachunterricht zielt jedoch nicht auf die Erfassung des allgemeinen bildungssprachlichen Lernstands ab, sondern auf die Erhebung derjenigen bildungs- und fachsprachlichen Fähigkeiten, die für die jeweilige fachliche Aufgabe relevant sind. Um diesen Anspruch zu erfüllen, muss sie „alltagstauglich, situations- und fachbezogen sowie prozessbegleitend erfolgen" (Oleschko 2017: 98). Wir sprechen in diesem Zusammenhang von *informeller Diagnostik*.

> Lehrpersonendiagnostik bewegt sich in einem Spannungsfeld zwischen formeller, d.h. auf wissenschaftlich fundierten Methoden beruhender Diagnostik und informeller Diagnostik. Informelle Lehrpersonenurteile sind unverzichtbar, wenn es um die Handlungssteuerung im Unterricht geht. Eine formelle Diagnostik ist immer dann angebracht, wenn es um Entscheidungen mit schwerwiegenden und weitreichenden Konsequenzen geht. (Schrader 2013: 161)

Informelle Diagnostik basiert nicht auf standardisierten Diagnoseinstrumenten, sondern auf Beobachtungen und Erfahrungen, die die Lehrkräfte im Unterrichtsalltag machen (vgl. Hascher 2008: 74). Vorteile der informellen Diagnostik sind eine große Unterrichtsnähe und eine hohe curriculare Validität, allerdings auf Kosten der psychometrischen Qualität (vgl. Hesse & Latzko 2017: 75). Deshalb ist es wichtig, sich bei informeller Diagnostik systematisch an Kriterien zu orientieren, und zwar nicht lediglich bezogen auf die fachlichen, sondern auch auf die sprachlichen Kompetenzerwartungen. Grundsätzlich können Sie also genau dieselben diagnostischen Aufgaben und Verfahren wählen, die Sie einsetzen, um den fachlichen Lernstand zu erheben. Allerdings müssen Sie Ihr Augenmerk dann auch auf die sprachlichen Aspekte richten.

Ganz grundlegend verfügen Lehrer*innen bereits über diagnostisches Wissen zur Klasse bzw. zu Schüler*innen der Klasse durch den bisherigen Unterricht. Zur Feststellung des fach- und themenspezifischen Sprachstands eignen sich darauf aufbauend beispielsweise Beobachtungen von Äußerungen in gesprächsintensiven Situationen, z. B. bei der Wiederholung oder bei der Vorwissensaktivierung (vgl. Gabler et al. 2020: 15). Aber auch durch die Analyse von Schüler*innentexten, Concept Maps, die Durchführung kurzer Tests und den Austausch mit Kolleg*innen können diagnostische Informationen gewonnen werden.

9.5 Praxisbeispiel

In diesem Abschnitt soll die beispielhafte Analyse eines Schülertextes aus dem Biologieunterricht zum Thema „Menstruationszyklus" erfolgen. So kann aufgezeigt werden, welche diagnostischen Informationen ein solcher Text geben kann und was daraus abgeleitet werden kann. Untenstehend finden Sie zunächst den Erwartungshorizont zu den fachlichen und sprachlichen Lehrzielen. Der Erwartungshorizont kann von der Lehrkraft z. B. im Rahmen der Bedarfsanalyse entwickelt werden (vgl. Kap. 8).

Tab. 9.2: Fachliche und sprachliche Lernziele zur Aufgabe „Beschreibung des Menstruationszyklus".

Klasse: 6
Thema: Menstruationszyklus
Unterrichtssituation: NaWi-Unterricht an Grund- und Gemeinschaftsschule (ohne Oberstufe).
Schreibauftrag: Beschreibt den Menstruationszyklus und verwendet die entsprechenden Fachbegriffe.

Fachliche Ziele	Sprachliche Ziele
Die Schüler*innen ...	Die Schüler*innen ...
– können den Menstruationszyklus in seiner grundlegenden sowie der korrekten Reihenfolge nachvollziehbar beschreiben (ohne Erwähnung der hormonellen Steuerung oder der verschiedenen Phasen, z. B. Lutealphase).	– verwenden thematisch angemessenen **Fachwortschatz** – z. B. Substantive wie *Gebärmutter, Ei, Eierstock, Eizelle, Eisprung* – z. B. Verben wie *(heran-)reifen, befruchten, absterben, abstoßen, bluten* und Bewegungsverben wie *wandern, verlassen, schwemmen*.

Tab. 9.2 (fortgesetzt)

– erwähnen, dass es sich um einen monatlichen Prozess bzw. Zyklus handelt, der sich ab der Pubertät bei Mädchen stetig wiederholt.	– verwenden **präpositionale Ausdrücke**, z. B. *im Eierstock, über den Eileiter, durch die Gebärmutter.* – stellen Zusammenhänge sprachlich durch den Einsatz von entsprechenden **satzverknüpfenden Ausdrücken** dar, die den Zyklus deutlich machen, z. B. *wenn/dann, dadurch, schließlich; zum Schluss; am Anfang.* – schreiben im **Präsens**.

An der Übersicht wird deutlich, dass fachliche und sprachliche Ziele eng aufeinander bezogen sind. Wenn z. B. das fachliche Ziel darin bestünde, dass die Schüler*innen den Menstruationszyklus mit eigenen Worten mündlich erklären können, dann wäre die Verwendung des Fachwortschatzes weniger wichtig. Satzverknüpfende Zusammenhänge und das Präsens wären jedoch weiterhin relevant für eine verständliche mündliche Erklärung. Gleichzeitig zeigt das Beispiel, dass die Formulierung konkreter sprachlicher Ziele nicht nur für die Diagnostik von Bedeutung ist, sondern außerdem auch für die transparente Darstellung von Erwartungen und die abschließende Bewertung von Schüler*innenleistungen.

9.5.1 Analyse eines Schülertextes

Im Folgenden wird auf Basis des obigen Erwartungshorizonts ein authentischer Text (vgl. Abb. 9.2 und Abb. 9.3) eines Schülers aus der 6. Jahrgangsstufe einer Grund- und Gemeinschaftsschule analysiert.

Auf fachlicher Ebene kann zunächst festgehalten werden, dass der Operator *beschreiben* mit Einschränkungen realisiert wird: Das Schreibprodukt ist eine in Form einer Aufzählung verfasste Aneinanderreihung von Hauptsätzen. Dennoch beschreiben diese den Prozess der Menstruation in korrekter und nachvollziehbarer Reihenfolge. Dass es sich um einen sich monatlich wiederholenden Prozess handelt, wird allerdings nur implizit ausgedrückt: *„Alles beginnt wieder Neu"* (Z. 12). Die drei letzten Sätze beschreiben, was im Falle einer Befruchtung der Eizelle passiert, was aber in der Aufgabe nicht gefordert wurde (Z. 13–17).

Auf sprachlicher Ebene ist auf den ersten Blick positiv hervorzuheben, dass der Schüler trennbare Verben sicher benutzt (z. B. Z. 3: *findet statt*, Z. 7: *stirbt ab*). Zudem verwendet er im Zusammenhang mit dem Substantiv *Eisprung* die typische Formulierung mit dem Verb *stattfinden* (z. B. Z. 3: *Der Eisprung findet stadt*). Im letzten Satz (Z. 17) verwendet er ein Passiv (*wird unterbrochen*).

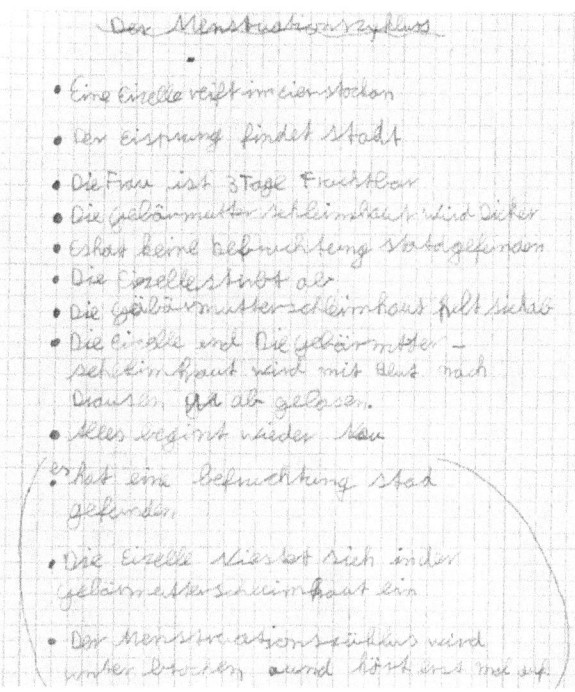

Abb. 9.2: Schülertext zur Aufgabe „Beschreibung des Menstruationszyklus" (Original).

1	Der Menstruationszykluss
2	- Eine Eizelle reift im Eierstockan
3	- Der Eisprung findet stadt
4	- Die Frau ist 3 Tage Fruchtbar
5	- Die Gebärmutter schleimhaut wird Dicker
6	- Eshat keine befruchtung statdgefunden
7	- Die Eizellestirbt ab
8	- Die Gäbärmutterschleimhaut helt sichab
9	- Die Eizelle und Die Gebärmtter-
10	schleimthaut wird mit Blut nach
11	Drausen ab gelasen.
12	- Alles beginnt wieder Neu
13	- (es hat eine befruchtung stad gefunden)
14	- (Die Eizelle niestet sich in der
15	Gebärmutterschleimhaut ein)
16	- (Der Menstruationszüklus wird
17	unter brochen und hört erst mal auf.)

Abb. 9.3: Schülertext zur Aufgabe „Beschreibung des Menstruationszyklus" (Transkript).

Im Hinblick auf den Fachwortschatz kann festgehalten werden, dass insgesamt in einem für die Aufgabenstellung angemessenen Umfang fach- und bildungssprachliche lexikalische Mittel verwendet werden. Der Text weist viele Komposita auf, z. B. Z. 2: *Eizelle, Eierstock, Z. 5: Gebärmutterschleimhaut*. Es werden zwar auch inhaltlich passende Verben genutzt (z. B. Z. 7: *absterben*, Z. 14: *sich einnisten*), hier zeigen sich jedoch auch Unsicherheiten:

- Z. 2: *anreifen* statt *heranreifen*
- Z. 5: *wird dicker*, besser wäre: *wird aufgebaut*
- Z. 8: *helt sich ab*, soll wahrscheinlich heißen *schält sich ab*, besser wäre: *wird abgestoßen*
- Z. 10–11: *wird ... abgelassen*, fachlich präziser wäre: *wird ... geschwemmt, blutet* o.Ä.

Der Schüler verwendet nur wenige Präpositionalphrasen (Z. 2: *im Eierstock*, Z. 14–15: *in der Gebärmutterschleimhaut*), was die Nachvollziehbarkeit des ‚Weges' der Eizelle während des Zyklus erschwert. Auf der Ebene des Textes fällt die durchgehende Verwendung von Aufzählungszeichen auf. Die Verknüpfung einzelner Sätze zu einem zusammenhängenden Text scheint dem Schüler Schwierigkeiten zu bereiten. Eine andere Erklärung wäre, dass dem Schüler nicht klar war, dass ein zusammenhängender Text von ihm erwartet wird. In jedem Fall wirkt der Text eher wie eine Auflistung; der chronologische Ablauf ergibt sich fast ausschließlich über die Reihenfolge der Sätze. Insgesamt fehlt es an textstrukturierenden Ausdrücken, die die inhaltlichen Zusammenhänge (z. B. *weil, in der Folge, deswegen*) sowie die zeitliche Abfolge (z.B. *anschließend, daraufhin, dann*) sprachlich darstellen. Durch fehlende Nebensatzkonstruktionen sowie die damit einhergehende fehlende sprachliche Verbindung der Sätze werden teilweise die fachlichen Zusammenhänge nicht deutlich. Um die Bedingung und die Folge sprachlich zu verdeutlichen, wäre in Z. 6–7 beispielsweise die Verwendung eines konditionalen Junktors notwendig gewesen, z. B.: <u>Wenn</u> *keine Befruchtung stattfindet, dann stirbt die Eizelle ab*. Die hier angemessene Verwendung des Präsens für einen allgemeingültigen Vorgang wird bis auf das Perfekt von *stattfinden* (Z. 6: *hat stattgefunden*) durchgängig realisiert.

Zuletzt seien noch die gehäuft auftretenden Orthografiefehler erwähnt. Hier fällt zum einem auf, dass die Groß- und Kleinschreibung oft fehlerhaft ist, z. B. Z. 4: *Fruchtbar*, Z. 5: *Dicker*, Z. 6: *befruchtung*. Zum anderen werden einige Wörter fälschlicherweise zusammengeschrieben (Z. 2: *Eierstockan*, Z. 7: *Eizellestirbt*). Zudem fällt auf, dass manche Wörter sowohl (fast) korrekt als auch falsch geschrieben werden (z. B. Z. 5: *Gebärmutter schleimhaut*, Z. 8: *Gäbärmutterschleimhaut*, Z. 9–10: *Gebärtmtterschleimthaut*, Z. 15: *Gebärmutterschleimhaut* sowie Z. 1: *Menstruationszykluss* und Z. 16: *Menstruationszüklus*). Das deutet darauf hin, dass es sich um Flüchtigkeitsfehler handelt. Insgesamt wird das Verständnis durch diese orthographischen Fehler nicht beeinträchtigt, allerdings erschwert das Schriftbild die Entzifferung.

9.5.2 Didaktische Schlussfolgerungen

Entsprechend der Merkmale der formativen Diagnostik (vgl. Kap. 9.2) sollen nun Implikationen auf verschiedenen Ebenen vorgestellt werden. Aus der obigen Analyse bezüglich des sprachlichen Lernstands können zwei Entwicklungsziele abgeleitet werden:
1. Das Schreiben eines zusammenhängenden Textes unter Verwendung von Nebensatzkonstruktionen und temporalen Adverbien. Dabei handelt es sich eher um ein mittelfristiges Ziel. Eine fokussierte Unterstützung beim Schreiben von zusammenhängenden Texten hätte aber den Vorteil, dass der Schüler eine Kompetenz trainiert, die für nahezu alle Texte von Bedeutung ist.
2. Die Verwendung von fachlich präzisen Verben bei der Beschreibung des Menstruationszyklus. Die Verben haben in diesem Fall im Unterschied zu den Substantiven mehrere Bedeutungen, sodass sie entsprechend als anspruchsvoller eingeordnet werden können (vgl. *wandern* vs. *Gebärmutter*). Es müsste dem Schüler aufgezeigt werden, dass die Verwendung der passenden Verben hier fachlich wichtig ist, weil sie eine differenziertere Beschreibung des Zyklus ermöglicht.

Die orthografischen Auffälligkeiten werden idealerweise mit der Deutschlehrkraft besprochen und im Deutschunterricht bearbeitet. Ein lernförderliches Feedback an den Schüler sollte deshalb auf jeden Fall wertschätzend hervorheben, dass die Aufgaben, den Menstruationszyklus zu beschreiben, korrekt und überwiegend nachvollziehbar gelöst wurde. Gleichzeitig könnte die Beschreibung jedoch durch die Verknüpfung der einzelnen Sätze zu einem zusammenhängenden Text und die Verwendung von Zeitangaben und eindeutigen Verben noch verständlicher und präziser werden.

Hinsichtlich möglicher zukünftiger Scaffoldingmaßnahmen könnte sich die Lehrkraft noch einmal fragen, ob es für den Schüler hinreichend ersichtlich war, dass er einen zusammenhängenden Text schreiben sollte. Wenn nicht, so müsste dies bei der nächsten Textproduktionsaufgabe deutlicher werden, z. B. durch einen Hinweis vor der Arbeitsphase oder einen Zusatz in der Aufgabenstellung (*Beschreibe den Menstruationszyklus in einem zusammenhängenden Text.*). Zudem können vor dem Schreiben eines Textes in einem mündlichen Unterrichtsgespräch mögliche Formulierungshilfen gesammelt werden, z. B. um zeitliche Abläufe darzustellen. Denkbar wäre auch, Satzanfänge zur Verfügung zu stellen. Im Rahmen eines Peer-Feedback-Ansatzes könnten die Schüler*innen ihre Texte austauschen und sich gegenseitig fragen: Ist der Text gut aufgebaut? Gibt es etwas im Text, was du nicht verstehst? Gibt es Stellen, die genauer beschrieben werden sollten?

Ferner hat die Analyse gezeigt, dass mit Blick auf den Fachwortschatz vor allem passende Substantive verwendet werden, insbesondere aber die Verben eine Herausforderung darstellen. Möglich wäre z. B. die Recherche von Verbbedeutungen im Wörterbuch. Die Arbeit mit dem Wörterbuch würde zudem die eigenständige Auseinandersetzung mit dem Wortschatz fördern. Im Rahmen einer Wortschatzübung könnte eine Reflexion darüber stattfinden, welche Substantive und Verben zusammenpassen und passende Sätze formuliert werden (z. B. *Eizelle – heranreifen → Die Eizelle reift heran.*).

9.6 Fazit

In diesem Kapitel wurde das formative sprachliche Assessment als eine Möglichkeit vorgestellt, fachbezogene und sprachbezogene Diagnostik miteinander zu verbinden. Es ist deutlich geworden, dass eine sprachbezogene Diagnostik nur stattfinden kann, wenn die Lehrkraft sich über ihre sprachlichen Erwartungen bzw. die sprachlichen Lehr-/Lernziele im Klaren ist. Die Lernstandsanalyse geht also Hand in Hand mit der sprachlichen Bedarfsanalyse (vgl. Kap. 8). Das Analysebeispiel am Ende zeigt, wie im Rahmen von informeller Diagnostik authentische Äußerungen von Schüler*innen genutzt werden können, um aufgabenbezogene Sprachkompetenzen zu erfassen. Schließlich wurde deutlich, dass die Erfassung sprachbezogener Kompetenzen und die daraus abgeleiteten Schlüsse auf der Ebene von sprachlichen Scaffoldingmaßnahmen, Feedback, der Aktivierung der Schüler*innen als Verantwortliche für das eigene Lernen und als gegenseitige instruktionale Ressource von großer Bedeutung für einen fachlich gelungenen Unterricht sind.

Aufgaben nach dem Lesen
1. Im gesellschaftswissenschaftlichen Unterricht einer fünften Klasse wurde folgende Aufgabe gestellt: *Erkläre die Entstehung von Tag und Nacht!* Ein Schüler schreibt dazu folgenden Text:

---

1 Die Erde ist eine Kugel deshalb wird nur eine hälfte von der Erde von der
2 Sonne geblendet und die anndre ist im Schaten. Aber die Erde dreht sich
3 auch immer. Wenn wir auf der Schaten seite sind wird es nacht und wenn
4 die Erde sich dreht und wir auf der seite sind wo die Sonne ist wird es Tag.

---

a) Richten Sie Ihren Blick zunächst auf die sprachlichen Stärken des Textes: Gibt es Sätze oder Formulierungen, die besonders gut gelungen sind und die z. B. von besonderer Kreativität oder sprachlichem Mut zeugen?
b) Der Aufgabe liegt der folgende fachliche und sprachliche Erwartungshorizont zugrunde: bitte beurteilen Sie, inwieweit mit dem Text oben diese fachlichen und sprachlichen Lernziele erreicht werden.

Fachliche Ziele	Sprachliche Ziele
Die Schüler*innen ...	Die Schüler*innen ...
- formulieren eine schriftliche Erklärung, wie Tag und Nacht auf der Erde entstehen. - erwähnen, dass die Erde sich um die eigene Achse dreht, - dass dabei immer nur eine Erdhälfte der Sonne zugewandt ist, - und dass eine Drehung 24 Stunden dauert.	- erklären den Vorgang präzise, vollständig und verständlich. - verwenden passenden thematischen Wortschatz, z. B. *der Tag, die Nacht, die Hälfte der Erde, sich um die eigene Achse drehen, das Sonnenlicht* - stellen den Zusammenhang zwischen Erddrehung, Position zur Sonne und Tag und Nacht durch eine passende (Relativ-)Satzkonstruktion dar (z. B. *Auf der Hälfte, die zur Sonne zeigt* oder *Dort, wo das Sonnenlicht hinfällt* ...). - schreiben im Präsens.

c) Leiten Sie im Sinne eines formativen sprachlichen Assessments (vgl. Abb. 9.1) mögliche Förderimplikationen ab: Wie kann der Weg zum sprachlichen Lehr-/Lernziel erreicht werden? Welche sprachlichen Entwicklungsziele ergeben sich für den Schüler? Welches Feedback sollte er bekommen? Welche Scaffoldingmaßnahmen sind sinnvoll? Wie kann der Schüler seine Sprachkompetenz selbstständig ausbauen? Welche Unterstützung durch Mitschüler*innen ist möglich?

Weiterführende Literatur

Buholzer, Alois & Brovelli, Dorothee (Hrsg.) (2023) *Formatives Assessment. Perspektiven für Unterricht und Lehrerinnen- und Lehrerbildung.* Münster: Waxmann.
Informativer Sammelband mit Beiträgen zum formativen Assessment aus verschiedenen fachlichen Perspektiven.
Petersen, Inger, Raja Reble & Jörg Kilian (Hrsg.) (2024). *Texte schreiben in allen Unterrichtsfächern. Textbeurteilung als Grundlage für Schreibförderung und Leistungsbewertung.* Münster: Waxmann.
Dieser Band beleuchtet das Beurteilen und Schreiben von Texten aus der Perspektive der schreibdidaktischen, der fachdidaktischen und der pädagogisch-psychologischen Forschung.

V Methodik und Didaktik des sprachbildenden Unterrichts

10 Sprachbildendes Handeln in der Unterrichtsinteraktion

Aufgaben vor dem Lesen
1. „Wenn alles schläft und einer spricht, so nennt man dieses Unterricht." Denken Sie über diese Äußerung, die Wilhelm Busch zugeschrieben wird, nach: Hier wird angedeutet, dass ausschließlich eine Person – die Lehrkraft – spricht, während die Schüler*innen anderen Tätigkeiten nachgehen, als dieser interessiert zuzuhören. Inwiefern deckt sich dies mit Erfahrungen aus Ihrer eigenen Schulzeit oder Unterrichtshospitationen?
2. Neben der verbalen spielt auch die nonverbale Kommunikation im Unterricht eine wichtige Rolle. Worauf sollte eine Lehrperson im Hinblick auf ihre Mimik und Gestik achten?

10.1 Einleitung: Die Bedeutung von Unterrichtsinteraktion für das Lernen

Unterrichtsinteraktion stellt ein zentrales Moment für fachliche wie auch sprachliche Lernprozesse dar. Schüler*innen lernen sowohl im Gespräch untereinander als auch mit der Lehrkraft. Lehrkräfte haben bei der lernförderlichen Gestaltung von Unterrichtinteraktion eine Schlüsselrolle inne (vgl. Prediger 2021: 348). Im Kontext von Sprachbildung wird Unterrichtsinteraktion üblicherweise im Rahmen des Scaffolding-Konzeptes nach Gibbons (vgl. 2002) diskutiert. Scaffolding ist ein Unterstützungssystem, welches das sprachliche Lernen parallel zum fachlichen Lernen unterstützt. Gibbons unterscheidet zwei Formen des Scaffolding: das Makroscaffolding (*designed-in* oder *macro scaffolding*), das sich auf die Unterrichtsplanung bezieht (vgl. Kap. 8), und das Mikroscaffolding (*contigent* oder *micro scaffolding*), das die Unterrichtsinteraktion betrifft. Das Mikroscaffolding sieht u. a. vor, dass Lehrkräfte als Sprachmodell fungieren, metasprachliche Reflexionen anregen, eine umfangreiche Gesprächsbeteiligung der Lernenden ermöglichen und verbale und nonverbale Handlungen einsetzen, um die Äußerungen von Lernenden zu verlängern oder bestimmte sprachliche Mittel einzufordern (vgl. Gibbons 2006a; Hammond & Gibbons 2005). Entsprechend ist es von großer Bedeutung, dass Sie als Lehrperson Ihr eigenes Sprachverhalten reflektieren und in der Lage sind, sprachliche wie auch nonverbale Mittel möglichst bewusst und zielgerichtet anzuwenden (vgl. Michalak, Lemke & Goeke 2015: 155). Übergeordnetes Ziel ist es, dass Sie einerseits in der Lage sind, Schüler*innen einen verständlichen und fachlich korrekten Input zu liefern (vgl. Michalak, Lemke & Goeke 2015: 155–156; Ecchevarriá, Vogt & Short 2010: 79–80). Andererseits sollen Schüler*innen ausreichend Gelegenheiten zu komplexen und umfangreichen Äußerungen erhalten. Denn nur wenn Schüler*innen im Unterricht selbst komplex sprachlich agieren, können sie ausreichende Diskurskompetenzen erwerben. Entsprechend werden in diesem Kapitel wesentliche Aspekte der verbalen wie auch nonverbalen Kommunikation im schulischen Kontext thematisiert.

Das Kapitel geht zunächst auf ausgewählte Erkenntnisse der Unterrichtsforschung ein (vgl. Kap. 10.2) und widmet sich daran anschließend einem für schulisches Lernen typischen Interaktionsmuster, der so genannten IRE-Sequenz (vgl. Kap. 10.3), da es wichtig ist, Auswirkungen der Institution Schule und des Settings ‚Unterricht' auf Interaktion zu reflektieren. Denn im Unterricht laufen Gespräche ganz anders ab als im Alltag – oder weisen Sie bei Treffen mit Freunden diesen das Rederecht zu, indem Sie jemanden auswählen, der sich gerade meldet? Vermutlich kommt das nicht vor. Im Unterricht ist das aber ganz normal. Im Anschluss daran wird auf Möglichkeiten sprachbildenden Handelns in der Unterrichtsinteraktion eingegangen. Ein wichtiger Baustein ist erstens die unterrichtliche Sprachverwendung von Lehrer*innen selbst. Dazu gehört ganz grundlegend die Verständlichkeit der Lehrer*innensprache wie auch deren Korrektheit und Angemessenheit (vgl. Thürmann & Vollmer 2013: 214) sowie diverse Input- und Fokussierungstechniken, die unterstützend wirken können (vgl. Kap. 10.4). Da ein weiteres wichtiges Ziel ist, dass Schüler*innen ausreichend Gelegenheiten zum (komplexen) Sprachhandeln haben (vgl. Thürmann & Vollmer 2013: 214), wird ferner auf das Thema Fragetechniken eingegangen (vgl. Kap. 10.5). Zentral für den Spracherwerb in der Interaktion sind auch verschiedene Feedbacktechniken (vgl. Kap. 10.6). Gleichzeitig erfolgt ein Großteil der Kommunikation nicht verbal – Körpersprache ist für den schulischen Kontext ebenfalls von zentraler Bedeutung. Deshalb wird abschließend die Spezifik nonverbaler Kommunikation im Kontext Schule thematisiert (vgl. Kap. 10.7).

10.2 Unterrichtsinteraktion – how not to?

Wie bereits angesprochen stellt u. a. die Entwicklung von Diskurskompetenzen ein wichtiges Ziel schulischer Interaktion dar. Quasthoff, Heller & Morek (vgl. 2021a: 22) verstehen darunter die Fähigkeit, produktiv und rezeptiv an diskursiven Praktiken partizipieren zu können.[1] Dabei spielen u. a. Diskursfunktionen wie benennen, beschreiben, berichten, erklären, argumentieren und beurteilen (vgl. z. B. Vollmer 2011), die in allen Fächern von Belang sind, eine Rolle. Forschungsergebnisse weisen jedoch darauf hin, dass Diskurskompetenzen nicht nur ein Lehr-/Lernziel darstellen, sondern auch eine Lernvoraussetzung:

---

[1] Unter einer diskursiven Praktik versteht man gesellschaftlich verfestigte Verfahren, mit denen Sprecher*innen in einem Diskurs interaktiv und sukzessiv komplexe Zusammenhänge darstellen (vgl. Morek & Heller 2023: 140).

> Wer über eine hohe Diskurskompetenz verfügt, kann sich an fachlich relevanten Stellen im interaktiven Wissenskonstruktionsprozess aktiv beteiligen; wer dagegen über eine eher niedrige Diskurskompetenz verfügt, bleibt davon ausgeschlossen und bekommt weder fachliche noch sprachliche Lerngelegenheiten. (Quasthoff & Prediger 2017: 626)

Lehrkräfte sollten sich entsprechend darum bemühen, dass alle Schüler*innen in die Unterrichtsinteraktion aktiv eingebunden werden und die Möglichkeit zu umfassenden, komplexen Äußerungen erhalten. Die Forschung kommt jedoch regelmäßig zu der Erkenntnis, dass die Redeanteile von Lehrer*innen wesentlich größer sind als die von Schüler*innen. Wenn Schüler*innen sprechen, dann meist als Reaktion auf Fragen von Lehrer*innen und nicht aus Eigeninitiative. Dabei müssen sie selten tieferliegendes Verständnis explizieren und ihre Antworten fallen häufig sehr knapp aus. Solche und ähnliche Erkenntnisse finden sich unabhängig von Schulart und Schulfach. Für Mathematik-, Physik- und Chemieunterricht fassen Ahlers, Oberst & Nentwig (2009: 334) Ergebnisse verschiedener Studien wie folgt zusammen:

> Die sprachliche Kommunikation im Unterricht wird mit zwei Dritteln und mehr aller Sprechakte von den Lehrkräften dominiert. Der verbleibende Rest an Kommunikationstätigkeit besteht aus knappen, häufig aus nur wenigen Wörtern bestehenden Schülerantworten. Geschlossene Redebeiträge von Schülern oder Schülerinnen sind die Ausnahme. Sachbezogene Kommunikation von Schülern untereinander wird so gut wie gar nicht berichtet.[2]

Für den Englischunterricht ergeben die Analysen von jeweils zwei Unterrichtsstunden in 105 Klassen, dass Lehrer*innen „[...] im Durchschnitt doppelt so lange sprechen wie alle Schülerinnen und Schüler zusammen. Das restliche Viertel der Zeit [...] umfasst Aktivitäten wie Still- oder Einzelarbeit, Übergänge, Vorbereitung von Medien oder Wartezeit" (Helmke et al. 2008: 350). Analysiert man die Anteile nicht im Hinblick auf die gesamte Unterrichtszeit, sondern auf die gesamte Sprechzeit, dann liegt der mittlere Sprechanteil von Schüler*innen bei durchschnittlich 32% und von Lehrer*innen bei 68% (vgl. Helmke et al. 2008: 351). Besonders interessant ist, dass Lehrer*innen über alle Klassen hinweg ihre eigene Sprechzeit unterschätzen. So gehen sie davon aus, dass ihr Anteil etwa bei 51% anstatt 68% liegt (vgl. Helmke et al. 2008: 351). Wenn die Schüler*innen im Unterricht frei sprechen, dann entfällt etwa ein Drittel auf ganze Sätze und ein weiteres Drittel auf Ein-Wort-Äußerungen. Der Rest entfällt auf unvollständige Sätze, „[...] die entweder von der Schülerin oder vom Schüler selbst in dieser Form produziert werden [...] oder durch Unterbrechungen seitens der Lehrkraft oder anderer Schülerinnen und Schüler zustande kommen" (Helmke et al. 2008:

---

2 Ahlers, Oberst & Nentwig (2009) können zeigen, dass die Redeanteile von Lehrenden in Chemiestunden im Durchschnitt geringer sind und bei etwa einem Drittel liegen, wenn diese nach der Konzeption Chemie im Kontext (ChiK) unterrichtet werden: „Danach greift der Chemieunterricht Schülerinteressen in für die Lernenden bedeutsamen Kontexten auf und vernetzt in methodologisch variantenreichen Lernumgebungen häufig als unzusammenhängend erlebtes Einzelwissen zu wenigen zentralen Basiskonzepten" (Ahlers, Oberst & Nentwig 2009: 332).

353). Als lernförderlich erweisen sich für den Englischunterricht in dieser Untersuchung folgende Faktoren (vgl. Helmke et al. 2008: 355–356 & 361):
- das Warten auf Schüler*innenantworten (drei Sekunden und länger),
- ein hoher zeitlicher Anteil der Schüler*innensprechzeit an der Gesamtredezeit,
- Schüler*innenaktivierung im Rahmen derer möglichst alle Schüler*innen in die Kommunikation eingebunden sind,
- Lehrer*innen-Schüler*innen-Dialoge, die über einfache Frage-Antwort-Sequenzen hinausgehen
- sowie längere Schüler*innenäußerungen.

Mit Blick auf sprachbildenden Fachunterricht wird davon ausgegangen, dass der mündlichen Unterrichtskommunikation zwischen Lehrer*innen und Schüler*innen als Brücke „zwischen persönlichen alltäglichen Formen des Erkennens und den öffentlichen Redemitteln des gemeinsamen und sozial konstruierten Wissens" (Gibbons 2006b: 286) eine zentrale Bedeutung zukommt. Dementsprechend können Lehrer*innen zwischen „individuellen Erfahrungen der Kinder und dem gemeinsamen Diskurs" (Gibbons 2006b: 286) vermitteln, der stärker bildungs- und fachsprachlich geprägt ist. Die Moderation der Lehrkraft ist entscheidend dafür, dass Schüler*innen auch diskursiv anspruchsvollere Sprachhandlungen wie *erklären* und *begründen* auf einem höheren Niveau realisieren lernen (vgl. Rösike et al. 2021: 58). Eine wichtige Aufgabe von Lehrkräften ist dabei, insbesondere auch die sprachlich schwächeren Schüler*innen lernförderlich in das Unterrichtsgespräch einzubeziehen. So ergab eine Untersuchung von 77 videographierten Klassengesprächen in den Fächern Deutsch und Mathematik (vgl. Prediger et al. 2016), dass vor allem die sprachlich stärkeren Schüler*innen Unterstützung in der Hervorbringung anspruchsvoller Erklärungen und Argumentationen erhalten, die sprachlich schwächeren Schüler*innen hingegen vor allem bei diskursiv und epistemisch weniger anspruchsvollen Anforderungen einbezogen werden. Den schwierigsten Teil der Erklärung von Bedeutungen eines Konzepts übernimmt die Lehrkraft allerdings häufig selbst (vgl. Erath 2017; Erath et al. 2018; Heller 2017). Diskursiv schwächere Lernende partizipieren vor allem dann erfolgreich an den diskursiven Praktiken eines Klassengesprächs, wenn Lehrkräfte das Interaktionsmuster *fordern und unterstützen* anwenden (vgl. Quasthoff, Heller & Morek 2021b). Das bedeutet, dass die Lernenden Raum für eigene Äußerungen erhalten, die Lehrkraft (anspruchsvolle) Sprachhandlungen einfordert sowie ihre Erwartungen expliziert und die Schüler*innen in der Interaktion sprachliche Unterstützung erfahren (z. B. durch Nachfragen und Rückmeldesignale). Hinweise zur konkreteren Umsetzung folgen im weiteren Verlauf des Kapitels (vgl. zu *fordern und unterstützen* auch den entsprechenden Exkurs).

Exkurs *Fordern und Unterstützen*
Dabei handelt es sich um ein Muster der Erwachsenen-Kind-Interaktion, das unter Erwerbsgesichtspunkten einen bestimmten kommunikativen Umgang sowohl zwischen Eltern und ihrem Kind als auch in kontextuell angepasster Form zwischen Lehrpersonen und Schüler*innen beim Vollzug von Diskurspraktiken

kennzeichnet. Fordern und Unterstützen ist nachweislich besonders förderlich für den kindseitigen Erwerb von Diskurskompetenz. Fordern und Unterstützen, z. B. beim Argumentieren,:
- lässt genügend Gesprächsraum für kindliche Gesprächsbeiträge;
- unterstützt das Kind durch Setzen von lokalen bzw. globalen Zugzwängen[3] je nach unmittelbarem Bedarf des Kindes;
- lässt jede argumentative Positionierung des Kindes zu, auch wenn sie von der eigenen abweicht;
- fordert das Kind im Falle noch unklarer inhaltlicher Aussagen zu weiteren Elaborierungen und Begründungen auf;
- begründet auch die eigene Position.

(vgl. Quasthoff, Heller & Morek 2021b: 37)

10.3 Schulspezifische Interaktionsmuster: die IRE-Sequenz

In der Schule haben sich spezifische Arten, zu kommunizieren, herausgebildet. Ein typisches Muster didaktischen Handelns in Gruppenkonstellationen (vgl. Birkner 2020: 325-328) stellt die so genannte dreigliedrige IRE-Sequenz von Frage, Antwort und Bewertung dar. I steht für *Initiation*, R steht für *Response* und E für *Evaluation* (vgl. Mehan 1979).[4] Die Lehrkraft stellt in diesem Muster eine Frage, auf welche von einem*einer Schüler*in geantwortet wird. Diese Antwort wird wiederum von der Lehrperson bewertet, z. B. als richtig oder falsch. Auch in dem nachfolgenden Auszug findet sich dieses Muster wieder.

Auszug Unterrichtinteraktion 8. Klasse Biologie (Daten stammen aus Maak 2018, unveröffentlichter Materialband, Transkription angepasst, groß geschriebene Silben oder Wörter verweisen auf Betonung).

1	Lehrerin	Und ich möchte jetz gerne von euch wissen, aus welchem Teil des Herzens
2		FÜHRT denn jetz, oder wird denn jetz das Blut IN den Körper gePUMPT?
3		Aus WELCHEM Teil des HERzens kommt das Blut IN den Körper, S01?
4	S01	Aus dem linken Teil.
5	Lehrerin	Jawoll. Und zwar auch genau aus WELCHEM Teil links?
6	S01	Aus ...

---

[3] Der Begriff Zugzwang verweist auf Gesprächszüge, „die von der/dem nächsten Sprecher:in das Darstellen eines Zusammenhangs und damit eines Äußerungspaketes erwartbar machen (z. B.: Was ist so besonders an Haustieren im Vergleich zu Wildtieren?). Lokale Zugzwänge steuern demgegenüber in eine Einwort- oder Einsatzäußerung (z. B.: Welches Tier habt ihr kennengelernt, das im Winter aktiv ist?)" (Morek et al. 2022: 5).
[4] Sinclair & Coulthard (vgl. 1975: 26) bezeichnen die Struktur als IRF: Initiation – Response – Feedback.

7 Lehrerin   Links is richtig und wie heißt der Teil, wo's jetz IN den Körper geht?
8 S01   Herzkammer.
9 Lehrerin   JAA! Aus der linken HERZkammer.

Die Lehrerin stellt zunächst eine Frage (Initiation, „Aus WELCHEM Teil des HERzens kommt das Blut IN den Körper") und spricht dann den Schüler S01 direkt an. Seine Antwort (Response) „Aus dem linken Teil." wird mit „Jawoll." zunächst als korrekt bewertet (Evaluation), dann jedoch um eine weitere Frage (Initiation, „Aus welchem Teil?") ergänzt, die anzeigt, dass die Antwort noch nicht konkret genug war. Nach einem Zögern auf Seiten des Schülers und einer Reformulierung der Frage durch die Lehrperson formuliert der Schüler die Antwort „Herzkammer" (Response), die als korrekt („JAA.") bewertet wird (Evaluation).

Vermutlich sind Ihnen solche Gespräche aus dem eigenen Unterricht bekannt. Besonders ist hier, dass Lehrer*innen Fragen stellen, auf die sie selbst die Antwort kennen. Das ist auch die Voraussetzung dafür, dass solche Sequenzen mit einer Evaluation abgeschlossen werden können. Es wird also nicht die Information erfragt, sondern ob die Gefragten die Information kennen (vgl. Birkner 2020: 327). Im Alltag sind solche Interaktionsmuster eher ungewöhnlich – stellen Sie sich vor, Sie fragen eine Person nach der Uhrzeit und wenn diese Ihnen antwortet, dann sagen Sie: *Ja, das ist richtig!*. Normalerweise würden Sie nur dann nach der Uhrzeit fragen, wenn Sie selbst gerade nicht wissen, wie spät es ist. Die Unterrichtsinteraktion im Plenum ist jedoch ‚mehrfach adressiert' – d. h. einerseits findet sie zwischen der Lehrperson und den jeweiligen angesprochenen Schüler*innen statt, andererseits ist sie jedoch auch an den Rest der Klasse gerichtet. Die Antwort und darin vermitteltes Wissen gelten erst als gültiges Lehrwissen, wenn die Ratifizierung, also die Bestätigung, durch die Lehrperson erfolgt ist (vgl. Birkner 2020: 327). Selbst in längeren Dialogen, die über eine einfache IRE-Sequenz hinaus gehen, gilt: „Das letzte Wort haben bei Dialogen überwiegend die Lehrpersonen" (Helmke et al. 2008: 355).

Das IRE-Muster wurde vielfach kritisch diskutiert (vgl. z. B. den kurzen Überblick in Heller & Morek 2022: 2). Bak (vgl. 1996: 177) geht davon aus, dass der wesentliche Zweck darin besteht, Wissens-, Könnens- und Verstehensdefizite zu beheben. Als zentrales Moment der IRE-Sequenz wird die Markierung lernrelevanten Wissens angesehen:

> [D]ie übergreifende Funktion vor allem des Frage-Antwort-Rückmeldungs-Musters in der Instruktionsphase [wird] einhellig in der kooperativen sprachlichen Hervorbringung des Unterrichtsgegenstands und der Markierung des lernrelevanten Wissens gesehen. Offenbar besitzen Frage-Antwort-Rückmeldungs-Muster die Eigenschaft, eine Anpassung subjektiver Weltkonzepte an objektive Kulturinhalte immerhin anzubahnen oder wenigstens Vorformen eines gemeinsam geteilten, auf den jeweiligen Unterrichtsgegenstand bezogenen Wissens zu etablieren. (Lüders 2003: 203)

Im oben aufgeführten Beispiel verwundert die Verwendung der IRE-Sequenz wenig, insofern als gesichertes Wissen (Reihenfolge der Flussrichtung des Blutes durch die

Herzkammern) im Plenum wiederholt und dabei überprüft wird, ob einzelne Schüler*innen sich dieses angeeignet haben. Gleichzeitig wird für alle Schüler*innen relevantes Fachwissen modelliert („Aus der linken HERZkammer"). Problematisch sind IRE-Sequenzen, wenn so gut wie keine anderen Gesprächsmuster zur Anwendung kommen und, wenn „das didaktische Gespräch zu einem Ratespiel degradiert [wird] und die Lernenden in eine fragwürdige Rolle als Stichwortgebende drängt" (Pauli & Reusser 2018: 266). Außerdem konnten Seidel, Rimmele & Prenzel (vgl. 2003) zeigen, dass die Motivation und das Sachinteresse in einem mehrheitlich fragend-entwickelnden, von der Lehrperson stark gesteuerten und eng geführten Frontal-Unterricht im Laufe des Schuljahrs abnimmt. Jedoch gibt es „[f]ür Klassen mit einer offeneren Klassengesprächsführung [...] deutliche Hinweise, dass sich Lernende vermehrt selbstbestimmt motiviert erleben und ein höheres Sachinteresse entwickeln als Schüler aus anderen Klassen" (Seidel, Rimmele & Prenzel 2003: 160).

Exkurs: *Accountable Talk*

Das Konzept der *verantwortlichen Gesprächsteilnahme* (*Accountable Talk* nach Michaels, O'Connor & Williams Hall 2010) dient dem Führen lernwirksamer Unterrichtsgespräche. Dabei wird davon ausgegangen, „[...] dass die aktive Teilnahme an dialogischen Gesprächen zu einer intensiveren Verarbeitung in der Auseinandersetzung mit dem Lerngegenstand führt und auf diese Weise nachhaltige, verständnisvolle Lernprozesse fördert" (Pauli & Reusser 2018: 369). *Verantwortliche Gesprächsteilnahme* soll über drei Ebenen erreicht werden (vgl. Pauli & Reusser 2018: 368–369):

Verantwortlichkeit gegenüber der Lerngemeinschaft: Das bedeutet, dass Lehrende auch vom IRE-Muster abweichen und zum Weiterdenken einladen. Dazu gehört ferner, dass Sprechende sich dazu verpflichtet fühlen, sich verständlich auszudrücken und den Beiträgen der anderen Teilnehmer*innen Aufmerksamkeit zu schenken.

Verantwortlichkeit gegenüber dem Wissen: Das bedeutet, dass die fachliche Korrektheit und Klarheit von Gesprächsbeiträgen zentrales Anliegen aller Gesprächsteilnehmer*innen sein sollte, um gemeinsam eine bestmögliche Lösung oder Erklärung zu erzielen, damit so ein Gegenstand oder Sachverhalt vertieft verstanden werden kann oder das eigene Wissen erweitert wird.

Verantwortlichkeit für folgerichtiges Denken und Argumentieren: Das bedeutet, dass alle Gesprächsteilnehmer*innen logisch bzw. schlüssig begründen und ggf. verteidigen sowie auch Beiträge anderer kritisch und respektvoll prüfen, herausfordern, z. B. indem Gegenargumente formuliert werden.

Pauli & Reusser (vgl. 2018: 371–374) haben für den deutschsprachigen Raum auf Basis dieser Ebenen eine Weiterbildung für Mathematik- und Geschichtslehrer*innen entwickelt und erprobt.

Abschließend ist festzuhalten, dass sich unterrichtliche Interaktion stark von alltäglicher nicht-institutioneller Interaktion unterscheidet. Die Arbeit mit dem IRE-Muster ist nicht per se problematisch; jedoch sollten Sie als Lehrer*in sich über dessen Möglichkeiten und Grenzen bewusst werden und intentional, also nicht zufällig, damit arbeiten. Z. B. ist sicher auch eine Folge der häufigen Arbeit mit dem IRE-Muster im schulischen Kontext, dass sowohl Schüler*innen als auch noch Studierende an Hochschulen im Rahmen von Unterrichtsgesprächen von Lehrenden eine Antwort darauf einfordern, was denn nun ‚richtig' sei und ggf. irritiert oder frustriert sind, wenn Lehrende darauf abwehrend reagieren und mit dem Hinweis, dass es ‚die' richtige Antwort nicht gibt. Lehrende sollten daher ggf. auch mit Schüler*innen über entsprechende Kommunikationsmuster sprechen und Alternativen, wie z. B. die Arbeit mit dem *Accountable Talk* (vgl. auch den entsprechenden Exkurs), explizit einführen.

10.4 Input- und Fokussierungstechniken

Ganz grundlegend für sprachbildenden Unterricht ist der bewusste Umgang mit Sprache von Seiten der Lehrperson; dazu gehört z. B. die Verwendung unterschiedlicher Varietäten des Deutschen. Je nach Unterrichtsphase und Lehr-/Lernziel können entweder die Verwendung von Umgangs-/Alltagssprache bis hin zu Fachsprache angemessen sein (vgl. Thürmann & Vollmer 2013: 217). Es geht nicht um eine „Simplifizierung" (Michalak, Lemke & Goeke 2015: 156) von Lehrer*innensprache, sie soll jedoch einerseits möglichst verständlich, andererseits sprachlich anregend sein und Vorbildcharakter haben: Wenn die Lehrperson fachsprachliche Muster in ihren Äußerungen differenziert, dann haben Lernende die Chance, vielfältige sprachliche Routinen kennenzulernen und dies anschließend in angemessenen Kontexten anzuwenden (vgl. Michalak, Lemke & Goeke 2015: 156).[5] Maak (vgl. 2018) konnte z. B. am Beispiel Biologieunterricht zum Thema Blut und Blutkreislauf zeigen, dass die Lehrerin der untersuchten Klasse im Mündlichen vor allem im Bereich der fach-/bildungssprachlichen Verben simplifiziert – z. B., wenn sie fragt „Wo geht'n das Blut hin?" So verwendet sie häufig allgemeinsprachliche Bewegungsverben wie *kommen* und *gehen* anstatt stärker thematisch passender Verben wie *transportieren*. Dies scheint auf den ersten Blick eine geeignete bzw. unproblematische Vereinfachung. Jedoch suggeriert die Verwendung von *gehen* eine eigenständige Bewegung. Riemeier et al. (vgl. 2010) können zeigen, dass sich Schüler*innen – auch nach dem Unterricht zum Thema – Blutzellen als kleine ‚Personen' vorstellen, die buchstäblich durch unseren Körper gehen – die Verwendung von gängigen Bewegungsverben wie *gehen* könnte diese Fehlvorstellung verstärken bzw. verfestigen.

Gabler et al. (vgl. 2020: 18) empfehlen die Arbeit mit unterschiedlichen Inputtechniken. Sie weisen darauf hin, dass sich Inputtechniken vor allem dafür eignen, Wortschatz und Zielstrukturen einzuführen. Dabei dient die Lehrperson als sprachliches Vorbild zur korrekten Formulierung. Im Sinne des so genannten *input enhancements* nach Wong (vgl. 2005) wird die Aufmerksamkeit durch verschiedene Techniken gelenkt: Die fraglichen Begriffe und Zielstrukturen sollen im Input möglichst salient (soll heißen auffällig) sein, z. B. indem sie graphisch, akustisch oder gestisch hervorgehoben, an prominenter Stelle im Satz oder besonders häufig verwendet werden. Dazu

---

5 Gibbons weist im Kontext von Englisch als Zweitsprache darauf hin, dass Lehrer*innen als Reaktion auf große Gruppen von Schüler*innen mit weniger gut entwickelten Sprachkompetenzen ihre Sprache bewusst vereinfachen, z. B. indem sie lexikalische oder grammatikalische Komplexität vermeiden. Solche vereinfachten Texte machen Sprache verständlich, verwehren Schüler*innen jedoch Möglichkeiten zum Erwerb neuer sprachlicher Mittel (vgl. Gibbons 2006b: 270).

gehört im Kontext sprachbildenden Fachunterrichts auch die Verwendung in wechselnder Form (vgl. Gabler et al. 2020: 18); das kann die morphologische Form betreffen, sich aber auch auf syntaktische Variation beziehen. Für den Operator beobachten (Substantiv *Beobachtung*) als Zielwort geben Gabler et al. (2020: 18) folgendes Beispiel: „Ich möchte nun gerne erfahren, was du während deines Versuchs beobachtest hast. Bitte beschreibe deine Beobachtung ganz genau, also sage alles, was du sehen konntest. Timo, deine Gruppe hat sehr viel beobachten können. Beschreibe mal, was ihr beobachtet habt." Auf den ersten Blick scheint eine solch häufige Wiederholung vielleicht künstlich. Jedoch zeigt die fachdidaktische Forschung am Beispiel von Fachbegriffen, dass von diesen sehr viele eingeführt, jedoch nur wenige gelernt werden, was u. a. auch auf eine geringe Frequenz (Häufigkeit) im Input zurückgeführt werden kann (vgl. z. B. eine Studie von Graf 1989, im Rahmen derer das Begriffsverständnis von Schüler*innen im Biologieunterricht und die Frequenz der betroffenen Begriffe in Lehrwerken untersucht wurde).

Auch über Fokussierungstechniken lässt sich die Aufmerksamkeit auf die Zielbegriffe und Zielstrukturen lenken. Dazu können mündliche oder schriftliche Hinweise dienen (z. B.: *Findest du dazu noch ein passenderes Fachwort?*). Für Biologieunterricht in der Sekundarstufe kann Harren (2015: 140–141) zeigen, dass Lehrer*innen das entsprechende Register auch als ‚schlau' oder ‚vornehm' und damit als „potentiell prestigeträchtige Sprache" (Harren 2015: 140) konzeptualisieren, wie das nachfolgende Beispiel zeigt.

Ausschnitt ‚auf schlau' (12. Klasse, Ökologie; Beispiel stammt aus: Harren 2015: 141)
FW = Frau Witt, In = Inge
01   FW: schmaROTzer. =
02   =wie nenn wir die auf SCHLAU?
03   (-)
04   In: paraSItn? =
05   FW: =geNAU

Einerseits handelt es sich hier um eine wichtige Fokussierung auf die Verwendung von Fachbegriffen und damit eine Aufwertung der Verwendung dieser (vgl. Harren 2015: 141), andererseits besteht die Gefahr, dass ihre Bedeutung auf das Kennzeichen von Bildung(snähe) reduziert wird. Aus Perspektive der Fachsprachenkommunikation kommt ihrer Verwendung mit Blick auf Präzision und Ökonomie jedoch eine zentrale, funktional begründete Bedeutung für gelingende Kommunikation vor allem unter Fachleuten zu, die Schüler*innen ebenfalls verdeutlicht werden sollte (vgl. auch Kap. 4). Entsprechend erfolgt die Fokussierung häufig über die Bezugnahme auf Forscher*innen und deren (sprachliches) Handeln: „und jetzt seid ihr als Forscher und Forscherinnen zusammengekommen zu unsrer Forscherkonferenz. Ja was is denn, auf was muss man denn achten, wenn man als Forscher und Forscherkonferenz nun den anderen Forschern und Forscherinnen erzählen will von den Versuchen, wodrauf muss man da achten?" (Quehl & Trapp 2020: 65; mündlich gestellter Impuls der Lehrperson, Transkript angepasst).

Neben der Relevanzsetzung bestimmter sprachlicher Register können zur Fokussierung auch verständnisunterstützende Materialien zur Verfügung gestellt werden (z. B. Formulierungshilfen an der Tafel bzw. auf einem Arbeitsblatt) oder gar kurze explizite Übungen zu einer bestimmten Sprachstruktur durchgeführt werden (vgl. Gabler et al. 2020: 18).

10.5 Fragetechniken

Fragen können dazu dienen, den Blick auf einen für die jeweilige Zielgruppe relevanten Sachverhalt zu richten und lösen idealerweise eine kognitive Aktivität aus, die zu einer möglichst tiefen und intensiven Auseinandersetzung mit diesem Sachverhalt führt (vgl. Lehner 2018: 129). Untersuchungen zeigen, dass Lehrpersonen sehr häufig Fragen stellen. Mitunter stellen sie mehr als 60 Fragen pro Unterrichtseinheit. Jedoch warten sie anschließend an Fragen meist nur kurz – manchmal lediglich eine Sekunde oder sogar kürzer. Dass wiederum Schüler*innen Fragen stellen, kommt nur äußerst selten vor (vgl. Lehner 2018: 133, bezugnehmend auf vgl. Schirlbauer 2015: 44). Fragen stellen und Impulse setzen ist ein wichtiges und alltägliches Handwerkszeug für Lehrer*innen. Es dient im Unterrichtskontext u. a. dem Überprüfen von Verstehen bzw. Wissen sowie im besten Fall dazu, dass Schüler*innen etwas lernen. I. d. R. wird zwischen offenen und geschlossenen Fragetypen unterschieden, wobei für erstere ein größerer Antwortspielraum besteht (vgl. Lehner 2018: 130):

> Diese Fragetypen sind nicht grundsätzlich «gut» oder «schlecht», sondern sie erfüllen jeweils eine bestimmte Funktion im Lehr-/Lernkontext. Geschlossene Fragen fokussieren, «bringen auf den Punkt» und helfen dabei, eine möglicherweise noch unpräzise Antwort der Lernenden zu klären bzw. zu schärfen. Offene Fragen hingegen wirken wie «Türöffner», sie tragen dazu bei, das Spektrum möglicher Beiträge zu erweitern. (Lehner 2018: 130)

Auch wenn geschlossene Fragen nicht grundsätzlich problematisch sind, laufen geschlossene Aufgabenformate dennoch der sprachlichen Aktivierung zuwider (vgl. Michalak, Lemke & Goeke 2015: 156, bezugnehmend auf Sommer 1981: 19–21). Und Ziel eines sprachbildenden Unterrichts ist wie eingangs erwähnt das Schaffen von Gesprächs- und Sprechgelegenheiten für die Produktion äußerungsübergreifender Beiträge seitens der Schüler*innen (vgl. Stude & Fekete 2018: 149–150). Gabler et al. (2020: 18) formulieren das folgende Beispiel: Statt zu fragen „Welcher Gegenstand ist gesunken?" kann diese Frage auch offener formuliert werden, z. B. wie folgt: „Was konntest du bei den anderen Gegenständen beobachten?". Außerdem können Fragen dergestalt formuliert werden, dass sie explizit zur Verwendung bestimmter sprachlicher Strukturen im Rahmen der Antwort anregen, z. B.: „Was würdest du vermuten und warum würdest du das vermuten?" (Gabler et al. 2020: 18). Diese Frage erfordert die Formulierung von

Vermutungen und Begründungen (z. B.: *Ich vermute, dass ..., Ich würde vermuten, dass ...*) (vgl. Gabler et al. 2020: 18).

Neben der Unterscheidung von offenen und geschlossenen Fragen lassen sich mit Sommer (vgl. 1981; zitiert nach Michalak, Lemke & Goeke 2015: 157) außerdem noch Wissens- von Denkfragen sowie konvergente und divergente Fragen unterscheiden: Wissensfragen (*Wie nennt man ...?*) zielen auf die Reproduktion bereits gelernter Fakten, wohingegen Denkfragen (*Was würde geschehen, wenn ...?*) die Lernenden anregen, auf Basis vorangegangener Erfahrungen bzw. Erkenntnisse neue Probleme zu lösen. Dadurch laden sie zu längeren Erläuterungen bzw. Begründungen ein. Konvergente Fragen (z. B. *Welche Ursachen haben zu ... geführt?*) zielen meist nur auf eine Lösung ab, während divergente Fragen mehrere Denk- und Lösungswege zulassen (z. B. *Wie könnte die Geschichte weitergehen?*).

Rösike et al. (vgl. 2021: 61; basierend auf Sleep & Boerst 2012) geben eine Übersicht zu Fragen, die Mathematiklehrer*innen stellen können und die komplexe Sprachhandlungen einfordern. Die Beispielfragen in Tab. 10.1 rechts sind zwar zum Teil mathematikspezifisch, die Ziele der Fragen jedoch auch auf andere Fächer übertragbar und die Beispiele liefern eine gute Orientierung dafür, wie komplexere fachspezifische Sprachhandlungen von Schüler*innen elizitiert werden können. Tabelle 10.1 (aus Rösike 2021: 61, leicht gekürzt und angepasst) kann also auch als Anregung zum Transfer auf (weitere) eigene Fächer dienen. Wichtig ist dabei, darauf hinzuweisen, dass nicht allein das Vorkommen oder die reine Frequenz von z. B. bestimmten Fragetypen zu lernförderlichen Unterrichtsinteraktionen führt; vielmehr ergeben sich diese aus dem sequenziellen und interaktiven Zusammenspiel von Lehrer*innen- und Schüler*innenaktivitäten (vgl. Heller & Morek 2022: 5). Es geht also z. B. nicht lediglich um die erste Frage, die Sie stellen, sondern auch um die Antworten der Schüler*innen und Ihre Reaktion darauf.

Tab. 10.1: Fragen zur Elizitierung komplexerer Sprachhandlungen (Rösike 2021: 61, leicht gekürzt und angepasst).

Fragen, um ...	... zum Beispiel mit folgender Frage:
... einen ersten Zugang zum Denken der Lernenden zu erhalten	– Wie seid ihr zu Beginn an das Problem herangegangen? – Hat jemand eine Idee, was das bedeuten kann?
... tiefer in das Denken der Lernenden einzusteigen	– Wie kannst du sicher sein, dass ...? – Wenn du sagst ... , meinst du ...? – Kannst du genauer erklären, was du dir gedacht hast?
... die Lernenden in ein Gespräch über ihre unterschiedlichen Vorstellungen zu involvieren	– Wie passt ... die Aussage zu dem, was du dir gedacht hast? – Wer kann das noch einmal mithilfe der Idee von xy erklären? – Möchte jemand der Aussage von ... noch etwas hinzufügen?

Tab. 10.1 (fortgesetzt)

Fragen, um …	… zum Beispiel mit folgender Frage:
… die Lernenden beim Verknüpfen mit Bekanntem zu unterstützen	– Wie hängt [Darstellungsform 1, Methode 1] mit [Darstellungsform 2, Methode 2] zusammen? – Fällt euch ein weiteres Problem/Beispiel/ eine weitere Aufgabe ein, die dieser hier ähnelt?
… Lernende zum (mathematischen) Begründen anzuleiten	– Könnt ihr mir sagen, warum das stimmt? – Funktioniert das immer? – Was haben diese Lösungswege miteinander zu tun? – Wie können wir sicher sein, dass das immer gilt?
… um das derzeitige Denken der Lernenden zu erweitern	– Was würde passieren, wenn wir die Zahlen zu … ändern? – Könnt ihr die gleiche Methode verwenden, um … zu lösen?

Ein Missverständnis im Kontext sprachbildenden Fachunterrichts stellt dabei die gut gemeinte Aufforderung ‚im ganzen Satz' zu antworten, dar. Hier besteht die Herausforderung, auf angemessenes sprachliches Verhalten zu achten, jedoch unter Berücksichtigung der Spezifika gesprochener Sprache. Als Beispiel können eine Frage und die Antwort aus dem bereits besprochenen Beispiel dienen: Auf die Frage der Lehrerin: „Links is richtig und wie heißt der Teil, wo's jetz IN den Körper geht?" antwortet der Schüler „Herzkammer". Die kurze Ein-Wort-Antwort ‚passt' zur Frage – kommunikativ ist es nicht notwendig, sprachlich anders zu agieren und hier einen vollständigen Satz, wie z. B. „Die heißt Herzkammer." zu formulieren (vgl. auch Geist & Krafft 2017: 47; Leisen 2013: 12 zu diesem Thema).

Thematisiert wurde bislang die Lehrer*innensprache und ihr Vorbildcharakter sowie die Notwendigkeit von Möglichkeiten für komplexe Sprachhandlungen seitens der Schüler*innen. Auch wenn das Unterrichtsgespräch eine wichtige Funktion hat, eignet es sich dennoch nur begrenzt, um viele Lernende gleichzeitig zum Sprechen zu bringen (vgl. Rösike et al. 2021: 64). Daher sollten auch kommunikativ aktivierende Methoden für kooperative Partner- und Gruppenarbeiten, wie z. B. Think-Pair-Share, Kugellager u. a. in den Unterricht einbezogen werden (vgl. Rösike et al. 2021: 64).

10.6 Feedbacktechniken

Zunächst besteht weitgehende Einigkeit darin, dass Feedback für die fachliche und sprachliche Lernentwicklung wesentlich ist (vgl. Hattie & Clarke 2019; Hattie & Timperley 2007). In der Schule kann Feedback dazu dienen, persönliche Lernprozesse zu fördern, indem eine Bestimmung von Ist- und Soll-Zustand erfolgt und darauf aufbauend zielgerichtete Arbeit erfolgen kann. Z. B. können Selbst- und Fremdeinschätzung abgeglichen und auch Lernende dazu motiviert werden, gesteckte Ziele weiter zu verfolgen (vgl. Wildemann & Merkert 2020: 207). Damit Schüler*innen eigene sprachliche Äußerungen weiterentwickeln können, ist sprachliches Feedback notwendig, „[...] das die Äußerungen im Dialog als korrekt bestätigt oder korrigiert, außerdem erweitert oder neu formuliert, wodurch wiederum ein sprachliches Vorbild entsteht" (Gabler et al. 2020: 18). Generell gilt dabei die Empfehlung, dass wesentliches Ziel (auch) von sprachbildendem Fachunterricht die gelingende Kommunikation ist, was bedeutet, dass explizite Fehlerkorrekturen nicht unbedingt notwendig sind (vgl. Leisen 2013: 12), da sie die Kommunikation unterbrechen. Dabei sind so genannte *embedded corrections* (eingebettete Korrekturen) eine gute Möglichkeit, mit Fehlern umzugehen. *Embedded corrections* sind Korrekturen, bei denen sprachliche Elemente anderer Sprecher*innen ersetzt werden und die beiläufig erfolgen, also das laufende thematische Unterrichtsgespräch nicht unterbrechen. Häufig sind sie kaum als Korrekturen erkennbar, sodass das Korrigieren nicht zur Hauptaktivität wird (vgl. Harren 2015: 74). In der folgenden Gesprächssequenz, die Gabler et al. (2020: 18) entnommen ist, sieht man, wie die Lehrkraft eine implizite Fehlerkorrektur vornimmt und das fachlich inkorrekte Adjektiv „schwierig" der Schülerin durch das Adjektiv „schwer" ersetzt:

Schülerin: „Der Metallklotz ist schwieriger als der Wachsklotz."

Lehrkraft: „Du vermutest also, dass der Metallklotz schwerer als der Wachsklotz ist. Du meinst, sie sind unterschiedlich schwer."

Die Lehrperson wiederholt die Äußerung in einer korrekten Version und geht dann weiter im Unterrichtsgeschehen.[6] Wichtig ist in diesem Kontext jedoch zu bedenken, dass solche Korrekturen, weil sie wenig salient – also wenig auffällig – sind, auch mit geringerer Wahrscheinlichkeit dazu führen, dass dieser bzw. ähnliche Fehler in Zukunft vermieden werden (können). Gleichzeitig sind sie aber wesentlich gesichtswahrender als explizit markierte Fehler. Z. B. hätte die Lehrkraft ja auch sagen können: „Der Satz ist nicht ganz richtig. Der Metallklotz ist nicht schwieriger, sondern? Wer weiß es?"

Wenn (fach)sprachliche Fehler aber explizit thematisiert werden sollen, dann ist die Unterscheidung zwischen Performanz und Kompetenz sinnvoll: „**Performanzfehler** können vom Lerner erkannt und selbst verbessert werden, d. h. die Struktur ist schon gelernt und auch verstanden; es handelt sich um einen Flüchtigkeitsfehler oder Ausrutscher" (Schweckendiek 2008: 133, Hervorhebung im Original). Kompetenzfehler hingegen entstehen, weil Schüler*innen die zugrunde liegende sprachliche Struktur noch nicht beherrschen, sie sich „gewissermaßen in sprachliches Neuland" (Schweckendiek 2008: 133)

---

[6] In dieser Form besteht eine Nähe zum eher aus der Pädagogik stammenden, kritisch diskutierten so genannten Lehrer-Echo, im Rahmen dessen Lehrer*innen Schüler*innenäußerungen wiederholen. Embedded corrections bzw. Reformulierungen wie hier thematisiert stammen begrifflich eher aus der Linguistik. Sie gehen über eine ‚einfache' Wiederholungen hinaus und können ganz unterschiedlichen Zwecken dienen (vgl. Wichmann 2018: 363).

wagen. Unter Kompetenzfehler fallen auch Sachverhalte, die Schüler*innen falsch verstanden oder vergessen haben (vgl. Schweckendiek 2008: 133). Solche Fehler können Schüler*innen also nicht selbst erkennen und verbessern und die Erfolgsaussichten dafür, dass Schüler*innen auch nach entsprechender Aufforderung diese selbst korrigieren können, sind entsprechend eher gering (vgl. Schweckendiek 2008: 133).

10.7 Nonverbale Kommunikation und Körpersprache

Da sich das vorliegende Lehrbuch auf sprachbildenden Fachunterricht fokussiert, ist es sicher zunächst nicht verwunderlich, dass verbale Kommunikation in diesem Kapitel im Vordergrund steht. Dass Körpersprache jedoch ebenso wie verbale Äußerungen großen Einfluss auf Kommunikation hat, ist kaum zu bestreiten. Die Bedeutung von Körpersprache in der Schule sehen Timpner & Eckert (2016: 12–13) wie folgt: „Eine souveräne körperliche Ausstrahlung mit einer selbstsicheren und wertschätzenden inneren Haltung wirkt überzeugend und gibt Schülern das Gefühl, geschätzt und wahrgenommen zu werden. Dies wirkt sich positiv auf die Motivation, die Kooperation, den Unterricht und das Schulklima aus". Zu Körpersprache zählen nach Timpner & Eckert (vgl. 2016: 20) folgende Aspekte: Raumverhalten und Territorien, Körperhaltung und Gangarten, Gestik, Mimik und Blick, Stimme und Tonfall sowie Status. Auf ausgewählte Aspekte wird nachfolgend noch eingegangen. Dabei gilt, „[...] dass kein körpersprachliches Signal für sich allein steht. Körpersprachliche Signale wirken zusammen und ergeben dadurch erst ein körpersprachliches Gesamtbild, einen bestimmten körpersprachlichen Ausdruck" (Timpner & Eckert 2016: 20). Daher sind Hinweise wie, dass das Spielen mit einem Stift Nervosität, Angst oder Suche nach Halt bedeutet, mit großer Vorsicht zu genießen – das *kann* zutreffen, ist jedoch nicht sicher die korrekte Interpretation (vgl. Wagner 2006: 98).

Zu Raumverhalten gehört Proximität, die Nähe bzw. Distanz zwischen Personen. Sie ist abhängig von verschiedenen Faktoren, wie z. B. dem Grad der Vertrautheit der Beziehung und der Persönlichkeit der beteiligten Personen; Proximität ist jedoch auch höchst kulturspezifisch (vgl. Hansen 2010: 36). Nordeuropäer*innen wird nachgesagt, sich etwa mit einer Armlänge Abstand zu unterhalten (vgl. Hansen 2010: 36). Je vertrauter sich Personen sind, desto näher stehen bzw. sitzen sie beieinander. Pädagog*innen im vorschulischen Bereich wie auch Grundschullehrer*innen gehen z. B. in die Hocke, um mit Kindern auf ‚Augenhöhe' zu sprechen. Wenn Sie als Lehrer*in durch die Reihen gehen und sich nah über ein*e Schüler*in beugen, um dessen*deren Notizen zu lesen, dann kann das für Schüler*innen eine sehr unangenehme Machtdemonstration sein. Wenn Sie sich von Ihrem Lehrer*innentisch nie entfernen, dann sendet dies vermutlich eine klare Distanzbotschaft. Nähe-/Distanzverhalten ist – wie fast alle non-verbalen Kommunikationsmittel – stark sowohl an Sozialisation als auch an die eigene Persönlichkeit geknüpft. Entsprechend ist es wichtig als Lehrer*in auch dieses Verhalten zu reflektieren, da die

Wahrscheinlichkeit groß ist, dass in einer Klasse sehr unterschiedliche Sozialisationserfahrungen und Bedürfnisse auf Seiten der Schüler*innen versammelt sind.

Zur Gestik werden alle Bewegungen der Hände, Arme und des Kopfes gezählt (vgl. Timpner & Eckert 2016:27). Sie können individuell, universell, vereinbart oder im Rahmen der Sozialisation erworben sein (vgl. Timpner & Eckert 2016: 28). Passend eingesetzte Gestik kann durch die Aktivierung des zusätzlichen Sinneskanals das Verständnis erhöhen. So beschreibt der Schüler in Abb. 10.1 ein von ihm durchgeführtes Experiment mit folgenden Worten „wir hamm zwei Schalen genommen" (Quehl & Trapp 2020:66). Währenddessen hält er Zeige- und Mittelfinger hoch, um die zwei auch gestisch anzuzeigen.

Im nächsten Beispiel in Abb. 10.2 ist die mündliche Erklärung allein eher nicht so leicht zu verstehen und der Schüler hat auch Schwierigkeiten bei der Formulierung: „das wasser ist nach ooben gegangen und dann konnte es nicht nach oben gehen da is es hier nach Tropfen (.) gekommen" (Quehl & Trapp 2020: 68). Er unterstützt seine mündliche Erklärung jedoch, indem er einen Arm nach oben und unten bewegt und so deutlich wird, dass die verdunsteten Wassertröpfchen, die aufgrund der geschlossenen Plastiktüte nicht entweichen können, schließlich wieder an der Innenseite der Plastiktüte nach unten fließen.

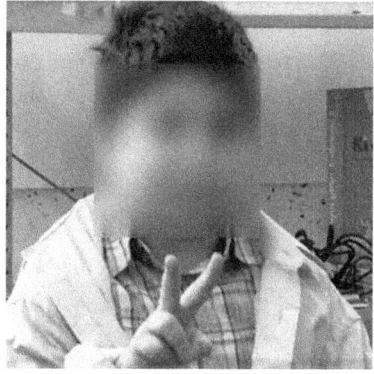

Abb. 10.1: „Zwei Schalen" (Videostill aus Video aus Quehl & Trapp 2020).

Abb. 10.2: Zeigegesten „nach oben gegangen" (Videostill aus Quehl & Trapp 2020).

Das dritte Beispiel in Abb. 10.2 zeigt, wie Lehrer*innen Gestiken bewusst einsetzen können. Die Lehrperson äußert sich wie folgt: „wenn man nicht sagen kann gehen wie ich gesagt habe aus Versehn was kann man dann sagen das Wort hatten wir letzte Woche" (Quehl & Trapp 2020: 69) und schließt sehr zügig daran folgende Geste an: er schiebt den Unterarm, die Hand dabei im 90-Grad-Winkel, nach oben. Im Anschluss liefern die Schüler*innen auch die Lösung *aufsteigen*. Die Geste ist hier also mit der Semantik des Verbs verbunden und unterstützt das Abrufen des korrekten Verbs.

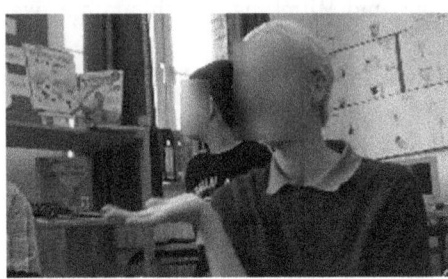 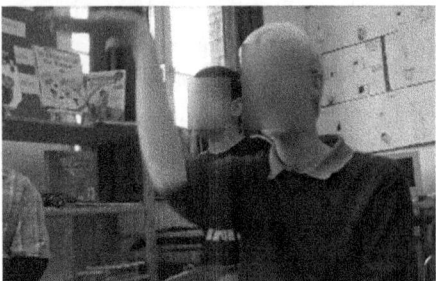

Abb. 10.3: Bewusst eingesetzte Zeigegesten am Beispiel „aufsteigen" (Videostill aus Quehl & Trapp 2020).

Ferner kann durch Gestik das Sprechtempo reguliert und die Aussprache akzentuiert werden (vgl. Timpner & Eckert 2016: 27). Mimik als sichtbarer Ausdruck aller Gesichtsmuskeln spiegelt vor allem Gefühle wider (vgl. Timpner & Eckert 2016: 22). Über den Blick wird Kontakt mit dem Gegenüber geschaffen (vgl. Timpner & Eckert 2016: 27). Hansen (vgl. 2010: 38) empfiehlt z. B. Blickkontakt zu halten, wenn Schüler*innen im Klassengespräch sprechen, und sich ganz auf das zu konzentrieren, was der*die betreffende Schüler*in sagt. Intensives Anstarren kann selbstverständlich für Schüler*innen sehr unangenehm sein – mitunter wird ja aber auch das als bewusstes Mittel eingesetzt (z. B. bei Nebengesprächen von Schüler*innen während des Klassengesprächs).

Abschließend lässt sich festhalten:

> Each day, teachers send innumerable verbal and nonverbal messages to students. When teacher's verbal messages are incongruent with their nonverbal behaviors, students will believe what they see instead of what they hear. Teachers, therefore, can never be sure their students receive the intended message. Most teachers choose their words carefully, but they also need to monitor the messages that their bodies are sending to students through proximity, eye contact, gestures and touching. (...) Teachers must learn how to teach without talking. (Hansen 2010: 36)

10.8 Zusammenfassung und Ausblick

In diesem Kapitel wurden eine Reihe von Forschungsergebnissen vorgestellt, die Lehrer*innen bzw. von diesen angeleitete Unterrichtsinteraktion und deren Effektivität für schulisches Lernen in einem weniger guten Licht erscheinen lassen. Gleichzeitig wurde hervorgehoben, wie wichtig ‚gute' Unterrichtskommunikation ist und welche Techniken besonders für einen sprachbildenden Fachunterricht geeignet sind. Wir möchten Sie an dieser Stelle vor allem dazu ermutigen, sich immer wieder mit dem eigenen interaktiven Handeln kritisch auseinanderzusetzen: „Denn die erhoffte Qualitätssteigerung und die positiven Wirkungen stellen sich oft nicht kurzfristig, sondern erst mit einer gewissen Verzögerung ein" (Pauli & Reusser 2018: 370, bezugnehmend auf Resnick et al. 2018). Das liegt auch daran, dass wir es hier mit einem weniger gut planbaren, stark routinisierten und unbewussten Handeln zu tun haben. Gröschner et al. (2022) weisen in diesem Zusammenhang darauf hin, dass eine veränderte Gesprächsführung auch „historisch gewachsene *Asymmetrien* im Verständnis des Austauschs mit den Schüler*innen ins Wanken" bringt: „Veränderte Kommunikationswege im Klassenraum führen zu anderen Rollen, die Partizipationsstrukturen verändern sich und Schüler*innen werden zu *gleichberechtigten* Gesprächspartner*innen" (Gröschner et al. 2022: 47).

Wir empfehlen, dass Sie mit Kolleg*innen kooperieren, indem sie beieinander hospitieren oder machen Sie immer mal wieder eine Audioaufnahme, um eigenes Frage- oder Warteverhalten reflektieren zu können. Als geeignetes Mittel zur Veränderung hat sich in den letzten Jahren auch das videobasierte Lernen erwiesen. Es wurde vor allem für die Lehrer*innenbildung weiterentwickelt und bietet vielfältige Chancen, eigenes und fremdes Lehren kritisch zu reflektieren (vgl. z. B. Gröschner et al. 2018 zum Thema systematische Reflexion von Unterrichtsvideos).

Aufgaben nach dem Lesen
1. Nachfolgend finden Sie die Mitschrift eines Unterrichtsgesprächs aus dem Fach Geschichte (Klasse 13; Thema Absolutismus).[7] Besprochen wird ein ikonisches Herrscherporträt von Ludwig dem XIV., gemalt von Hyacinthe Rigaud, das den Schüler*innen bereits aus der vorherigen Stunde bekannt war.
   a) Finden Sie Belege für das IRE-Muster in diesem Beispiel?
   b) Welche Fragetypen werden von der Lehrperson verwendet?
   c) Werden das IRE-Muster sowie die verwendeten Fragetypen funktional eingesetzt?

---

7 Vielen Dank an Marie-Luise Gensch für dieses Beispiel, das leicht angepasst wurde.

L:	Welche Herrschaftssymbole könnt ihr noch erkennen? (L steht vor der Lerngruppe, locker am Lehrertisch angelehnt.)
S1:	Na der hat da so einen Mantel um ... mit so Pelz.
L:	Ja tatsächlich, Ludwig trägt hier den Krönungsmantel mit Pelzbesatz ... wieso eigentlich Pelz?
S2:	Na, weil das so kostbar ist.
L:	Jaa, also es gibt sehr kostbaren Pelz und weniger kostbaren. Was für einen Pelz wird Ludwig XIV. da wohl tragen?
S1:	Eisbär?
L:	Ja, der berühmte französische Eisbär (L. schmunzelt). Na ja, also wohl eher nicht, aber von welchen Tieren kommt denn kostbarer Pelz?
S3:	So Löwen?
L:	Ehm, na ja, das wird es jetzt hier wohl nicht sein ... (ist entspannt, lächelt in die Runde).
S4:	Schaf? (S4 hebt dabei die Hände in einer fragenden Geste)
L:	Schaf?
S4:	Ja, na weiß ich ja nicht, aber die haben doch auch so Fell, ah 'ne, das dann Wolle, 'ne? (S4 lacht entschuldigend)
L.:	Ja, tatsächlich.
S1:	Wie heißt das noch, so ja, Hermelin?
L:	Ja, sehr gut.

2. Schätzen Sie die Mitschrift des obigen Unterrichtsgesprächs aus Aufgabe 1. auf Basis der nachfolgenden Checkliste (nach Thürmann & Vollmer 2013; angepasst und gekürzt) ein.

Sprachverwendung der Lehrkraft und Interaktion und Gelegenheiten für Schüler*innen zum Sprachhandeln	Zutreffend? Notizen/ Kommentare
Im Unterricht verwende ich sprachliche Mittel sehr bewusst. Ich wähle ein für die jeweilige Unterrichtssituation angemessenes sprachliches Register. *Ich unterscheide zwischen dem informellen, umgangssprachlichen Register (z. B., wenn die Lernorganisation ausgehandelt wird) und dem stärker formalen schulsprachlichen Register (z. B., wenn es um Lernwege und Bedeutungsaushandlungen geht) und dem fachsprachlichen Register (in der Anwendung der Fachterminologie und fachspezifischer Wendungen, z. B. „Kraft auf ... ausüben").*	☐ Trifft zu ☐ Trifft eher zu ☐ Trifft eher nicht zu ☐ Trifft nicht zu

(fortgesetzt)

Die Schüler*innen erhalten durch mich ein sprachliches Vorbild, um ihr Repertoire von fachunterrichtlich relevanten sprachlichen Mustern und Strukturen erweitern zu können. *z. B. in Form lauter Denksprache, veröffentlichter innerer Monologe, durch besondere Betonung bestimmter Muster/ Strukturen/ Redemittel.*	☐ Trifft zu ☐ Trifft eher zu ☐ Trifft eher nicht zu ☐ Trifft nicht zu
Ich kontrolliere meinen Redeanteil im Unterricht, so dass den Schüler*innen mehr Zeit für eigene Beiträge bleibt. *Lehrkräfte haben i. d. R. einen hohen Redeanteil am Unterricht (> 60%) und unterschätzen diesen meist.*	☐ Trifft zu ☐ Trifft eher zu ☐ Trifft eher nicht zu ☐ Trifft nicht zu
Meine Fragen und Impulse an die Schüler*innen sind offen gestaltet, so dass sie nicht mit einzelnen Wörtern oder Gesten reagieren können. *Im Unterrichtsgespräch vermeide ich verkettete Sprechhandlungen nach dem Muster des triadischen Dialogs (IRE-Zyklen = initiation – response – evaluation). Diese drängen Schüler*innen in die reaktive Rolle und erschweren die sprachliche Weiterentwicklung, denn sie kommen so nicht zum ausführlichen und zusammenhängenden Sprechen und lernen nicht, Fachdiskurse zu eröffnen.*	☐ Trifft zu ☐ Trifft eher zu ☐ Trifft eher nicht zu ☐ Trifft nicht zu

3. Beobachten Sie die Sprachverwendung von Lehrer*innen im Unterricht – entweder Sie hospitieren bei Kolleg*innen oder nutzen eine videographierte Unterrichtsstunde (vgl. z. B. das Meta-Videoportal unter https://www.unterrichtsvideos.net/metaportal/; Hinweis: Sie müssen sich für dieses Portal anmelden). Ggf. können Sie auch eine Seminarsitzung an der Universität beobachten. Nutzen Sie dafür als Grundlage die Checkliste nach Thürmann & Vollmer (2013; angepasst und gekürzt) aus Aufgabe 2.

Weiterführende Literatur

Heller, Vivien & Miriam Morek (2019): Fachliches und sprachliches Lernen durch
 diskurs(erwerbs)orientierte Unterrichtsgespräche. Empirische Evidenzen und Desiderata mit Blick auf inklusive Settings. *Didaktik Deutsch* 46, 102–121.
*Interessierte Leser*innen finden hier einen Überblick über Möglichkeiten zur Erforschung der Lernförderlichkeit
 von diskursorientierten Unterrichtsgesprächen sowie aktuelle Erkenntnisse diesbezüglich.*
Hickethier, Florentine, Alexander Gröschner, Elisa Calcagni, Bernadette Gold, Madeleine Müller & Mathias
 Dehne (2023): Dialogische Unterrichtsgespräche führen: Einstellungen von angehenden Grundschullehrpersonen im Langzeitpraktikum. *Zeitschrift für Grundschulforschung* 16, 339–356.

Das sog. Dialogic Teaching *zielt darauf ab, dass Lehrer*innen Schüler*innen zum Elaborieren, Nachdenken, Argumentieren und lernförderlichen Diskutieren anregen. In diesem Artikel wird das Konzept näher dargestellt und eine Studie vorgestellt, die zeigt, dass sich die Einstellungen von Studierenden zum* Dialogic Teaching *im Rahmen eines Langzeitpraktikums positiv verändern.*

Timpner, Claudia & Ruth Eckert (2016): *Körpersprache in der schulischen Kommunikation*. Heidelberg: Carl Auer.

Kurze Einführung zum Thema, die sehr anschaulich und konkret bezogen auf den schulischen Kontext zentrale Aspekte zum Thema darstellt.

11 Wortschatzarbeit in allen Unterrichtsfächern

Aufgaben vor dem Lesen
1. Die folgende Aufgabe (angelehnt an Rupp 2013: 24) soll Ihnen zeigen, wie das „Lexikon" in Ihrem Kopf funktioniert. Sie haben pro Teilaufgabe (a-e) 1 Minute Zeit.
    a) Schreiben Sie möglichst viele Namen von Tierarten auf.
    b) Schreiben Sie möglichst viele Wörter auf, die mit einem < H > beginnen.
    c) Schreiben Sie möglichst viele Wörter auf, die an der dritten Stelle ein < a > haben.
    d) Schreiben Sie möglichst viele zweisilbige Wörter auf.
    e) Schreiben Sie das Gegenteil zu *schön, schnell, hoch, laut, groß*.
2. Betrachten Sie die Ergebnisse aus Aufgabe 1 noch einmal. Ordnen Sie diese nach Schwierigkeitsgrad (– schwere Aufgabe, + einfache Aufgabe). Überlegen Sie, was die Ergebnisse über die Ordnung der Wörter in Ihrem Kopf verraten.
3. Inwiefern stimmen Sie den folgenden Aussagen von Lehrkräften zu? Bitte begründen Sie Ihre Einschätzung.
    a) „Wortschatzarbeit …? Dafür ist doch das Fach Deutsch zuständig!"
    b) „Wortschatzarbeit …? Dafür habe ich keine Zeit, ich schaffe ja kaum die curricularen Vorgaben."
    c) „Wortschatzarbeit …? Das mache ich doch schon – Fachwörter werden immer erklärt und an die Tafel geschrieben."

11.1 Einleitung

Nach Feilke (2009) sind Wörter „Wissensmagnete": Sie ziehen Wissen an. Der Ausdruck *Wissensmagnet* macht deutlich, wie eng das Lernen von Wörtern und das Lernen von Fachwissen miteinander verbunden sind. „Jedes einzelne Fachwort wird, sobald es zur Bezeichnung eines Unterrichtsinhaltes wird, grundsätzlich auch zum Gegenstand des sprachlichen Lernens und der sprachlichen Bildung" (Kilian 2015: 138). Steinhoff (2009: 3) bezeichnet den Wortschatz auch als eine „*Schaltstelle* für das Sprachwissen und den Spracherwerb" (Hervorhebung im Original). Davon ausgehend kann der Wortschatz im Kontext von Sprachbildung im Fachunterricht auch als *Schaltstelle für den Erwerb von Fachwissen* genannt werden, denn der Aufbau fachlicher Konzepte ist ohne einen entsprechenden Wortschatz nicht denkbar. Wortschatzkompetenz ist eine tragende Säule von Sprachkompetenz und damit letzten Endes auch für die kognitiven und kommunikativen Fähigkeiten des Menschen:

> Ohne einen quantitativ und qualitativ ausreichenden Wortschatz kann man weder präzise denken – Konzeptbildung und Wortschatzerwerb beeinflussen sich gegenseitig, sind voneinander abhängig – noch zu einem ausreichenden Hör- und Leseverstehen gelangen, schon gar nicht sich differenziert ausdrücken. (Ulrich 2013: 308)

Was den Wortschatzerwerb im Vergleich zum Erwerb anderer sprachlicher Kompetenzen, z. B. im Bereich der Aussprache, besonders macht, ist, dass es sich um einen lebenslangen Prozess handelt, der nie abgeschlossen ist. Insbesondere Kinder und Jugendliche erweitern ihren Wortschatz tagtäglich, und die Schule als Lebensumfeld spielt dabei eine wichtige Rolle (vgl. Haß 2021: 55). Denn Wortschatz wird kontextabhängig erworben, d. h. welche Wörter Menschen erlernen, hängt von ihrer Umgebung und den (fachlichen) Themen, mit denen sie sich beschäftigen, ab. Es kann davon ausgegangen werden, dass Schüler*innen im Fachunterricht mit besonders vielen neuen Wörtern konfrontiert werden: Eine ältere Studie zum Wortschatz in Biologieschulbüchern von Klasse 5 bis 10 (vgl. Graf 1989) zeigt, dass pro Buch zwischen 1.500 und 4.000 Fachtermini vorkommen und dass die Hälfte dieser Wörter nur ein einziges Mal (d. h. nicht spiralcurricular) verwendet wird (vgl. Graf 1989: 219). Clark (vgl. 1995) berichtet, dass Schulkinder ab dem Alter von 10 Jahren mit durchschnittlich 3.000 neuen Wörtern pro Jahr konfrontiert werden.

Gleichzeitig weisen verschiedene Studien auf den engen Zusammenhang zwischen Wortschatzkenntnissen und fachlichen Leistungen hin: Paetsch & Kempert (vgl. 2022) zeigen z. B. die Bedeutsamkeit von allgemeinen Wortschatzkenntnissen für den Erwerb mathematischer Kompetenzen im Bereich Textaufgaben auf. Die Interventionsstudie von Härtig & Stosik (vgl. 2015) kommt zu dem Ergebnis, dass Wortschatztraining das Physikverständnis fördert. Ganz allgemein ist bekannt, dass enge Zusammenhänge zwischen lexikalischen Fähigkeiten und der Lesekompetenz bestehen (vgl. Ennemoser et al. 2012). Letztere ist wiederum zentral für den Erwerb von Fachwissen, wenn dieses anhand von Texten erarbeitet wird.

Ein Ziel von Sprachbildung sollte deshalb sein, dass Schüler*innen über einen möglichst umfangreichen und differenzierten (Fach-)Wortschatz verfügen, d. h. „[d]ie Schülerinnen und Schüler sollen also Fachwörter verstehen und sie später auch möglichst fehlerfrei anwenden können" (Beese et al. 2014: 61). Außerdem ist es von Vorteil, wenn sie sich neue Wörter selbständig erschließen können. Gleichzeitig kann davon ausgegangen werden, dass die Bedeutung einer systematischen, umfassenden, lernpsychologisch fundierten Wortschatzarbeit im Fachunterricht bisher unterschätzt wird (vgl. Kilian 2021). In diesem Beitrag sollen deshalb die theoretischen und didaktischen Grundlagen dafür gelegt werden, dass effektives Wortschatzlernen in allen Unterrichtsfächern gelingen kann. Wir starten mit begrifflichen Klärungen (Kap. 11.2) und der Darlegung der besonderen Merkmale von fach- und bildungssprachlichem Wortschatz (Kap. 11.3). Anschließend (Kap. 11.4) beschäftigen wir uns mit der Frage, wie der Wortschatz in unserem Gehirn organisiert ist und welche Prinzipien sich daraus für die Wortschatzvermittlung ergeben (Kap. 11.5).

11.2 Zentrale Begriffe: Mentales Lexikon, Lexem und Konzept

Der Ausdruck *Wortschatz* hat verschiedene Bedeutungen: Zum einen kann damit die Gesamtheit aller Wörter und Wortverbindungen einer Sprachgemeinschaft bezeichnet werden, z. B. „der Wortschatz der deutschen Sprache". Laut Meibauer et al. (vgl. 2015: 15) beträgt der Umfang des allgemeinen Wortschatzes 300.000 bis 400.000 Wörter. Der individuelle Wortschatz eines jeden Menschen – also die Gesamtmenge aller Wörter und Wortverbindungen eines*einer Sprecher*in zu einem bestimmten Zeitpunkt – ist mit dem Wortschatz einer Sprachgemeinschaft natürlich nicht identisch, sondern hat einen deutlich geringeren Umfang. Zentrale Einflussfaktoren auf den Umfang sind dabei das Alter und das Bildungsniveau (vgl. Apeltauer 2017: 307). Den individuellen Wortschatz eines Menschen im Langzeitgedächtnis bzw. dessen mentale Repräsentation nennt man *mentales Lexikon*:

> Als Teil des Langzeitgedächtnisses wird das mentale Lexikon als aktive Speicher- und Verarbeitungseinheit von internalisiertem Wortwissen betrachtet. In ihm werden fortlaufend lexikalische Einheiten (einfache, komplexe wie auch Wortgruppenlexeme) gesammelt, verarbeitet und organisiert. (Juska-Bacher & Jakob 2014: 51)

Wie genau die einzelnen Einträge im mentalen Lexikon aufgebaut sind, ist nicht abschließend geklärt. Es wird aber davon ausgegangen, dass jeder Eintrag zwei eng miteinander verknüpfte Bestandteile hat (vgl. Abb. 11.1): Zum einen die Ausdrucksseite (Wortform), die formale Informationen, z. B. zur Aussprache und Schreibung, enthält, und zum anderen die Inhaltsseite, in der Informationen über die Wortbedeutung(en) repräsentiert sind (vgl. u. a. Dittmann 2002: 284; Rupp 2013: 24).

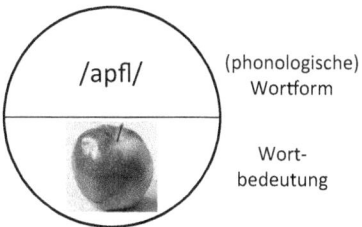

Abb. 11.1: Wortform und -bedeutung.

Diese enge, konventionelle Verbindung zwischen Wortform und -bedeutung ist das, was wir im Folgenden meinen, wenn wir von einem „Wort" sprechen. Der entsprechende Fachbegriff lautet *Lexem*: „Lexeme sind als abstrakte Einheiten im mentalen Lexikon gespeichert und binden sämtliche konventionelle Bedeutungen (Lesarten) sowie alle grammatischen Merkmale als abstrakte Potenz an sich" (Kilian 2021: 16). Beispielsweise gehören sowohl die Formen *ich beobachte* als auch *er beobachtete* zu dem Lexem *beobachten*.

Dass Wortform und -bedeutung eng miteinander verknüpft, aber im mentalen Lexikon nicht als Einheit abgespeichert sind, erkennt man beispielsweise daran, dass man in der Sprachproduktion Schwierigkeiten beim Zugriff auf die Form eines Lexems haben kann, obwohl man die Bedeutung ‚vor Augen' hat. Beim Sprechen äußert sich das in Wortfindungsstörungen, dem sog. *Tip-of-the-Tongue*-Phänomen.

> Es kann vorkommen, dass mir zwar die Bedeutung des Gerätes, mit dem Seeleute unter Zuhilfenahme des Sternenhimmels die Position des Schiffes auf dem Meer bestimmen können, vollkommen präsent ist, es kann auch sein, dass ich das Gerät bildlich vor mir sehe – und trotzdem fällt mir die Wortform nicht ein, auch wenn sie mir ‚auf der Zunge liegt.' (Dittmann 2002: 286)[1]

Weiterhin ist wichtig, sich klar zu machen, dass das Verhältnis zwischen dem sprachlichen Zeichen, also dem Symbol, das wir für die Verständigung nutzen, seiner Bedeutung und dem Sachverhalt in der realen Welt, auf den mit dem Symbol verwiesen werden soll, relativ komplex ist. Dies lässt sich gut anhand des semiotischen Dreiecks (Abb. 11.2) verdeutlichen:

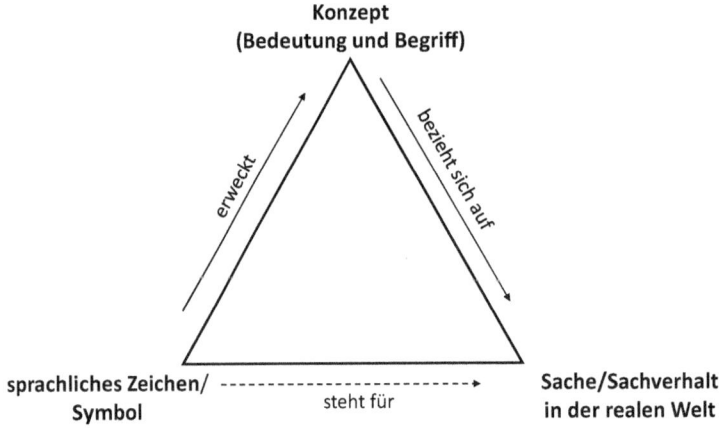

Abb. 11.2: Semiotisches Dreieck (eigene Abbildung, angelehnt an Ogden & Richards 1923 sowie Kilian 2021: 19).

Wir stellen uns folgende Situation vor: Wir fahren im Herbst mit dem Auto auf einer Landstraße und sehen an der rechten Straßenseite eine Ausfahrt zu einem Parkplatz und ein Schild mit der Aufschrift „Äpfel". Die Aufschrift ist ein sprachliches Zeichen, nämlich die schriftliche Ausdrucksseite des Lexems „Apfel", hier im Plural. Das sprachliche Zeichen steht für eine Sache bzw. einen Sachverhalt in der realen Welt: Auf dem Parkplatz werden Äpfel verkauft. Wir kennen die konventionalisierte Bedeutung, die mit diesem Ausdruck verknüpft ist: Bei einem Apfel handelt sich um die kugelige

---

[1] Bei dem gesuchten Wort handelt es sich um den Terminus *Sextant*.

Frucht des Apfelbaums. Das Schild mit der Aufschrift *Äpfel* weckt in uns aber zugleich auch eine mentale, von individuellen Erfahrungen und Wissensbeständen geprägte Vorstellung von dem Sachverhalt in der realen Welt, also davon, was wir auf dem Parkplatz auffinden. Diese Vorstellung reicht über die reine Bedeutung hinaus und kann als *Begriff* bezeichnet werden: Süßlich oder säuerlich duftende, rote oder grüne Äpfel, die sich glatt anfühlen und beim Reinbeißen knacken. Wenn jemand eine Apfelallergie hat, könnte diese Vorstellung aber auch ganz anders aussehen. Auch Babys oder Kleinkinder, die weder das Wort Apfel kennen noch seine Bedeutung, können schon einen Begriff von Apfel haben, z. B. als das, womit sie gefüttert werden, was süß-säuerlich schmeckt und was ihnen gut schmeckt. Zu dem Begriff „Apfel" können außerdem kulturspezifische Prägungen gehören, z. B. die Bedeutung des Apfels als verbotene Frucht in der Bibel. Bedeutung und Begriff ergeben zusammen das *Konzept* (vgl. Kilian 2021: 18–20).

Für uns ist die Erkenntnis wichtig, dass Bedeutung, Begriff und Konzept nicht dasselbe sind. Ziel der Wortschatzarbeit im Fachunterricht ist langfristig der Aufbau von differenzierten, korrekten fachlichen Konzepten. Dabei handelt es sich um einen langfristigen Prozess, bei dem die Vermittlung der Bedeutung eines bestimmten sprachlichen Zeichens nur ein erster Schritt sein kann.

11.3 Welcher Wortschatz ist für den Fachunterricht relevant?

Dass Fachwortschatz eine besondere Rolle beim Erwerb von fachlichen Konzepten und Kompetenzen spielt, ist wahrscheinlich jeder Lehrkraft intuitiv klar. Fachwörter tragen bei der Kommunikation in einem bestimmten Fach die Hauptinformationen (vgl. Fluck 1997: 35), auch wenn sich Fachkommunikation nicht nur durch Besonderheiten im Wortschatz, sondern auch in der Grammatik und der Gestaltung von Texten auszeichnet (vgl. Kniffka & Roelcke 2015: 60). Mit der fachlichen Terminologie werden die spezifischen Gegenstände und Sachverhalte des Faches versprachlicht. Dabei haben fachsprachliche Mittel insgesamt eine Tendenz zu Präzision und Sprachökonomie (vgl. Kap. 4.3).

Exkurs: Besonderheiten von Fachwortschatz
Präzision und Ökonomie des Fachwortschatzes werden auf lexikalischer Ebene durch folgende Besonderheiten von Fachwörtern sichergestellt (vgl. Kniffka & Roelcke 2015: 61–62):

Definitionen: Die facheigene Festlegung der Bedeutung geschieht über Definitionen. „Bedeutungen, die für den Gebrauch in einem speziellen Fachbereich präzise festgelegt sind, stellen ein wesentliches Merkmal von Fachwörtern dar. Sie unterscheiden solche Termini von Wörtern in der Alltagssprache" (Kniffka & Roelcke 2015: 61).

Komposita: Fachwörter sind oft Komposita, da diese im Vergleich zu den entsprechenden Umschreibungen ökonomischer sind und präzisere Bezeichnungen ermöglichen (*Mineralsalzbedarf der Pflanzen* → der Bedarf, den Pflanzen an Mineralsalzen haben; *Grundwasser vs. Oberflächenwasser vs. Quellwasser*).

Ableitungen: Fachwörter werden oft durch Ableitungen mit Hilfe von Vor- und Nachsilben gebildet (s. *Derivation* in Kap. 3): messen → *ab-messen, ver-messen, Mess-ung* (vgl. Beese et al. 2014: 68; Ohm, Kuhn & Funk 2007: 149).

Entlehnungen: Dabei handelt es sich um die Übernahme von Wörtern aus anderen Sprachen, die eng mit der historischen Entwicklung des jeweiligen Faches zusammenhängt. Im 19. Jahrhundert wurden beispielsweise im Rahmen der Industrialisierung in Politik und Handel viele Wörter aus dem Englischen übernommen (z. B. *Streik, Lokomotive*).

Metaphorischer Sprachgebrauch: Fachwortschatz zeichnet sich zudem über den metaphorischen Gebrauch von Wörtern aus der Alltagssprache oder anderen Fachsprachen aus (z. B. *saurer Regen, Treibhauseffekt*). Schüler*innen ist zunächst oft nur die alltagssprachliche Lesart bekannt.

Die Idee, dass Wortschatzarbeit im Fachunterricht bedeutet, dass einzelne Fachwörter vermittelt werden, ist aber unzutreffend. Erstens wird dabei oft übersehen, dass die Kommunikation über fachliche Inhalte nicht nur auf Fachwortschatz angewiesen ist, sondern auch auf den eher als bildungssprachlich zu bezeichnenden Wortschatz, der zur Klärung der fachlichen Konzepte dient (s. auch Kap. 2):

> So gibt es Redemittel (bspw. beim Argumentieren, beim Beschreiben eines Sachverhalts), welche nicht fachwissenschaftlich geprägt, aber doch wesentlich für das sprachliche Handeln (argumentieren, erklären, erläutern) im Fach sind. Dieser in der Schule gebräuchliche (literal geprägte) Wortschatz und der damit verbundene Satzbau sind nicht allen aus ihrem ausserschulischen (Sprach-)Umfeld vertraut. (Lindauer et al. 2013: 25)

Zweitens werden Wörter häufig in Verbindung mit anderen Wörtern gebraucht (sog. *Mehrwortlexeme*). Bezogen auf das Wort *Kraft* aus dem Physikunterricht ist es für Schüler*innen beispielsweise wichtig zu wissen, dass es „eine Kraft wirkt auf x …" oder „x übt eine Kraft aus" heißt. Diese Mehrwortlexeme sollten dementsprechend auch gemeinsam vermittelt werden, denn nur so kann ihre korrekte Verwendung gewährleistet werden. Auch die Vermittlung von Konstruktionen wie „je … , desto", mit denen bestimmte fachliche Zusammenhänge ausgedrückt werden können, gehören zur Wortschatzvermittlung und bilden häufig die Grundlage für komplexe und fachlich angemessen Äußerungen der Schüler*innen.

Drittens ist für erfolgreiches sprachliches Handeln nicht nur der Fachwortschatz in Form von Substantiven, Verben und Adjektiven relevant, sondern auch die „kleinen", unscheinbaren Wörter in einem Satz.

(1) Um wie viel Prozent liegt der Verbrauch bei 180 km/h *über* dem Verbrauch bei 100 km/h? (vgl. Prediger 2013: 27)

Beispiel (1) zeigt, dass in Mathematikaufgaben z. B. Präpositionen (vgl. Kap. 3) eine wichtige Rolle für den Ausdruck mathematischer Beziehungen spielen.

11.4 Wortschatz und (mentales) Lexikon

11.4.1 Mitteilungs- und Verstehenswortschatz

Um den für das Lernen notwendigen fach- und bildungssprachlichen Wortschatz erfolgreich vermitteln zu können, ist Wissen darüber notwendig, wie Wortschatzkenntnisse in unserem Gehirn organisiert sind. Bezogen auf den individuellen Wortschatz einer Person ist es wichtig, zwischen dem Verstehenswortschatz und dem Mitteilungswortschatz zu differenzieren (Abb. 11.3).

Auf den Mitteilungswortschatz greifen wir zu, wenn wir etwas sagen oder schreiben wollen. Menschen können bei der Produktion von Sprache etwa zwei Wörter pro Sekunde aktivieren (vgl. Meibauer et al. 2015: 16). Der Verstehenswortschatz ist größer als der Mitteilungswortschatz und schließt diesen mit ein. Er ermöglicht uns, Wörter zu verstehen, auch wenn wir sie nicht selber produzieren können. Für fünfjährige monolingual deutschsprachig aufwachsende Kinder nehmen Meibauer & Rothweiler (vgl. 1999) beispielsweise einen produktiven Wortschatz zwischen 2.600 und 5.300 Wörtern und einen rezeptiven Wortschatz im Umfang zwischen 9.000 und 14.000 Wörtern an.

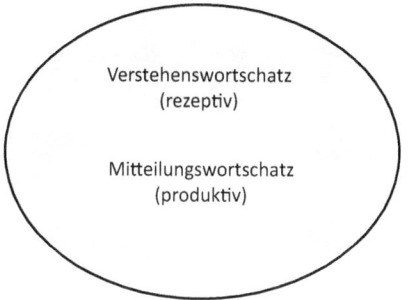

Abb. 11.3: Verstehenswortschatz- und Mitteilungswortschatz (nach Nodari & Steinmann 2008: 25).

Im Laufe des Lebens wächst der Wortschatz weiter an und bei Erwachsenen sind noch größere Spannbreiten erkennbar: Sie verfügen später über einen produktiven Wortschatz von 20.000 bis 50.000 Wörtern und einen rezeptiven Wortschatz von 50.000 bis 250.000 Wörtern (vgl. Meibauer et al. 2015: 267). Dabei ist es wichtig, sich zu vergegenwärtigen, dass die Grenzen zwischen dem produktiven und dem rezeptiven Wortschatz sich verschieben können: „Ein Wort kann vom rezeptiven zum produktiven Wortschatz wechseln und bei mangelndem Gebrauch wieder in den rezeptiven Wortschatz zurückfallen" (Nodari & Steinmann 2008: 25).

Außerdem gibt es noch den potentiellen Wortschatz. Damit bezeichnet man die Wörter, die zwar noch nicht gelernt wurden, die sich aber aufgrund von sprachlichem Wissen, z. B. zu Wortbildungsprozessen, erschließen und produzieren lassen. Hat man beispielsweise das Prinzip verstanden, dass Verben in Substantive umgeformt werden können (*Nominalisierung*), so hat man wesentlich mehr Ausdrucksmöglichkeiten (krönen – das Krönen/die Krönung).

Für die Vermittlung bestimmter Wörter benötigt man dementsprechend Klarheit darüber, ob diese von den Schüler*innen nur rezeptiv oder auch produktiv beherrscht werden sollen. Sollen sie in den Mitteilungswortschatz übergehen, so reicht es nicht aus, sie einmal zu „erklären und an die Tafel zu schreiben", wie oben in der Aufgabe vorab von einer Lehrkraft beschrieben. Um dauerhaft produktiv nutzbar zu sein, müssen Wörter gut vernetzt im Gehirn gespeichert werden und dauerhaft im Gebrauch bleiben. Was über die Vernetzung von Wortschatz im Gehirn bekannt ist, ist Thema des nächsten Teilkapitels.

11.4.2 Organisation des mentalen Lexikons

In Teilkapitel 11.2 haben wir erfahren, dass Einträge im mentalen Lexikon sich aus verschiedenen Informationen zusammensetzen, die benötigt werden, um ein Wort kompetent benutzen zu können. Zusammenfassend muss der*die Lernende Kenntnisse darüber haben, welche Form das Wort annehmen kann, welche Bedeutung(en) es hat und wie genau es gebraucht werden kann (vgl. Nation 2001; Nodari & Steinmann 2008; Rupp 2013; Steinhoff 2009). Diese Kenntnisse können im Laufe der Zeit graduell verfeinert werden. Zentrale Fragen für die Wortbeherrschung (und -vermittlung) lauten also:
- Wie wird das Wort ausgesprochen und geschrieben?
- Was bedeutet es bzw. welche verschiedenen Bedeutungen kann es haben?
- Welchem Register ist es zuzuordnen, d. h. in welchem Kontext ist es angemessen?
- Welche Rolle kann es im Satz spielen? (z. B. Subjekt, Prädikat ...)
- Mit welchen anderen Wörtern kommt es vor?

Wie sind die einzelnen Worteinträge mit ihren vielfältigen Informationen jedoch untereinander organisiert? Man kann sich das mentale Lexikon wie ein Netzwerk vorstellen, in dem verschiedenartige wortbezogene Informationen nach unterschiedlichen Prinzipien angeordnet sind. Darauf verweisen verschiedene psycholinguistische Erkenntnisse. In Experimenten werden z. B. die Reaktionszeiten bei der Erkennung von Wörtern untersucht. Es zeigt sich, dass sich die Reaktionszeiten verkürzen, wenn die Proband*innen einen Hinweisreiz erhalten (*Priming*), der inhaltliche oder formale Ähnlichkeiten zu dem präsentierten Wort aufweist, also z. B. *Bauer* als Hinweis für *Kuh*, oder *Maus* als Hinweis für *Haus*. Daraus lässt sich schlussfolgern, dass verknüpfte Konzepte voraktiviert werden und dies zu einem schnelleren Wortzugriff führt (s. auch Aufgabe 1 vorab). *Priming*-Effekte geben somit Hinweise darauf, dass Lexikoneinträge nach semantischen (Wortfeld *Bauernhof*) und phonologischen (*Haus* und *Maus* hören sich ähnlich an) Aspekten strukturiert sind (vgl. Rupp 2013: 25). Auch die sog. Versprecherforschung bringt interessante Einsichten. Denn Versprecher geschehen keineswegs willkürlich, sondern es gibt bestimmte Muster und Arten. Es lassen sich z. B. sowohl phonologische Substitutionen (Nest/Netz) als auch semantische Substitutionen finden (Stuhl/Tisch) (vgl. Rupp 2013: 25). Die Art und Weise, wie wir uns versprechen, gibt also Aufschluss über Prozesse der Sprachproduktion und die Strukturiertheit des mentalen Lexikons. In der Literatur (vgl. z. B. Haß 2021; Kilian 2021; Kühn 2007; Neveling 2004) werden dabei üblicherweise folgende Netze unterschieden, die in Tab. 11.1 im Überblick dargestellt sind.

Tab. 11.1: Arten von Netzen im mentalen Lexikon.

Netzart	Erläuterung	Beispiel
Sachnetze	Wörter referieren auf Sachen und Ereignisse in der Welt, die in einer inhaltlichen, z. B. räumlichen oder zeitlichen, Beziehung zueinander stehen	König, Krönung, Zepter, Thron, Hof, Palast
Kollokationsfelder	Wörter werden häufig mit anderen Wörtern gebraucht	Könige herrschen, regieren, befehlen, gebieten … ein gerechter, grausamer, guter König
Wortfelder	Wörter stehen in einer semantischen Beziehung zu zueinander, z. B. durch Synonymie (Bedeutungsähnlichkeit), Hyperonymie (Überordnung) etc.	stehendes Gewässer: Tümpel, See, Teich, Ozean, Meer fließendes Gewässer: Fluss, Strom, Bach
Wortfamilien	Wörter haben einen gemeinsamen Stamm	Krone, Krönung, krönen, kronenartig
Bewertungs- und Konnotationsnetze	Wörter bedeuten etwas Ähnliches, haben aber eine unterschiedliche (neutrale, positive oder negative) Wertung	essen, dinieren, mampfen, fressen
Assoziations- oder Affektivitätsnetze	Wörter gehören aufgrund persönlicher Erfahrungen und Wahrnehmungen zusammen	Wald, ruhig, erholsam, kühl
Klangnetze	Wörter hören sich ähnlich an	Haus, Maus

Aus wortschatzdidaktischer Perspektive kann die Schlussfolgerung gezogen werden, dass ein neues Wort zu lernen eigentlich heißt, es in ein bereits existierendes Netzwerk bekannter Wörter einzuordnen und seine Verbindung mit anderen Wörtern zu stärken. „Je strukturierter und vielseitiger ein Wort vernetzt ist, desto sicherer ist es abgespeichert und desto besser kann es abgerufen werden" (Kühn 2010: 1253).

Dies lässt sich mit dem Modell des mentalen Lexikons verdeutlichen. Die Knoten in Abb. 11.4 stellen die einzelnen, miteinander vernetzten Lexeme dar, wobei die Verbindungen unterschiedlich stark sein können.

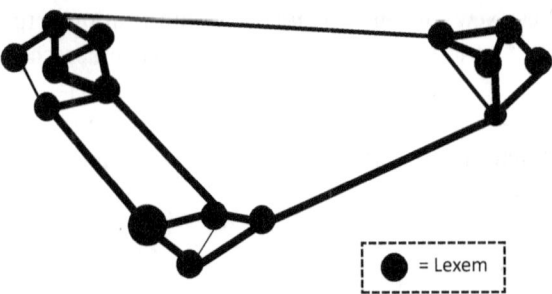

Abb. 11.4: Netzwerke von Wörtern im mentalen Lexikon (leicht angepasst nach Aitchison 1997: 298).

Spannend ist die Frage, wie das mentale Lexikon bei mehrsprachigen Personen organisiert ist. Lange Zeit wurde fälschlicherweise angenommen, dass mehrsprachige Personen über separate Lexika für die einzelnen Sprachen verfügen würden (vgl. Veletić 2021: 49). Auch wenn in der Forschung noch immer konkurrierende Ansichten über die Einzelheiten der Organisation des mehrsprachigen mentalen Lexikons existieren, so herrscht Einigkeit darüber, dass Mehrsprachige über ein integriertes Lexikon verfügen, in dem die verschiedenen Sprachen, Varietäten und Register in einem gemeinsamen Makrosystem organisiert sind (vgl. Veletić 2021: 51). Haben mehrsprachige Lernende bestimmte fachliche Konzepte und die dazugehörigen Wörter bereits in ihrer Erst- oder einer weiteren Sprache erworben, so können sie dieses Wissen beim Erwerb der entsprechenden deutschen Fachwörter nutzen. In diesem Fall können Übersetzungen in die Erstsprache(n) ein sinnvoller Zugang sein. Allerdings muss dabei beachtet werden, dass Übersetzungen nicht hilfreich sind, wenn die entsprechenden fachlichen Konzepte noch nicht vorhanden sind. Komplexe fachliche Konzepte müssen also immer erst mit Hilfe des Vorwissens erschlossen werden:

> Auch Lernende, die mit deutscher Erstsprache aufgewachsen sind, verstehen Begriffe wie *Magma* oder *Lava* erst, wenn sie ein Wissen über Vulkane aufgebaut haben. Es wäre falsch zu glauben, dass sie ohne diesen Kontext etwas mit diesen Fachwörtern anfangen können, nur weil es sich um deutsche Wörter handelt. Genauso falsch wäre es, solche Begriffe in die Erstsprache von fremdsprachigen Lernenden zu übersetzen in der Annahme, dass sie sie dann besser verstehen. Übersetzungen machen erst dann Sinn, wenn die Lernenden den Kontext verstehen können [...]. (Nodari & Steinmann 2008: 30)

11.4.3 Wortschatzqualität

Zentral für die Vermittlung von Wortschatz im Fachunterricht ist die Erkenntnis, dass das Lernen eines Wortes nicht lediglich bedeutet, die Verknüpfung zwischen einer sprachlichen Form und einer Bedeutung in das Langzeitgedächtnis zu übernehmen (vgl. Kap. 2). Denn:

> Wörter sind nicht lediglich sprachliche Mittel zur Bezeichnung von Gegenständen, Handlungen, Eigenschaften und zum Ausdruck von Beziehungen zwischen denselben. Wer ein Wort neu lernt, beginnt, die historisch, gesellschaftlich, kulturell mit diesem Wort verbundenen Weltansichten, Perspektiven, Wissensbestände zu erwerben. (Petersen & Kilian 2017: 103)

Dieses Zitat zielt auf den Unterschied zwischen Wortschatzumfang und -qualität. Mit Wortschatzumfang ist die Quantität der gelernten Wörter gemeint. Mit Wortschatzqualität ist gemeint, wie gut man ein Lexem kennt, d. h. wie differenziert das im mentalen Lexikon gespeicherte grammatische, semantische, konzeptuelle und assoziative Wissen zu dem jeweiligen Lexem ist (vgl. Juska-Bacher & Jakob 2014). Eine Aufgabe von schulischer Bildung – insbesondere ab der Sekundarstufe – ist neben der Vermittlung von neuem Wortschatz auch die Förderung der Wortschatzqualität. Nehmen wir als Beispiel das Lexem *König*. Ein Kleinkind lernt zum Beispiel beim Vorlesen von Märchen etwas über Könige (wohnen im Schloss, tragen eine Krone, sind die Väter von Prinzessinnen). Im Laufe des lebenslangen Ausbaus von Wortschatz wird sich dieses Wissen während der Kindheit und Jugend weiter verändern und ausdifferenzieren, z. B. durch die Besichtigung eines Schlosses, Informationen über moderne Monarchien oder geschichtliches Fachwissen.

Diese Kulturspezifik lexikalischen Wissens ist in den gesellschaftswissenschaftlichen Fächern besonders auffällig. So ist es kennzeichnend, dass im Fach Geschichte die Semantik der Ausdrücke selbst einem zeitlichen Wandel unterliegt: Die Wörter sind ebenso historisch wie dasjenige, das sie benennen wollen (z. B. stehen Wörter wie *König*, *Adel* in unterschiedlichen Epochen für verschiedene Konzepte). Zudem zeigen sich in ihrer Semantik kulturelle Unterschiede (Wie unterscheiden sich Königsherrschaften in unterschiedlichen Kulturen?). Schließlich können sie auch noch je nach Perspektive und (persönlichem, zeitlichem, sozialem ...) Standort unterschiedlich definiert werden, weil sie nicht konkrete Sachverhalte einfach ‚abbilden', sondern selbst schon Deutungen sind (z. B. Nationalsozialismus, Sozialismus) (vgl. Hamann & Krehan 2013: 172–173). Insgesamt setzt die Beherrschung von Wortschatz oft auch soziokulturelles Wissen voraus, über das nicht alle Schüler*innen selbstverständlich verfügen.

11.5 Wortschatz vermitteln und lernen

11.5.1 Wortschatzerwerb

Angesichts der Menge an fach- und bildungssprachlichem Wortschatz, den Schüler*innen im Laufe der Jahre lernen müssen, weisen Forschungserkenntnisse darauf hin, dass die Effekte des so genannten beiläufigen Lernens, bei dem (Fach-)Wortschatz nicht explizit thematisiert und/oder geübt wird, sondern z. B. lediglich in zu lesenden Texten ohne differenzierte Erläuterungen vorkommt, nicht ausreichend für die Lehr-/Lernziele des Fachunterrichts sind (Ulrich 2013). Das ist nicht verwunderlich, wenn man wie Apeltauer (2010: 248–249) davon ausgeht, dass ...

- 8–10 Wiederholungen nötig sind, um ein neues Wort aus einem Lautstrom herauszufiltern,
- mehr als 20 Wiederholungen nötig sind, damit eine Bedeutung zugeordnet und
- mehr als 50 Wiederholungen nötig sind, bis ein neues Wort eigenständig benutzt werden kann.

Um das gesteuerte Wortschatzlernen möglichst effektiv zu gestalten, ist es sinnvoll, sich zu vergegenwärtigen, wie der ungesteuerte Wortschatzerwerb abläuft. Die Spracherwerbsforschung zeigt, dass Kinder verschiedene lexikalische Erwerbsstrategien nutzen. Eine davon ist das sog. *fast mapping*. Dabei erkennt das Kind ein Wort bzw. eine Wortform und bildet aufgrund des Kontextes eine Hypothese über seine Bedeutung.

> Dabei entsteht eine erste lexikalische Repräsentation, die unvollständig und ungenau ist. Meist kann das Wort auch noch nicht eigenständig produziert werden. Aber es wird vom Kind wieder erkannt (rezeptiver Wortschatz), so dass der Lexikoneintrag mit der Zeit immer differenzierter wird. (Meibauer et al. 2015: 271)

Im weiteren Verlauf des Spracherwerbs und mit wachsenden Wortschatzkenntnissen wird es für das Kind immer leichter, die Bedeutung von Wörtern aus dem Kontext abzuleiten. Kilian (2021) überträgt *fast mapping* auf den Erwerb von Fachwortschatz:

> Schülerinnen und Schüler bilden Hypothesen über die Bedeutung des im Unterricht gehörten oder gelesenen Wortes und legen einen ersten Eintrag („fast mapping") im mentalen Lexikon an. […] Und wenn das Fachwort im weiteren Verlauf der Schulzeit im Fachunterricht dann zunehmend semantisch und enzyklopädisch vertieft und in Lehr-Lern-Kontexten sowie in immer neuen sprachlichen Textwelten rezeptiv und produktiv entfaltet wird, wird der Eintrag im mentalen Lexikon vertieft und gefestigt. (Kilian 2021: 37)

Der Wortschatzerwerb läuft also folgendermaßen ab:
- In der ersten Phase werden Wörter verstanden, d. h. der Wortform wird eine Bedeutung zugeordnet und das Lexem im mentalen Lexikon, im besten Fall vernetzt mit vielen weiteren Einträgen, abgespeichert. Ob der Eintrag im mentalen Lexikon zu diesem Zeitpunkt bereits korrekt und ausdifferenziert ist, oder ob es sich eher noch um einen „lexikalischen Schnappschuss" (Kilian 2015: 149) handelt, hängt davon ab, auf welche lexikalischen Informationen der*die Lernende Zugriff hat, z. B. mit Bezug auf den Kontext oder in Form von Hilfestellungen wie Erklärungen oder einem Wörterbucheintrag.
- In der zweiten Phase wird das Wort (mehrmals) abgerufen, d. h. in unterschiedlichen Kontexten gesprochen, geschrieben, gehört oder gelesen. „Der Wortklang und das Schriftbild werden dadurch mit der Zeit geläufig und gehen in den Mitteilungswortschatz über" (Nodari & Steinmann 2008: 30).
- Doch selbst Wörter, die verstanden, abgespeichert und mehrfach abgerufen wurden, können auch wieder vergessen werden. Um neue Wörter verstehen und anwenden zu können, müssen sie mehrfach wiederholt und aus unterschiedlichen

Perspektiven betrachtet werden. Deshalb ist es wichtig, dass die Lernenden den neuen Wörtern in möglichst vielen verschiedenen Situationen wieder begegnen und sie die Wörter aktiv und eigenständig gebrauchen (3. Phase). „Für den Aufbau eines differenzierten produktiven Wortschatzes ist es absolut notwendig, Aktivitäten und Anlässe zu schaffen, in denen die Lernenden ihren Wortschatz kommunikativ brauchen" (Nodari & Steinmann 2008: 31).

Es ist deutlich geworden, dass die einmalige Begegnung mit einem neuen Wort, z. B. bei der Lektüre eines Textes oder durch das Anschreiben eines Wortes an der Tafel, nicht ausreicht, um ein Wort tatsächlich produktiv und differenziert zu beherrschen. Für eine nachhaltige Wortschatzarbeit wird daher im Folgenden ein wortschatzdidaktischer Dreischritt vorgeschlagen.

11.5.2 Wortschatzdidaktischer Dreischritt

Der wortschatzdidaktische Dreischritt ist ursprünglich im Kontext des Fremdsprachenlernens entwickelt worden (vgl. Kühn 2000), hat mittlerweile aber auch in die Wortschatzdidaktik im Deutschunterricht Eingang gefunden (vgl. z. B. Feilke 2009; Kilian 2021). In diesem Beitrag wird der Dreischritt auf die Wortschatzarbeit im Fachunterricht bezogen und modifiziert (Abb. 11.5). Drei Prinzipien sind dabei durchgängig leitend: *Kontextualisierung, Vernetzung* und *Wiederholung* (vgl. auch Haß 2021: 83). Der Pfeil in Abb. 11.5 deutet an, dass Schüler*innen auch schon vor der ersten Phase (*Vorwissen aktivieren und Wörter semantisieren*) themenspezifisches Vorwissen und Wortschatzkenntnisse mitbringen und dass das Wortschatzlernen auch nach dem ‚letzten' Schritt weitergeht und Wortschatzkenntnisse ausgebaut und vertieft werden.

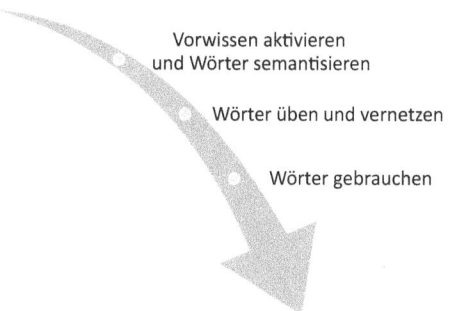

Abb. 11.5: Wortschatzdidaktischer Dreischritt im Fachunterricht.

Wie bereits deutlich wurde, ist Wortschatzarbeit im Fachunterricht kein Selbstzweck, sondern dient primär einem besseren Verständnis der fachlichen Inhalte. Da fachliche Konzepte ohne die entsprechenden Wörter nicht erfasst werden können, finden die drei Schritte der Wortschatzarbeit (1. Vorwissen aktivieren und Wörter semantisieren, 2. Wörter üben und vernetzen und 3. Wörter gebrauchen) parallel zur Einführung, Erarbeitung und Sicherung neuer fachlicher Inhalte statt. Wichtig ist dabei, die drei Schritte nicht als starre Abfolge zu verstehen, die immer chronologisch eingehalten werden muss. Auch besitzen nicht alle Schritte stets die gleiche Relevanz. Vielmehr ist die Frage zu stellen, über welches Vor- und Wortwissen die Schüler*innen zu einem bestimmten Thema bereits verfügen und ob es sich tatsächlich um die Einführung von noch unbekannten Wörtern handelt, die erst umfassend semantisiert werden müssen, oder ob es eher um die Vertiefung von Wortschatzwissen im Sinne von Wortschatzqualität (vgl. 11.4.3) geht. Ist Letzteres der Fall, so spielt ggf. das Üben und Vernetzen eine größere Rolle als die Semantisierung.

Vorwissen aktivieren und Wörter semantisieren
Bei der Einführung eines neuen fachlichen Themas verfügen die Schüler*innen oft schon über ein gewisses Vorwissen oder *Präkonzepte*, die im Unterricht in Richtung eines fachwissenschaftlich korrekten Konzepts verändert werden sollen (*conceptual change*, vgl. Vosniadou 2008). Für diesen Schritt ist deshalb zentral, die mit diesem Vorwissen verbundenen Wortschatzkenntnisse zu aktivieren und produktiv für die Ausdifferenzierung des Konzepts und damit auch für die Vertiefung des Wortschatzes zu nutzen.

Handelt es sich um die Einführung eines mehr oder weniger ‚neuen' Wortes, so muss dieses zunächst semantisiert werden, d. h. die Wortform wird wahrgenommen und mit der Wortbedeutung verknüpft. Ein zentrales Prinzip der Semantisierungsphase ist, dass Wortschatz immer kontextbezogen eingeführt wird, um das Verstehen und Behalten zu fördern. Wortschatzarbeit darf nicht an isolierten Wörtern oder Sätzen erfolgen. Ein großer Vorteil der Wortschatzarbeit im Fachunterricht im Vergleich zum Fremd- oder Zweitsprachenunterricht ist, dass der notwendige Kontext, nämlich in Form der fachlichen Gegenstände, immer schon vorhanden ist. Idealerweise können die Lernenden die Wörter in dieser Phase über verschiedene Wahrnehmungskanäle aufnehmen, denn „[d]ie Effizienz für die Aufnahme von neuen Wörtern ist sehr klein, wenn neue Wörter nur gehört oder gelesen werden. Werden die beiden Kanäle kombiniert, ist die Aufnahmeeffizienz bedeutend höher" (Nodari & Steinmann 2008: 28).

Die Semantisierung kann auf vielfältige Weise geschehen und die verschiedenen Semantisierungstechniken können entweder durch die Lehrkraft gesteuert werden oder von den Schüler*innen selbst angewendet werden (vgl. Kilian 2021: 102). Lehrkraftgesteuerte Semantisierungen sind mit folgenden Mitteln möglich:
– durch lexikalische Mittel (Synonyme, Definitionen, Paraphrasierungen ...)
– durch visuelle, auditive oder gestische Mittel (z. B. Bilder, Zeichnungen, Videos, Handlungen ...)

- über die Situationsspezifik (z. B. Bezug auf Vorwissen der Schüler*innen oder den vorangegangenen Unterricht)
- über Alltagserfahrungen und -sprache[2]

Die Semantisierung kann aber auch selbständig durch die Schüler*innen erfolgen. Das bietet sich insbesondere an, wenn die Schüler*innen bereits über viel Vorwissen zu dem fachlichen Thema verfügen und kann z. B. erreicht werden durch
- Nachfragen an die Lehrkraft,
- Bedeutungserschließung aus dem Kontext,
- die Benutzung von Wörterbüchern und anderen Recherchetools.

Nodari & Steinmann (2008) warnen davor, dass die Einführungsphase zu einer reinen „Wortschatzpräsentation" wird. Diese Gefahr besteht insbesondere, wenn für die Einführung von Wörtern Wortschatzlisten genutzt werden, die Wörter enthalten, die in keinem ersichtlichen Zusammenhang zueinander stehen – vielleicht erinnern Sie sich an solche Listen aus Ihrem eigenen Fremdsprachenunterricht. Diese verletzen das Prinzip der kontextbezogenen Wortschatzarbeit. Im Vordergrund sollten zudem immer die Fachinhalte stehen, „und nebenbei wird Wert auf das genaue Verstehen der Begriffe gelegt" (Nodari & Steinmann 2008: 35). Wichtig ist die Erkenntnis, dass die Einführung von Wörtern und Formulierungen nur den Einstieg in die Wortschatzarbeit darstellt. Wird mit dem eingeführten Wortschatz nicht weitergearbeitet, so ist die Wahrscheinlichkeit groß, dass Wörter wieder vergessen oder unvollständig oder nur sehr oberflächlich erfasst werden. Deshalb stehen beim zweiten Schritt das Vernetzen und Üben im Mittelpunkt.

Vernetzen und Üben
Bei diesem Schritt werden die gespeicherten Lexeme erneut abgerufen, vernetzt und das Wortwissen vertieft. „Zur Wortschatzarbeit gehört in einer reflexiven Phase also auch das Notieren, Sammeln und Ordnen der Wörter und Formulierungen. Methodisch ist dies denkbar in Form netzwerkartiger Gruppierungen (Diagramme, Wortbilder, Wortigel, Mindmaps) [...]" (Kühn 2010: 1253). Wörter können beispielsweise in Wortfelder und Wortfamilien eingeordnet werden. Tajmel & Hägi-Mead schlagen für die Erar-

---

[2] Mit dem *Disaggregate-Instruction-Approach* (vgl. Brown, Ryoo & Rodriguez 2010) wird beispielsweise davon ausgegangen, dass Schüler*innen beim naturwissenschaftlichen Lernen davon profitieren, wenn fachliche Konzepte zunächst im alltagssprachlichen Register erarbeitet werden und die entsprechende Fachterminologie erst ganz am Ende eingeführt wird, wenn das Konzept schon aufgebaut ist. „After getting familiar with students' preconceptions and available language resources regarding the new topic (Phase 1), the content is introduced and negotiated only using familiar language (Phase 2). As soon as the students developed an appropriate conceptual understanding, the teacher presents the new scientific terminology (Phase 3) and eventually provides the students with activities to apply the acquired vocabulary and conceptual understanding (Phase 4)" (Gieske, Streller & Bolte 2022: 147).

beitung zentraler Termini, die unabdingbar für das Verständnis der fachlichen Konzepte relevant sind, die Erstellung einer Schlüsselworttabelle vor (vgl. Tab. 11.2).

Tab. 11.2: Schlüsselworttabelle zu dem Wort „Arbeit", leicht angepasst und erweitert (Tajmel & Hägi-Mead 2017: 103).

Schlüsselwort	e Arbeit, -en[3]
Assoziationen	etwas tun, Geld verdienen, Mühe
In anderen Sprachen	work (eng.), lavoro (it.), iş (türk.)
Bedeutung/Verwendung im alltäglichen Kontext	Tätigkeit, Beschäftigung
Bedeutung/Verwendung im fachlichen Kontext	*Geschichte*: Erwerbstätigkeit; Arbeiter*innen als soziale Klasse; *Physik*: Arbeit ist Kraft mal Weg, Arbeit als Form von Energie
Kollokationen und Kombinationen	*alltäglich*: Arbeit machen, Arbeit leisten, körperliche/geistige Arbeit; *Erwerbstätigkeit*: Arbeit annehmen, Arbeit suchen, Arbeit finden; *Physik*: Arbeit verrichten
Verwendung mit Präpositionen	auf Arbeit sein, in der Arbeit sein (Person befindet sich am Arbeitsplatz); an die Arbeit machen (mit der Arbeit beginnen); in Arbeit sein (etwas ist im Arbeitsprozess)
Synonyme; Paraphrasierungen	Erwerbstätigkeit, Beschäftigung, Mühe, Beschwerlichkeit
Antonyme	Arbeitslosigkeit
Homonyme	Arbeit (Werk, Erzeugnis), Arbeit (Kraft mal Weg), Arbeit (Tätigkeit), Arbeit (Training)
Redewendungen, Sprichwörter	nach getaner Arbeit, jemandem viel Arbeit machen, die Arbeit geht voran, die Arbeit läuft uns nicht davon, in Arbeit ertrinken, erst die Arbeit, dann das Vergnügen
Wortbildungen (Komposita, Affixe, Suffixe)	Lohnarbeit, Arbeitsplatz, Arbeitslosigkeit, Arbeitssuche, Arbeitsverhältnis, Hausarbeit, Klassenarbeit, Seminararbeit, Gartenarbeit, arbeitslos, arbeitsam; verarbeiten, bearbeiten, abarbeiten, zuarbeiten, ausarbeiten, Verarbeitung
Wörter, die ähnlich aussehen oder ähnlich klingen	ableiten
Etymologie	arebeit (mhd.)

Die Schlüsselworttabelle kann natürlich auch in reduzierter Form eingesetzt werden und/oder im Laufe einer Unterrichtseinheit sukzessive von den Schüler*innen ausgefüllt werden. Durch die verschiedenen Informationen, die in der Schlüsselworttabelle

---

[3] Das „e" steht hier für den Artikel „die" (Arbeit), das „-en" für die Pluralendung „-en" (die „Arbeiten").

festgehalten werden, wird ein umfassendes Wortwissen aufgebaut und das Lexem „Arbeit" vielfältig mit anderen Lexemen vernetzt.

> Da Termini erst innerhalb eines terminologisches Netzes und eines damit verknüpften Begriffssystems ihre bildungs- und wissenschaftssprachlichen Funktionen entfalten können, ist die Vernetzung der Fachwörter eine Voraussetzung für den Erwerb und die Entwicklung, für die Vertiefung und Erweiterung des Fachwortschatzes im mentalen Lexikon der Schülerinnen und Schüler. (Kilian 2015: 150)

Im zweiten Schritt können zudem Mind Maps sowie Concept Maps zum Einsatz kommen. Dabei handelt es sich um eine Visualisierung von Begriffen und ihren Beziehungen untereinander in Form eines Netzes, das die Schüler*innen selber erstellen. Auch Wörterlisten können der zusätzlichen Festigung dienen und sind für die Lernenden ein Mittel, um selbständig zu lernen (vgl. Nodari & Steinmann 2008: 36). Tab. 11.3 zeigt einen Ausschnitt aus einer modellhaften Wortschatzliste zu dem Thema „Die Stadt im Mittelalter". Eine solche Liste sollte mindestens drei Spalten umfassen: Das Wort oder die feste Wendung, die erlernt werden soll (Spalte 1), einen Beispielsatz (Spalte 2) und eine Spalte für individuelle Anmerkungen des*der Schüler*in (Spalte 3). Lehrkräfte können die Wörter vorgeben, die in die erste Spalte der Wortschatzliste Eingang finden sollen. Grundsätzlich sollten sich Schüler*innen die Listen aber selbst erarbeiten bzw. ergänzen, da sie sich dabei intensiv mit dem Wortschatz auseinandersetzen und der Wortschatzerwerb sehr individuell verläuft.

In der ersten Spalte wird zusammen mit dem Wort der Artikel genannt und Informationen zur Pluralbildung gegeben. Das ist insbesondere für neu zugewanderte Schüler*innen mit Deutsch als Zweitsprache relevant. Insbesondere bei Fremd- und Lehnwörtern unterstützt das jedoch auch Schüler*innen mit Deutsch als Erstsprache. Die Beispielliste enthält hier überwiegend Substantive, aber auch Verben, Adjektive und feste Wortverbindungen sollten aufgeführt werden. Die zweite Spalte enthält einen Beispielsatz. Dieser soll nicht unbedingt das Wort erklären, sondern zeigen, in welchem Kontext es vorkommt und wie es fach- oder bildungssprachlich korrekt verwendet werden kann.

Tab. 11.3: Beispiel für einen Ausschnitt aus einer Wortschatzliste zum Thema „Die Stadt im Mittelalter" (angelehnt an Nodari & Steinmann 2008, CD-Rom).

Wort	Beispielsatz	Anmerkungen/Übersetzung
mittelalterlich	Paris war eine wichtige mittelalterliche Stadt.	
(die) Stadtmauer, -n	Im Mittelalter hatten Städte zum Schutz vor Feinden rundherum eine hohe Mauer.	şehir suru, -surları wie in Lübeck!
schützen	Die Stadtmauer schützt die Stadt.	der Schutz

Tab. 11.3 (fortgesetzt)

Wort	Beispielsatz	Anmerkungen/Übersetzung
(das) Stadttor, -e	Das Stadttor ist ein großes Tor in der Stadtmauer. Es kann geschlossen werden, wenn der Feind kommt.	*şehir kapısı, -kapıları*
(der) Bürger, -	Die Bürger sind die Bewohner einer Stadt. Sie haben Rechte und Pflichten.	*burjuva; vatandaş,*
(der) iHandwerker, -	In der Stadt lebten viele Handwerker, zum Beispiel Schneider, Goldschmiede und Bäcker	*zanaatkar*
(die) Zunft,-ë	Die Handwerker einer Stadt mussten in einer Zunft organisiert sein.	*Lonca* einer Zunft angehören, von der Zunft sein (bedeutet vom Fach sein, Ahnung haben), z. B. die Zunft der Bäcker*innen die Zünfter (Mitglieder) wollten sich nicht mehr von den Adligen so viel sagen lassen, deswegen haben sie sich zusammengetan
beitreten	Alle Handwerker mussten einer Zunft beitreten.	

Die dritte Spalte ist für eigene Ergänzungen der Schüler*innen gedacht und soll das individuelle Wortschatzlernen fördern. Hier ist Platz für Definitionen, weitere Verwendungsbeispiele, persönliche Merkhilfen, Abbildungen bzw. Skizzen und – wie im Fall des Beispiels – Übersetzungen (hier ins Türkische).

Die letzte Phase des wortschatzdidaktischen Dreischritts stellt schließlich die produktive Wortschatzarbeit dar. Insgesamt ist diese Phase stark von den fachlichen Lernzielen abhängig. Insbesondere, wenn Schüler*innen in der Sprachproduktion langfristig kompetent mit dem Wortschatz umgehen können sollen, dann ist es von zentraler Bedeutung, dass sie wiederholt Gelegenheiten erhalten, die neu gelernten Wörter und Wendungen selbständig zu nutzen, z. B. im Rahmen der Anfertigung von Schreibprodukten, Lernplakaten und Präsentationen. In dieser Phase können die zuvor erarbeiten Übersichten (z. B. Schlüsselworttabelle und Wortschatzlisten) als Gedächtnisstütze herangezogen werden. Zudem bietet es sich an, zu überprüfen, ob die Wörter bzw. fachlichen Konzepte tatsächlich korrekt erlernt worden sind.

11.6 Fazit

Zum Schluss sollen noch einmal die zentralen Erkenntnisse dieses Kapitels rekapituliert werden. Wortschatzkenntnisse haben eine zentrale Funktion für den Erwerb fachlicher Kompetenzen. Der relevante Wortschatz umfasst dabei sowohl fach- als auch bildungssprachliche Wörter und Formulierungen. Allgemein kann nicht erwartet werden, dass die Schüler*innen sich die lexikalischen Fähigkeiten (nur) beiläufig aneignen. Im Fachunterricht muss deshalb auch immer Wortschatzarbeit stattfinden. Die produktive Beherrschung eines Lexems setzt ferner ein breites Wortwissen voraus, das sowohl inhaltliche als auch formale Aspekte umfasst. Das mentale Lexikon eines Individuums, in dem der Wortschatz abgespeichert ist, ist ein vieldimensionales Netzwerk. Ein neues Wort zu lernen, heißt deshalb, es in das bereits bestehende Wörternetz einzufügen. Aus diesem Grund sollte sich Wortschatzarbeit immer an dieser netzwerkartigen Struktur orientieren. Der wortschatzdidaktische Dreischritt besteht aus der Phase der Vorwissensaktivierung/Semantisierung, des Übens und Vernetzens sowie des Gebrauchens. In allen drei Phasen sind die Prinzipien Kontextualisierung, Vernetzung und Wiederholung leitend. Für den Fachunterricht ist ferner das Anknüpfen an das Vorwissen der Schüler*innen im Kontext des *conceptual change*-Ansatzes bedeutend.

Aufgaben nach dem Lesen
1. Im Text wurde für das Fach Geschichte bereits angedeutet, dass der (Fach-)Wortschatz spezifische Merkmale aufweist. Lesen Sie die folgenden Hinweise zu ausgewählten Merkmalen historischer Begriffe. Überlegen Sie für Ihr bzw. ein weiteres Ihrer Fächer, ob sich ähnliche fachspezifische Merkmale beschreiben lassen.

Historische Begriffe
a) bezeichnen häufig das nicht mehr Beobachtbare, das Vergangene (z. B. *Zunft*) und sind als solche kognitive Begriffe und Oberbegriffe, die erst konkretisiert und fassbar gemacht werden müssen (z. B. durch Merkmalsbeschreibungen; für *Zunft* etwa Tätigkeiten, Rechte u. a.)
b) unterliegen in ihrer Semantik selbst einem zeitlichen Wandel und sind ebenso historisch wie dasjenige, das sie benennen wollen (Begriffe wie *König*, *Adel* bezeichneten in unterschiedlichen Epochen Unterschiedliches)
c) werden je nach Perspektive und (persönlichem, zeitlichem, sozialem ...) Standort unterschiedlich definiert, weil sie nicht konkrete Sachverhalte einfach ‚abbilden', sondern selbst schon Deutungen sind (z. B. *Nationalsozialismus, Sozialismus*)
d) entstammen nicht selten der Alltagssprache und sind auch von daher einerseits vieldeutig oder werden deswegen andererseits nicht als erklärungsbedürftig erkannt (z. B. *Herrschaft, Prozess*)

aus: Hamann, Christoph & Krehan, Thomas (2013, Darstellung gekürzt und angepasst)

---

2. Kurtz et al. (vgl. 2014) konstatieren, dass Schüler*innen im Mathematikunterricht mit Textaufgaben konfrontiert werden, die sehr unterschiedlichen Wortschatz-

und Wissensbereichen entstammen, wie exemplarisch die nachfolgenden Aufgaben zum mathematischen Thema *Rechnen mit Flächeninhalten* zeigen. Das ist insofern problematisch, als dass damit Welt- und Sprachwissen überprüft wird, das eigentlich nichts mit dem mathematischen Thema zu tun hat. Bitte identifizieren Sie das Welt- und Sprachwissen, das in der folgenden Aufgabe für das vollständige Verständnis des Aufgabentextes notwendig ist.

---

(1) Auf Bestreben einer Bürgerinitiative sollen ein 12 ha großes Sumpfgebiet und ein angrenzendes 3,4 ha großes Waldstück unter Naturschutz gestellt werden.
    a) Wie groß ist die Fläche, die unter Naturschutz gestellt werden soll?
    b) Leider lassen sich die Pläne nicht vollständig verwirklichen. 1,8 ha des Waldgebiets werden weiter zur Holzerzeugung genutzt und nicht unter Naturschutz gestellt. Wie groß wird die geschützte Fläche?
(2) Eine Baugesellschaft sucht ein Grundstück für den Bau von 5 Reihenhäusern. Für jedes Reihenhaus ist ein Bauplatz von 280m² vorgesehen. Wie groß muss das Grundstück sein?
(3) Ein bestimmter Mähdrescher kann in einer Stunde ein 150 ha großes Feld abernten. Der Mähdrescher ist 13 Stunden im Einsatz. Wie groß ist die Fläche, die er abentet?

Aus: Griesel et al. (2010: 233–234)

---

3. Nachfolgend finden Sie eine Auswahl von Vorschlägen für Wortschatzübungen im Fachunterricht. Überlegen Sie bitte, für welche Lehr-/Lernziele die Methode jeweils sinnvoll ist und ob Sie diese Methode bereits nutzen oder ausprobieren möchten.

Methode/ Aufgabe/ Übung	Sinnvoll für folgende Lehr-/Lernziele:	Gebrauch der Methode Diese Methode ...
Begriffe definieren mit Tabuwörtern (auf einer Begriffskarte werden drei bis fünf Wörter notiert, die nicht zur Definition genutzt werden dürfen)		☐ nutze ich bereits. ☐ würde ich gern mal ausprobieren.
Verschiedene Definitionen und Paraphrasierungen von Fachbegriffen vergleichen und bewerten		☐ nutze ich bereits. ☐ würde ich gern mal ausprobieren.
Lückentexte (Einsatz von Fachbegriffen; Abwandlung: verschiedene Wörter werden für Lücke vorgeschlagen und eine Auswahl muss begründet erfolgen)		☐ nutze ich bereits. ☐ würde ich gern mal ausprobieren.
Korrektur von fachsprachlich fehlerhaften Texten		☐ nutze ich bereits. ☐ würde ich gern mal ausprobieren.

(fortgesetzt)

Methode/ Aufgabe/ Übung	Sinnvoll für folgende Lehr-/Lernziele:	Gebrauch der Methode Diese Methode ...
Zuordnungsübungen (Begriff/Definition, verbal/graphisch, Synonym/Antonym, Beispiel/Begriff/Definition, Überbegriff/Unterbegriff etc.)		☐ nutze ich bereits. ☐ würde ich gern mal ausprobieren.
Wortfamilien und Wortfelder anlegen, ggf. mit diesen weiterarbeiten (Texte schreiben, Rätsel erstellen)		☐ nutze ich bereits. ☐ würde ich gern mal ausprobieren.
Begriffsnetze bilden (z. B. Kärtchen mit relevanten Termini sortieren nach bestimmten Kriterien oder Begriffsnetze damit legen lassen, ggf. auch aufkleben und um Pfeile sowie Kommentare ergänzen; als Weiterarbeit auf der Grundlage der Begriffsnetze z. B. Texte schreiben)		☐ nutze ich bereits. ☐ würde ich gern mal ausprobieren.
hierarchische Ober- und Unterbegriffe in eine vorgegebene Grafik einsortieren lassen, wobei sowohl einzelne Begriffe als auch Texte als Grundlage dienen können		☐ nutze ich bereits. ☐ würde ich gern mal ausprobieren.
„Übersetzungsübungen" – von Alltagssprache in Fachsprache übersetzen und umgekehrt		☐ nutze ich bereits. ☐ würde ich gern mal ausprobieren.
Multiple-Choice-Fragen beantworten (z. B. ankreuzen, welche Merkmale auf einen Begriff zutreffen und welche nicht)		☐ nutze ich bereits. ☐ würde ich gern mal ausprobieren.

Weiterführende Literatur

Haß, Ulrike (2021): *Wortschatz und Wortschatzdidaktik oder Was Sie schon immer über Wörter wissen wollten. Eine Einführung.* Duisburg: UVRR.
Das Buch führt in grundlegendes Wissen über Wörter und Wortschatz der deutschen Sprache ein.
Landesinstitut für Schule und Medien Berlin-Brandenburg (Hrsg.) (2013): *Sprachsensibler Fachunterricht. Handreichung zur Wortschatzarbeit in den Jahrgangsstufen 5 bis 10 unter besonderer Berücksichtigung der Fachsprache.* https://bildungsserver.berlin-brandenburg.de/fileadmin/bbb/themen/sprachbildung/Durchgaengige_Sprachbildung/Publikationen_sprachbildung/sprachsensibler_fachunterricht/1_Sprachsensibler_Fachunterricht-Vorwort.pdf (25.05.2024)
Es finden sich hier einzelne Kapitel zu den Fächern Deutsch, Englisch, Geografie, Geschichte, Naturwissenschaften und Mathematik sowie eine Darstellung der wissenschaftlichen Grundlagen der Wortschatzarbeit im Fachunterricht.

12 Sprechen und Zuhören in allen Unterrichtsfächern

Aufgaben vor dem Lesen
1. Im Unterricht, aber auch zur eigenständigen Vor-/Nachbereitung von Unterricht und Prüfungen, dienen vielen Schüler*innen Erklärvideos. *MrWissen2go Geschichte* (Mirko Drotschmann) z. B. hat 2.340.000 Abonnent*innen auf YouTube (Stand 08/2025). Sehen Sie sich das Video *Dolchstoßlegende: Darum war sie so verheerend* (https://www.youtube.com/watch?v=Jyto13xPzWY) an. Überlegen Sie beim Ansehen:
   a) Welche Anforderungen an das Hörverstehen stellt das Video?
   b) Versuchen Sie auch, das Video eine Zeitlang auszublenden und ausschließlich zuzuhören. Stellen Sie anschließend den Ton aus und sehen Sie sich das Video an. Was ändert sich jeweils mit Blick auf das Verstehen?
   c) Probieren Sie die Untertitelfunktion (Deutsch, Übersetzungen in andere Sprachen) aus und variieren Sie die Wiedergabegeschwindigkeit des Videos – inwiefern könnten diese Funktionen Schüler*innen beim Verstehen des Videos unterstützen oder ggf. auch behindern?
2. Kommen Präsentationen von Schüler*innen in Ihrem Fach bzw. Ihren Fächern vor? Was kennzeichnet gelungene Präsentationen? Formulieren Sie Kriterien.

12.1 Einleitung

Dieses Kapitel beschäftigt sich mit zwei für das fachliche Lernen zentralen sprachlichen Kompetenzbereichen, die der Mündlichkeit zuzuordnen sind und bisher im Diskurs um Sprachbildung eher wenig Aufmerksamkeit erfahren: Einerseits mit dem *Hören* und andererseits mit dem *Sprechen*.[1]

Richten wir unseren Blick zunächst auf das *(Zu)hören*. Dass Schüler*innen in der Sekundarstufe kompetente (Zu-)Hörer*innen sind, wird eigentlich vorausgesetzt. Tatsächlich handelt es sich beim Zuhören um eine komplexe Anforderung, deren erfolgreiche Bewältigung u.a. von inhaltlichem Vorwissen und (Fach-)Wortschatzwissen beeinflusst wird, sodass eine Förderung dieser Kompetenz auch in der Sekundarstufe noch von Bedeutung sein kann. Insbesondere die Hör-Seh-Kompetenz (vgl. Biechele 2010) bzw. das Erschließen multimodaler Formate (vgl. Rezat & Feilke 2024 mit Fokus

---

[1] Im Unterschied zum Kapitel zum Sprachbildenden Handeln in der Unterrichtsinteraktion geht es hier stärker um Anforderungen, die an Schüler*innen gestellt werden, sowie um die Entwicklung der Kompetenzbereiche Hören und Sprechen im Fachunterricht als um Lehrer*innen und deren Sprache und Sprechen.

auf Erklärvideos) wird in diesem Zusammenhang selten thematisiert, geht jedoch mit Spezifika einher, auf die in diesem Kapitel ebenfalls eingegangen wird.

Bezogen auf das Zuhören zeigen Ergebnisse nationaler Schulleistungsstudien, dass bei weitem nicht alle Schüler*innen über ausreichend Kompetenzen verfügen (vgl. Untersuchung zu Bildungsstandards für die 8. Schulstufe, Fach Deutsch, in Österreich, 2016):

> Die Schüler/innen, die die Bildungsstandards in Zuhören erreichen, können altersangemessene monologische und dialogische Hörtexte verstehen, auch aus nicht vertrauten Kontexten. 72 % der Schüler/innen auf der 8. Schulstufe erreichen die Bildungsstandards in Zuhören, weitere 8 % übertreffen die Bildungsstandards. 16 % der Jugendlichen können altersangemessene Hörtexte dann verstehen, wenn sie in vertrauten Kontexten angesiedelt sind und erreichen damit die Bildungsstandards teilweise. 5 % der Schüler/innen haben Probleme, Hörtexten aus vertrautem Kontext zentrale Detailinformationen zu entnehmen oder das Thema solcher Hörtexte zu erkennen und erreichen damit die Bildungsstandards in Zuhören nicht. (BIFIE 2017: 100)

In dieser Untersuchung zeigte sich überdies, dass Zuhörkompetenz im Vergleich zu anderen Kompetenzbereichen, besonders stark mit den Merkmalen Migrationshintergrund, Erstsprache sowie Bildung der Eltern zusammenhängt (vgl. BIFIE 2017: 102). Der IQB-Bildungstrend 2022 zeigt für das Zuhören sogar, dass immerhin 34,4 % der deutschen Schüler*innen den MSA-Mindeststandard[2] im Bereich Zuhören nicht erreichen.[3] Daraus folgt, dass Zuhören und Hör-Seh-Verstehen im Unterricht aller Fächer unterstützt werden sollten.

Ebenso wie das (Zu)Hören wird das *Sprechen* im Kontext Sprachbildung wesentlich seltener als z. B. das Schreiben und Lesen thematisiert. Dabei spielen das Sprechen sowie ggf. fachspezifische bzw. fächerübergreifende mündliche Genres für den fachlichen Kompetenzerwerb und die Darstellung von fachlichen Kompetenzen im Unterricht eine wichtige Rolle. Schüler*innen sollen sich auch als Wissende präsentieren, z. B. im Rahmen von Präsentationen oder Plenumsdiskussionen. Dabei spielen auch die Besonderheiten medialer Mündlichkeit eine Rolle. Da sowohl im vorliegenden Studienbuch als auch erfahrungsgemäß im Rahmen der Lehrer*innenbildung schriftsprachliche Normen sehr präsent sind und teilweise unreflektiert auf Mündlichkeit übertragen werden, werden in diesem Kapitel ausgewählte Besonderheiten gesprochener Sprache thematisiert. Dies ist eine wichtige Voraussetzung, sowohl um Schüler*innen passendes Feedback zu geben als auch um sie angemessen bewerten zu können. Das Kapitel gliedert sich entsprechend wie folgt: Erstens folgen Ausführungen zum Hören (vgl. Kap. 12.2) und Hör-Sehverstehen (vgl. Kap. 12.3). Zweitens

---

2 MSA steht für „mittlerer Schulabschluss" und ist im Schulsystem der Bundesrepublik Deutschland ein Bildungsabschluss, der üblicherweise am Ende der 10. Klasse der allgemeinbildenden Schule erworben werden kann.
3 https://deutsches-schulportal.de/bildungswesen/iqb-bildungstrend-die-wichtigsten-ergebnisse/#die-wichtigsten-ergebnisse-zum-iqb-bildungstrend-2022 (Zugriff: 15.03.2024).

wird das Sprechen thematisiert (vgl. Kap. 12.4). Drittens wird auf Merkmale gesprochener Sprache eingegangen (vgl. Kap. 12.5).

12.2 Hören

Hören wurde lange Zeit eher als eine „Bringschuld" (Kahlert 2000; zitiert nach Stude & Fekete 2018: 147) der Schüler*innen angesehen, wie z. B. der Rahmenlehrplan der Freien Hansestadt Hamburg von 2003 noch zeigt: „Das Hörverstehen wird für einsprachig deutsch aufwachsende Kinder nicht als eine zu erlernende Fertigkeit gesehen, da sie vorausgesetzt wird" (Freie Hansestadt Hamburg 2003: 43). Eine gezielte Förderung von Zuhörkompetenzen wurde erst mit Einführung der Bildungsstandards der KMK (vgl. 2005) mit dem eigenständigen Kompetenzbereich *Sprechen und Zuhören* nach und nach Teil von Curricula (vgl. Stude & Fekete 2018: 147). Jedoch bleibt die Thematisierung dieses Kompetenzbereichs vorwiegend auf Curricula des Faches Deutsch und der Fremdsprachen begrenzt, in denen (Zu)hören traditionell von Bedeutung ist. Jedoch:

> Das Zuhören ist in allen Fächern zentrale Voraussetzung für eine aktive Beteiligung am Unterricht, weil wesentliche Teile des Unterrichts auf der mündlichen Vermittlung von Wissen, Kenntnissen, Arbeitsaufträgen etc. beruhen. Mangelnde Kompetenz im Hörverstehen behindert Schüler/innen daher massiv beim Lernen in allen schulischen Bereichen. (BIFIE 2017: 100)

Das Zuhören lässt sich in Teilschritte bzw. -kompetenzen untergliedern. Erstens ist unter Hören als auditiver Wahrnehmung die Wahrnehmung von Schallereignissen zu verstehen. Erst *Zuhören* bedeutet eine Aufmerksamkeitsfokussierung und damit einhergehend eine bewusste Wahrnehmung und Interpretation des Schallereignisses. Spiegel (2009: 190) nennt das „auditorische Reizverarbeitung". Dass bereits dies nicht trivial ist, zeigt sich, wenn man beim Zuhören von Äußerungen in einer unbekannten Sprache Probleme hat, überhaupt zu identifizieren, wie viele Wörter in einer Äußerungseinheit gesprochen worden sind. Im Unterschied zum Zuhören bezieht sich Hör*verstehen* auf „(...) differenzierte Verstehensprozesse von Inhalten und Themen" (Krelle 2010: 54).

Die Abb. 12.1 verdeutlicht das Zuhören als mehrstufigen Prozess der Informationsverarbeitung (vgl. Imhof 2010: 19). Aus der Fülle an Signalen werden in Abhängigkeit der Zuhörer*innenabsicht Laute selektiert. Dabei sind zugleich mehrere Modalitäten, z. B. Hören und Sehen, und mehrere Kodes, nämlich verbale und nonverbale, zu beachten (vgl. Imhof 2010: 18). Auf Basis der Selektion werden Bedeutungen rekonstruiert. Vorhandenes, im Langzeitgedächtnis gespeichertes Weltwissen dient dabei einerseits als Unterstützung im Verstehensprozess und wird andererseits im Prozess des Verstehens ggf. modifiziert. Wichtig ist im Modell der Hinweis auf das Arbeitsgedächtnis. Die Flüchtigkeit des Gehörten und die begrenzte Kapazität des Arbeitsgedächtnisses sorgen dafür, dass Zuhören äußerst anspruchsvoll sein kann, auch für

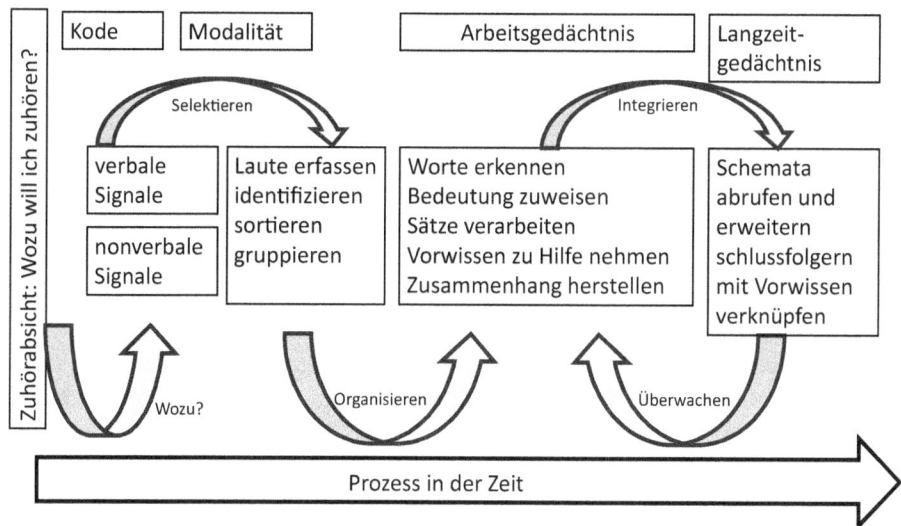

Abb. 12.1: Informationsverarbeitung beim Zuhören (nach Imhof 2010: 19).

kompetente Hörer*innen. Vielleicht können Sie sich an eine Vorlesung eines*er Dozenten*in erinnern, bei der die Ausführungen zu einem für Sie neuen fachlichen Thema inhaltlich so komplex waren, dass es schwierig war, zu folgen. In solchen Fällen ist einerseits das Arbeitsgedächtnis stark gefordert und kann gleichzeitig kaum durch bereits vorhandenes Weltwissen unterstützt werden. Im Gegensatz dazu stehen z. B. Geschichten, die Sie so oft gehört haben, dass Sie sie mitsprechen könnten (z. B. bereits mehrfach gehörte Erzählungen von Freund*innen oder auch in der Kindheit oft gehörte Geschichten).

Wichtig ist, dass durchaus fachspezifische Aspekte zu berücksichtigen sind. Exemplarisch sei hier auf die Sonderstellung der Fähigkeit des Hörens und Zuhörens im Musikunterricht verwiesen (vgl. Spychinger 2000: 151). Einerseits ist hier die musikalische Wahrnehmung hervorzuheben:

> Hören und Zuhören gehören zu den Wahrnehmungsprozessen, zum Bewegt-Werden. Für den nicht-sprachlichen Bereich des Hörens und Zuhörens gilt, dass dieses Bewegt-Werden über die musikalischen Parameter der Klangfarbe, der zeitlichen Dauer des Tons oder Geräusches, der rhythmischen Gestaltung, der Tonhöhe und deren Abfolge, d.h. des Melodieverlaufs, sowie der Lautstärke und der harmonischen Qualitäten erfolgt. (Spychinger 2000: 160–161)

Andererseits kann man ohne Hören und Zuhören zu können allein kaum und in der Gruppe gar nicht musizieren (vgl. Spychinger 2000: 151). Musik als Klangunterricht nähert sich „der Musik vor dem Hintergrund der Reflexion und der Gestaltung akustischer Phänomene aller Art auf breiter Basis an" (Spychinger 2000: 162).

Hervorzuheben ist ferner, dass Zuhören keine ‚lediglich' rezeptive Aktivität darstellt, bei der Informationen „in Echtzeit" (Behrens 2013: 390) verstanden und gedeutet werden müssen; vielmehr erfordert interaktives Zuhören im Rahmen von Gesprächen erstens das Einbringen von hörer*innenseitigen Rückmeldungen (vgl. Stude & Fekete 2018: 146–147). Dabei begleiten Hörer*innen die Rede von Sprecher*innen aktiv, z. B. durch Kopfnicken, aufmerksames Ansehen oder Hörer*innensignale wie *ja* oder *mhm* (vgl. Schwitalla 2012: 32). Das Rückmeldeverhalten dient unterschiedlichen Zwecken (vgl. Spiegel 2009: 194); z. B. können Sprecher*innenäußerungen kritisch kommentiert (z. B. durch eine hochgezogene Augenbraue) oder bestätigt (z. B. durch Mitlachen und Nicken) werden. Zweitens werden ggf. parallel eigene Gesprächsbeiträge entworfen (vgl. Stude & Fekete 2018: 146–147). Das Zuhör- und Rückmeldeverhalten gestaltet sich in der Alltagskommunikation anders als in der Unterrichtsinteraktion (vgl. Stude & Fekete 2018: 147). Besonders im Plenumsgespräch ist es z. B. für Lehrer*innen relativ schwierig, alle Schüler*innen und deren Rückmeldungen im Blick zu behalten. Gleichzeitig können Schüler*innen i. d. R. weniger direkt reagieren, z. B. unterbrechen bei Verstehensproblemen, als dies im Alltagsgespräch zwischen wenigen Personen möglich ist.

Die Förderung von Kompetenzen im Bereich Hören kann im Unterricht über unterschiedliche Zugänge erfolgen (vgl. Niebuhr-Siebert & Baake 2014: 246), wobei die nachführenden Ausführungen zeigen, dass diese Unterstützung nicht unbedingt zusätzlichen Aufwand bedeutet bzw. häufig ein generell sinnvolles Vorgehen im Unterricht darstellt (z. B. Herstellung der Zuhörmotivation):

– Zuhörmotivation herstellen (z. B. Mind-Map, Fragen an das zu Hörende bzw. Sehende sammeln)
– Sprechtempo anpassen, Gelegenheiten für (Rück-)fragen geben
– mehrkanaligen/multimodalen und mgl. widerspruchsfreien Input anbieten
– Hörstrategien reflektieren

Insgesamt erscheint es wichtig, Verstehenssicherungen gezielt einzubauen. Das bedeutet, dass das Verstehen nicht als gesichert vorausgesetzt bzw. lediglich gefragt wird, ob alles verstanden wurde bzw. ob etwas nicht verstanden wurde. Stattdessen sollte das Verständnis der für den weiteren Fortgang des Unterrichts relevanten Aspekte gezielt überprüft und ggf. auch sichtbar dokumentiert werden, z. B. über einen Tafelanschrieb. Auf diese Weise wird das Gehörte „entflüchtigt".

12.3 Hörsehverstehen

Insbesondere für den Fremd- und Zweitsprachenunterricht wurde neben der Fokussierung auf das Hören auch das so genannte *Hörsehverstehen* als relevante Kompetenz herausgearbeitet. Diese ist für jeglichen Fachunterricht, in dem z. B. Spielfilme, Dokumentarfilme etc. zum Einsatz kommen, von Bedeutung:

Das **Hör-Seh-Verstehen** bezieht sich auf die Fähigkeit, audiovisuelle Medien, d.h. Filme unterschiedlicher Genres, im Fremdsprachenunterricht verstehen zu können. Gemäß dem semiotischen Status von Film bedeutet dies, Bild und Ton in ihren spezifischen **Codes** wahrzunehmen, zu verstehen und zu interpretieren. **H-S-V** zielt auf das adäquate Aufnehmen und Verarbeiten der kommunikativen Situation in ihrer Gesamtheit, d.h. das Erfassen der übermittelten Sprachzeichen und der nonverbalen wie extraverbalen, kommunikative Funktion tragenden Informationen und deren intensionsgerechte, partnerbezogene und situationsgerechte Widerspiegelung und Interpretation [...]. (Biechele 2010: 118, Hervorhebungen im Original)

Beim Sehen von Filmen reicht es nicht aus, einerseits das Gehörte zu verstehen oder andererseits das Gesehene wahrnehmen und ‚lesen' zu können. Vielmehr ist es notwendig, beide Modalitäten miteinander in Verbindung zu bringen. Zwei Beispiele aus einem Erklärvideo zum Thema *Dolchstoßlegende: Darum war sie so verheerend* von *MrWissen2go* (Mirko Drotschmann) sollen das illustrieren (siehe Abb. 12.2 und Abb. 12.3). Im ersten Beispiel sieht man den Sprecher, der u.a. die Fragen vorstellt, die im Video beantwortet werden sollen. Ohne die Tonspur oder Untertitel wäre das Video nicht verständlich. Im zweiten Beispiel werden die Inhalte der Tonspur unterstützt durch eine Bildquelle, auf der zwei der angesprochenen Personen zu sehen sind. Diese sind auch markiert und werden so für Personen ohne entsprechendes Vorwissen ebenfalls erkennbar. Damit unterstützen die Bilder das Verstehen, liefern gleichzeitig jedoch zusätzliche Informationen (z. B. über das Aussehen der Personen). Auch diese Sequenz würde jedoch prinzipiell ohne die Bildspur funktionieren.

Abb. 12.2: Videostill aus dem Video „Dolchstoßlegende: Darum war sie so verheerend" (MrWissen2go); gesprochener Text: „Die Lüge nennt man Dolchstoßlegende. Aber warum glauben Menschen an diese Lüge und wie schafft sie es, so wirkmächtig zu werden? Das erklären wir euch in diesem Video und außerdem zeigen wir euch, dass diese Legende bis heute nachwirkt".

Die Kombination von Bild und Ton wird entsprechend als eine spezifische Verstehensaufgabe angesehen (vgl. Raabe 1997), wobei unterschiedliche Bezugnahmen und Wechselwirkungen vorkommen. Stehen Bild- und Tonspur im Widerspruch zueinander, dann ist dies eher erschwerend für das Verstehen. Erklärvideos als Teil informeller Bildung und Bestandteil des sogenannten Nachmittagsmarktes für Schüler*innen (vgl. Rezat & Feilke 2024: 4) sollten möglichst auch im Unterricht berücksichtigt wer-

Abb. 12.3: Videostill aus dem Video „Dolchstoßlegende: Darum war sie so verheerend" (MrWissen2go); gesprochener Text: „Die Macht im Kaiserreich hat damals faktisch die oberste Heeresleitung, die aus dem Generalsfeldmarschall Paul von Hindenburg und auch aus dem General Erich Ludendorff besteht. Als die beiden im Herbst 1918 endgültig einsehen ...".

den, damit Schüler*innen geeignete Rezeptionsstrategien (weiter-)entwickeln können (vgl. Rezat & Feilke 2024: 8 für mögliche Rezeptionsschritte).

Insbesondere für das Hör-Seh-Verstehen von filmischen Darstellungen sind Untertitel eine mögliche Option zur Unterstützung von Verstehen. Forschungsergebnisse, v.a. aus der Fremdsprachenlehr-/-lernforschung bestätigen überwiegend, dass das Hörverstehen durch Untertitel unterstützt werden kann (vgl. Winke et al. 2010; Gowhary et al. 2015).[4] Allerdings zeigt sich für die Sequenz, die in Abb. 12.2 zu sehen ist, dass der Terminus Dolchstoßlegende nicht automatisch korrekt untertitelt wird („die deutliche Lüge nennt man stoßlegende aber warum glauben Menschen an diese") und die fehlende bzw. inkorrekte Groß-/Kleinschreibung ggf. das Verstehen erschwert. Ebenso sind automatische Übersetzungen in andere Sprachen häufig fehlerhaft bzw. nicht vollständig korrekt. Dies ist entsprechend bei der Auswahl oder beim Einsatz zu berücksichtigen.

12.4 Sprechen

„Gesprochene Sprache bezeichnet die verbalsprachlichen Anteile der mündlichen Kommunikation einschließlich aller bedeutungstragenden stimmlichen und prosodischen Erscheinungen" (Fiehler 2012: 26). Zur Prosodie werden u.a. Akzent und Rhythmus, Lautstärke, Sprechgeschwindigkeit, Pausen sowie Stimmfärbung gezählt (vgl. Schwitalla 2012: 56). Am Modell von Levelt (vgl. 1989; vgl. Abb. 12.4) lassen sich die verschiedenen Prozesse, die beim Sprechen ablaufen, verdeutlichen.

---

4 Die angeführten Studien beziehen sich jedoch auf erwachsene Fremdsprachenlerner*innen.

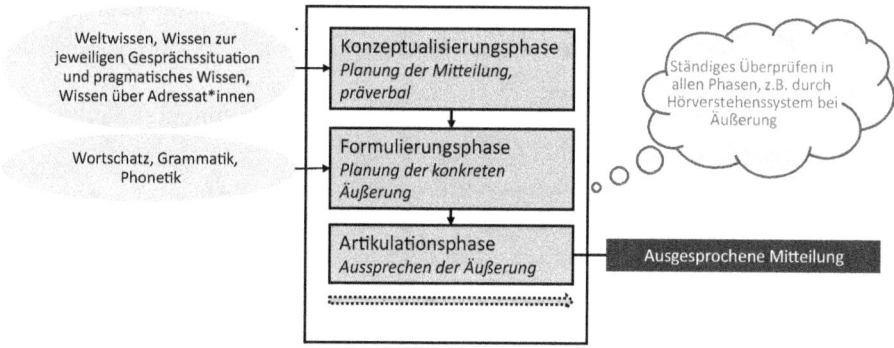

Abb. 12.4: Sprechmodell in Anlehnung an Levelt 1989 (eigene, vereinfachte Darstellung).

Levelt unterscheidet im Wesentlichen drei Phasen: die Konzeptualisierungsphase, im Rahmen derer die Mitteilung (präverbal) geplant wird, die Formulierungsphase, in der die Mitteilung ihre Gestalt erhält und die Artikulationsphase, im Rahmen derer die Äußerung tatsächlich ausgesprochen wird. Dabei laufen die unterschiedlichen Prozesse gleichzeitig und nicht nacheinander ab.

> Sprechen als psychischer Prozess geschieht sehr schnell, automatisch, „inkrementell" (auf Zuwachs) und teilweise parallel (interagierend) auf den Ebenen der semantischen Makroplanung, der Auswahl der Wörter, deren syntaktischer und morphologischer Anpassung, schließlich der phonetischen Gestalt. (Schwitalla 2012: 28)

Schwitalla weist also darauf hin, dass Sprechen ein sehr schnell ablaufender Prozess ist, bei dem viele Dinge gleichzeitig geschehen. Einerseits wird eine Äußerung nicht erst im Kopf fertiggeplant und anschließend ausgesprochen. Sie können dies ja einmal versuchen. Vermutlich würde das zu verhältnismäßig langen Pausen zwischen einzelnen Äußerungen führen und etwas künstlich wirken.

> Denn anders als beim Schreiben hat man beim Sprechen keine Zeit, zuerst im Kopf nach dem richtigen Wort zu suchen, sich dann z. B. eine Endung zu überlegen und danach das Wort mit dem nächsten Wort zu verbinden usw. Der Gesprächspartner wird unruhig, wenn zwischen den Wörtern zu viel Zeit vergeht, wenn also die gesprochene Sprache nicht flüssig ist. (Funk et al. 2014: 88)

Vielleicht ist es auch gar nicht so einfach, sich die gesamte Äußerung, die Sie im Kopf konstruieren, überhaupt zu merken, sodass Sie sie auch tatsächlich wie geplant äußern können.

Neben Spontaneität sind weitere konstituierende Merkmale von Sprechen Becker-Mrotzek (vgl. 2020: 70–73) zufolge:
– Interaktivität: die am Gespräch Beteiligten sind in einem gemeinsamen Sprechzeitraum.

- Medialität: Gesprochene Sprache ist flüchtig und erfordert parallel ablaufendes Planen, Produzieren und Rezipieren. Sie bedient sich verbaler, paraverbaler und nonverbaler Mittel.
- Institutionalität: Der institutionelle Rahmen geht mit bestimmten Rollen und Handlungserwartungen einher (vgl. auch Kap. 10).
- Sequenzialität: Sprachliche Äußerungen erfolgen nacheinander.
- Thematizität: Die am Gespräch Beteiligten setzen ein Thema relevant.
- Identitätsgestaltung: Die am Gespräch Beteiligten bringen ihre Identität ins Gespräch ein und gestalten Beziehungen im Gespräch.
- Unterstützungsverfahren und Verständnissicherung: Aufgrund der Flüchtigkeit werden Verfahren zur Sicherung des Verstehens eingesetzt (z. B. Wiederholungen, Einholung von Zuhörer*innensignalen, Zusammenfassungen u. a.).

Ein ganz wesentlicher Anteil der Unterrichtskommunikation findet in der Medialität der Mündlichkeit statt (vgl. Hauser & Luginbühl 2017: 9). Dabei lassen sich verschiedene Gesprächs- und Sprechformen unterscheiden. Beispiele sind:
- Klassengespräche zur Besprechung von Unterrichtsinhalten
- Gespräche in Paar- und Gruppenarbeiten unter Schüler*innen
- Zwischengespräche zwischen Lehrer*innen und Schüler*innen im Arbeitsprozess
- Präsentationen von Schüler*innen
- Plenumsdiskussion mit verteilten Rollen
- Rollenspiele
- Vorlesen/Rezitieren von Gedichten u. a.
- ...

In den folgenden Abschnitten sollen zwei mündliche Gesprächsformen fachspezifisch modelliert werden: Zwischengespräche im künstlerischen Prozess und die (Abschluss-)Präsentation von (künstlerischen) Produkten. Basierend auf diesen Darstellungen werden ferner didaktisch-methodische Implikationen abgeleitet. Auch wenn exemplarisch der Fokus auf dem Kunstunterricht liegt, wird deutlich, dass beide Gesprächs- bzw. Sprechformen fächerübergreifend von Belang sind.

12.4.1 Zwischen- und Reflexionsgespräche am Beispiel des Kunstunterrichts

In vielen Fächern finden kurze, themenbezogene Gespräche zwischen der Lehrperson und einzelnen oder einer kleinen Gruppe von Schüler*innen statt. Anhand des Kunstunterrichts soll nachfolgend gezeigt werden, inwiefern auch diese als Lehr-/Lerngelegenheit für sprachbildenden Unterricht dienen können. Im Kunstunterricht stehen ganz offensichtlich künstlerisch-gestalterische visuelle Prozesse im Zentrum. Dennoch sind diese immer auch mit verbaler und nonverbaler Kommunikation verbunden (vgl. Rückert & Maak 2021: 77). Zwischengespräche zwischen Lehrer*innen und Schüler*innen dienen im künstlerischen Prozess dazu, den eigenen Arbeits- und Schaffensprozess reflektieren zu lernen. Dabei handelt es sich um eine wichtige Teilkompetenz für die Fähigkeit, ästhetische Urteile zu bilden (vgl. Kirchner 2009: 29; Peez 2015: 11). Eine systematische (Weiter-)Entwicklung dieser Teilkompetenz versetzt Lernende in die Lage, präziser und kompetenter über ihre eigene gestalterische Arbeit sprechen zu können. Voraussetzung dafür ist jedoch, dass entsprechende Zwischengespräche auch als Lerngelegenheit wahrgenommen werden. Gerade das ‚Zwischen' sowie die generelle Flüchtigkeit von Gesprächen führt jedoch dazu, dass sie weniger als Lerngelegenheit ausgestaltet und genutzt werden. Rückert und Maak (vgl. 2021: 79–80) zeigen an einem Beispiel, dass auf eine sehr komplexe Frage zum Bau eines architektonischen Modells die Schüler*innen zwar motiviert, aber doch in sehr kurzen Sätzen antworten und lediglich beschreiben, was sie gebaut haben (*einen Flur, eine Küche, einen Herd, eine Waschmaschine ...*). Obwohl auch der Planungs- und Realisierungsprozess im Impuls des Lehrenden (*Dann sagt ihr mal, was ihr euch gedacht habt bei der Planung und wie es realisiert wurde und was dabei rausgekommen ist.*) relevant gesetzt wird, gehen die Schüler*innen nicht auf diese Aspekte ein. Daran zeigt sich, wie wichtig Sprechimpulse von Lehrer*innen als Grundlage für Äußerungen von Schüler*innen sind. In diesem Fall hätte die Lehrperson im Anschluss an die Formulierung der drei Fragen diese systematisch nacheinander mit den Schüler*innen besprechen können bzw. im Anschluss an die Antworten der Schüler*innen die ersten beiden Fragen erneut stellen müssen. Stattdessen entfällt die Reflexion des Prozesses, die wie bereits erläutert von Bedeutung ist, im Wesentlichen.

Wenn berücksichtigt wird, dass Zwischengespräche häufig als Teil der Vorbereitung auf eine (Abschluss-)Präsentation fungieren, dann sollte sich dies auch in der didaktisch-methodischen Gestaltung wiederfinden. Z. B. könnten Fragen, die Schüler*innen beantworten sollen, vorab schriftlich für alle sichtbar dargestellt werden und die Schüler*innen sollten etwas Zeit zur Vorbereitung auf das Gespräch haben, z.B. um ggf. relevanten Wortschatz zu recherchieren. Zudem könnte die Lehrkraft im Gespräch als „Sprachschatten" die alltagssprachlichen Äußerungen der Schülerinnen* (fach-)sprachlich differenzierter wiederholen (vgl. Schoppe 2019: 175). Schließlich könnte die Lehrkraft die Schüler*innen dazu anregen, sich während der bzw. im Anschluss an die Zwischengespräche Notizen zu machen, die verdichtet noch einmal das Wesentliche zusammenfassen und ggf. auch vorgelesen werden (vgl. Rückert & Maak 2021: 81).

Die Notwendigkeit der Gestaltung von scheinbar weniger bedeutenden Zwischengesprächen als wichtige (sprachliche) Lerngelegenheiten wird noch einmal deutlich, wenn man berücksichtigt, dass für viele Schüler*innen der direkte Weg vom Unterrichtsgespräch zum komplexen mündlichen oder schriftlichen Produkt (Präsentation, Text) eine sehr große Herausforderung darstellt. Scheinen im Unterrichtsgespräch noch fast alle Schüler*innen verstanden zu haben, worum es ging und sind auch in der Lage zufriedenstellende Erklärungen einzubringen, zeigt sich doch immer wieder, dass z. B. das schriftliche Produkt dies nicht widerspiegelt.

12.4.2 Mündliche Präsentationen am Beispiel des Kunstunterrichts

Mündliche Präsentationskompetenz wird als Schlüsselqualifikation angesehen (vgl. Berkemeier 2010; Pabst-Weinschenk 2013). In der Deutschdidaktik wird das Präsentieren allgemein verstanden als „die Vorstellung und Darstellung von Waren, Gegenständen oder Informationen. […] Anders als bei einer Rede wird bei einer Präsentation das gesprochene Wort immer durch Medieneinsatz ergänzt und unterstützt" (Pabst-Weinschenk 2013: 405). Präsentationen dienen dazu, bestimmte Wissensbestände für die Zuhörenden zu modellieren. Diese Modellierung kann durch Visualisierungen unterstützt werden (vgl. Berkemeier 2010: 69), die heutzutage oft mittels einer Präsentationssoftware realisiert werden. Je nach Präsentationsform laufen sowohl während der Entwicklung als auch der Umsetzung der Präsentation verschiedenste Teilprozesse ab (zum Beispiel Recherche, Rezeption von Informationen, Erstellung von Folien sowie einer Sprechvorlage, Formulierung, Verbalisierung, vgl. Berkemeier 2010: 60–61; Gätje et al. 2016: 8), die das Präsentieren zu einer komplexen Handlung machen und unterschiedliche sprachliche, mediale und kognitive Kompetenzen verlangen. Da für die tatsächliche Präsentation i. d. R. eine Sprechvorlage erstellt wird, die mental oder schriftlich in die Präsentationssituation überliefert wird, handelt es sich um eine spezifische Form des Sprechens, die Merkmale distanzsprachlicher Kommunikationssituationen bzw. konzeptioneller Schriftlichkeit aufweist (vgl. Kap. 2).

Eine Spezifik des Kunstunterrichts ist, dass Präsentieren unterschiedliche Formen der Visualisierung von Arbeitsprozessen oder -ergebnissen umfasst. Die Produkte (z. B. selbst erstellte Malereien, Skulpturen oder architektonische Modelle) stellen Dreh- und Angelpunkt von Präsentationen dar (vgl. Maak et al. 2022: 180) und dienen nicht lediglich als Unterstützung, z. B. zur Visualisierung. Dabei stellt das Reflektieren der gemachten Erfahrungen im ästhetischen Prozess einen wichtigen Baustein von Präsentationen dar: „Reflektieren beschreibt die methodisch vielfältigen Möglichkeiten des Gewahrwerdens von Denk- und Handlungsprozessen, mit dem Ziel des Aufbaus, der Überprüfung und Modifikation von Wissen über Strukturen und Zusammenhänge" (Häcker 2011: 177). Welche Auswirkungen dies auf Präsentationen im Kunstunterricht hat und welche relevanten Phasen und Merkmale von Präsentationen auch fächerübergreifend von Bedeutung sind, wird nachfolgend an einem konkreten Beispiel ausgeführt.

Schüler*innen einer 6. Klasse haben an einem eintägigen Architekturworkshop teilgenommen. Es ging um das Thema Bauen, Wohnen und Leben im Einklang mit der Natur; konkret um das Wohnen in Baumkronen. Die Schüler*innen sollten sich mit dem Wechselverhältnis von Natur und Wohnen auseinandersetzen und über die Arbeit mit natürlichen Formen und Strukturen (als Grundlage dienten Abbildungen von Blättern, Libellenflügeln, Honigwaben etc.) kreative Lösungen für das Leben in Baumkronen finden und in Gruppen ein eigenes Modell bauen (vgl. Maak et al. 2022: 177). Dieses sollte abschließend im Rahmen eines fiktiven Architekturworkshops einem interessierten Publikum vorgestellt werden. Dabei sollten die Schüler*innen auch die Entwicklung des Modells reflektieren und dafür argumentieren, warum ihr

Modell für das Bauen und Leben im Einklang mit der Natur besonders gut geeignet ist. Sie sehen dazu nachfolgend zwei Bilder. Abb. 12.5 zeigt eine Stellwand, die den Schüler*innen im Prozess diente und auf der Ideen sowie eine Modellskizze dokumentiert sind. Abb. 12.6 zeigt das fertige Modell, das die Schüler*innen gebaut haben.

Abb. 12.5: Stellwand der Schüler*innen, Workshop Wohnen in Baumkronen.

Abb. 12.6: Fertiges Modell der Schüler*innen, Workshop Wohnen in Baumkronen.

Die nachfolgend dargestellte, leicht gekürzte Abschlusspräsentation verdeutlicht die Besonderheit der Fokussierung nicht nur auf das Produkt, sondern auch auf den Prozess. So erläutert S2, dass es mehrerer Skizzen und Versuche bedurfte, bevor die Gruppe Material fand, das als Dach geeignet war. Andere Materialien wären zu schwer gewesen.

Endpräsentation „Wohnen in den Baumkronen", Gruppe Gelb

1	Dozentin	Ja. Liebe Architektinnen und Architekten. Herzlich willkommen hier im
2		kunsthistorischen Institut. Wir sind schon sehr gespannt auf die Entwürfe zur Idee
3		*Wohnen in den Baumkronen.*
4	Ben	So, unser Projekt. Das Haus heißt Blätterhaus. (*Es folgen weitere Erläuterungen zum*
5		*Modell.*) ((S1 guckt zu S2))
6	Jonas	Wir haben das Blä, äh das Dach so gebaut, beziehungsweise entwickelt, weil wir das in
7		in mehreren Skizzen hatten, dass das Dach etwas zu schwer war. Deswegen haben wir
8		uns gedacht, ähm die Blätterstruktur ist äh ziemlich leicht und äh lässt kein Wasser
9		durch. Wir sind die ähm auf die runde Form des Hauses ähm durch Bens
10		ähm Skizze gekommen. Das Haus ist dadurch wind also winddurchlässig, dass
11		der Wind nicht so gegen das Haus drücken kann. Außerdem haben wir aufm
12		Boden Wurzeln. Wurzeln, das war ähm Maras Idee, damit es nicht so rutschig ist.
13		Ja. ((S2 nickt S3 zu))
14	Nele	Also, wir haben hier als Dach ähm diese Blätter genommen und als wand vom
15		Haus ähm solche Verflechtungen und als Boden haben wir die halt die
16		Wurzelstruktur verwendet.
17	Mara	((flüstert unverständlich))
18	Nele	((schüttelt den Kopf))
19	Mara	Ähm wir haben die Blätter als Dach genommen, weil sie halt glatt sind und da
20		halt das Wasser runterläuft und nicht ins Haus eindringt. Und dann haben wir
21		halt dieses dieses Geflecht hier ((zeigt am Modell)) an den Seiten, weil das halt
22		wenns windig ist sich so mitschwingt, weil das halt dehnbar ist und trotzdem
23		stabil. Und wie Jonas halt auch schon gesagt hat die Wurzeln, damit das halt nicht
24		rutschig ist.
25	Jonas	Das wars mit unserem Projekt.
		((Applaus))

Präsentationen bestehen meist aus als eher prototypisch anzusehenden Phasen (vgl. Abb. 12.7). Der Einstieg soll den Zuhörenden sowohl eine inhaltliche wie auch strukturelle Orientierung ermöglichen. Im Hauptteil werden fachliche Inhalte sowie ggf. Aspekte des Prozesses vorgestellt. Abschließend werden die zentralen Aspekte noch einmal zusammengefasst und es besteht die Möglichkeit für Fragen oder sich anschließende Diskussionen.

Betrachtet man die oben gezeigte Präsentation aus dem Kunstunterricht, dann fällt auf, dass der Einstieg eher unmittelbar erfolgt (*Unser Projekt heißt Blätterhaus.*) und darüber hinaus keine Hinweise zur Gliederung oder Gestaltung der nachfolgenden Präsentation folgen. Der Hauptteil besteht darin, dass die Schüler*innen nacheinander auf Basis von Notizen das Modell vorstellen. Dabei zeigen sich eine Reihe von inhaltlichen Wiederholungen (Blätter als Dach, da diese leicht und wasserabweisend sind). Der Ab-

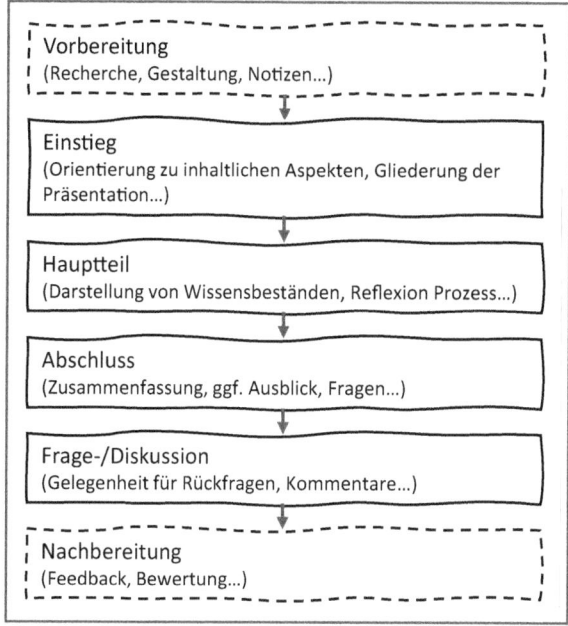

Abb. 12.7: Präsentationsphasen (eigene Darstellung).

schluss erfolgt recht unvermittelt (*Das wars mit unserem Projekt*). Ähnlich verlaufen Präsentationen häufig im Fachunterricht (nicht nur im Kunstunterricht). Insbesondere der Einstieg und Abschluss erscheint Schüler*innen häufig überflüssig – schließlich wissensowohl die Lehrperson als auch die Mitschüler*innen, was die Aufgabe war.

Der Präsentation des Blätterhauses wohnten auch Personen bei, die am Workshop nicht teilgenommen hatten. Auch für Sie als Leser*innen war es vielleicht nicht so einfach, zu verstehen, was genau vorgestellt wird. Dies liegt erstens daran, dass Sie als Leser*innen die Zeigegesten nur bedingt nachvollziehen können. Dies liegt zweitens auch an der Komplexität des Workshops: Die Schüler*innen hatten Abbildungen von natürlichen Strukturen, z. B. Verflechtungen und Blättern, überlegten dann, wie diese architektonisch genutzt werden könnten und bauten schließlich ein Modell mit stellvertretenden Materialien. Drittens liegt es daran, dass die Präsentation nicht auf Adressat*innen mit weniger Vorwissen bzw. die nicht Teil des Workshops waren, zugeschnitten ist. Gleichzeitig ist festzuhalten, dass die Schüler*innen hier in längeren Redebeiträgen komplexe Zusammenhänge versprachlichen und deutlich machen können, dass sie sich eingehend mit der Frage von Form und Funktion (z. B. *Wurzeln, damit es nicht so rutschig ist*) auseinandergesetzt haben. Dies könnte man dem Modell selbst z. B. gar nicht ansehen. Dafür braucht es eine eingehende Erläuterung.

Abschließend ist festzuhalten, dass für Präsentationen zwar fach- und aufgabenspezifische Aspekte eine Rolle spielen, jedoch auch fächerübergreifende Merkmale deutlich werden. Dies betrifft z. B. Aspekte der Strukturierung, des Auftretens während der Präsentation u.a. Deutlich wird das noch einmal am Beispiel der Präsentation einer Versuchsdurchführung im Biologieunterricht deren Struktur in Tab. 12.1 dargestellt wird (vgl. Beese et al. 2017: 35).

Tab. 12.1: Eine Versuchsdurchführung präsentieren (nach Beese et al. 2017: 35).

Struktur eines Protokolls	Allgemeine Hinweise zur Präsentation
Problemstellung	– die Mitschüler*innen begrüßen – das Thema und die Gliederung erläutern – die Problemstellung vortragen
Hypothese	ein Plakat mit der ausformulierten Hypothese gut sichtbar aufhängen und vorlesen
Planung Materialliste Skizze des Versuchsaufbaus	– die einzelnen Materialien zeigen – die Skizze des Versuchsaufbaus erläutern
Versuchsdurchführung	die Durchführung entweder an bestimmten Elementen aus der Versuchsskizze oder am real aufgebauten Versuch verdeutlichen

Sie weist im Vergleich zu den oben dargestellten Präsentationsphasen sowohl Gemeinsamkeiten (Einstieg mit Begrüßung und Hinweisen zum Thema und zu Gliederungen) als auch aufgabenspezifische Aspekte (Materialien und Versuchsaufbau zeigen und erläutern) auf.

12.5 Merkmale gesprochener Sprachverwendung

Bei der Analyse und Bewertung mündlicher Kommunikation im Unterricht sollte eine unreflektierte Übernahme von Beschreibungskategorien etwa aus dem Bereich der Grammatik aus der schriftlichen Kommunikation vermieden werden. Geschriebene Sprache und deren Regeln sollten nicht als Normalfall angesehen werden; das bezeichnet man auch als „written language bias" (Fiehler 2012: 36, 42). So sind zum Beispiel Formulierungsprobleme bei der Versprachlichung im Rahmen mündlicher Verständigung unvermeidbar und normal (vgl. Fiehler 2012: 46): „Es fällt uns sehr schwer, Gesprochenes nicht **durch die Brille der Schrift** zu sehen; dadurch übersehen wir ihre Spezifik" (Schwitalla 2012: 23, Hervorhebung im Original).

Exkurs Gesprochene Sprache ins Geschriebene übertragen: Transkriptionskonventionen
Gerade für sprachwissenschaftliche Forschung reicht es oft nicht aus, Gesprochenes so wiederzugeben, dass ‚der Inhalt' verstanden werden kann. Vielmehr ist es wichtig, zu wissen, ob die Sprecher*innen z. B. *ham* oder *habm* gesagt haben, ob sie Pausen gemacht haben und wie lang diese genau waren etc. Daher sind unterschiedliche Regelsysteme für das Transkribieren mündlicher Sprache entwickelt worden. Ein Beispiel ist GAT 2 (Gesprächsanalytisches Transkriptionssystem). Nachfolgend werden ausgewählte Beispiele gegeben, die auch für das Verständnis des noch folgenden Auszugs von Bedeutung sind.

GAT 2, Minimal- und Basistranskript, in Auswahl (vgl. Selting et al. 2009)
Hinweis: Alles wird kleingeschrieben. Großschreibung weist auf Betonung (Akzente) hin.

Sequenzielle Struktur/Verlaufsstruktur
[ ]   Überlappungen und Simultansprechen
[ ]

Ein- und Ausatmen
°h / h°   Ein- bzw. Ausatmen von ca. 0.2-0.5 Sek. Dauer
°hh / hh°   Ein- bzw. Ausatmen von ca. 0.5-0.8 Sek. Dauer

Pausen
(.)   Mikropause, geschätzt, bis ca. 0.2 Sek. Dauer
(-)   kurze geschätzte Pause von ca. 0.2-0.5 Sek. Dauer
(–)   mittlere geschätzte Pause v. ca. 0.5-0.8 Sek. Dauer
(—)   längere geschätzte Pause von ca. 0.8-1.0 Sek. Dauer
(0.5)   gemessene Pausen von ca. 0.5 bzw. 2.0 Sek. Dauer
(2.0)   (Angabe mit einer Stelle hinter dem Punkt)

Sonstige Konventionen
((hustet)) para- und außersprachliche Handlungen und Ereignisse

Sonstige segmentale Konventionen
:   Dehnung, Längung, um ca. 0.2-0.5 Sek.
::   Dehnung, Längung, um ca. 0.5-0.8 Sek.

Akzentuierung
akZENT   Fokusakzent
ak!ZENT!   extra starker Akzent

Tonhöhenbewegung am Ende von Intonationsphrasen
(Achtung: Die Zeichen sind nicht mit normalen Interpunktionszeichen zu verwechseln.)
?   hoch steigend
,   mittel steigend
–   gleichbleibend
;   mittel fallend
.   tief fallend

Nachfolgend wird auf ausgewählte Merkmale gesprochener Sprache eingegangen (vgl. Hennig o.J. und Schwitalla 2012 für ausführliche Darstellungen). Diese sind bedingt durch das Medium. Wenn wir eine möglichst originalgetreue Abschrift gesprochener Sprache lesen, dann wirkt dies auf ungeschulte Leser*innen häufig fehlerhaft, konfus und schwer verständlich. Hört man die entsprechenden Passagen, dann wirken diese meist ‚ganz normal' und nicht problematisch und: „Vieles, was anfangs als überflüssig und als verwirrend angesehen wurde, hat eine präzis zu beschreibende kommunikative Funktion" (Schwitalla 2012: 15). Das wird nachfolgend an ausgewählten Phänomenen gesprochener Sprache illustriert; als Grundlage für die Beispiele dient ein

Auszug aus der bereits thematisierten Schüler*innenpräsentation, diesmal als GAT-2-Basistranskript.

Auszug Endpräsentation "Wohnen in den Baumkronen", Gruppe Gelb, GAT-2-Basistranskript.

1	Jonas	wir haben das BLÄ_ äh das dach (.) SO gebaut;
2		beziehungsweise ENTwickelt; (.) °h weil wir das in (.) in
3		MEHReren Skizzen hatten; da:ss (.) da:s DACH etwas zu schwer
4		war; deswegen haben wir uns geDACHt, (.)°h ÄHM_ die
5		BLÄtterstruktur ist_ äh ist ziemlich LEIcht, (.) und äh
6		lässt kein WASser durch. (-) °h wir sind (die)_(.) ÄHM_
7		auf die runde FORM, (.) des hauses; (.) ÄHM_ durch BENs
8		ÄH:M. (--)SKIZze gekommen, da:s (.) haus ist dadurch WIND;
9		also WINDdurchlässig; dass der WIND nicht so (.) gegen das
10		haus drücken kann. (.) außerdem ham wir aufm boden, (.)
11		WURzeln, (.) WURzeln, das war (.) ähm MAras idee; (.) damit
12		es nicht so RUTSCHig ist; (-) Ja; [((S2 nickt S3 zu))]
13	Nele	ALso, wir HAben, (.) hier als DACH; (.) ÄHM diese BLÄTter
14		genommen, (.) und (.) a:ls WAND vom haus, (.) ÄHM solche
15		(.) VERflechtungen; (-) [und als BOden haben wi:r (.) die
16		die halt die WURZelstruktur verwendet;] (-)

„Gesprochenes unterscheidet sich von Geschriebenem am stärksten durch die *Prosodie*, weil beim Sprechen immer die Stimme beteiligt ist" (Schwitalla 2012: 82, eigene Hervorhebung). Betonungen (Akzente – jede Silbe kann unterschiedlich stark betont werden) können z. B. wichtige oder neue Informationen hervorheben. So weist die Betonung des Attributs in der Äußerung „*in MEHReren Skizzen*" (Z. 2-3) darauf hin, dass nicht die Skizzen der zentrale Fokus der Äußerung sind, sondern die Tatsache, dass mehrere angefertigt wurden. Das passt z. B. auch dazu, dass die Zuhörer*innen der Präsentation lediglich eine Skizze an der Stellwand sehen können. Intonation kann darüber hinaus bedeutungsgebend für ganze Äußerungen sein: Der gleiche Satz kann – in Abhängigkeit der Intonation – als Frage oder als Aussage verstanden werden (*Das war schön.* vs. *Das war schön?*). Auch Lautstärke und Sprechgeschwindigkeit sind von Bedeutung. Z. B. fallen verringerte Sprechgeschwindigkeit und erhöhte Lautstärke oft (aber nicht immer) mit größerer Relevanz zusammen, umgekehrt schnelles und leises Sprechen mit Relevanzherabstufung (vgl. Schwitalla 2012: 82).

Pausen erfüllen sehr unterschiedliche Funktionen. Z. B. dienen sie dem Nachdenken über die Weiterführung von eigenen Äußerungen. Solche Pausen sind häufig gefüllt (z. B. mit *öh, äh, ähm*), da dies signalisiert, dass Sprecher*innen noch nicht fertig sind (vgl. Schwitalla 2012: 75). Nach dem Abbruch von *BLÄ_* in Zeile 1 folgt ebenfalls ein *äh*. Dieses dient hier sehr wahrscheinlich dazu, anzuzeigen, dass der Schüler überlegt bzw. reformuliert und die Äußerung noch nicht beendet ist. Eine ähnliche Funktion können Längungen wie in Zeile 3 haben: *da:ss (.) da:s DACH*. Die Doppelpunkte bedeuten, dass der Teil *da* länger als normal gesprochen wurde. Da direkt darauf eine Mikropause, (.), und eine erneute Längung folgt, kann man davon ausgehen, dass der Schüler während der Äußerung überlegt. Längungen können aber ebenfalls der Betonung dienen; z. B. wenn etwas als *me::::gaschön* (*meeeeegaschön*) bezeichnet wird, dann kann dies die Aussage verstärken (*es war also wirklich sehr schön*).[5] So genannte stille Pausen hingegen können signalisieren, dass andere Personen ‚übernehmen' und (weiter-)sprechen sollen (vgl. Schwitalla 2012: 75).

Dass *Gestik* und *Mimik* ebenfalls eine wichtige Rolle spielen für gesprochene Sprache wird ebenfalls im Beispiel deutlich. Nachdem Jonas bereits mit einem *Ja* das Ende seines Teils angekündigt hat ‚nickt er Mara zu, die daraufhin übernimmt und mit ihrem Teil der Präsentation fortfährt. Da Raum, Zeit, Sprecher*innen und Adressat*innen der Sprechsituation i. d. R. als gemeinsames Wissen gegeben sind und mitgedacht werden, spielen verbale Deixis[6], Blicke und Zeigegesten eine wichtige Rolle (vgl. Schwitalla 2012: 152–153). So können Teile der sichtbaren Umgebung fokussiert und zum Gegenstand der gemeinsamen Aufmerksamkeit gemacht werden (vgl. Schwitalla 2012: 153). Wenn Nele in Zeile 13 formuliert: „ALso, wir HAben, (.) hier als DACH; (.) ÄHM diese BLÄTter genommen," dann stellen *hier* und *diese* deiktische Verweise dar, die sich auf das gebaute Modell beziehen.

> Das gemeinsame Kontextwissen ermöglicht viele Weglassungen, Verkürzungen und Pronominalisierungen. Auf Objekte im gemeinsamen Wahrnehmungshorizont kann man zeigen, mit deiktischen Ausdrücken hinweisen, die in geschriebener Version, wo der gemeinsame Wahrnehmungsraum fehlt, explizit versprachlicht werden müssen (...). Deshalb sind Transkripte ohne die Kenntnis der Gesprächssituation oft nicht verstehbar. (Schwitalla 2012: 153)

Typisch für gesprochene Sprache sind Abbrüche, Korrekturen bzw. Neuanfänge sowie Re-/ Umformulierungen und Selbstkorrekturen: „Wenn man sich versprochen hat oder etwas gesagt hat, was nicht zu dem passt, was man eigentlich sagen will, bricht man seine Rede ab und formuliert neu" (Schwitalla 2012: 119). Damit wird der Teil, der korrigiert wird, als ungültig behandelt (vgl. Schwitalla 2012: 119). Jonas bricht bei *BLÄ_* in Zeile 1 ab – vermutlich wollte er *Blätterdach* sagen – und spricht stattdessen zunächst lediglich von *Dach*. Das Verb *gebaut* wird anschließend ersetzt durch *entwickelt*. Das ist insofern relevant, weil die Entwicklung des Modells wesentlich mehr Zeit in Anspruch genommen hat als das eigentliche Bauen und die Darstellung des Entwicklungsprozesses ein wichtiger Baustein der Präsentation sein soll. Eine Form des Reformulierens

---

[5] Interessant ist, dass dieses Merkmal gesprochener Sprache sich auch in geschriebener Sprache in informellen Kontexten, z. B. YouTube-Kommentaren, wiederfinden lässt. Damit wird häufig Emotionalität vermittelt (vgl. Maak & Kröber i.Vorb. zur Webserie Druck; Beispiel für einen Kommentar, der sich auf die Freude bezieht, dass endlich eine neue Folge online gestellt wurde: „Eeeendlich!!!☺☺☺☺").
[6] Deixis bedeutet Bezugnahme auf Personen, Gegenstände, Orte und Zeiten im Kontext der jeweiligen Äußerungssituation. Linguistisch handelt es sich um sprachliche Ausdrucksmittel, die zum Hinweisen auf Gegenstände und Erscheinungen in der Welt gebraucht werden können (https://grammis.ids-mannheim.de/terminologie/717; letzter Zugriff 14.08.2024).

sind Wiederholungen. Sie können z. B. der Bekräftigung einer bestimmten Aussage bzw. Information, der Verständnissicherung (sicher gehen, dass gesagt wurde, was gehört wurde) oder der Hörer*innenbestätigung dienen (Schwitalla 2012: 179ff.). Im Unterricht können sie zudem für Zuhörer*innen verstehensunterstützend wirken (Stichwort *Flüchtigkeit des Gesprochenen*). In einem Studienbuchtext wie diesem würden Wiederholungen im Geschriebenen jedoch überflüssig wirken.

Ellipsen, also die Auslassung von Wörtern oder Satzteilen in einem Satz bzw. die Verwendung von nicht schriftsprachlich konformen Sätzen und Satzgefügen, sind ebenfalls sehr typisch für gesprochene Sprache. Meist dienen sie der Ökonomie, da Sprecher*innen nicht mehr sagen müssen als für das Verständnis von Hörer*innen notwendig ist (vgl. Schwitalla 2012: 102). Generell ist es im Mündlichen gar nicht so einfach, zu bestimmen, wann ein Satz endet, da dafür sowohl grammatische, inhaltliche als auch prosodische Merkmale von Bedeutung sind. Typisch sind z. B. auch Nachsätze (Rechtsherausstellungen/Nachträge) (vgl. Schwitalla 2012: 114). Der Satz scheint bereits ‚fertig', es werden jedoch dann noch relevante Informationen gewissermaßen nachgeliefert. Das lässt sich an folgender Äußerung aus Zeile 1–4 gut zeigen: *„wir haben das BLÄ_ äh das dach (.) SO gebaut; beziehungsweise ENTwickelt; (.) °h weil wir das in (.) in MEHReren Skizzen hatten; da:ss (.) da:s DACH etwas zu schwer war;"* Genau genommen wäre bereits der Teil *Wir haben so gebaut, weil wir das in mehreren Skizzen hatten.* ein vollständiger ‚Satz'. Jedoch wird eine zusätzliche Information, die spezifiziert, worauf sich *das* bezieht (*dass das Dach etwas zu schwer war*) nachgeschoben.

Interessant ist, dass Laute sich im Gesprochenen häufig aneinander anpassen oder ausgelassen werden (vgl. Schwitalla 2012: 37); z. B. sagt kaum eine Person *Lap-pen* in zwei deutlich unterscheidbaren Silben, sondern eher etwas, das als *Lapm* aufgeschrieben werden müsste. Auch Infinitive wie *gehen* und *machen* werden meistens als *gehn* oder *machn* gesprochen. Einige Lautauslassungen sind auch typisch für Dialekte (*krisse* = *kriegst du* für das Ruhrdeutsche, vgl. Schwitalla 2012: 37). Solche Lautanpassungen oder -auslassungen erleichtern den Sprechprozess und dienen der Ökonomie. Im schulischen Alltag ist dies insofern von Bedeutung, als das Einfordern von ‚hyperkorrektem' Sprechen nicht sinnvoll ist. Gleichzeitig können Lautanpassungen oder -auslassungen jedoch auch – vielleicht in Kombination mit schnellem und leisem Sprechen – ein Zeichen von Unsicherheit sein sowie sprachliche Schwierigkeiten verdecken (vgl. Knapp 1999).

12.6 Fazit

In diesem Kapitel wurde herausgearbeitet, dass das Hören und Sprechen sowie das Hörsehverstehen Fertigkeiten darstellen, die es im Rahmen von sprachbildendem Unterricht zu berücksichtigen gilt. Es kann keineswegs vorausgesetzt werden, dass alle Schüler*innen komplexe Hörtexte ohne weitere Unterstützung verstehen können. Ferner gibt es sehr unterschiedliche Gesprächs- und Sprechformen, die jeweils spezifische Anforderungen an Schüler*innen stellen, wie das Beispiel Präsentationen zeigt.

Dabei spielen sowohl für das Hören als auch das Sprechen die Merkmale gesprochener Sprache bzw. medialer Mündlichkeit eine wichtige Rolle. Deren Spezifika, wie z. B. Pausen und Abbrüche oder Reformulierungen, als funktionale Aspekte zu verstehen und einordnen zu können ‚stellt eine wichtige Voraussetzung für Lehrende im Kontext sprachbildenden Unterrichts dar. So sollten möglichst nicht schriftsprachliche Normen als Grundlage für deren Einschätzung dienen.

Aufgaben nach dem Lesen
1. Nachfolgend finden Sie eine Checkliste, die als Grundlage für das Üben von Präsentationen dienen kann. Welche Aspekte wären auch für Präsentationen in Ihrem eigenen Unterricht geeignet? Gibt es darüber hinaus Aspekte, die angepasst oder ergänzt werden müssten, damit es für Sie bzw. Ihre Fächer passt?

Schritt 3: Präsentation üben			
Tipp	fällt mir leicht	fällt mir schwer	Schwierigkeiten
Stell die Präsentation fertig zusammen, bevor du mit der Planung der technischen Seite der Präsentation beginnst.	☐	☐	☐
Überleg, welche Teile der Präsentation mit dem Zeigen von Folien leichter verständlich werden.	☐	☐	☐
Druck die Folien aus und mach Stichwortnotizen oder bereite A5-Kärtchen mit Stichworten zum Inhalt der Präsentation oder zu den Folien vor. Die Kärtchen können dir als Gedankenstütze dienen. Notier keine ganzen Sätze; die verleiten dich zum Auswendiglernen.	☐	☐	☐
Übe die Präsentation mehrmals. Zuerst am besten für dich allein. Achte dabei auf die Zeit. Arbeite dann mit jemand anderem zusammen. Präsentiert euch gegenseitig eure Präsentationen und gebt einander Rückmeldungen.	☐	☐	☐
Wechsle die Folien nicht zu schnell. Lass die Bilder, Grafiken und Texte auf der Folie wirken. Lass dem Publikum Zeit, das, was dargestellt ist, auch zu verstehen. Du kannst auch Zeit für das Notizenmachen geben.	☐	☐	☐
Kontrollier einige Tage im Voraus, ob die Technik funktioniert: Kann der Computer den Stick lesen, funktioniert die Verbindung zum Beamer, funktioniert (falls nötig) die Tonübertragung, können Videosequenzen aus dem Netz wirklich eingespielt werden …?	☐	☐	☐

Checkliste zur Selbstreflexion beim Üben einer Präsentation (nach Lindauer & Senn 2015: 54)

2. Lesen Sie den nachfolgenden Auszug und bestimmen Sie Merkmale gesprochener Sprache.

h° ÄHM wir haben (.) die blätter als DACH genommen; weil sie halt GLATT sind, (-) und da halt das Wasser RUNterläuft; u:nd nicht ins HAUS eindringt, (.) u:nd dann haben wir halt (.) dieses geflecht HIER, ((zeigt an Modell)) (.) an den SEIten; weil das halt; (.) wenns windig ist (.) sich so MITschwingt, weil das halt DEHNbar ist; (.) un:d trotzdem STAbil, (-) U:ND wie jonas halt auch schon gesagt hat (.) die wurzeln damit das halt nicht RUTschig ist. (-)

3. Lesen Sie die nachfolgenden Beispiele. Einmal handelt es sich um geschriebene Texte von Schüler*innen (Beobachtungsprotokoll aus dem Biologieunterricht) und einmal um Ausschnitte aus der Unterrichtsinteraktion (Biologieunterricht). Diskutieren Sie, ob die Wort-/ Gliedstellung in den markierten Sätzen richtig oder falsch ist. Hat die Syntax in dem Fall eine fachliche Relevanz?

Situation	Beispiel[7]
Die Beobachtungsprotokolle aus dem Biologieunterricht beziehen sich auf einen Versuch, bei dem über eine brennende Kerze ein Glasbehälter gestülpt wird. Im ersten Durchgang erfolgt dies mit Umgebungsluft. Im zweiten Durchgang mit ausgeatmeter Luft der Versuchsleiterin. Die Kerze erlischt unterschiedlich schnell.	Auswertung: Bei dem ersten Versuch ist die Kerze länger im Glas wie bei dem zweiten Versuch. Weil bei dem ersten Versuch ist die normale Luft schon drin aber bei dem zweiten Versuch nimmt die Frau ein Schlauch und pustet die Luft raus das ihre drinnen ist und so istdie Kerze schneller ausgegangen./ (Ricart Brede 2020: 424, 2_01081S05) Auswertung: As. Al Als die Kerze das erste mal im Glal{s} war, verbrannte sie den ganz{z}en Sauerstoff inerhalb ca. 30 Sekunden. Nachdem sie den Sauerstoff verbrannt hat ging sie aus, weil eine Flamme braucht Sauerstoff zum Bbrennen./ (Ricart Brede 2020: 427, 2_01081S12)

---

[7] { } - in diesen Klammern stehen von den Schüler*innen nachträgliche eingefügte Buchstaben oder Wörter und / steht für Absätze.

Die Klasse steigt in das Thema Blut ein und die Lehrerin lässt die Schüler*innen eine Mind-Map an der Tafel zum Thema erstellen. (Beispiele stammen aus Maak 2018, unveröffentlichter Materialband)	03081L01: […] ihr geht dann (-) OHne aufforderung, A:ber bitte ERST warten, bis er [/] bis d[/] bis derjenige fertig ist bevor der nächste vorgeht, <u>weil wir müssen ja erst wissen,</u> wo wirs hinsortieren. […] 03081S03 ((zu 03081S07, der gerade anschreibt)) 03081S07 das blut, nicht den blut. 03081S07 was. 03081S03 DAS blut. (-) ja, <u>weil da steht DEN</u> blut.

Weiterführende Literatur

Schwitalla, Johannes (2012): *Gesprochenes Deutsch. Eine Einführung.* 4. Aufl. Berlin: Erich Schmidt.
Wenn Sie sich für Phänomene der gesprochenen Sprache interessieren, dann finden Sie in dieser Einführung grundlegende Hinweise ausführliche Erläuterungen jeweils mit zahlreichen Beispielen.

13 Lesen in allen Unterrichtsfächern

Aufgaben vor dem Lesen

1. Bitte lesen Sie den nachfolgenden Textausschnitt mit Abb. 13.1. Welche der folgenden Fragen können Sie (ohne weitere Unterstützung wie z. B. Übersetzungshilfen) beantworten?
   a) Worum geht es im Text?
      ○ Basketball ○ Fußball ○ Handball
   b) Wird im Text von einem bestimmten Spiel berichtet?
      ○ ja ○ nein
   c) Geben Sie in ein bis zwei Sätzen eine kurze Zusammenfassung des Inhalts.

الحياة غوندوغان كابتن منتخب ألمانيا كرة القدم
علاء عامر مثالي يقود المنتخب الألماني خلال المعركة وخارجها في بطولة يورو 2024
28.05.2024

Abb. 13.1: Zum Text gehörendes Foto (Quelle: picture alliance & Presseagentur ULMER ©).

الكابتن غوندوغان يقميص المنتخب الألماني

إن الفريق يشعر بفخر بانتمائه. إلطمائنا، طبيعية للطبيات، خمس مرات للطريق بانتمائه... إن هذا هو حماس من الاستنشاق فاكهة اقتسامها»، ولدى غوندوغان ترتر في غيركنتريشن في قطائن للرور. بعد في دورنيغرين الأفاير، شيده اضياً على شهادة المدرسة الثانوية «كبلر»، مثل زاه من «كيرولايا»، وشارك بتدريب يأطل في برد منشستريتي، علوي
بعض في عمو منشستريتي.

https://www.deutschland.de/ar/topic/alhyat/alkay-ghwndwqhan-kabtn-almntkhb-alalmany-bkrt-alqdm
(letzter Abruf 13.08.2024)

2. Bitte überlegen Sie: Welche Textsorten sind typisch für Ihre Unterrichtsfächer? Welche Texte werden gelesen und geschrieben? Welche Herausforderungen beinhalten diese?

13.1 Einleitung: Lesekompetenz

Das Lesen von Texten ist eine zentrale Lernaktivität in (fast) allen Unterrichtsfächern. Wer über eine schlechte Lesekompetenz verfügt, hat deshalb auch Probleme beim Lernen. Dass Lese- und Fachkompetenz also in einem engen Zusammenhang stehen, haben die PISA-Studien der letzten zwanzig Jahre eindrücklich aufgezeigt. Auch in Bezug auf bestimmte Fächer bzw. Fächergruppen zeigt sich, dass Schüler*innen Schwierigkeiten beim Verstehen von Lehrbuchtexten mit ihren fachspezifischen sprachlichen Anforderungen haben (vgl. z. B. für den Biologieunterricht Dittmar et al. 2017, für den Geschichtsunterricht Handro & Kilimann 2019). Eine Konsequenz daraus ist die Erkenntnis, dass Leseförderung nicht nur eine Aufgabe des Deutschunterrichts ist, sondern auch integraler Bestandteil des Unterrichts in allen Fächern sein muss. „Trotz des hohen Stellenwertes der Schriftsprache in fast allen Unterrichtsfächern nehmen manche Lehrkräfte in der Sekundarstufe den oft wenig entwickelten Umgang mit Texten als mehr oder weniger gegeben hin" (Artelt & Dörfler 2010: 33). Die Autor*innen fordern weiterhin, dass Lesekompetenz „nicht nur als Voraussetzung, sondern auch als Ziel eines gelingenden Unterrichts gesehen wird" (Artelt & Dörfler 2010: 34). In diesem Kapitel soll deshalb geklärt werden, warum das Lesen so wichtig für den Erwerb von Fachkompetenz ist und welche Faktoren die Lesekompetenz beeinflussen (vgl. Kap. 13.2), welche Arten von Texten dabei eine Rolle spielen (vgl. Kap. 13.3), welche Kompetenzen Schüler*innen für das Lesen von Fachtexten benötigen (vgl. Kap. 13.4) und wie Lesekompetenz und Textverständnis im Fachunterricht gefördert werden können (vgl. Kap. 13.5).

13.2 Determinanten der Lesekompetenz

Richtet man den Blick auf die Lesekompetenz, so macht die in der PISA-Studie genutzte Definition deutlich, dass das Lesen eine sehr umfassende Kompetenz darstellt, die Menschen letzten Endes auch zur Bewältigung ihres Lebens in einer modernen, schriftbasierten (Informations-)Gesellschaft benötigen. Denn dort wird das Lesen als die Fähigkeit, „geschriebene Texte zu verstehen, zu nutzen und über sie zu reflektieren sowie bereit zu sein, sich mit ihnen auseinanderzusetzen, um eigene Ziele zu erreichen, eigenes Wissen und Potenzial zu entwickeln und an der Gesellschaft teilzuhaben", verstanden (Reiss et al. 2016: 252).

Abb. 13.2 zeigt, welche Faktoren den Leseprozess und die Qualität des Textverstehens beeinflussen. Es lassen sich grob *leser*innenbezogene* und *textbezogene* Faktoren unterscheiden. Zu den leser*innenbezogenen Faktoren gehören zum einen

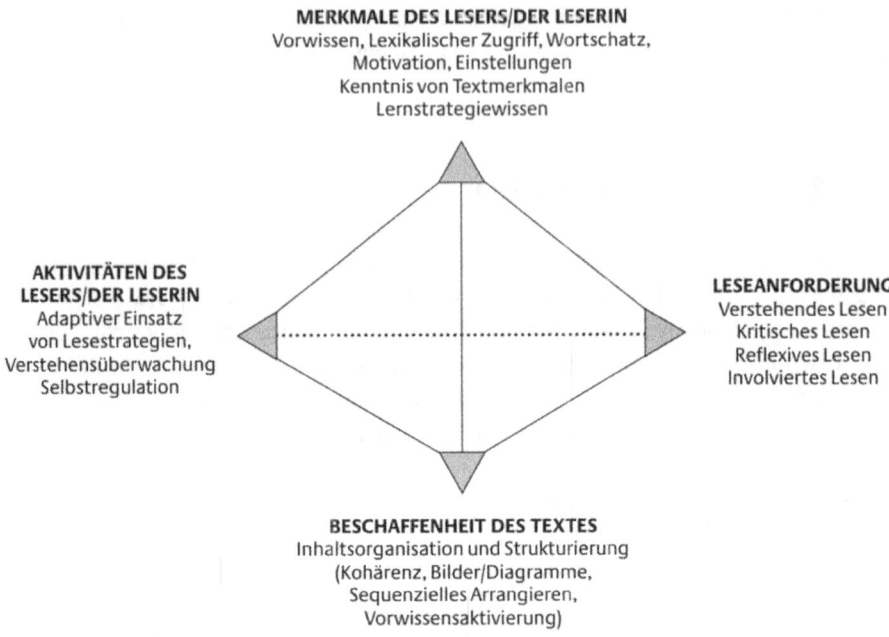

Abb. 13.2: Determinanten der Lesekompetenz (BMBF 2007: 12).

die Merkmale der Leser*innen, wie z. B. das Vorwissen und sprachliche Kompetenzen, aber auch Einstellungen zum Lesen. Zum anderen fallen hierunter die tatsächlichen Aktivitäten der Leser*innen im Leseprozess, wie beispielsweise der Einsatz von Lesestrategien. Die textbezogenen Faktoren enthalten neben der Frage, welche Leseanforderung (verstehendes Lesen, kritisches Lesen etc.) mit dem jeweiligen Leseziel einhergeht, auch die Beschaffenheit des Textes: Wie ist der Text inhaltlich organisiert? Gibt es (explizite) Text-Bild-Bezüge? Bei der Betrachtung der vier Merkmalsbereiche wird klar, dass die Wechselwirkungen zwischen Text-, Aufgaben- und Leser*innenmerkmalen beim Einsatz von Texten im Unterricht und der Förderung von Lesekompetenz berücksichtigt werden müssen.

> In Abhängigkeit von einzelnen Voraussetzungen kann sich der Einfluss eines anderen Merkmals erheblich verändern, so z. B. dann, wenn durch die konzeptuelle Schwierigkeit des Textes auch der Einsatz von systematischen und das Lernen planenden Strategien (metakognitiven Strategien) kaum mehr Erfolg versprechend ist. Auch die Interpretation der jeweiligen Aktivitäten des Lesers/der Leserin sollte nicht nur vor dem Hintergrund der dispositionalen Voraussetzungen des Lesers/der Leserin, sondern auch der jeweiligen Text- und Aufgabenanforderungen geschehen. (BMBF 2007: 13)

Bei dem arabischsprachigen Text, mit dem Sie sich am Anfang des Kapitels beschäftigt haben, wurde z. B. deutlich, dass die Frage nach der Schwierigkeit eines Textes sich erst im Zusammenspiel mit der entsprechenden Aufgabe bzw. Leseanforderung konkretisiert. Worum es in dem Text geht, war durch das Bild des Fußballspielers vermutlich für Sie zu erkennen. Eine darüberhinausgehende inhaltliche Zusammenfassung des Textes zu geben ist aber nur möglich, wenn man über Kenntnisse der arabischen Sprache verfügt.

13.3 Texte im Fachunterricht

Da das Lesen von Texten im Mittelpunkt dieses Beitrags steht, muss geklärt werden, was an dieser Stelle unter einem *Text* verstanden wird. Literarische Texte werden in diesem Kapitel ausgeklammert, da ihre Lektüre meist auch eine ästhetische Funktion hat, während es uns an dieser Stelle vor allem um Texte geht, mit denen im Fachunterricht Wissen vermittelt wird. Dabei können authentische Texte wie z. B. journalistische Texte und andere Quellen (z. B. historische Quellen) eine Rolle spielen. I. d. R. werden in der Schule aber Informations- bzw. Darstellungstexte genutzt, die man in Lehrbüchern, aber auch im Internet findet. Diese Informationstexte können auch als „schulische Fachtexte" (Schneider et al. 2019) bezeichnet werden. Schulische Fachtexte orientieren sich an der konzeptionellen Schriftlichkeit (vgl. Kap. 2) und enthalten fachsprachliche Elemente, die aus den Bezugsdisziplinen der Schulfächer stammen. Außerdem sind sie aufgrund unterrichtspraktischer und ökonomischer Interessen (der Schulbuchverlage) in der Länge begrenzt. Aus diesen Gründen sind sie meist sehr präzise, verdichtet und unpersönlich formuliert, wobei die Qualität der Texte in didaktischer Hinsicht sehr stark variiert (vgl. Schneider et al. 2019).

Im Bereich schriftlicher Texte kann man zudem zwischen linearen und nichtlinearen bzw. diskontinuierlichen Texten unterscheiden. Mit diskontinuierlichen Texten sind u. a. Tabellen, Grafiken und Diagramme gemeint, die im Fachunterricht auch eine große Rolle für die Informationsvermittlung spielen und für deren Verständnis spezifische Lesestrategien benötigt werden. Kontinuierliche Texte enthalten oft auch diskontinuierliche Textteile und damit „nicht nur den verbalen Fließtext, sondern auch Bilder und Diagramme sowie die in den Lehrmitteln typischen Paratexte wie Anleitungen, Fragen und Aufgaben" (Dittmar 2021: 250). Die Bezüge zwischen den Textteilen, z. B. zwischen bestimmten Textstellen und den dazugehörigen Bildern, sind manchmal nicht explizit genug und müssen von den Leser*innen erst hergestellt werden (vgl. Kap. 14 für ein Beispiel). Dies stellt eine hohe Belastung für das Arbeitsgedächtnis dar (vgl. Dittmar 2021: 251). In manchen Fächern müssen zum Erreichen eines fachlichen Ziels zudem mehrere Texte gelesen, verstanden und aufeinander bezogen werden. Dies geschieht oft, indem die Informationen aus den unterschiedlichen Texten im Rahmen einer Schreibaufgabe von den Schüler*innen weiterverarbeitet werden (vgl. Philipp 2021), z. B. beim schriftlichen Urteilen im Geschichts- und Geografieunterricht. Durch die Kombination von Lese- und Schreibaktivitäten handelt es sich dabei um eine sehr anspruchsvolle sprachliche Tätigkeit.

Auch in den Unterrichtsfächern, die Sie studieren, werden unterschiedliche, für das jeweilige Fach typische Textsorten für die Wissensvermittlung genutzt. Lindauer et al. (2013) unterscheiden bei den schulischen Fachtexten grob zwischen *informationsdichten* und *narrativen* Texten. Informationsdichte Texte sind typisch für den naturwissenschaftlichen Unterricht. Sie beschreiben knapp und präzise Strukturen, Prozesse und Funktionsweisen in den Naturwissenschaften und enthalten in fast jedem Satz eine neue Information. Zudem werden sie oft durch Grafiken oder Bilder ergänzt. „Häufig wird eine komplexe Struktur, eine Funktionsweise oder ein Prozess erklärt (Motor, Gletscher, Blüte, Fotosynthese usw.). Das sind fachliche Inhalte, die sich sprachlich kaum einfach formulieren lassen und zudem einen hohen Anteil an Fachbegriffen erfordern" (Lindauer et al. 2013: 7). Anders verhält es sich mit narrativen Texten. Diese kommen häufig in den geisteswissenschaftlichen Fächern, z. B. im Geschichtsunterricht, vor. Damit sind in diesem Kontext jedoch keine literarisch-fiktionalen Erzählungen gemeint, sondern Narrationen im kulturwissenschaftlichen Sinne, also z. B. historische Narrationen.

> Erzählende (narrative) Texte beschreiben eine Abfolge von Begebenheiten und Ereignissen, die miteinander verknüpft sind. [...] Die Darstellung der Begebenheiten und Ereignisse ist nicht immer linear; häufig wird auch eine Kernaussage mit mehreren Sätzen ausgeleuchtet. Nicht alle Sätze sind also gleich informativ und für das Verstehen der Kernaussage gleich bedeutsam. (Lindauer et al. 2013: 7)

Narrative Texte haben also eine geringere Informationsdichte, stellen aber hohe Ansprüche an die Abstraktionsfähigkeit der Lernenden. Für den Unterricht haben diese Unterschiede zwischen den Texttypen eine wichtige Konsequenz: Sie bedeuten, dass das Lesen in den einzelnen Fächern fachspezifisch angeleitet werden muss. Beispielsweise erscheint es bei der Arbeit mit informationsdichten Texten wenig sinnvoll, den Schüler*innen den Auftrag zu geben, beim Lesen alle wichtigen Informationen zu markieren – sie würden dann ggf. den kompletten Text markieren. Stattdessen sollten sie Hilfestellungen zur Strukturierung des Leseprozesses und für die Fokussierung ihrer Lesearbeit bekommen, z. B. durch die Nennung der zentralen Konzepte, die verstanden werden sollen (vgl. Lindauer et al. 2013: 11).

Auch für das Lesen von narrativen Texten benötigen die Schüler*innen Hilfen zur Erschließung, Gewichtung und Verknüpfung der Informationen. Von zentraler Bedeutung ist hier die Formulierung eines Lesezielsr zu Beginn des Leseprozesses, das im Geschichtsunterricht z. B. auf einer historischen Frage beruhen kann. Erst auf dieser Grundlage können zentrale Textstellen markiert und Inhalte gewichtet werden. Zudem müssen nicht alle Begriffe bekannt sein, um den Text zu verstehen: „Beim Lesen von Geschichtstexten ist [...] eine Beschleunigung durch ‚Überlesen' von weniger wichtigen Informationen eine sinnvolle Strategie. Eine besonders wichtige Hilfestellung für das Erschliessen von Geschichtstexten ist daher, das Leseziel zu definieren" (Schmellentin, Schneider & Hefti 2011: 15). Welche kognitiven Schritte das Lesen

13.4 Leseprozess und Textverstehen

> Peter wusste, dass Maria, die Hans, der gut aussah, liebte, Johann geküsst hatte. (https://www.mpg.de/571265/pressemitteilung20090512).

Obwohl Sie sicherlich alle Wörter kennen, die in diesem Satz vorkommen, mussten Sie ihn vermutlich mehrere Male lesen, bevor Sie ihn verstehen konnten. Das liegt daran, dass der Satz auf der syntaktischen Ebene komplex ist und es beim Lesen eine Weile dauert, bis man die Beziehung zwischen den einzelnen Teilsätzen hergestellt hat und schließlich versteht, was er bedeutet. Der Prozess des Lesens vollzieht sich also auf mehreren Ebenen – Wort-, Satz- und Textebene – die man in hierarchieniedrige und hierarchiehohe Prozessebenen unterscheiden kann. Dabei gehen interaktionistische Ansätze (vgl. z. B. von Dijk & Kintsch 1983) davon aus, dass die hierarchieniedrigen und hierarchiehohen Leseprozesse parallel und/oder in zeitlicher Überlappung stattfinden.

Die hierarchieniedrigen Prozesse umfassen das Lesen auf Wort- und Satzebene. Notwendig dafür ist die Leseflüssigkeit. Sie wird definiert als „die Fähigkeit, angemessen schnell, genau, automatisiert und sinngestaltend zu lesen" (BISS-Trägerkonsortium 2016: 9), und wird nidealerweise im Laufe der Grundschule erworben. Auf der *Wortebene* werden Buchstaben und Wörter identifiziert und ihre Bedeutung aus dem Gedächtnis abgerufen. Kinder am Anfang des Schriftspracherwerbs lernen, dass Buchstaben(folgen) bestimmten Lautwerten entsprechen. So werden die Buchstabenfolgen schließlich zu größeren Einheiten – zunächst Silben und dann Wörtern – synthetisiert. Als Leser*innen dieses Studienbuchs verfügen Sie sehr wahrscheinlich über eine hohe Lesekompetenz und einen großen Wortschatz in der deutschen Sprache, so dass die Prozesse auf dieser Ebene bei Ihnen automatisiert ablaufen. Sie können diese Prozessebene jedoch nachempfinden, wenn Sie versuchen, die Wörter *Kanfeltumen* und *nzfäiASszćl* laut und flüssig zu lesen. Es handelt sich in beiden Fällen um nicht existierende Wörter. Vermutlich ist Ihnen das Lesen von *Kanfeltumen* aber leichter gefallen, weil dessen Struktur und Buchstabenkombinationen dem ‚typisch' Deutschen ähnlicher sind. Auf der *Satzebene* werden Wortfolgen aufeinander bezogen und die Satzbedeutung erfasst. Dieser Prozess wird auch als *lokale Kohärenzbildung* bezeichnet. Wenn Sie probieren, den Satz *Der Verdatzer ist münze geflieben* zu lesen, merken Sie, wie Sie Ihr Wissen über die deutsche Sprache nutzen, um dem Satz syntaktisch zu analysieren und (vergeblich!) seine Bedeutung zu rekonstruieren. Beispielsweise haben Sie *der Verdatzer* wahrscheinlich relativ schnell als Subjekt des Satzes und *ist ... geflieben* als mögliches Prädikat identifiziert. Die weitgehende Automatisierung hierarchieniedriger Leseprozesse sollte gegen Ende der Grundschulzeit abgeschlossen sein. Aufgrund heterogener sprachlicher Voraussetzungen können jedoch auch in der Sekundarstufe I noch Unterschiede bezüglich basaler Lesefertigkeiten bestehen. Beispielsweise können neu zugewanderte Schüler*innen (vgl. Kap. 7) in Abhängigkeit von ihren Grammatik- und Wortschatzkenntnissen in der deutschen Sprache über eine verringerte Leseflüssigkeit verfügen (vgl. Kalkavan-Aydın & Winter 2019: 446), ebenso Schüler*innen mit einer Lese-Rechtschreib-Schwäche. Eine mangelnde Leseflüssigkeit schränkt wiederum das Textverstehen ein. Denn die Automatisierung der hierarchieniedrigen Leseprozesse auf Wort- und Satzebene ist die Voraussetzung dafür, dass Ressourcen für hierarchiehöhere Leseprozesse freigesetzt werden (vgl. Ehlers 2020: 280). Hierzu zählt auf Textebene die Zusammenfügung mehrerer Sätze zu größeren Bedeutungseinheiten (*globale Kohärenzbildung*). Größere Textteile werden analysiert und mit dem Vorwissen verknüpft, um schließlich eine Bedeutungsstruktur für den ganzen Text aufzubauen. Die hierarchiehöheren Prozesse „umfassen also das eigentliche Textverstehen und das Durchdringen des Textes" (Jambor-Fahlen & Philipp 2022: 16). Hierarchiehohe Leseprozesse wie die Anwendung von Textsortenwissen und Lesestrategien sind nicht direkt mit einzelnen Sprachen verknüpft. Mehrsprachige Schüler*innen können dementsprechend ggf. Teile ihrer Lesekompetenz, wie z. B. Lesestrategien, aus ihrer Erstsprache transferieren (vgl. Gantefort & Sánchez Oroquieta 2015).

Während des gesamten Leseprozesses müssen die Leser*innen Verbindungen erkennen, die nicht im Text markiert sind und eigene Schlussfolgerungen ziehen, um fehlende Verknüpfungen herzustellen, z. B. über Ursachen oder Folgen. Diese Schlussfolgerungen, die über den unmittelbar vorliegenden sprachlichen Input hinausgehen, nennt man *Inferenzen*. Christmann (2004: 430) nennt als klassisches Beispiel aus der Literatur die beiden Sätze: „Mary holte die Picknick-Utensilien aus dem Wagen. Das Bier war warm." Hier müssen die Leser*innen inferieren, dass das Bier zur Picknick-Ausstattung gehört.

Das Lesen ist also viel mehr als eine reine Informationsentnahme: Die Leser*innen interagieren mit dem Text. Das Lesen ist keine „passive Rezeption dessen, was in dem jeweiligen Text an Bedeutung, Information oder Botschaft enthalten ist" (Christmann & Groeben 2001: 145). Vielmehr muss das Lesen als eine „kognitiv-aktive Rekonstruktion von Information" verstanden werden, bei dem das in dem Text vorhandene Wissen aktiv mit dem Vor- und Weltwissen der Lesenden verbunden wird (Christmann & Groeben 2001: 146). Text- und erwartungsgeleitete Verarbeitungsprozesse stehen also in einem Wechselverhältnis zueinander (vgl. Christmann & Groeben 2001: 148). Das macht das Lesen zu einer sehr anspruchsvollen Tätigkeit.

13.5 Förderung des Textverstehens

Gehen wir noch einmal zurück zur Abb. 13.2 und den dort gezeigten leser*innen- und textbezogenen Merkmalen. Alle Merkmale (Merkmale der Leser*innen, Aktivitäten der Leser*innen, Beschaffenheit des Textes, Leseanforderung) beeinflussen den Leseprozess und haben deshalb auch eine Bedeutung für die Lesedidaktik. Um Schüler*innen das Lesen und Verstehen von Texten zu ermöglichen, sind dementsprechend zwei grundlegend unterschiedliche Zugänge denkbar: zum einen die Veränderung der textbezogenen, zum anderen die Veränderung der leser*innenbezogenen Merkmale. Enthält ein Text beispielsweise zu viele unbekannte Wörter und sehr komplexe Sätze, so muss das Anforderungsniveau des Textes ggf. den Lesefähigkeiten der Schüler*innen angepasst werden. In diesem Fall kann durch sprachliche Vereinfachungen (z. B. kürzere Sätze, Vermeidung unbekannter Wörter, Erläuterungen zu unbekannten Wörtern), optische Veränderungen (z. B. Fettdruck, Einfügen von Absätzen, Zwischenüberschriften, Zeilennummerierung) und eine bessere Organisation des Inhalts (z. B. klare Bild-Text-Bezüge) der Text optimiert werden. Leisen (vgl. 2020) spricht dabei von einem *defensiven* Ansatz.

Exkurs *Leichte Sprache*
Im Kontext der Vereinfachung von Texten für den Unterricht sind sehr unterschiedliche Zugänge möglich, z. B. *Leichte Sprache*. Leichte Sprache wurde seit den frühen 2000ern im deutschsprachigen Raum etabliert und soll zu einer möglichst barrierefreien Kommunikation verhelfen und dadurch gesellschaftliche Teilhabe sicherstellen (Bock 20016: 395). Für das Verfassen bzw. Übersetzen von Texten in Leichte Sprache gibt es konkrete Regeln (vgl. z. B. Maaß 2015, Bredel/Maaß 2016). Es existieren bereits fachspezifische Auseinandersetzungen mit den Möglichkeiten und Grenzen des Einsatzes von Leichter Sprache im Unterricht (vgl. z. B. für Leichte Sprache im Geschichtsunterricht Lücke 2020 und Alavi 2022 sowie Leichte Sprache im Deutschunterricht Dube/Priebe 2020 und Leichte Sprache im Biologieunterricht Schaller/Ewig o. J.). Allerdings ist darauf hinzuweisen, dass die empirische Überprüfung der Wirksamkeit und Effektivität im schulischen Kontext noch in den Anfängen steckt.

Grundsätzlich ist jedoch darauf zu achten, dass die Texte die Leser*innen zwar nicht *über*fordern, aber sehr wohl *fordern* sollen (vgl. Leisen 2020). D. h. die Texte sollten nicht dauerhaft vereinfacht werden und immer etwas über dem jeweiligen Lernniveau der Schüler*innen liegen. Darüber hinaus zeigt die Forschung, dass stärkere Schüler*innen zwar von solchen Textanpassungen profitieren können, schwächere Schüler*innen jedoch zusätzliche Hilfestellungen in ihrem Leseprozess benötigen, damit das Lesen bei ihnen zu einem Wissenszuwachs führt (vgl. Dittmar 2021). Für sie ist demnach ein *offensiver* Ansatz (vgl. Leisen 2020), also die Förderung ihrer Lesekompetenz und die Veränderung ihrer Leseaktivitäten, z. B. durch die Vermittlung von Strategien zur Verbesserung des Textverstehens, notwendig. Welche unterschiedlichen Maßnahmen im Rahmen einer offensiven Leseförderung für die Unterstützung der Leser*innen beim Lesen und Textverstehen zur Verfügung stehen, ist der Schwerpunkt des nächsten Absatzes.

13.5.1 Lesestrategien

Zentral für die Leseförderung im Fachunterricht ist der Einsatz und die Einübung von passenden Lesestrategien, denn die Vermittlung von Lesestrategien gehört zu den effektivsten Lesefördermaßnahmen überhaupt (vgl. Philipp 2015). Unter Lesestrategien versteht man „absichtsvolle mentale Prozesse […], die eine Person gezielt aktiviert, um Texte zu verstehen" (Philipp 2012: 25). Mithilfe von Lesestrategien sollen Schüler*innen also dazu befähigt werden, eigenständig und kompetent mit anspruchsvollen Texten umzugehen: „Kompetente Leserinnen und Leser zeichnen sich dadurch aus, dass sie verschiedene Lesestrategien kennen und sie anwenden können. […] Zusätzlich steuern sie ihren Leseprozess und überprüfen immer wieder, ob sie ihr lesebezogenes Ziel erreicht haben" (BISS-Konsortium 2016: 12). Wie aus Abb. 13.3 ersichtlich wird, kann zwischen kognitiven und metakognitiven Lesestrategien sowie Stützstrategien unterschieden werden.

Lesestrategien							
Kognitive Lesestrategien (Informationen verarbeiten)			**Metakognitive Lesestrategien** (Leseprozesse steuern und regulieren)			**Stützstrategien** (Lesen indirekt unterstützen)	
Wiederholen (Zweck: Inhalte behalten)	Organisieren (Zweck: Inhalte und Textstruktur erkennen)	Elaborieren (Zweck: Textverstehen und Übernahme ins Gedächtnis)	Planen (Zweck: Strategieeinsatz vorgängig planen)	Überwachen (Zweck: Leseprozess und -erfolg bewusst kontrollieren)	Regulieren (Zweck: Leseprozess und Strategieeinsatz adaptiv anpassen)	Interne (Zweck: Lesemotivation und -verhalten regulieren)	Externe (Zweck: Leseumgebung günstig gestalten und nutzen)
• mehrmaliges Lesen von Texten • Strategien mehrfach anwenden	• Unterstreichen • Notizen schreiben • Text gliedern • Textstruktur darstellen • Schaubild erstellen	• eigenes Wissen vor dem Lesen aktivieren • unbekannte Wörter klären • Fragen an den Text stellen • weiteren Textinhalt prognostizieren	• Text bzw. Aufgabe analysieren • Plan für das Lesen erstellen • angemessen wirkende Strategie auswählen	• Verständnisfragen stellen • eigene Aufmerksamkeit beim Lesen gezielt überwachen	• Auswahl einer anderen Strategie, falls die bisherige(n) nicht wirksam war(en)	• Anstrengung überwachen und anpassen • Belohnungen planen • Selbstbekräftigung • Zeitmanagement	• Leseort optimal einrichten • auf institutionelle Ressourcen (Bibliotheken) zurückgreifen • Lerngruppen nutzen • andere um Hilfe bitten

Abb. 13.3: Klassifikation von Lernstrategien am Beispiel Lesen (Philipp & Schilcher 2012).

1. *Kognitive Lesestrategien* helfen dabei, Informationen aus dem Text zu verarbeiten und zu verstehen. Dabei werden die Informationen wiederholt (z. B. mehrmaliges Lesen) und organisiert (z. B. Text gliedern). Auch das Elaborieren gehört zu den kognitiven Lesestrategien. Dabei wird beispielsweise eigenes Vorwissen aktiviert und auf die Informationen im Text bezogen.
2. *Metakognitive Lesestrategien* dienen zur Regulierung des eigenen Leseprozesses. Vor dem Lesen kann beispielsweise der Leseprozess geplant und passende Lesestrategien ausgewählt werden. Während des Lesens erfolgt eine Überwachung des Leseprozesses hinsichtlich des Leseerfolgs und des Erreichens des Leseziels. Merkt der*die Leser*in, dass der Leseprozess nicht erfolgreich verläuft, wird das Vorgehen angepasst und eine andere Lesestrategie ausgewählt und ausprobiert.

3. *Stützstrategien* unterstützen das Lesen indirekt. Es werden interne und externe Stützstrategien unterschieden. Die internen Stützstrategen beziehen sich auf die positive Beeinflussung der Lesemotivation. Die externen Stützstrategien fokussieren eine leseförderliche Lernumgebung. Die Stützstrategien spielen vor allem eine Rolle, wenn Schüler*innen außerhalb des Unterrichts Leseaufgaben bearbeiten, z. B. im Rahmen von Hausaufgaben.

Die Vermittlung von Fähigkeiten im Umgang mit Texten und die Einführung und Einübung von Lesestrategien stellen zentrale Aufgaben des Deutschunterrichts dar. Allerdings gelingt es vielen Schüler*innen nicht ohne Weiteres, die im Deutschunterricht erworbenen Lesestrategien auf das Lesen im Fachunterricht zu übertragen. Zudem kann es sein, dass im Fachunterricht spezifische Lesestrategien eine Rolle spielen. Das betrifft vor allem die kognitiven Lesestrategien. Weiter oben wurde beispielsweise erwähnt, dass (informationsdichte) Texte im naturwissenschaftlichen Unterricht andere Lesestrategien erfordern als (narrative) Texte in den gesellschaftswissenschaftlichen Fächern. Es kann also notwendig sein, bestimmte Lesestrategien im Fachunterricht grundständig einzuführen oder zu ihrer Anwendung aufzufordern.

Die drei Beispiele in Tab. 13.1 zeigen, dass es zum einen sinnvoll sein kann, dass Schüler*innen mit einem ganzen Fächer an Lesestrategien arbeiten, zum anderen der Einsatz bestimmter Lesestrategien vom Text sowie der Aufgabenstellung/dem Leseziel abhängt. Insgesamt ist es wünschenswert, dass es an der Schule – am besten unter Federführung des Faches Deutsch – fächerübergreifende Absprachen hinsichtlich der Leseförderung in den Fächern gibt. In einem Lesecurriculum könnte z. B. festgelegt werden, „wie Lernende systematisch und gestuft in möglichst allen Unterrichtsfächern den Umgang mit Sachtexten lernen und üben" (Leisen 2020: 132).

Bei der Einführung von Lesestrategien sind einige Prinzipien und eine Schrittfolge zu beachten (vgl. Abb. 13.4).

Zunächst ist es wichtig, die Strategie explizit einzuführen und dabei den Schüler*innen auch den Nutzen der Strategie deutlich zu machen:

> Da Lesestrategien bewusst eingesetzt werden, ist es notwendig, dass die Schülerinnen und Schüler die Vorteile, die sich durch das Anwenden einer Strategie ergeben, auch für sich erkennen. Nur unter dieser Voraussetzung greifen sie auch beim eigenständigen Lesen auf ihr Strategiewissen zurück (BISS-Konsortium 2016: 13).

Nach der expliziten Einführung benötigen Schüler*innen die Gelegenheit, den Einsatz der Strategie bei einer anderen, kompetenten Person zu beobachten (Modellierung), bevor sie sie anschließend selbst ausprobieren. Philipp (2015) vergleicht diese Modellierung einer Lesestrategie mit der Demonstration einer Bewegungsfolge durch eine Sport-Lehrkraft, z. B. bei der Annahme eines Balles: „Lehrpersonen demonstrieren daher oft erst einmal eine Bewegungsabfolge, die die Schülerinnen und Schüler dann reproduzieren und durch Üben ins Verhaltensrepertoire übernehmen" (Philipp 2015: 12). Da Lese-

Tab. 13.1: Unterschiedliche Lesestrategien für unterschiedliche Texte (nach https://nzl.lernnetz.de/lesestrategien.html, letzter Zugriff 24.05.2024).

Texte knacken in sechs Schritten (z. B. für Sachtexte)	Texte kritisch lesen (z. B. für Quellentexte)	Versuchsanleitungen lesen Schritt für Schritt
✓ **1. Sieh die Bilder an, wenn es welche gibt.** Bilder helfen dir, den Text zu verstehen.	Mit diesen Fragen kannst du einen Text kritisch hinterfragen:	**Vor der Umsetzung:**
✓ **2. Lies die Überschrift.** Die Überschrift sagt dir oft, was das Thema des Textes ist.	**Der Autor**	– Markiere die Fragestellung.
✓ **3. Lies die Einleitung, wenn es eine gibt.** In der Einleitung steht, worum es in dem Text geht.	– **Wer** hat den Text geschrieben?	– Verschaffe dir einen Überblick über die gesamte Anleitung.
✓ **4. Achte auf die Absätze und ihre Überschriften.** Was in einem Absatz steht, gehört zusammen.	– **Für wen** hat er den Text geschrieben?	– Hole dir das angegebene Material.
✓ **5. Achte auf Schlüsselwörter**, sie sind besonders wichtig. Manchmal sind sie deshalb farbig oder fett gedruckt.	– Mit **welcher Absicht** hat er den Text geschrieben?	– Lege alle angegebenen Materialien an deinem Arbeitsplatz bereit.
✓ **6. Schlage erst zum Schluss im Lexikon nach.** Denn viele Wörter kannst du dir aus dem Textzusammenhang erklären. Manche werden sogar neben oder unter dem Text erklärt.	– Welche **Interessen** verfolgte er?	– Bereite Papier und Stift für deine Beobachtungen vor.
	– Will oder kann er die **Wahrheit** berichten?	– Ordne deinen Arbeitsplatz.
	– Ist der Autor **glaubwürdig**?	
	Die Zeit	**Während der Umsetzung:**
	– **Wann** wurde der Text verfasst?	– Arbeite die Angaben Schritt für Schritt ab. Lies dafür immer einen Abschnitt und führe eine Handlung genau aus.
	Der Ort	– Bringe Text und Abbildungen miteinander in Verbindung.
	– **Wo** wurde der Text verfasst?	– Weißt du nicht, wie du das Gelesene umsetzen sollst? Sprich mit deiner Arbeitsgruppe darüber. Sucht eine Lösung im Gruppengespräch.
	Vorwissen des Autors	– Beobachte und mache dir ggf. Notizen.
	– Was **weiß der Autor** über dieses Thema?	
	– Was **konnte er wissen**, was nicht?	
	– Welche **Quellen** zieht er heran?	

Inhalt
- Welches ist die **wichtigste Textstelle**?
- Welches ist die **zentrale Aussage**?
- Schreibt der Autor **sachlich oder wertet er**?
- Welchen **Standpunkt** vertritt er?

Nach der Umsetzung:
- Schreibe deine Beobachtungen auf.

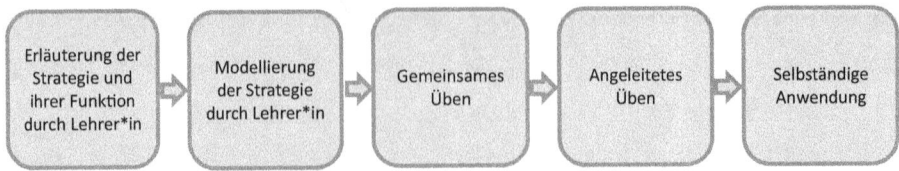

Abb. 13.4: Schritte der Lesestrategievermittlung (eigene Darstellung in Anlehnung an Phillip 2015).

prozesse, anders als eine Ballannahme, nicht direkt beobachtbar sind, müssen Lehrkräfte den Strategieeinsatz verbalisieren. Dafür bietet sich die Methode des Lauten Denkens an:

> Die Lehrkraft verbalisiert an einem Beispieltext, was ihr durch den Kopf geht und wie sie beim Lesen vorgeht. Zudem kommentiert sie ihr Vorgehen und ermöglicht der Klasse, auch die Absichten zu erkennen, die den verschiedenen Strategien zugrunde liegen. Durch das laute Aussprechen ihrer Gedanken und Überlegungen erleben die Schülerinnen und Schüler, wie auch eine erfahrene Leserin bzw. ein erfahrener Leser beim Lesen eine Problemlöseprozess durchläuft und dabei verschiedene Strategien zu Rate zieht und ggf. wieder verwirft. (BISS-Konsortium 2016: 13)

Die Verbalisierung der Strategie *Gedanken zur Überschrift* vor der Klasse notieren zu einem Text über Cyber-Mobbing könnte z. B. so beginnen:

> Hmm, ich soll aus dem Text ‚Was ist Cyber-Mobbing?' Informationen herausarbeiten – mir fällt das immer sehr schwer und ich habe auch ein bisschen Angst, dass ich nicht alle wichtigen Informationen finde. Zu Beginn sehe ich immer nur sehr viele Wörter und mir fehlt die Struktur des Textes. Zum Glück kenne ich aber eine Strategie, mit der das einfacher ist und mit der ich sicher alles verstehe. Die funktioniert echt klasse! [Pause] Bei meiner Strategie notiere ich mir zuerst einmal meine Gedanken zur Überschrift. Ich lese mir diese zuerst durch. […]. (Knott & Schilcher 2019, Zusatzmaterial N1/2)

Nachdem die Lehrkraft den Einsatz der Lesestrategie demonstriert hat, wird die Lesestrategie gemeinsam geübt. Im Fall der Strategie *Gedanken zur Überschrift notieren können zur Überschrift eines Textes* können z. B. gemeinsame Überlegungen im Plenum angestellt und an der Tafel notiert werden. In einem nächsten Schritt wenden die Schüler*innen die Strategie selbst an, erhalten aber noch Hilfestellung, z. B. durch gezielte Fragen oder ein Feedback zu ihren Überlegungen. Erst im Anschluss können die Schüler*innen die Strategie eigenständig beim Lesen einüben und perspektivisch kompetent nutzen (vgl. Philipp 2015). Zu beachten ist dabei, dass der bewusste Einsatz von neuen Strategien zunächst kognitive Ressourcen in Anspruch nimmt, die den Leseprozess beeinträchtigen können. Um dies aufzufangen und Schüler*innen ggf. nicht zu demotivieren, sollte die Lehrkraft diesen Umstand thematisieren und gegensteuern, z. B. durch die Vereinbarung realistischer Ziele in Bezug auf den Strategieeinsatz (vgl. BISS-Konsortium 2016: 13).

13.5.2 Didaktisierung von Lesetexten

Im vorangegangenen Absatz haben wir verschiedene Lesestrategien kennengelernt und erfahren, wie diese eingeführt und eingeübt werden sollten. Welche Lesestrategien wann im Leseprozess eingesetzt werden sollten, ist von vielen verschiedenen Faktoren abhängig: dem Leseziel, der Lesekompetenz der Schüler*innen, dem Text und der Phase im Leseprozess. Soll im Unterricht ein Text gelesen werden, um ein bestimmtes fachliches Ziel zu erreichen, so muss diese Textarbeit auf jeden Fall explizit Berücksichtigung bei der Unterrichtsplanung finden. Dafür muss die Lehrkraft mögliche sprachliche und fachliche Herausforderungen des Textes antizipieren (vgl. Kap. 8) und entsprechende Leseaufträge planen. Grundsätzlich gehen wir davon aus, dass der Text i. d. R. mehrmals gelesen wird und dabei unterschiedliche Lesestile und -strategien zum Einsatz kommen. Da Texte mit unterschiedlichen Zielen gelesen werden, variieren auch die Lesestile (vgl. Beese et al. 2014):

- Will man den Text ganz genau lesen und so gut wie jedes Wort verstehen, dann ist der entsprechende Lesestil das *detaillierte Lesen*. (Beispiel: Eine Versuchsanleitung gründlich lesen, um keinen Schritt auszulassen und keine Fehler zu machen.)
- Sucht man als Leser*in nur eine bestimmte Information, spricht man vom *selektiven Lesen*. (Beispiel: Im Glossar eines Lehrbuches nach einem bestimmten Begriff suchen.)
- Wenn man sich nur einen groben Eindruck von dem Text verschaffen möchte, nutzt man das *globale oder kursorische Lesen*. (Beispiel: Eine E-Mail überfliegen, um ungefähr zu wissen, was das Thema ist.)
- Will man etwas über die Hauptaussagen eines Textes erfahren, so spricht man von *orientierendem Lesen*. (Beispiel: Einen Zeitungsartikel lesen, um eine Zusammenfassung zu schreiben.)

Bevor wir uns damit beschäftigen, welche Unterstützungsmaßnahmen wann im Leseprozess sinnvoll sein können, möchten wir noch kurz auf den Umgang mit unbekannten Wörtern bei der Textarbeit eingehen. Eine Aufgabe, die sich immer wieder in Schulbüchern findet, ist die Aufforderung „Unterstreiche unbekannte Wörter und schlage sie nach". Dazu ist kritisch anzumerken, dass es ausgehend von der Leseforschung sinnvoller ist, vom Bekannten auszugehen und Unbekanntes möglichst aus dem Kontext zu erschließen. Leisen (z. B. 2012) spricht dabei auch von „Verstehensinseln", die den Ausgangspunkt der Texterschließung darstellen sollten. Dies ist sinnvoll, da viele Wörter mehrdeutig sind und nur aus dem konkreten Kontext die spezifische Bedeutung hervorgeht. Außerdem kann die Aufgabe, wenn viele Wörter tatsächlich nicht verstanden werden, für Schüler*innen sehr demotivierend sein. Unbekannte Wörter im Text zu identifizieren ist als Aufgabe für den Texteinstieg deshalb wenig zielführend. Weiter oben hatten wir zudem schon mit Bezug auf narrative Texte festgehalten, dass meist nicht jedes Detail in einem Text verstanden werden muss. Es scheint daher sinnvoll, sich vorab bei der Unterrichtsplanung sehr genau zu überlegen, welche Wörter für das fachliche Lernziel und das Verständnis des Textes zentral sind und unbedingt von den Schüler*innen verstanden werden sollen. Diese können entweder im Rahmen einer sprachlichen Vorentlastung noch vor dem Lesen kontextbezogen eingeführt (vgl. Kap. 11) oder während des Lesens, ggf. mit Hilfestellungen, erschlossen werden. In jedem Fall ist es wichtig, das Verständnis dieser Begriffe nach dem Lesen zu überprüfen und zu vertiefen.

Generell können drei idealtypische Phasen im Leseprozess unterschieden werden, die verschiedene Funktionen und Ziele haben und bei denen unterschiedliche Lesestrategien zum Einsatz kommen: Vor dem Lesen, während des Lesens und nach dem Lesen.

Tab. 13.2: Phasen im Leseprozess.

Phasen	Vor dem Lesen	Während des Lesens	Nach dem Lesen
Funktionen/ Ziele	– Leseziel definieren – Vorwissen aktivieren – sprachliche Vorentlastung	– Leseprozess steuern – Textbasis verstehen – Text verarbeiten – Textverständnis sichern	– Textverständnis prüfen – Leseergebnisse sichten und reflektieren – neues Wissen mit dem vorhandenen Wissen verknüpfen – Leseprozess und Strategieeinsatz reflektieren
Beispiele für mögliche Aktivitäten/ Strategien	u. a. Brainstorming, Hypothesenbildung zum Textinhalt, zentrale Begriffe/Konzepte einführen, Fragen an den Text formulieren	u. a. Fragen zum Text beantworten, Notizen anfertigen, geeignete Lesestrategien einsetzen, z. B. Überschriften für Absätze finden	u. a. Textinhalte in andere Darstellungsform überführen (z. B. Grafik), Text zusammenfassen, Lernplakat erstellen, Kurzvortrag halten, Gespräch über Einsatz und Nutzen der verwendeten Lesestrategien

Die Phase *Vor dem Lesen* findet vor dem eigentlichen Leseprozess statt und dient vor allem der Vorwissensaktivierung. Aus der Leseforschung ist bekannt, dass die Verfügbarkeit von inhaltlichem Vorwissen zum Text einen positiven Einfluss auf das Textverständnis hat (vgl. Richter & Christmann 2009). Zudem sollen die neuen Informationen aus dem Text ja mit dem bereits vorhandenen Wissen verknüpft werden. Dafür muss vor dem Lesen das Vorwissen der Leser*innen zu dem Inhalt des Textes und der Textsorte aktiviert werden. Zudem werden im ersten Leseschritt das Leseziel geklärt (z. B. Wiederholung, Einführung eines neuen Themas, Einführung/Vertiefung eines bestimmten fachlichen Inhalts) und eine Leseerwartung aufgebaut. Dementsprechend sollten die Aufgaben zu dem Text, die ja auf dem Leseziel basieren, immer vor dem Text stehen und bekannt sein, bevor der Text das erste Mal gelesen wird – das ist wichtig für die Lesemotivation und den funktionalen Umgang mit dem Text. Eine weitere zentrale Aufgabe der ersten Phase ist die sprachliche Vorentlastung, d. h. zentraleBegriffe, die nicht aus dem Kontext erschlossen werden können, können vorab kontextbezogen thematisiert werden (vgl. Kap. 11).

In der zweiten Phase *Während des Lesens* steht die Unterstützung des Textverstehens im Mittelpunkt. Dies geschieht, indem der Text gelesen wird und dabei unterschiedliche kognitive und metakognitive Lesestrategien zum Einsatz kommen. Zum einen muss die Textbasis erfasst und verstanden werden, z. B. einzelne Informationen im Text gefunden und Begriffe ggf. aus dem Kontext erschlossen werden, zum anderen geht es um die Herstellung von größeren Zusammenhängen zwischen einzelnen Textabschnitten. Durch die Verknüpfung der Textinhalte erfolgt die Verarbeitung des Textes.

Die dritte Phase *Nach dem Lesen* dient der weiterführenden oder vertieften Auseinandersetzung mit den Textinhalten und ist stark von der fachlichen Zielsetzung der jeweiligen Unterrichtsstunde abhängig. In diesem Schritt wird überprüft, inwieweit die Gesamtbedeutung des Textes erfasst wurde. Das Gelesene wird reflektiert, diskutiert und mit dem vorhandenen Wissen in Beziehung gesetzt. Zudem ist es sinnvoll, dass die Lernenden zu diesem Zeitpunkt ihren Leseprozess und die verwendeten Lesestrategien beurteilen.

13.6 Zusammenfassung

In diesem Kapitel haben wir uns mit der Bedeutung des Lesens und der Förderung von Lesekompetenz in allen Unterrichtsfächern beschäftigt. Es wurde ausgeführt, was Lesekompetenz bedeutet, welche Determinanten sie beeinflussen, welche kognitiven Vorgänge während des Lesens ablaufen und wie das Lesen und Textverstehen im Fachunterricht gefördert werden kann. Für Sie als (angehende) Lehrkräfte ist es besonders wichtig, die Leseaktivitäten in ihrem Unterricht bewusst(er) zu gestalten und die Leseaufträge auf das fachliche Lernen hin auszurichten. So werden die Schüler*innen langfristig nicht nur ihre fachlichen Kompetenzen, sondern auch ihre fachspezifische Lesekompetenz immer weiter ausbauen.

Aufgaben nach dem Lesen
1. Aus Perspektive der Lesedidaktik ist die Aufgabe *Unterstreiche alle wichtigen Informationen im Text* eher nicht gelungen. Was denken Sie (basierend auf der Lektüre dieses Kapitels), wie dies begründet wird? Und welche möglichen Anpassun-

gen dieser Aufgabe können zur Verbesserung vorgenommen werden bzw. welche Alternativvorschläge können Sie machen?
2. Projekt: Nehmen Sie ein Lehrwerk aus Ihrem Unterrichtsfach in die Hand und sehen Sie sich eine Doppelseite genauer an. Beurteilen Sie den Lesetext hinsichtlich unterschiedlicher Aspekte und machen Sie ggf. Verbesserungsvorschläge:
   a) sprachliche Komplexität
   b) Textdesign
   c) ggf. Bild-Textbezüge
   d) Angemessenheit der Aufgaben

Weiterführende Literatur

BiSS-Konsortium (2020): *Leseverstehen kennt keine Sprachgrenzen. Kooperativ und mehrsprachig Texte verstehen.* https://www.biss-sprachbildung.de/wp-content/uploads/2020/03/BiSS-Broschuere-Leseverstehen-Mehrsprachig.pdf (letzter Zugriff 24.05.2024)
Diese Publikation enthält Empfehlungen und Beispiele dafür, wie mehrsprachige Kinder beim Lesen all ihre sprachlichen Ressourcen nutzen können.

Geist, Barbara & Andreas Krafft (2019): *Deutsch als Zweitsprache.* Tübingen: Narr, S. 53–75.
In dem Kapitel „Lesen" wird aufgezeigt, vor welchen besonderen Herausforderungen Schüler*innen beim Lesen in der Zweitsprache Deutsch stehen.

Philipp, Maik (2024): *Lesen digital.* Weinheim: Beltz.
Das Buch gibt Auskunft darüber, wie sich die Anforderungen des Lesens durch die fortschreitende Digitalisierung verändern.

14 Bildliche Darstellungen im Fachunterricht

Aufgaben vor dem Lesen

1. In den Abb. 14.1 bis 14.6 sehen Sie verschiedene bildliche Darstellungen – welche Gemeinsamkeiten und Unterschiede weisen sie auf? *Hinweis: Für die Bearbeitung dieser Aufgabe ist es nicht notwendig, den Text in den bildlichen Darstellungen im Detail lesen zu können.*

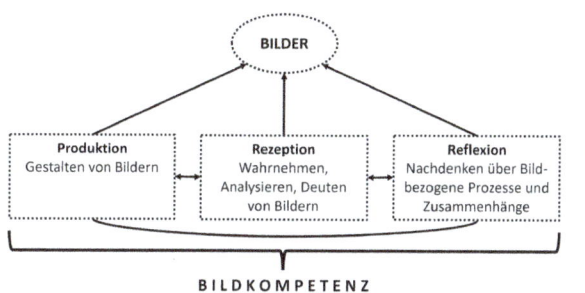

Abb. 14.1: Bildkompetenz (nach Bering & Niehoff 2013: 38).

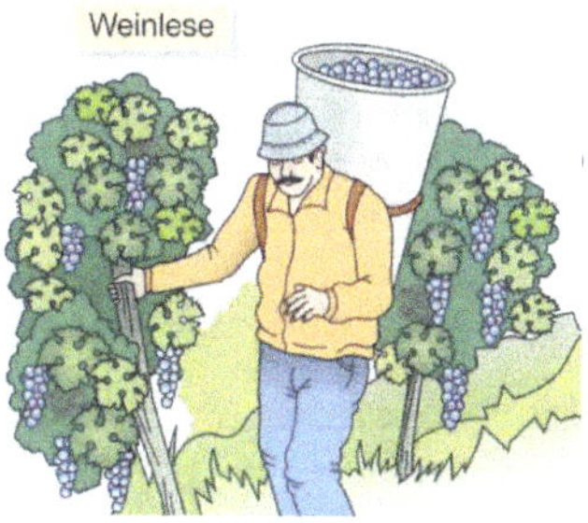

Abb. 14.2: Weinlese (Frühauf & Tegen 2002: 278).

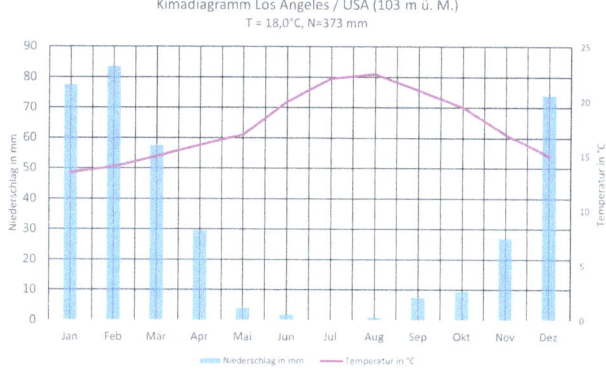

Abb. 14.3: Klimadiagramm (angelehnt an Berger et al. 2002: 38).

Abb. 14.4: Fotografie (Bildnachweis: bpk / Herbert Hensky).

2. Sehen Sie sich nun das Foto aus Aufgabe 1 (Abb. 14.4) genauer an. Wer und was ist abgebildet? Welches Wissen haben Sie zum Thema? Machen Sie sich gerne Notizen.
3. Vergleichen Sie nun die folgenden drei Bildunterschriften zu Abb. 14.4. Was können Sie aus dem Vergleich über die Rolle von Bildunterschriften für das Lesen bzw. das Verständnis von Bildern ableiten?

Abb. 14.5: Foto einer Schießscheibe mit einem Motiv zur Ruhrbesetzung (Bildnachweis: bpk / Deutsches Historisches Museum / Arne Psille).

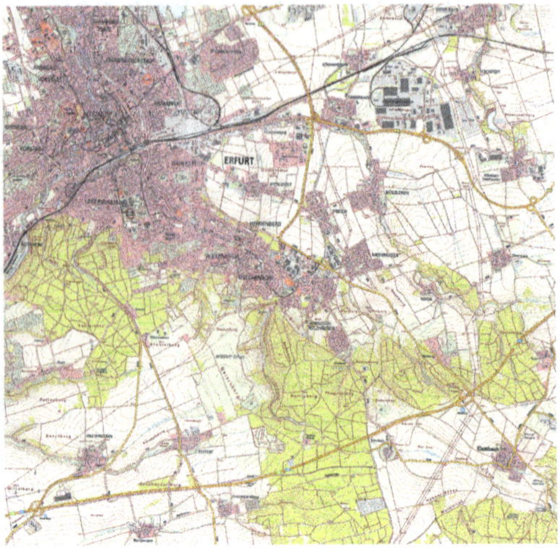

Abb. 14.6: Topographische Karte[1].

a) „Trümmerfrauen" beseitigen Bauschutt in Berlin. (Ebeling & Birkenfeld 2018: 131, leicht gekürzt)
b) „Trümmerfrauen" in Deutschland bei Aufräumungsarbeiten. Foto, 1945. (Berger v. d. Heide & Wenzel 2019: 174)
c) Frauen kam in der Nachkriegsgesellschaft eine besondere Bedeutung zu. Hier sortieren sogenannte „Trümmerfrauen" noch brauchbare Ziegelsteine aus den Schuttbergen. Foto, Berlin 1945. (Rauh 2018: 196).

14.1 Einleitung

Bildliche Darstellungen haben nicht nur in unserem Alltag, sondern auch in vielen Fächern eine sehr große Bedeutung und ein kompetenter Umgang mit Bildern stellt eine wichtige Grundlage für gesellschaftliche Teilhabe dar:

> Bilder verstehen, mit Bildern kommunizieren, verschiedene bildliche Darstellungsformen beherrschen und auch Imagination und Kreativität entfalten, sind Voraussetzungen für die Orientierung in einer zunehmend von Bildern geprägten Welt und die Teilhabe am kulturellen Leben sowie auch als Vorbereitung einer beruflichen Ausbildung. (BDK Fachverband für Kunstpädagogik 2008: 2)

---

1 Topographische Karte im Maßstab 1:10 000 von Erfurt © GDI-Th dl-de/by-2-0. https://www.govdata.de/dl-de/by-2-0

Gleichwohl spielt das Thema im Kontext sprachsensiblen Fachunterrichts im Vergleich zum Lesen und Schreiben von kontinuierlichen Texten eine eher nachgeordnete Rolle (vgl. auch entsprechende Schwerpunkte im vorliegenden Studienbuch). Besonders problematisch ist u. E. die Annahme, Bilder seien leicht zu lesen und dementsprechend vor allem zur Entlastung von Lesetexten und Unterstützung von (Text-)Verstehen geeignet, gerne auch zum (motivierenden) Einstieg in ein Unterrichtsthema. Bilder erfordern – ebenso wie verbale Sprache – viele kognitive Prozesse, damit sie verstanden werden können (vgl. Seufert 2003: 128): „Ein Bild wahrzunehmen (Perzeptbildung) und ein Bild adäquat zu beschreiben, muss von den Schülern ebenso gelernt werden, wie einen Text zu lesen und zu verstehen" (Beese et al. 2014: 123). Dementsprechend gilt für alle Fächer das Ziel, die *visual literacy* bzw. *Bildkompetenz* der Schüler*innen sukzessive und fächerübergreifend wie auch fachspezifisch zu entwickeln. Mit Brill und Branch (2007: 55) ist unter *visual literacy* Folgendes zu verstehen:

> A group of acquired competencies for interpreting and composing visible messages. A visually literate person is able to: (a) discriminate, and make sense of visible objects as part of a visual acuity, (b) create static and dynamic visible objects effectively and in a defined space, (c) comprehend and appreciate the visual testaments of others, and (d) conjure objects in the mind's eye. (Brill & Branch 2007: 55)[2]

Demnach stellen das *Verstehen* und *Gestalten* von visuellen Objekten zentrale Aspekte der *visual literacy* dar. Dies wird auch im Gemeinsamen Europäischen Referenzrahmen für *visual literacy* (Wagner & Schönau 2016: 111) aufgegriffen, wenn Produzieren und Rezipieren von Bildern bzw. Objekten als die beiden basalen Dimensionen angeführt werden. Im deutschsprachigen Raum ist der Terminus Bildkompetenz (englisch *image competence*) verbreitet.[3] Auch wenn dessen Verständnis nicht deckungsgleich mit dem von *visual literacy* ist, so zeigt sich z. B. für Bildkompetenz im Kunstunterricht (vgl. Bering & Niehoff 2013: 38) in ähnlicher Weise die Bedeutung von Rezeption (Wahrnehmen, Analysieren, Deuten von Bildern) und Produktion (Gestalten von Bildern), ergänzt um die Reflexion als Nachdenken über Bild-bezogene Prozesse und Zusammenhänge. In einer erweiterten Perspektive geht es neben Text und Bildern auch um andere multimodale Ressourcen, z. B. Typographie, Farbe sowie Raumarrangement (vgl. Bucher 2010; 2017; Fritz 2017, Kap. 28), wie sie etwa in komplexen Bild-Text-

---

2 Übersetzung (deepL, angepasst): Eine Gruppe von erworbenen Kompetenzen zum Interpretieren und Verfassen sichtbarer Botschaften. Eine visuell gebildete Person ist in der Lage: (a) sichtbare Objekte als Teil einer Sehfähigkeit zu unterscheiden und zu verstehen, (b) statische und dynamische sichtbare Objekte effektiv und in einem definierten Raum zu gestalten, (c) die visuellen Aussagen anderer zu verstehen und zu würdigen und (d) Objekte vor dem geistigen Auge zu erzeugen.
3 Insbesondere für den Kunstunterricht spielt Bildkompetenz eine zentrale Rolle; auch für den Geschichtsunterricht – hier überwiegend fokussiert auf Bilder als historische Quellen – findet eine eingehendere Auseinandersetzung mit Bildkompetenz statt (vgl. z. B. Hamann 2007). Insbesondere für die Naturwissenschaften ist zu konstatieren, dass bislang kaum eine explizite Beschäftigung mit Bildkompetenz stattgefunden hat (vgl. aber Frankhauser & Labudde-Dimmler 2010).

Gefügen von Lehrbüchern häufig genutzt werden. Insofern ist die Reflexion über Abbildungen und Bildkompetenz auch ein Beitrag zur Lehre vom multimodalen Verstehen.

Das vorliegende Kapitel dient der Sensibilisierung für einen bewussten und sprachbildenden Umgang mit Bildern und bildlichen Darstellungen im Fachunterricht. Eine Herausforderung stellt dabei die Tatsache dar, dass sehr unterschiedliche Bildtypen existieren und es keine einheitliche Definition von Bild gibt – dies hat bereits die erste Aufgabe vor dem Lesen verdeutlicht. Zunächst geht es daher um einen engen Bildbegriff, nämlich Bilder als „bemalte (gezeichnete, gestochene, belichtete etc.) *Fläche[n]*" (Pandel 2015: 10; Anpassung der Autorinnen). Dabei handelt es sich z. B. um Werke der bildenden Kunst wie Gemälde, aber auch Fotografien. Von Interesse ist, wie wir solche Bilder wahrnehmen und lesen (Kap. 14.2.1) und welche Informationen sie im Unterschied zu Texten darstellen und vermitteln können (Kap. 14.2.2). Im Anschluss wird auf Basis eines weiten Verständnisses die Vielfalt bildlicher Darstellungen im schulischen Kontext aufgezeigt, wobei deutlich wird, dass z. B. in Schaubildern, Klimadiagrammen oder topographischen Karten auch verbale Sprache von Bedeutung ist. Die vielfältigen Beziehungen zwischen bildlichen Darstellungen und ihrem sprachlichen Kontext (Nöth 2000: 481) werden exemplarisch an einem Schulbuchauszug illustriert und im Zuge dessen Anforderungen für Schüler*innen im Rahmen der Rezeption herausgearbeitet (Kap. 14.3). Schließlich wird auf didaktisch-methodische Aspekte eines sprachbildenden Fachunterrichts, der Bilder und bildliche Darstellungen in ihrer Eigenständigkeit und Wechselwirkung mit sprachlichem Kontext berücksichtigt, eingegangen (Kap. 14.4).

14.2 Semiotik von Bildern

Die Semiotik beschäftigt sich mit Zeichensystemen aller Art und findet in verschiedenen Geistes-, Kultur-, Wirtschafts- und Sozialwissenschaften Anwendung. Dabei wird davon ausgegangen, dass Bilder und (geschriebene wie gedruckte) Texte auf ein unterschiedliches Zeicheninventar zurückgreifen. So bestehen Wörter aus funktionalen Minimaleinheiten, den Phonemen (Lauten) bzw. Graphemen (Buchstaben). Bilder aber lassen sich nicht in dieser Weise zerlegen – so gibt es kein den Buchstaben (oder Phonemen) vergleichbares begrenztes Inventar an Minimaleinheiten für Bilder (vgl. Nöth 2000: 481). Popp (2004) hat den semiotischen Ansatz für den Umgang vor allem mit Bildquellen für die Geschichtsdidaktik bereits fruchtbar gemacht. Wir folgen hier ihren Überlegungen mit einem erweiterten Fokus auf den sprachbildenden Unterricht im Allgemeinen. In dem nachfolgenden Teilkapitel werden daher vor allem die Besonderheiten der Semiotik von Bildern im Unterschied zu Texten herausgearbeitet. Denn erst auf Basis einer fundierten Kenntnis der Besonderheiten von Bildern können diese angemessen im Unterricht eingesetzt werden.

14.2.1 Wahrnehmung von Bildern

Bilder werden mitunter auch als diskontinuierliche Texte bezeichnet, die verschiedenartige „Kompositionen aus Schrift und Bild, in denen die grafische Darstellung nicht ohne den Text beziehungsweise die Textteile auskommt und umgekehrt die Textteile die visuelle Darstellung brauchen" (Haible 2011: 4). *Diskontinuierlich* bezieht sich v. a. auf die Art und Weise, wie wir diese Texte erschließen. Kontinuierliche Texte, wie z. B. Romane, lesen wir von links nach rechts und Zeile für Zeile von oben nach unten – zumindest gilt dies für das Deutsche. Exemplarisch veranschaulicht dies Abb. 14.7, welche die Dokumentation von Augenbewegungen beim Lesen einer der ersten Studien zu diesem Thema zeigt (vgl. Huey 1900: 290). Selbstverständlich finden auch in kontinuierlichen Texten Sprünge statt – z. B. liest man manche Sätze mehrmals, weil sie schwierig zu verstehen oder besonders interessant sind, bevor der weitere Fließtext gelesen wird. Im Wesentlichen jedoch bleibt es bei einer kontinuierlichen Betrachtung.

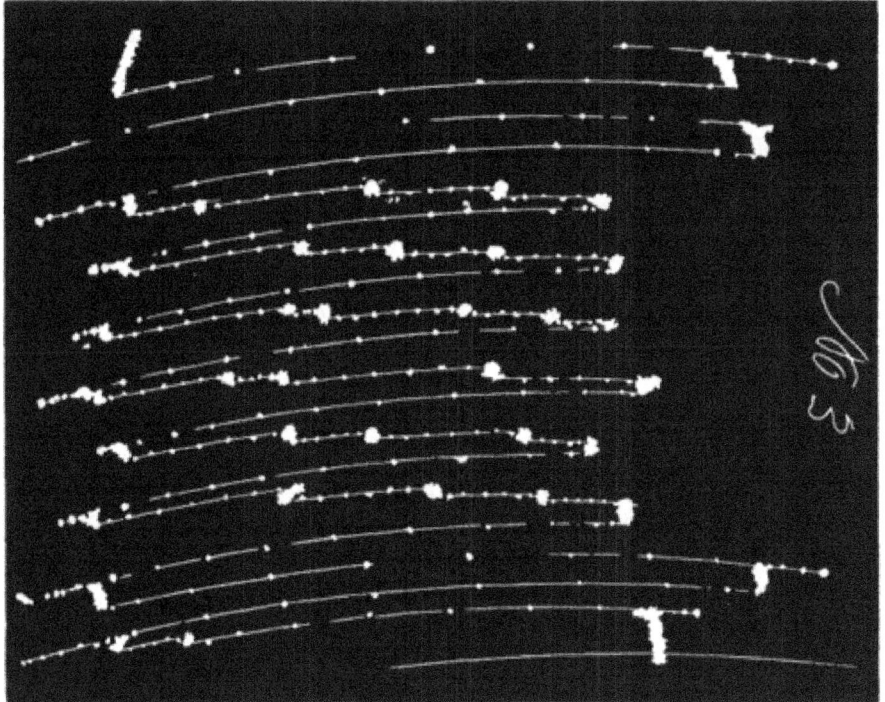

Abb. 14.7: Blickbewegungen beim Lesen von kontinuierlichen Texten (entnommen aus Huey 1900: 290).

Im Unterschied dazu stehen Bilder, für die keine klare Leserichtung vorgegeben ist. „Why do we look where we look?" (Schütz, Braun & Gegenfurtner 2011: 2) – diese

Frage haben bereits viele Generationen von Forscher*innen untersucht. Noch immer kann kaum zuverlässig vorhergesagt werden, wohin wir in welcher Reihenfolge mit welcher Intensität bei einer bildlichen Darstellung unsere Augen richten; als relevante, miteinander interagierende Aspekte sind dabei jedoch u. a. *Salienz, Objekte* und *Pläne* hervorzuheben (vgl. Schütz, Braun & Gegenfurtner 2011). Für den Aspekt der Salienz wird davon ausgegangen, dass auffällige Teile einer bildlichen Darstellung zuerst die Aufmerksamkeit unserer Blicke auf sich ziehen (vgl. Schütz, Braun & Gegenfurtner 2011: 2). Dazu gehören z. B. auffällige Farben oder Formen. Allerdings ist Salienz u. a. abhängig von der Bildkomplexität und bezieht sich vornehmlich auf Merkmale von Bildern. Jedoch wird unsere Fokussierung nicht nur von Merkmalen, sondern auch von Objekten beeinflusst. Objekte (gemeint sind hier auch Tiere und Gesichter von Menschen) werden sehr schnell erkannt (vgl. Schütz, Braun & Gegenfurtner 2011: 6). Neben okulomotorischen Strategien wie z. B. dem Fixieren der Mitte des Bildes zu Beginn der Betrachtung (vgl. Tatler & Vincent 2009, nach Schütz, Braun & Gegenfurtner 2011), haben Pläne großen Einfluss auf unser Sehverhalten. Pläne steuern unsere Blickbewegungen. So führen bereits sehr einfache Aufgaben, wie z. B. *Zählen Sie alle auf dem Bild abgebildeten Personen* (Henderson et al. 2007) dazu, dass die Bedeutung von Salienz stark zurückgeht (Schütz, Braun & Gegenfurter 2011: 7). Insbesondere der Aspekt *Pläne* weist auf das Potenzial von zielgerichtet formulierten Aufgaben für das Lesen von Bildern im Unterricht hin.

Bildwahrnehmung basiert also auf der Interaktion zwischen der betrachtenden Person und dem Bild. Die Aspekte Salienz und Objekte beziehen sich auf bildseitige Aspekte und der Aspekt Plan eher auf personenbezogene Aspekte. Im Kontext der personenbezogenen Aspekte spielt das eigene Vor- und Weltwissen selbstverständlich ebenfalls eine große Rolle. Wenn Sie mit dem Thema *Trümmerfrauen* (vgl. Krauss 2009; vgl. auch nachfolgende Ausführungen in Kap. 14.2.2) vertraut sind und das im Kapitel abgebildete oder ein ähnliches Foto z. B. bereits kennen, dann werden Sie etwas Anderes lesen bzw. das Foto anders deuten, als wenn Ihnen entsprechendes Vorwissen fehlt.

Zusammenfassend lässt sich festhalten, dass das Wahrnehmen eines Bildes ein komplexer, kaum vorhersehbarer Vorgang ist. Das bedeutet, dass Schüler*innen „für das schrittweise Abtasten des Bildes ebenfalls Zeit" (Pandel 2015: 15) und ferner ggf. Unterstützung bei der relevanten Fokussierung benötigen.

14.2.2 Unterschiede von Bild und Text

Die nachfolgend abgebildete Tab. 14.1 stellt für neun Dimensionen (in Anlehnung an Nöth 2000) Unterschiede zwischen der Semiotik von Bild und Text verdichtet dar. Diese werden anschließend näher erläutert und illustriert. Dabei wird von dem eingangs erläuterten engen Bildbegriff ausgegangen, der in den nachfolgenden Kapiteln im Hinblick auf Multimodalität erweitert wird.

Tab. 14.1: Bild und Text im Vergleich (basierend auf Ausführungen in Nöth 2000: 481–482 und Darstellung in Popp 2004: 7–8).

Bild	Dimension	Text
Kann simultan und holistisch wahrgenommen werden und das Ganze ‚auf einen Blick' zeigen, auch wenn die Wahrnehmung nicht sofort auf alle Details gleichermaßen gerichtet werden kann	Kognitive Verarbeitung	Kann nur linear und sukzessive rezipiert werden
Kann in der gleichen Wahrnehmungszeit mehr Informationen parallel vermitteln, da Bilder zumindest für einen ersten Eindruck schneller wahrgenommen werden als Texte	Informationsmenge	Können in der gleichen Wahrnehmungszeit weniger Informationen vermitteln
Repräsentiert im Wesentlichen Visuelles	Visuelles/ Nicht-Visuelles	Sprache kann die Eindrücke aller Sinneswahrnehmungen beschreiben (z. B. Geräusche, Gerüche, Temperaturen, Berührungen)
Gut geeignet für Repräsentation des Räumlich-Visuellen (ggf. Problem Größenverhältnisse); statisches Bild im Wesentlichen atemporal	Raum und Zeit	Gut geeignet für Darstellung von Zeitpunkten/-räumen/-verläufen
Abstraktes kann nur indirekt gezeigt werden, gegenständliche Bilder repräsentieren Konkretes	Konkret/ Abstrakt	Sprache kann sowohl Konkretes als auch Abstraktes repräsentieren
Einzelexemplare/ Individuen; mehr Informationen über visuell darstellbare individuelle Details	Einzelnes-Individuelles/ Allgemeines	Sprache kann sowohl Allgemeines als auch Einzelnes bezeichnen
Möglichkeit, Bilder auf Bilder zu beziehen, ist beschränkt – Theorie der Bilder ausschließlich in Form von Bildern nicht denkbar	Selbstreflexion	Sprache ermöglicht Selbstbezüglichkeit und Metasprache
Kann nicht negieren, auch kausale oder logische Beziehungen können nicht bildlich repräsentiert werden, kann eigentlich nichts behaupten, auch andere Sprachhandlungen wie Fragen, Aufforderungen durch Bilder nicht ersetzbar – allenfalls suggerieren[4]	Negation/ Affirmation/ Kausalität	Sprachlich ist Negation möglich, auch Herstellung kausaler und logischer Beziehungen, Aufstellung von Behauptungen und Sprachhandlungen wie Fragen, Aufforderungen etc. sind möglich

---

[4] Anzumerken ist, dass hier mit Muckenhaupts (1986) Gebrauchstheorie Bild einerseits und (intentionale) Bildverwendung andererseits unterschieden werden müssen. Handlungen wie *Behaupten* oder *Warnen* sind Funktionen, die man Bildverwendungen zuschreiben kann.

Tab. 14.1 (fortgesetzt)

Bild	Dimension	Text
Bilder mit Charakter einer „offenen Botschaft" (potentiell unendlich deutbar); Bilder gelten im Vergleich zu Sprache als eher schwach definiertes Zeichensystem	Offenheit	Kann präzise Bedeutungen zuweisen; auch wenn der sprachliche Code ebenfalls sehr viele Deutungen zulassen kann

Um die tabellarisch aufgeführten Aspekte noch einmal zu verdeutlich, greifen wir auf das Bild Nr. 4 aus Aufgabe 1 und 2 des Abschnitts „Vor dem Lesen" zurück.

Exkurs: Ikonografie der Trümmerfrauen

Die Ikonografie, eine wissenschaftliche Methode der (Kunst-)Geschichte, beschäftigt sich mit der Bestimmung und Bedeutung von bildlichen Motiven. Ein interessantes Motiv sind die Fotos von sog. *Trümmerfrauen*:

> Fotos der Jahre 1945 und 1946, die längst Teil des kollektiven Gedächtnisses geworden sind, zeigen Frauen, die oft mit bloßen Händen Steine aus Trümmern holen, Mörtel von Ziegelsteinen klopfen, Ziegelhaufen aufschichten, mit Trümmerschutt gefüllte Loren schieben: Die deutschen Frauen, so suggerieren diese Bilder, packen an, sie beseitigen den Schutt, den der Krieg der Männer hinterlassen hat, sie ziehen den Karren aus dem Dreck. (Krauss 2009: 738)

Damit sind so genannte *Trümmerfrauen* Teil einer Hoffnungsikonografie – diese Bilder stehen für den Neuanfang nach dem Zweiten Weltkrieg (Krauss 2009: 740). Tatsächlich gab es Trümmerfrauen im engeren Sinne vor allem in Berlin, wo Frauen als „Hilfsarbeiterinnen im Baugewerbe" dienstverpflichtet wurden (Krauss 2009: 740): „In den meisten westdeutschen Städten wurde die Trümmerräumung jedoch von Anfang an anders organisiert: Sie lag in den Händen professioneller Baufirmen, die überwiegend Männer beschäftigten" (Krauss 2009: 740). In Berlin unterstützten oft von Anfang an die Besatzer, z. B. mit Lastwagen und Personal (Krauss 2009: 741). Freiwillige Räumaktionen gab es in vielen Städten bis Ende der 1940er-Jahre – bei diesen arbeiteten Männer und Frauen zusammen (Krauss 2009: 741). Es stellt sich die Frage, warum die Rolle von Frauen bei der Trümmerräumung noch heute betont wird und vor allem die räumenden Männer in der Ikonografie des Trümmerfotos verschwanden (Krauss 2009: 743). Antworten auf diese Frage sind selbstverständlich vielschichtig. U. a. wird damit jedoch die „aktive Rolle der Frauen während der NS-Zeit verleugnet" (Krauss 2009: 744) und die Ikonografie der Trümmerfrauen geht ein in den Mythos der deutschen Wiedergeburt aus eigener Kraft nach dem Zweiten Weltkrieg (Krauss 2009: 745).

Dass Bilder – im Unterschied zu Text, der linear und sukzessive rezipiert wird – simultan und holistisch wahrgenommen werden können (Nöth 2000: 481), wurde bereits ausführlich thematisiert. Dabei können Bilder in der gleichen Wahrnehmungszeit mehr Informationen vermitteln (Nöth 2000: 482) – z. B. kann das Gesicht der Person im Vordergrund in kurzer Zeit wahrgenommen werden. Eine Beschreibung des gleichen Gesichts würde viel Text erfordern und dessen Lektüre wiederum würde wesentlich mehr Zeit benötigen. Gleichzeitig offenbart die Formulierung „mehr Infor-

Abb. 14.8: Fotografie von so genannten ‚Trümmerfrauen', die Ziegelsteine in der Jablonskistraße im Stadtbezirk Prenzlauer Berg bergen (Bildnachweis: bpk / Herbert Hensky).

mationen vermitteln" aber auch eine Problematik, die sich zeigt, wenn man fragt, *welche* Informationen es denn sind, die das Bild vermittelt. Viele Informationen, die sich anhand des Bildes rekonstruieren lassen, sind gar nicht thematisch, z. B. die Stoffe der Mäntel, die Größe und Lage der Steine, die Zahl der Fenster des Hauses im Hintergrund usw. Andere Fragen, z. B. die nach dem Alter der Frauen, lassen sich anhand der Abbildung nicht präzise beantworten.

Bilder repräsentieren im Wesentlichen Visuelles (Nöth 2000: 481): „Alle Bilder können durch Sprache (in Bildbeschreibungen) repräsentiert werden, aber nicht alles sprachlich Repräsentierte kann durch Bilder visualisiert werden" (Nöth 2000: 481). So sind die Gerüche und Geräusche des Moments, in dem das Foto aufgenommen wurde, nicht abbildbar.

Bezogen auf die Dimension Raum und Zeit sind Bilder prinzipiell gut für die Repräsentation von Räumlich-Visuellem geeignet, jedoch nicht für die Darstellung von Zeiträumen und -verläufen (Nöth 2000: 482). Auch wenn es sich um ein zweidimensionales Foto handelt, ist es möglich, den Raum zu erfassen – so stehen die Personen in einer geschwungenen Reihe auf einem Hügel (vermutlich Schutt). Nicht ersichtlich wird aus einem solchen statischen Foto aber, wie lange die Personen dort standen, da es sich um eine Momentaufnahme handelt.

Bilder sind vor allem geeignet, Konkretes zu repräsentieren – Abstraktes kann lediglich indirekt gezeigt werden (Nöth 2000: 482). Daran geknüpft ist, dass Bilder nicht verallgemeinern können. Sie repräsentieren Einzelexemplare bzw. Individuen. Das Bild der Menschen, die in Trümmern aufräumen, wird zwar als exemplarisch für *die Trümmerfrauen* gelesen. Tatsächlich kann es jedoch lediglich die Individuen repräsentieren, die auf dem Bild zu sehen sind.

Ferner sind die Möglichkeiten der Selbstreflexion von Bildern sehr beschränkt – eine Theorie der Bilder ausschließlich in Form von Bildern ist nicht denkbar (Nöth 2000: 482): „Ein entscheidender Unterschied im Leistungsvermögen sprachlicher und bildlicher Kommunikation besteht genau darin, daß wir mit bildlichen Mitteln das Prinzip der Reflexivität allenfalls rudimentär befolgen können, während auf sprachlicher Seite diese Prinzip zu den grundlegenden Spielregeln sprachlicher Kommunikation zählt" (Muckenhaupt 1986: 198). Beispielsweise wäre eine kritische Reflexion über die Ikonografie der Trümmerfrauen anhand des Fotos nur durch einen zusätzlichen, außerhalb des Bildes liegenden sprachlichen Impuls möglich. Dieser könnte sich z. B. auf die Frage beziehen, wie Symbole und Bilder genutzt werden, um historische Ereignisse und gesellschaftliche Werte zu vermitteln.

Bilder können weder negieren noch kausale oder logische Beziehungen darstellen. Selbstverständlich können wir Bilder entsprechend deuten (Nöth 2000: 482) – z. B. werden Bilder von Menschen bei Aufräumarbeiten nach dem Zweiten Weltkrieg dahingehend gelesen, dass es sich überwiegend um Frauen gehandelt hat, deren Arbeit für den Wiederaufbau nach dem Krieg von großer Bedeutung war und Männer (anteilig) eine wesentlich geringe Rolle gespielt haben (was so nicht korrekt ist; vgl. den Exkurs zum Thema). Das Foto wird in einem solchen Verständnis als Negation gelesen (keine Männer) und es werden kausale und logische Beziehungen angenommen (weil Frauen bei der Beseitigung von Trümmern geholfen haben, ging der Wiederaufbau voran). Interessant ist, dass Negation sprachlich sehr einfach – z. B. mittels der Verwendung von *nicht* (z. B. Bei den Aufräumarbeiten halfen *nicht* ausschließlich bzw. überwiegend Frauen mit.) – realisiert werden kann. Dem Bild bleibt diese Möglichkeit verwehrt.

Schließlich sind Bilder potentiell unendlich deutbar und in der Tendenz offener als Text (Nöth 2000: 482). Ein Text über das Thema *Trümmerfrauen* z. B. kann mehrdeutige Stellen enthalten, das Bild (ohne Wissen um den historischen Kontext) wäre jedoch offen für wesentlich mehr Lesarten. Dieser Zusammenhang weist auch auf die Bedeutung hin, die Bildunterschriften für das Verstehen bzw. Lesen von Bildern zukommt. I. d. R. nehmen sie maßgeblich Einfluss auf die Lesart.

An einem Beispiel wird nachfolgend gezeigt, welche konkrete Bedeutung die eben dargestellten Unterschiede von Bild und Text im schulischen Kontext haben können. Die Abb. 14.9 aus einem Geschichtsbuch für die Klassenstufen 9–10 zeigt eine an-

Abb. 14.9: Fotografie einer Schießscheibe mit einem Motiv zur Ruhrbesetzung (Bildnachweis: bpk / Deutsches Historisches Museum. Deutsches Reich, 1923/1925, Holz, Durchmesser: 45 cm)[5].

tifranzösische Schießscheibe aus dem Jahr 1923 (B1 im Schulbuch; vgl. Bayer 2002: 106, Untertitel: Antifranzösische Schießscheibe, 1923).

Schießscheiben dienen im Alltag generell dem Training von Schütz*innen. Die abgebildete Schießscheibe hat rechts in mittlerer Höhe den Zielring und diverse Einschusslöcher sind sichtbar. Es handelt sich um ein auf Holz gemaltes Unikat. Da die Reihenfolge der Treffer vermerkt ist, könnte sie für eine Art Preisschießen verwendet worden sein.[6] Die Schießscheibe fungierte als Teil der Bildpropaganda, die sich gegen Frankreich und Belgien, die das Ruhrgebiet nach dem Ersten Weltkrieg besetzten, richteten.[7] Auf der Schießscheibe ist eine behaarte, menschenähnliche Gestalt zu sehen, die über einen Fluss (erkennbar an Brücke, vermutlich der Rhein) tritt. Die Gestalt ist unbekleidet und trägt nur eine Kopfbedeckung, die an ein französisches Käppi (Képi) erinnert. Dabei handelt es sich um eine militärische Kopfbedeckung, die zu Beginn des Ersten Weltkriegs von den meisten französischen Soldaten getragen wurde.[8] Im Hintergrund sind graue Häuser und Schlote zu erkennen; vermutlich sol-

---

5 An dieser Stelle sei der Studentin gedankt, die dieses Beispiel in einem Seminar eingebracht hat.
    An dieser Stelle sei der Hinweis erlaubt, dass im Schulbuch die Schießscheibe seitenverkehrt abgedruckt ist, was durchaus von Bedeutung ist, wenn es um das Lesen von Bildern geht. Im vorliegenden Fall entspricht die dargestellte Bewegungsrichtung der Gestalt – von links nach rechts – unserem Europabild, demzufolge Deutschland östlich von Frankreich und Belgien liegt.
6 Informationen von Sabine Beneke, Deutsches Historisches Museum (07.10.2024, Mailverkehr)
7 https://www.dhm.de/lemo/bestand/objekt/schiessscheibe-zur-ruhrbesetzung-nach-1923 (07.10.2024)
8 https://de.wikipedia.org/wiki/K%C3%A4ppi (Eintrag Käppi), (07.10.2024)

len sie das Ruhrgebiet repräsentieren. In den Händen hält die Gestalt etwas, das schwer erkennbar ist, jedoch Menschen darstellen könnte.[9]

Die zur Abbildung dazugehörige Aufgabe im Schulbuch lautet: „Beschreibe B1 und erläutere die Stimmung der Bevölkerung gegenüber Frankreich und der Ruhrbesetzung." (Bayer 2002: 108) In der Aufgabenstellung wird nicht explizit angeführt, ob neben der Abbildung auch der dazugehörige Schulbuchtext einbezogen werden soll; denkbar wäre dies jedoch. Festzuhalten ist, dass diese eine Schießscheibe nichts über *die* Stimmung *der* Bevölkerung aussagt – dabei handelt es sich um eine abstrakte, kausale und zeitlich gebundene Verallgemeinerung, die ausgehend von einem Objekt nicht ableitbar ist. Die Aufgabenformulierung erscheint dementsprechend als problematisch, auch wenn verständlich ist, dass solche Schießscheiben als Indiz für eine antifranzösische Haltung angesehen werden können. Eventuell zeigt sich hier auch noch immer die Problematik, dass man der Komplexität von bildlichen Darstellungen, hier konkret einer Bildquelle, nicht durch ausreichende Kontextualisierung und passende Aufgabenstellungen gerecht wird, da der rein illustrative Charakter überwiegt, wie Popp schon 2004 (vgl. auch Erdmann 2002) für den Geschichtsunterricht konstatiert:

> Die vorherrschende Schulbuchpraxis setzt das Bild-Material, das aus der Vergangenheit stammt, noch immer weitestgehend illustrativ ein und regt die Lernenden nur ausnahmsweise, z. B. in besonderen Methodenkapiteln, an, die Bilddokumente als historische Quelle aufzufassen und zu erschließen. (Popp 2004: 2)

Die Semiotik von Bild und Text zu berücksichtigen, kann entscheidend dazu beitragen, dass Schüler*innen kompetent mit Bildern umgehen können. Insbesondere auch für die Thematisierung von Bildwirkung und Manipulation, die mit Bildern intendiert und erreicht wird, kurz: für das kritische Lesen und Deuten von Bildern kann eine entsprechende Unterscheidung hilfreich sein.

14.3 Sprache und bildliche Darstellungen

Bisher sind wir in diesem Kapitel von einem relativ engen Bildbegriff ausgegangen. Um der Vielfalt von bildlichen Darstellungen, die im Schulkontext von Bedeutung sind, Rechnung zu tragen, gehen wir beim Terminus *bildliche Darstellungen* von einem sehr weiten Verständnis aus, das z. B. sowohl Fotos als auch Schaubilder mit grafischen und bildlichen Elementen umfasst und alles beinhaltet, was „vorrangig für die visuelle Wahrnehmung gestaltet wurde und noch wird" (Niehoff 2017: 100). Die

---

[9] Der Vollständigkeit halber sei angemerkt, dass das Motiv auf bereits bestehende Medien Bezug nimmt: Auf ein Cover der politisch-satirischen Zeitschrift Kladderadatsch (erschien 1848–1945), welches wiederum Bezug nahm auf eine französische Skulptur aus dem 19. Jahrhundert.

Unser ganz herzlicher Dank geht an Sabine Beneke vom Deutschen Historischen Museum für zusätzliche Informationen zur Schießscheibe wie auch die Hinweise auf die remediatisierten Quellen.

ungeheure Vielfalt von bildlichen Darstellungen ergibt sich u. a. aus der Kombinatorik von Machart (z. B. Foto, Zeichnung, Technobild) und Thema/Funktion. Beispiele für solche bildlichen Darstellungen, die auch im schulischen Kontext sehr häufig vorkommen, sind etwa:
- Klimadiagramme
- Thematische, physische, topographische Karten
- Karikaturen
- Historische Gemälde
- Fotos
- Schaubilder zu komplexen Sachverhalten (z. B. das Wahlsystem der Bundesrepublik Deutschland)
- Comics
- ...

Die in Kap. 14.2.2 herausgearbeiteten Unterschiede zwischen Bild und Text sind im Hinblick auf viele dieser bildlichen Darstellungen weniger eindeutig, insofern als z. B. Karten und Klimadiagramme auch verbale Sprache beinhalten (Beschriftungen, Legenden etc.) und Schaubilder abstrakte Sachverhalte oder logische Zusammenhänge darstellen.

Die oben präsentierte semiotische Perspektive (vgl. Kap. 14.2) soll an dieser Stelle um die *Theorie multimodalen Handelns* erweitert werden. Multimodale Angebote stellen in unserem Alltag nicht die Ausnahme, sondern die Regel dar. Multimodalität meint dabei die Kombination unterschiedlicher Modi (Fritz 2017: 126); z. B. wird der Basismodus Text um andere Modi wie Bild, Grafik, Design, Ton und Musik erweitert (Bucher 2010: 41). Das Verstehen multimodaler Kommunikationsangebote stellt für Rezipient*innen eine komplexe Herausforderung dar, die „über das Verstehen von Texten oder Abbildungen hinausgeht" (Bucher 2010: 65), da das Ganze mehr ist als die Summe seiner Teile (Bucher 2017: 116). Die Forschung zum Erschließen und Verstehen von multimodalen Angeboten, z. B. komplexen Bild-Text-Gefügen, die sich in Schulbüchern oder Zeitungen finden, zeigt, dass es sich um einen iterativen, also sich wiederholenden, und rekursiven, also zwischen den Modi hin- und herspringenden, Prozess handelt. Dabei beziehen Rezipient*innen die verschiedenen modalen Elemente eines multimodalen Ensembles aufeinander, wobei das Vorwissen und die (Verstehens-)Absichten der Rezipient*innen entscheidend sind. Es handelt sich also um einen sowohl Top-down- als auch Bottom-up-gesteuerten Prozess; Top-down meint hier Vor- und Weltwissen von Rezipient*innen, Bottom-up das multimodale Angebot. Die Interaktion von Rezipient*innen und dem multimodalen Ensemble führt zur Konstruktion einer Bedeutung (Bucher 2017: 101). Angenommen, Sie lesen einen Zeitungsartikel – Sie werden nicht erst die Überschrift lesen, dann in Ruhe die Abbildung betrachten, dann die Bildunterschrift und schließlich den Fließtext lesen. Erwartbar ist vielmehr, dass Sie sehr individuell vorgehen und ihre Blick- und Lesebewegungen immer wieder in Zickzacklinien (vgl. Bucher 2010: 94) zwischen den einzelnen Elementen hin- und herspringen, um sie aufeinander zu beziehen. „Multimodales Verstehen bedeutet einerseits, die relevanten Elemente auszuwählen, und andererseits die Zusammenhänge zwischen ihnen zu erkennen" (Bucher 2010: 74).

Lehrer*innen sollten sich dementsprechend für die Arbeit mit komplexen Bild-Text-Gefügen fragen, welchen Beitrag Bild und Text jeweils zu Funktion und Intention des Gesamtangebots leisten, um Schüler*innen bestmöglich beim Verstehen unterstützen zu können. Von Bedeutung ist hier, dass mitunter in Texten für Schüler*innen Bilder zu finden sind, die nur der Illustration zu dienen scheinen, jedoch eher eine geringe Passung aufweisen und für die eigentliche Bedeutungserschließung kaum eine Rolle spielen (sollten). Für schulische Kontexte ist es relevant, zu eruieren, inwiefern zwischen Bild und Text explizite Bezüge hergestellt werden (vgl. Nöth 2000: 483). Dies kann über Verweise (z. B. Verweise auf Abbildungen im Fließtext wie sie im vorliegenden Kapitel zu finden sind) erfolgen, aber auch über Kommentierungen von bildlichen Darstellungen im Fließtext (wie z. B. die erweiterte Erläuterung der Tabelle zu Bild und Text im Vergleich in diesem Kapitel). I. d. R. offenbart erst eine Analyse von komplexen Bild-Text-Gefügen nach diesen Gesichtspunkten deren An- und Herausforderungen für Leser*innen, wie nachfolgend aufgezeigt wird.

Sehen Sie sich den Schulbuchauszug aus dem Fach Chemie zum Thema Alkohol (konkret Weinherstellung, Abb. 14.10) an. Anhand dieses Auszugs werden exemplarisch komplexe Bild-Text-Beziehungen sowie daran geknüpfte Herausforderungen für Schüler*innen illustriert.

Auf der Schulbuchseite wird die Herstellung von Wein beschrieben. Die Bilder nehmen auf dieser Seite im Vergleich zum Text etwas mehr als die Hälfte des Platzes ein und es besteht ein enger Bezug zwischen Bild und Text: „Alljährlich im Herbst beginnt die Zeit der Weinlese. Die reifen Trauben werden von Hand oder maschinell geerntet" (Frühauf & Tegen 2002: 278). Den dazugehörigen Abbildungen ist zunächst nicht unmittelbar zu entnehmen, dass es sich um Herbst handelt, was im westeuropäischen Kontext i. d. R. mit der Verwendung Orange-, Rot- und Brauntönen einhergeht; jedoch wird dargestellt, wie die Weinlese von Hand vonstattengeht. Damit können die Bilder Schüler*innen, die kein Vorwissen zum Thema haben, als Orientierung dienen. Im Bild wird z. B. deutlich, dass die manuelle Weinlese mit Hilfe von Scheren (normalerweise mit *Traubenscheren*, was jedoch der Abbildung nicht zu entnehmen ist) erfolgt. Wie eine maschinelle Ernte aussieht, wird jedoch nicht deutlich. Schon im nächsten Schritt wird es etwas schwieriger: „In der Winzerei wird zuerst der Traubensaft, der Most, gewonnen" (Frühauf & Tegen 2002: 278). Eine Winzerei in dem Sinne ist nicht erkennbar, jedoch sind eine Traubenmühle und eine Kelter dargestellt, die sich in der Winzerei befinden. Beide werden im Text nicht explizit aufgeführt. Vielmehr muss inferiert werden, dass der Satz „Dazu werden die Trauben gequetscht, sodass die Schalen aufplatzen." sich auf die Abbildung zur Traubenmühle bezieht (quetschen, aufplatzen vs. Mühle (mahlen) vs. Darstellung, die ggf. eher ein Schneiden suggeriert) und die Maische – die lediglich abstrakt als Pfeil in der Farbe der Weintrauben dargestellt ist – in der Kelter weiterverarbeitet wird. Der Pfeil kann alternativ oder ergänzend auch als Darstellung der zeitlichen Abfolge interpretiert werden (im Sinne von *und-dann*) und

Von der Traube zum Most. Alljährlich im Herbst beginnt die Zeit der Weinlese. Die reifen Trauben werden von Hand oder maschinell geerntet. In der Winzerei wird zuerst der Traubensaft, der *Most*, gewonnen. Dazu werden die Trauben gequetscht, sodass die Schalen aufplatzen. Es entsteht die *Maische*, ein Brei aus Traubensaft und Schalen, aus dem dann der Most gepresst wird. Der Winzer bezeichnet dies als *Keltern* der Traube.

Die Bedeutung von Zucker und Säure. Die Qualität des zukünftigen Weins hängt in erster Linie vom Zucker- und Säuregehalt des Mostes ab. Der Zuckergehalt bestimmt die erreichbare Alkoholkonzentration des Weins. Die Säure ist entscheidend für Geschmack und Haltbarkeit. Ein guter

Abb. 14.10: Auszug aus Chemieschulbuch, Thema „Alkohol – der Geist des Weines" (Frühauf & Tegen 2002: 278).

ist dementsprechend mehrdeutig. Zwischen den Bildern und dem Text werden für Schüler*innen keine expliziten Beziehungen hergestellt, was z. B. über Bildverweise in Klammern im Fließtext erfolgen könnte. Dittmar et al. (vgl. 2017: 4) weisen darauf hin, dass das Doppelseitenprinzip, das häufig für Schulbücher gilt, durch Platzbeschränkung tendenziell zu einer Informationsverdichtung führt, die häufig auch damit einhergeht, dass auf explizite Bildverweise verzichtet wird. Schüler*innen müssen dann also selbst einen Weg finden, Bild und Text zueinander in Beziehung zu setzen.

Dabei gehen Dittmar et al. (vgl. 2017: 3) davon aus, dass Text-Bild-Gefüge auf drei Ebenen verarbeitet werden:

1.) Prä-attentiv: Bildung eines globalen Ersteindrucks, Erfassung der visuellen Organisation und Aktivierung von Vorwissen
2.) Blickbewegungen zwischen Text und Bild: Aufteilung der Aufmerksamkeit auf beide Zeichensysteme (vgl. Ausführungen zu Semiotik)
3.) Begriffliche Ebene: Erfassung und Rekonstruktion der in Text-Bild-Kombinationen enthaltenen visuell-verbalen Argumente

Zu beachten ist, dass es auf der zweiten Ebene zu einem sog. Split-Attention-Effekt kommen kann. Hiervon spricht man, wenn Lernende ihre Aufmerksamkeit auf mehrere, in diesem Fall räumlich getrennte Informationsquellen gleichzeitig richten und ständig zwischen Bild und Text hin- und herwechseln müssen, um die Information zu verstehen. So wird die kognitive Belastung erhöht und das Lernen ggf. erschwert. Dies ist insbesondere der Fall, wenn ein großer Abstand zwischen Bild und darauf bezogenem Textteil besteht (vgl. Dittmar et al. 2017: 3) oder eine Zuordnung, wie im obigen Beispiel ausgeführt, nicht eindeutig ist.

Für bildliche Darstellungen selbst können Dittmar et al. (vgl. 2017: 13) auf Basis der Analyse von Verstehensproblemen, die Schüler*innen mit nicht-optimierten wie optimierten Schulbuchtexten haben, zeigen, dass Schwierigkeiten z. B. darin bestehen, Abstraktionen in Abbildungen zu verstehen. Dargestellt war z. B. ein Modell der Lunge, in dem Lungenbläschen lediglich in einem Teil der Bronchien abgebildet waren (vgl. Abb. 14.11). Sechs von acht Schüler*innen nahmen auf Basis dieser Abbildung fälschlicherweise an, dass sich Lungenbläschen lediglich im unteren rechten Lungenflügel befinden.

Diese und weitere Ergebnisse deuten darauf hin, dass Schüler*innen ihr Zeicheninventar für das Verstehen von bildlichen Darstellungen im Laufe der Schulzeit bewusst erweitern sollten und dabei von Lehrenden unterstützt werden müssen. Dittmar et al. (2017: 3) unterscheiden hier Hilfen in Form von Darstellungs- und Steuerungscodes:

> Darstellungscodes helfen den Betrachtenden, das Thema des Bildes zu erkennen. Sie fokussieren auf kritische Merkmale der Wahrnehmung von Objekten und Szenen, indem sie z. B. Kontraste, Begrenzungen und Umrisse übertreiben. Steuerungscodes helfen den Betrachtenden, das Bildangebot optimal zu nutzen. Sie steuern den Blickverlauf, heben Details hervor und regen kognitive Vergleiche und Schlussfolgerungen an. Typische Steuerungscodes sind Pfeile, Vergrösserungen oder Hervorhebungen (Weidenmann, 1994, 2002).

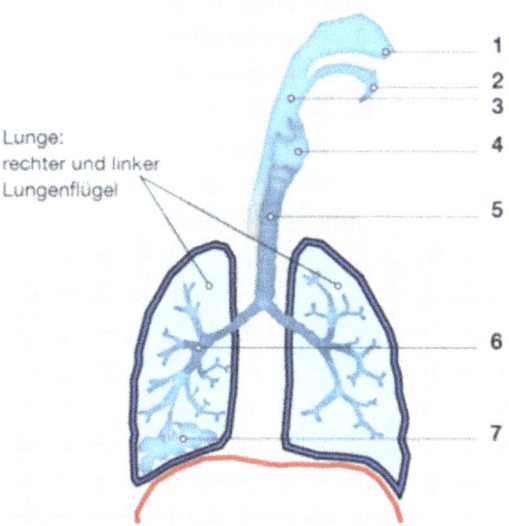

Bild A: Der Weg der Atemluft in die Lunge
1. Nase, 2. Mund, 3. Rachen, 4. Kehlkopf,
5. Luftröhre mit Knorpelspangen, 6. Bronchien mit Knorpelspangen, 7. Lungenbläschen

Abb. 14.11: Lungenflügel (aus Dittmar et al. 2017: 13).

Wichtig ist also, dass Text, Bild und multimodales Layout in multimodalen Angeboten integrativ zu denkende Aspekte des Informationsmanagements darstellen (Blum & Bucher 1998 am Beispiel von Zeitungen) – erneut sei hier darauf verwiesen, dass das Ganze mehr als die Summe seiner Teile ergibt. Für den Umgang im Unterricht bedeutet das, dass für die Arbeit mit multimodalen Angeboten das Zusammenspiel aller Teile berücksichtigt werden muss.

14.4 Bilder und bildliche Darstellungen im Fachunterricht

Welche Aspekte von *visual literacy,* Bildkompetenz und multimodaler Kompetenz aber sind besonders zentral für einen sprachbildenden Unterricht und welchen Beitrag kann ein solcher zur Entwicklung dieser zentralen Kompetenz leisten? Zunächst ist festzuhalten, dass Überlegungen dazu in den Kinderschuhen stecken – im Mittelpunkt sprachbildender Aspekte stehen bisher vor allem das Rezipieren von Bildern und das Kommunizieren über Bilder, nicht unbedingt das Produzieren. Dementsprechend beziehen sich Empfehlungen insbesondere auf Verstehensprozesse und daran geknüpfte und darüberhinausgehende Kommunikationsprozesse (hören, sprechen, lesen und schreiben).

Unabhängig von der konkreten bildlichen Darstellung besteht ein wichtiges Lehr-/Lernziel darin, alle Schüler*innen bei der Arbeit mit Text-/Bildangeboten zu unterstützen, indem sie sich mit dem Zeicheninventar und dem Repertoire ihrer Funktionen vertraut machen und nach und nach Strategien für die Auseinandersetzung mit bildlichen Darstellungen und Bild-Text-Beziehungen kennenlernen, erproben und kompetent und selbstbestimmt anwenden können. Dies betrifft sehr vielfältige Aspekte. Zum Beispiel müssen Schüler*innen lernen, dass es unterschiedliche Abstraktionsgrade in Abbildungen geben kann (*Pfeil steht für X*). Ferner sollten Schüler*innen lernen, wie explizite Bild-Text-Verweise für das eigene Verstehen genutzt werden können, aber auch das Herstellen von Bild-Text-Bezügen üben, etwa, indem sie bestimmen, welche Textabschnitte in Verbindung zu einer bestimmten bildlichen Darstellung stehen. Hinzu kommt auch der Erwerb von Kenntnissen über typische Strukturen und Leistungspotentiale einzelner Arten von Abbildungen, z. B. Erklärgraphiken, numerische Graphiken, Kartendarstellungen, Technobilder (z. B. elektronenmikroskopische Bilder in Biologiebüchern) usw. Auch eine kritische Einstellung zu Bildern und zu Formen des Bildgebrauchs gehören zu den Zielen.

Eine aktuell prominente Perspektive im Umgang mit bildlichen Darstellungen ist die auf das Fehlen von einerseits Wortschatz und anderseits auf (Text-)Muster im Umgang mit bildlichen Darstellungen. Im Rahmen der Auseinandersetzung mit sprachbildendem Unterricht dominieren zwei Foki. Erstens wird darauf fokussiert, dass Schüler*innen ggf. nicht über ausreichend sprachliche Mittel verfügen, um über bildliche Darstellungen zu kommunizieren. Zweitens wird darauf fokussiert, dass ggf. (Text-)Muster im Umgang mit bildlichen Darstellungen noch erworben werden müssen.

Was ist damit gemeint? Erstens können wir eine bildliche Darstellung verstehen, ohne aber in der Lage zu sein, dieses Wahrnehmen und Verstehen in verbale Sprache zu übersetzen – dies gilt z. B. für neu zugewanderte Schüler*innen zu Beginn ihrer Zeit in Deutschland, wenn sie ein Klimadiagramm auf Deutsch beschreiben sollen. Auch wenn sie wissen, was Klimadiagramme sind und sie diese in ihren Erstsprachen beschreiben könnten, werden sie im Deutschen Schwierigkeiten damit haben. Dies gilt ferner für Schüler*innen, die sich im Kunstunterricht durch den „Engpass der Worte" (Sturm 1996) zwängen, wenn sie versuchen, ein ihnen unbekanntes abstraktes Gemälde zu beschreiben, für das sie nicht direkt die passenden Worte finden können. Zweitens kann es sein, dass Schüler*innen mit den (Text-)Mustern einer bildlichen Darstellung nicht vertraut sind. So lernen Schüler*innen i. d. R. in der 5. Klasse, Klimadiagramme zu lesen und zu beschreiben. Sie erfahren, welchen Zweck diese Form der bildlichen Darstellung hat, wie Klimadiagramme aufgebaut sind und wo welche Informationen abzulesen sind. Sie lernen auch, welche Informationen relevant sind, wenn wir Klimadiagramme lesen. Z. B. werden die wärmsten und kältesten Monate und deren Temperaturen abgelesen – nicht aber die Monate mit einer mittleren Temperatur. Schließlich lernen sie im Zuge dessen auch passenden (Fach-)Wortschatz für eine angemessene Beschreibung (z. B. mithilfe von Formulierungshilfen), welche mündlich oder schriftlich erfolgen kann. In der Auseinandersetzung mit einem abstrakten Gemälde jedoch gibt es kaum sinnvolle (Text-)Muster für das Wahrnehmen und Beschreiben, da dies sehr unterschiedlich und mit sehr unterschiedlichen Ergebnissen erfolgen kann, die alle angemessen sein können. Dennoch gibt es auch für die Bildanalyse bzw. -interpretation im Kunstunterricht bestimmte Schritte, mit denen Schüler*innen sich vertraut machen müssen (vgl. Tab. 14.2).

Tab. 14.2: Vorgehen für Bildinterpretation bzw. -analyse im Kunst- und Geschichtsunterricht.

(Werkimmanente) Bildanalyse Kunst (Schoppe 2019: 164–170)	Bildinterpretation Geschichte (Baumgärtner 2019: 171; in Anlehnung an Panofsky)
Ggf. 0. **Percept** Aktivierung der Betrachtenden auf allen Ebenen der Beobachtung, des Gefühls, des Vorwissens und der Erinnerung (Was fühle ich? Woran denke ich? Woran erinnere ich mich? Welche Fragen habe ich?	
1. **Was ist dargestellt?** Systematische Beschreibung des Gesamtmotivs und der einzelnen Bildgegenstände	1. **Vorikonografische Beschreibung** Möglichst exakte und neutrale Beschreibung, die voreilige Schlüsse vermeiden soll
2. **Wie ist es dargestellt?** Analyse relevanter Bildaspekte wie z. B. Form, Farbe, Licht/Schatten, Details	2. **Ikonografische Analyse** Erschließung des Themas und der Bedeutung der einzelnen Elemente
3. **Warum ist es so dargestellt?** Deutende Schlussfolgerungen aus den zuvor gewonnenen Erkenntnissen	3. **Ikonologische Interpretation** Bestimmung der Gesamtaussage des Bildes auf Basis der vorherigen Arbeitsschritte

Zu unterscheiden sind also bildliche Darstellungen, deren Behandlung im Unterricht standardisierbar ist, von solchen, deren Behandlung prozess- bzw. ergebnisoffen ist. Es handelt sich hierbei um ein Kontinuum (vgl. Abb. 14.12) und die gleiche bildliche Darstellung kann je nach Lehr-/Lernziel oder Unterrichtsfach auch unterschiedlich behandelt werden.

Relativ gut standardisierbar sind z. B. Anforderungen an die Beschreibung eines spezifischen Klimadiagramms. Dementsprechend könnten Schüler*innen zwei Mustertexte erhalten und überlegen, inwiefern diese gelungen sind – ob etwa relevante Informationen fehlen oder überflüssige Informationen gegeben werden. Auch ist es möglich, Formulierungshilfen zur Unterstützung bereitzustellen (*Die höchste Temperatur liegt im (Monat) bei ... Grad*). Wenn Schüler*innen jedoch im Kunstunterricht selbst ein Bild produzieren, wird erst nach und nach im Erstellungsprozess erarbeitet werden können, welche Sprache(n) sie dafür benötigen, und dementsprechend bietet sich eine prozessbegleitende Anfertigung von individuellen Wortschatzlisten an.

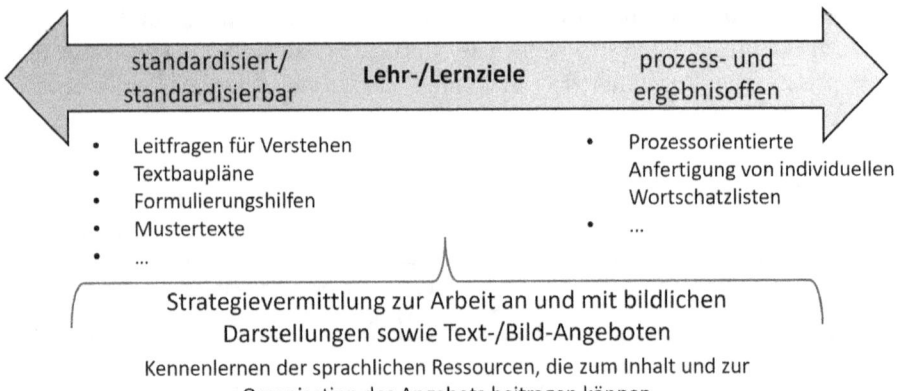

Abb. 14.12: Lehr-/Lernziele im Umgang mit bildlichen Darstellungen im Fachunterricht (eigene Darstellung).

14.5 Fazit

Ziel des vorliegenden Kapitels war es, die Bedeutung von Bildern und bildlichen Darstellungen für den alltäglichen Lehr-/Lernprozess herauszustellen. Schüler*innen werden zwar in allen Fächern mit bildlichen Darstellungen konfrontiert, jedoch in unterschiedlichem Ausmaß, und es wird ihnen unterschiedliche Bedeutung beigemessen. Mit der Fachspezifik geht einher, dass es keine einfachen und allgemeingültigen, in jedem Zusammenhang anwendbaren methodischen Rezepte für den Umgang mit Bildern geben kann und Formulierungshilfen nicht als *die* Lösung im Umgang mit bildlichen Darstellungen angesehen werden sollten. Aufbauend auf der zunächst vergleichenden Gegenüberstellung von Bild und Text ist noch einmal hervorzuheben, dass unsere Kommunikationswelt durchweg multimodal ist und dementsprechend die alleinige Fokussierung auf verbale Sprache im Kontext der Sprachbildung nicht ausreichend ist. Eine Erweiterung um Aspekte der Vermittlung von multimodaler Kompetenz ist notwendig. Im Hinblick auf die zunehmende Multimodalisierung der Lebenswelt von Schüler*innen und auch des schulischen Geschehens sollte der Begriff der Sprachlichen Bildung erweitert werden um Komponenten, die neben Text/Bild-Konfigurationen auch weitere Ressourcen der Gestaltung von medial vermittelten Angeboten (z. B. Doppelseiten in Schulbüchern; Erklärvideos auf YouTube) umfassen können. Nicht zuletzt ist die Rolle von Bildern für die Erzeugung unserer politischen und wissenschaftlichen Weltbilder ein wichtiger Gegenstand der Reflexion im Kontext der Schule. Das Kapitel versteht sich daher vor allem als Plädoyer für den bewussten und reflektierten Einsatz von bildlichen Darstellungen als Teil von multimodalen Angeboten in jedem Unterricht.

Aufgaben nach dem Lesen
1. Wählen Sie eine Schulbuchdoppelseite aus (alternativ andere Arbeitsmaterialien, die bildliche Darstellungen und kontinuierlichen Text enthalten) und analysieren Sie diese fokussiert auf die bildlichen Darstellungen und deren Bezug zum kontinuierlichen Text. Leitfragen können u. a. sein:
   - Wie viele bildliche Darstellungen gibt es? Wie viel Raum nehmen sie ein?
   - Um welche Art der bildlichen Darstellungen handelt es sich (Foto, Diagramm etc.)?
   - Welche Bild-Text-Bezüge lassen sich herstellen (betrifft z. B. Bildunterschriften und auf bildliche Darstellungen bezogene Passagen im Fließtext)?
   - Sind die Informationen von Bild/bildlichen Darstellungen und Text im Vergleich redundant, komplementär oder kontradiktorisch?
   - Welche Funktion kommt den bildlichen Darstellungen zu (z. B. reine Illustration)?
   - Gibt es Aufgaben zu den bildlichen Darstellungen? Inwiefern sind diese passend, z. B. mit Blick auf die Semiotik und die Funktionalität von Bildern?
   - Gibt es Unterstützung für die Arbeit mit bildlichen Darstellungen (z. B. Leitfragen für die Analyse, Formulierungshilfen)?
   - ...
2. Nachfolgend finden Sie Hinweise zum Erwartungshorizont für die Beschreibung eines Klimadiagramms, ein Klimadiagramm (vgl. Abb. 14.13 in Anlehnung an Berger et al. 2002: 38) sowie einen dazugehörigen Text (vgl. Abb. 14.14).
   a) Analysieren Sie die Beschreibung: Was ist im Text bereits gut gelungen und welche Informationen fehlen der Beschreibung?
   b) Wie könnten Sie den Lernenden bei der erfolgreichen Beschreibung des Diagramms unterstützen?

Erwartungshorizont, inhaltlich:
- Namen der Station angeben, Lage beschreiben (Land, Lage über dem Meeresspiegel, geographische Lage)
- Angaben zu Temperaturen: Jahresmitteltemperatur angeben, wärmsten und kältesten Monat angeben, jährlichen Temperaturverlauf beschreiben
- Angaben zu Niederschlägen: Jahresniederschlagsmenge angeben, niederschlagsreichsten und -ärmsten Monat angeben, jährlichen Niederschlagsverlauf angeben

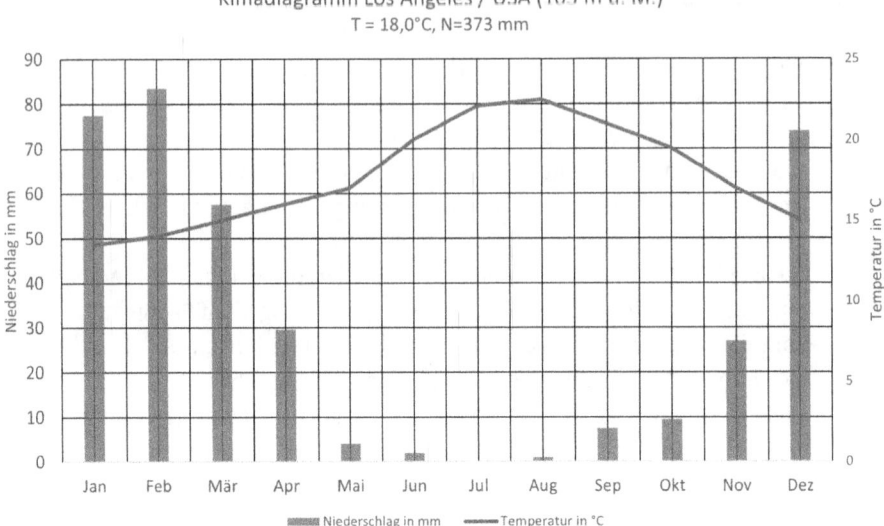

Abb. 14.13: Klimadiagramm Los Angeles (eigene Darstellung).

> Auf der ersten Abbildung ist ein Klimadiagramm zu sehen. Es zeigt das Klima der Stadt Los Angeles in Kalifornien / USA von Januar bis Dezember. Die Durchschnittstemperatur des gesamten Jahres beträgt 18,0 °C. Durchschnittlich fallen 373 mm Niederschlag im Jahr. Die wärmsten Monate sind Juli und August, die kältesten Monate sind Dezember und Januar.

Abb. 14.14: Text zum Klimadiagramm.

Weiterführende Literatur

Altun, Tülay, Katrin Günther & Eva Lipkowski (2017): *DaZ für den Fachunterricht. Gesellschaftswissenschaften Klasse 5–10. Materialien, Tipps, Hilfen und Methoden.* Berlin: Cornelsen.
Kapitel 3 beschäftigt sich mit dem Einsatz einer Grafik und Kapitel 4 mit dem Einsatz einer Karte. An jeweils konkreten Beispielen wird gezeigt, welche Möglichkeiten zum sprachbildenden Umgang mit diesen diskontinuierlichen Texten besteht.

15 Schreiben in allen Unterrichtsfächern

Aufgaben vor dem Lesen
1. Sicherlich mussten Sie im Laufe Ihres Studiums schon einmal einen längeren wissenschaftlichen Text (z. B. eine Hausarbeit) schreiben. Bitte überlegen Sie:
    a) Schreiben Sie gern längere wissenschaftliche Texte? Warum/warum nicht?
    b) Was hilft Ihnen beim Schreiben von wissenschaftlichen Texten? Wie gehen Sie vor?
    c) Welche Schreiberfahrungen haben Sie in Ihrer eigenen Schulzeit gemacht? Gab es Schreibaufgaben, die Sie als interessant, motivierend und sinnvoll empfunden haben? Welche waren das?

15.1 Einleitung: Funktionen des Schreibens im Fachunterricht

Schreiben ist nicht nur für den Deutschunterricht, sondern in allen Fächern ein wichtiges Thema. Denn in allen Unterrichtsfächern führen die Schüler*innen Schreibaktivitäten mit unterschiedlichen Zielsetzungen aus. Ossner (vgl. 1995) unterscheidet zwischen der psychischen Funktion (schreiben für sich selbst, z. B. im Tagebuch), der kognitiven Funktion (schreiben, um das Gedächtnis zu entlasten und Erkenntnisse zu gewinnen) und der sozialen Funktion (schreiben an und für andere) des Schreibens. Im schulischen Kontext kommt der *kognitiven Funktion* eine besondere Bedeutung zu. Schüler*innen machen sich z. B. Notizen oder fassen Inhalte kurz zusammen, um wichtige Informationen festzuhalten. Die Forschung zeigt, dass solche ‚kleinen' Schreibaktivitäten im Unterricht vorherrschend sind. Längere, zusammenhängende Texte zu einem Thema werden hingegen selten geschrieben (vgl. Thürmann, Pertzel & Schütte 2015).

Auch die *soziale Funktion* des Schreibens wird im Unterricht eher vernachlässigt. Das zeigt sich darin, dass in der Schule geschriebenen Texte oft keine expliziten Adressat*innen haben und Schüler*innen wenig Rückmeldungen dazu bekommen, wie ihre Texte auf (intendierte) Leser*innen wirken. Dabei kommt dieser sozialen Funktion „fürs Schreibenlernen ein besonderes Gewicht zu, gilt es doch, Schreiben so zu vermitteln, dass eine erfolgreiche Teilnahme an einer Gemeinschaft mit bestimmten literalen Praxen möglich ist" (Sturm 2015: 16). Schreiben kann demnach auch als *soziale Praxis* bezeichnet werden, denn das Schreiben später im Beruf sowie im Alltag erfolgt überwiegend in einem sozialen Kontext. Texte werden *für* andere und oft auch gemeinsam *mit* anderen geschrieben. Wünschenswert wäre, dass Schüler*innen auch das Schreiben in der Schule als soziale Praxis erleben. Denn aus der Schreibforschung ist bekannt, dass kommunikativ sinnvolle Schreibaufgaben sich positiv auf die Schreibmotivation auswirken. Für Schüler*innen ist es wichtig zu wissen, welches kommunikative Ziel ihr Text verfolgt und an wen er sich richtet, um die Mühen des Schreibens auf sich zu nehmen (vgl. Sturm, Schneider & Philipp 2013: 10).

Wie bereits erwähnt, hat das Schreiben eine kognitive Funktion im Unterricht und kann Schüler*innen dabei helfen, komplexe Sachverhalte besser zu erschließen. Vorhandenes Wissen kann vertieft und neues Wissen entwickelt werden (vgl. Bangert-Drowns, Hurley & Wilkinson 2004). Man spricht dabei davon, dass das Schreiben ein *epistemisches* Potenzial hat. Dieses Potenzial des Schreibens für das Lernen hat zwei zentrale Gründe. Der erste Grund ist, dass das Schreiben ganz besonderen Bedingungen unterliegt, die sich fundamental von den Kommunikationsbedingungen beim Sprechen unterscheiden (vgl. Pohl & Steinhoff 2010). Der Schreibprozess zeichnet sich u.a. durch Langsamkeit aus. Texte sind anders als gesprochene Sprache vorläufig und können verändert werden. Sie können deshalb theoretisch intensiv geplant, neu überdacht und beliebig oft überarbeitet werden. Die Schreibenden müssen sich darüber hinaus nicht nur überlegen, *was* sie schreiben wollen, sondern auch *wie* sie schreiben wollen, um ihre Ziele zu erreichen. Denn Texte verfolgen immer auch einen bestimmten Handlungszweck. Dabei sind die potentiellen Adressat*innen anders als im Medium der Mündlichkeit aber nicht anwesend, sondern müssen von den Schreibenden imaginiert werden. Diese Antizipation der Adressat*innen ist aber insbesondere für wenig erfahrene Schreiber*innen eine große Herausforderung und setzt voraus, dass sie zum Perspektivwechsel fähig sind. Schreibt man beispielsweise einen Text, um andere von der eigenen Meinung zu überzeugen, so muss man sich genau überlegen, welche Argumente man zur Begründung anführt. Zudem kann es sinnvoll sein, mögliche Gegenargumente der potentiellen Leser*innen vorausschauend einzubeziehen und zu entkräften. Insgesamt sind die Lernenden beim Schreiben also dazu gezwungen, sich sehr überlegt auszudrücken. Das führt dazu, dass sie Formulierungen besonders bewusst und präzise einsetzen. Gleichzeitig setzen sie sich dadurch besonders intensiv mit den fachlichen Inhalten auseinander.

Neben den Besonderheiten des Mediums der Schriftlichkeit gibt es einen zweiten Grund, der das Schreiben dazu prädestiniert, Lernprozesse zu unterstützen. Das Schreiben kann nämlich Selbstregulationsprozesse beim Lernen fördern, z. B. durch die Arbeit mit Lerntagebüchern. Entsprechende Schreibimpulse in Bezug auf bestimmte fachliche Inhalte können zur Aktivierung kognitiver (*Welche Aspekte findest du besonders interessant?*) und metakognitiver (*Was habe ich schon gut verstanden und was noch nicht?*) Lernstrategien beitragen (vgl. Nückles et al. 2020). Erwähnt werden soll an dieser Stelle, dass das Schreiben in der Schule zunehmend durch die vielfältigen Möglichkeiten der Digitalität beeinflusst wird. Dazu gehört auch der Einsatz von KI in Schreibprozessen, wie beispielsweise dem OpenAI-Modell ChatGPT. Das Schreiben sowie das Schreibenlernen im schulischen Kontext unterliegt dadurch zurzeit einer tiefgreifenden Transformation (vgl. Steinhoff 2022, Wendt, Burfeind, Frick & Neumann 2023). „Aus dem menschlichen ist ein menschlich-maschinelles Schreiben geworden" (Steinhoff 2022: 153). Damit gehen besondere Chancen einher: ChatGPT kann beispielsweise als Schreibpartner oder Schreibtutor dienen und damit den Schreibprozess erleichtern, den Schreiberwerb unterstützen und die Qualität des Textproduktes erhöhen. Nimmt ChatGPT allerdings die Rolle eines *Ghostwriters* ein, an den die Aufgabe des Schreibens fast vollständig abgegeben wird, so bleibt das lernförderliche Potenzial fraglich (Steinhoff 2022). Aufgrund mangelnder Forschung lässt sich über die genauen Folgen für das schulische Schreiben allgemein und das Schreiben im Fachunterricht im Speziellen derzeit nur spekulieren, worauf an dieser Stelle verzichtet werden soll.

Fest steht jedoch, dass auch in Zukunft Schreiben und die Produktion von Texten einen großen Stellenwert in der Schule haben werden und dem Schreiben im Fachunterricht ein großes Potenzial zur Förderung fachlicher Lernprozesse innewohnt: „Wenn Menschen auch in einer Welt, die mehr und mehr von KI geprägt sein wird, Wissen erwerben können sollen, das sie befähigt, aufgeklärt, selbstbestimmt und verantwortungsvoll zu handeln, ist man gut beraten, auch weiter auf das Lernpotenzial des Schreibens zu setzen" (Steinhoff 2024: 22). Dieser Beitrag beschäftigt sich deshalb im Folgenden mit der Frage, welche Anforderungen das Schreiben an die Lernenden stellt (Kap. 14.2 sowie 14.3) und wie Lehrkräfte aufbauend den Erwerb fachspezifischer Schreibkompetenz unterstützen können (vgl. 14.4).

15.2 Textsorten und fachspezifische Schreibkompetenz

In jedem Fach gibt es Texte, die bestimmten fachlichen Zielen dienen. Diese Texte, die auch als *Textsorten*[1] bezeichnet werden, werden meist durch bestimmte Operatoren gefordert. Solche Textsorten „bestehen aus jeweils typischen Inhalten, Strukturen und sprachlichen Mitteln, die systematisch auf den jeweiligen Zweck bezogen sind" (Becker-Mrotzek 2022: 11). Sie sind also „bewährte Werkzeuge des schriftsprachlichen Handelns. Auf sie kann beim Schreiben und Lesen von Texten zurückgegriffen werden […]" (Becker-Mrotzek 2022: 11). In den Textsorten spiegeln sich fachliche Denk- und Arbeitsweisen. Nehmen wir als Beispiel das Versuchsprotokoll aus dem Chemie- und Physikunterricht: Eine elementare naturwissenschaftliche Arbeitsweise ist das Beobachten. Ein zentraler Teil eines Versuchsprotokolls ist deshalb auch die Versuchsbeobachtung. Dabei sollen die Schüler*innen knapp, aber möglichst genau beschreiben, was sie während des Versuchs gesehen, gehört, gerochen oder gemessen haben, ohne die Beobachtungen allerdings schon zu interpretieren. Gürsoy (vgl. 2018) nennt als weitere Textsorten u.a.:
- für den Biologieunterricht *Steckbriefe* und *Beschreibungen*,
- für den Technikunterricht *technische Analysen*,
- für die Mathematik *Textaufgaben*, *Konstruktionsbeschreibungen* und *Argumentationen*,
- für den Kunstunterricht *Bildbeschreibungen* und *-analysen*,

---

[1] In der Literatur existieren unterschiedliche Termine für diese Texte. Eine alternative Bezeichnung ist z. B. „Textgenre" (vgl. z. B. Gürsoy 2018). Wir sprechen in diesem Studienbuch von Textsorten, da wir bei diesem Begriff die größte Anschlussfähigkeit an das Vorwissen unserer primären Zielgruppe (Studierende) (vgl. auch Roll et al. 2022: 31)

- für den Sportunterricht *Beschreibungen von Bewegungsabläufen*,
- für den Geschichtsunterricht *Sach- und Werturteile* und
- für den Geographie- und Politikunterricht *Diagrammbeschreibungen*.

Um Texte schreiben zu können, die den jeweiligen fachlichen und sprachlichen Anforderungen entsprechen, benötigen Schüler*innen eine *fachspezifische Schreibkompetenz*. Die im Deutschunterricht entwickelte allgemeine Schreibkompetenz ist zwar eine notwendige, nicht jedoch eine hinreichende Voraussetzung für den Aufbau dieser fachspezifischen Schreibkompetenz (vgl. Roll et al. 2019: 36). Das heißt, dass im Deutschunterricht zwar die Grundlagen dafür gelegt werden, dass Schüler*innen sprachlich angemessene und funktionale Texte verfassen können. Die Ausbildung fachspezifischer Schreibkompetenz ist jedoch Aufgabe der einzelnen Fächer.

Die Forschung zum Schreiben im Fachunterricht zeigt dabei zweierlei: Zum einen gibt es insgesamt viele Hinweise darauf, dass das Schreiben einen positiven Effekt auf das Erlernen von fachlichen Inhalten haben kann. Wäschle et al. (vgl. 2015) zeigen beispielsweise, dass Schüler*innen, die im Biologieunterricht ein Lerntagebuch führen und dabei Schreibimpulse zur Verwendung von Lernstrategien erhalten, bessere fachliche Leistungen erzielen und ein größeres Interesse in Bezug auf den fachlichen Inhalt zeigen als die Schüler*innen, die traditionelle Hausaufgaben (Zusammenfassungen, Fragen beantworten) bearbeiten. Eine Studie aus dem Geschichtsunterricht macht deutlich, wie durch die schrittweise Erarbeitung von historischen Argumentationen die narrative Kompetenz besser gefördert werden kann als ohne eine solche Schreibförderung (vgl. Waldis, Nitsche & Gollin 2020). Dabei werden im Rahmen der sog. Genredidaktik oder textsortenbasierten Schreibförderung (vgl. Roll et al. 2022; vgl. auch Kap. 15.4.1) zunächst Mustertexte analysiert, dann gemeinsam ein argumentativer Text verfasst. Am Schluss steht das eigenständige Verfassen einer historischen Argumentation.

Zum anderen kann das Schreiben im Fachunterricht jedoch als schlafender Riese (vgl. Thürmann, Pertzel & Schütte 2015) bezeichnet werden: Wie oben dargelegt, hat das Schreiben zwar erwiesenermaßen ein großes Potenzial zur Unterstützung fachlicher Lernprozesse, dieses wird aber kaum genutzt. Im Fachunterricht wird nur wenig Zeit für das Schreiben längerer Texte eingeräumt, das über die dokumentierende Funktion hinausgeht (vgl. Thürmann, Pertzel & Schütte 2015; Decker & Hensel 2019). Das ist problematisch, denn „[e]ine letzte, scheinbar triviale, aber dennoch häufig unterschätzte Tatsache ist, dass gerade leistungsschwache Schülerinnen und Schüler ihre Schreibkompetenz nur dann erfolgreich ausbauen können, wenn sie häufig schreiben" (Marx & Steinhoff 2017: 182). Es fehlt Schüler*innen somit an Gelegenheiten zur Ausbildung fachspezifischer Schreibkompetenz. Fragwürdig ist der Mangel an Schreibgelegenheiten nicht zuletzt auch angesichts der Tatsache, dass Leistungsbeurteilungen oft schriftlich erfolgen. Werden dabei Texte verlangt, wird mit der fachlichen Kompetenz immer auch die Schreibkompetenz erfasst und letzten Endes auch bewertet. Was bewertet wird, muss im Unterricht aber auch explizit vermittelt werden.

15.3 Schreibkompetenz und Schreibprozesse

In diesem Beitrag ist mit Schreibkompetenz die „selbständige Produktion von kommunikativ angemessenen und inhaltlich bedeutungsvollen Texten" (Bachmann & Becker-Mrotzek 2017: 26) gemeint. Das Schreiben eines Textes bedeutet nicht nur, einen Text aufzuschreiben, sondern nach dem Modell von Hayes & Flower (vgl. 1980) gehören zum Schreiben drei zentrale Schritte:
- Zunächst wird der Text geplant, Ideen gesammelt und geordnet sowie eine Textstruktur entworfen.
- Im zweiten Schritt wird der Text ausformuliert und niedergeschrieben.
- In der dritten Phase wird der Text überarbeitet.

Die einzelnen Schritte – planen, formulieren, überarbeiten – überlappen sich und können mehrmals durchlaufen werden. Das Schreiben eines Textes ist somit ein komplexer Prozess, bei dem „zahlreiche mentale Aktivitäten gebündelt und koordiniert werden müssen; nicht zuletzt müssen Schreibende beim Verfassen zahlreiche Entscheidungen treffen, insbesondere darüber, was und wie sie etwas schreiben wollen" (Sturm, Schneider & Philipp 2013: 3). Denn eine zentrale Anforderung bei der Textproduktion ist, den Text so zu schreiben, dass er für die potentiellen Leser*innen ohne weitere Erläuterungen verständlich ist. Dafür muss der oder die Schreibende „das Vorwissen des Lesers antizipieren und genau planen, welche Informationen sachlogisch relevant sind" (Roll 2021: 270). Am Ende entsteht im besten Fall ein dem jeweiligen Kommunikationskontext angepasster informativer, klarer und relevanter Text.

Für die Produktion solcher Texte werden unterschiedliche Wissensbestände benötigt (vgl. Fix 2008):
- Schreiber*innen müssen über einen bestimmen Wortschatz (lexikalisches Wissen) und Grammatikkenntnisse (grammatisches Wissen) verfügen.
- Sie müssen zudem wissen, welche Funktion der jeweilige Text hat, für welchen Kontext er geschrieben wird und welche Art von Text in diesem Kontext angemessen ist (pragmatisches Wissen).
- Hinzu kommt das Wissen über den Aufbau von Texten (Textstrukturwissen).
- Geht man zudem davon aus, dass die Produktion eines Textes nur gelingen kann, wenn der Schreibprozess erfolgreich gemeistert wird, so fällt unter die Schreibkompetenz zudem noch das „Schreibprozessmanagement" (Krings 2016). Laut Fix müssen Schreibende sich dafür ein Schreibziel setzen können (Zielsetzungskompetenz), ihr textrelevantes Vorwissen aktivieren (inhaltliche Kompetenz), eine sinnvolle Textstruktur finden und schließlich den Text formulieren (Formulierungskompetenz) und überarbeiten können (Revisionskompetenz).

Exkurs: Mehrschriftlichkeit
Woerfel et al. (2014: 48) verstehen unter Mehrschriftlichkeit die Fähigkeit, unterschiedliche Schriftsysteme, Orthographieprinzipien und textuelle Kompetenzen in unterschiedlichen Sprachen angemessen anwenden zu können. Dabei geht man davon aus, dass sich schriftsprachliche Kompetenzen in mehreren Sprachen gegenseitig positiv beeinflussen können. Marx und Steinhoff (2019) konnten beispielsweise zeigen, dass Schüler*innen, die im Deutschunterricht der Sekundarstufe eine Unterstützung beim Verfassen von Figurenbeschreibungen erhielten, dadurch auch bessere Beschreibungen in ihrer Familiensprache Türkisch verfassten. Das Aufwachsen mit mehreren Sprachen im Kontext von migrationsbedingter Mehrsprachigkeit ist jedoch oft dadurch geprägt, dass Kinder ihre Erstsprachen nicht als Schriftsprachen erwerben oder weiter ausbauen können (Gürsoy & Roll 2018: 352). Positive Synergieeffekte zwischen Erst- und Zweitsprachen bleiben somit aus. Erforderlich sind daher schreib- und lesedidaktische Konzepte, „die sprachliches und fachliches Lernen in den Herkunftssprachen als Ressource berücksichtigen, und zwar in den weiterführenden Schulformen der Sekundarstufen I und II sowie auch in hochschulischen Lehr-Lernkontexten" (Gürsoy & Roll 2018: 350) (vgl. hierzu auch Kap. 5). Für die Bildungspolitik und die Schulentwicklung in unserer Migrationsgesellschaft besteht die langfristige Herausforderung also darin, Sprachbildung sowohl fächerübergreifend als auch fachspezifisch in den Lehrplänen zu verankern und so zu gestalten, dass das gesamte sprachliche Repertoire der Schüler*innen einbezogen wird.

Auch beim Schreiben von Texten im Fachunterricht spielen alle obengenannten Teilkompetenzen eine Rolle. Als weitere Anforderung kommt hinzu, dass mit den Texten spezifische fachliche Inhalte sprachlich dargestellt und vermittelt werden sollen. Die Schüler*innen stehen beim Schreiben also vor der Aufgabe, ihre fachlichen und fachsprachlichen Fähigkeiten miteinander zu verknüpfen. Kommen wir als Beispiel noch einmal auf das Versuchsprotokoll aus dem naturwissenschaftlichen Unterricht zurück. Im Protokoll wird das naturwissenschaftliche Prinzip von Vorhersagen – Beobachten – Erklären umgesetzt und die Planung und Durchführung eines Experiments sowie dessen Ergebnisse festgehalten (vgl. Bruening 1990). Aus didaktischer Sicht hat das Protokoll eine Dokumentations-, Auswertungs- und Reflexionsfunktion (vgl. Zellmer, Russek & Sommer 2020). Neben der Kenntnis über diese Funktionen müssen die Schüler*innen für das Verfassen eines Protokolls auch über Textstrukturwissen verfügen und den Aufbau sowie die Funktion der jeweiligen Abschnitte kennen. Ein ausführliches Protokoll enthält in aller Regel eine Fragestellung, die Bildung von Hypothesen, die Aufführung der Materialien sowie Durchführungsbeschreibung, Beobachtung und Erklärung/Auswertung (vgl. Nawrath, Maiseyenka & Schecker 2011). Für das Verfassen des Protokolls brauchen Schüler*innen einen bestimmten Wortschatz (lexikalische Kompetenz), z. B. Fachwörter für die verwendeten Materialien, aber auch für die beobachteten naturwissenschaftlichen Phänomene. Doch nicht nur Fachbegriffe spielen eine Rolle. In der Versuchsauswertung müssen beispielsweise kausale Zusammenhänge versprachlicht werden. Dafür werden satzverbindende Wörter (Konnektoren) wie „dadurch" und „da" (Ricart Brede 2018: 343) benötigt. In Protokollen kann es zudem angemessen sein, einen unpersönlichen Stil zu wählen, z. B. bei der Versuchsdurchführung (pragmatisches Wissen) (vgl. Ricart Brede 2018: 343). Diese Unpersönlichkeit wird z. B. durch den Gebrauch von Passivkonstruktionen erreicht (grammatische Kompetenz) (*Der Luftballon wird über die Öffnung des Reagenzglases gestülpt*).

Exkurs: Schreibkompetenz und ihre Einflussfaktoren

Wie gut die Schreibkompetenz von Schüler*innen ausgebildet ist, ist sehr unterschiedlich und von vielen verschiedenen Faktoren abhängig. Stabile Ressourcen, die im Unterricht wenig beeinflusst werden können, sind z. B. das Arbeitsgedächtnis, die Aufmerksamkeit und der sozioökonomische Status. Die sprachlichen Ressourcen (lexikalische und grammatische Kompetenz) und die kognitiven Ressourcen (z. B. Weltwissen, Schreibstrategien, Fähigkeit zur Selbstregulation) hingegen sind veränderbar und deshalb auch didaktisch sehr relevant (vgl. Becker-Mrotzek 2022: 11). Eine große Studie, in der die Schreibkompetenz von über 10.000 Schüler*innen anhand einer Briefaufgabe untersucht wurde, ist die DESI-Studie. Die Erhebungen wurden zwar im Deutschunterricht durchgeführt, es kann allerdings davon ausgegangen werden, dass Schwierigkeiten beim Schreiben im Deutschunterricht sich auch auf die Schreibleistungen im Fachunterricht auswirken. Die Ergebnisse zeigen, dass 30 % der teilnehmenden Schüler*innen Briefe schreiben, die eher umgangssprachlich formuliert, logisch fehlerhaft aufgebaut sind und wesentliche Elemente eines Briefes (z. B. Anrede, Grußformel) nicht enthalten (vgl. DESI-Konsortium 2008: 97). Insgesamt deuten die Ergebnisse darauf hin, dass viele Schüler*innen Unterstützung beim Erwerb von Schreibkompetenz benötigen.

Es ist deutlich geworden, dass das Schreiben, zumal wenn es sich um fachsprachliche Texte handelt, eine komplexe Tätigkeit ist. Mehrsprachige Schüler*innen, die aus einem nicht-deutschsprachigen Land neu zugewandert sind und Schreiberfahrungen in (einer) anderen Sprache(n) besitzen (vgl. Kap. 7), verfügen ggf. bereits über Strategien und entwickelte Kompetenzen in Bezug auf die Gestaltung von Schreibprozessen. Im Bereich des Textstrukturwissens und des pragmatischen Wissens können jedoch kulturell und sprachlich bedingte Unterschiede bestehen. Zudem benötigen diese Schüler*innen je nach sprachbiografischem Hintergrund und Kontaktzeit mit der deutschen Sprache Unterstützung bei der Aneignung des notwendigen lexikalischen und grammatischen Wissens.

15.4 Schreibdidaktik im Fachunterricht

Bei der Förderung des Schreibens im Fachunterricht haben Lehrpersonen folgende Aufgaben (vgl. Marx & Steinhoff 2017: 182): Neben der Schaffung zahlreicher *Gelegenheiten* zum Schreiben sollten sie den Schüler*innen die Anforderungen an das erwartete *Schreibprodukt* transparent machen, den Erwerb der jeweiligen relevanten *sprachlichen Mittel* ermöglichen und Hilfen für die Bewältigung des *Schreibprozesses* bereitstellen. Wichtig ist zudem die Qualität der *Schreibaufgaben* und dass Schüler*innen gezieltes *Feedback* für ihre Texte bekommen. Zur Umsetzung dieser Aufgaben stehen verschiedene schreibdidaktische Ansätze zur Verfügung, von denen einige im Folgenden näher beschrieben werden.

15.4.1 Textsortenbasiertes Schreiben

Die für den Fachunterricht typischen Schreibprodukte – weiter oben haben wir sie als Textsorten bezeichnet – folgen oftmals einem spezifischen Aufbau, fordern bestimmte sprachliche Handlungen und haben typische sprachliche Merkmale. Das stellt eine Herausforderung dar, kann aber auch didaktisch genutzt werden. Denn wenn Schüler*innen die Besonderheiten einer Textsorte einmal kennengelernt haben, so müssen sie aufgrund des stark normierten Aufbaus beim Schreiben keine eigene Textstruktur mehr entwerfen, was das Arbeitsgedächtnis entlastet. Die Struktur von Textsorten ist deshalb auch Ausgangspunkt des textsortenbasierten Schreibens bzw. der Genredidaktik (vgl. Gürsoy 2018), in der auf der Grundlage eines Modelltextes das Schreiben bestimmter Textsorten in einem Lehr-/Lernzyklus vermittelt und geübt wird (Abb. 15.1). Die textsortenbasierte Schreibförderung eignet sich vor allem, wenn eine bestimmte Textsorte im Unterricht neu eingeführt werden soll. Grundsätzlich ist der Lehr-/Lernzyklus als ein *Scaffold* anzusehen, d.h. eine sprachliche Hilfe, die temporär beim Aufbau von Textsortenkompetenz unterstützen soll (vgl. Kap. 8). Je nach Lerngruppe und insbesondere bei komplexen Textsorten, die mehrere sprachliche Handlungen und Abschnitte enthalten, kann es auch sinnvoll sein, zunächst nur einzelne Teilabschnitte einzuüben.

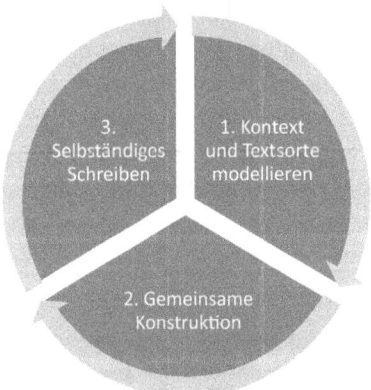

Abb. 15.1: Textsortenbasierter Lehr-/Lernzyklus (Roll et al. 2022: 41, in Anlehnung an Feez & Joyce 1998 und Hallet 2013).

In diesem Zyklus wird in einem ersten Schritt der Kontext und die Textsorte modelliert. Das heißt, im Unterricht wird über die Funktion und die Adressat*innen der jeweiligen Textsorten gesprochen. Zudem wird der Text modelliert: Welche Struktur hat der Text und was sind typische sprachliche Phänomene? Dabei wird mit Modelltexten gearbeitet. Beim zweiten Schritt, der gemeinsamen Konstruktion, wird mit Unterstützung der Lehrkraft in einem kooperativen Schreibprozess ein gemeinsamer Text verfasst. Dabei werden auch sprachliche Hilfen, z. B. in Form von Wörtern und Satzanfängen, zur Verfügung gestellt. Der letzte Schritt besteht schließlich darin, dass die Schüler*innen eigenständig einen Text verfassen. Empfehlenswert sind auch in dieser Phase Hilfen in Form von sprachlichen Mitteln und eine konstruktive Rückmeldung durch die Lehrkraft oder die Peers. Abschließend können Bezüge zu anderen Textsorten hergestellt werden (z. B. Gemeinsamkeiten und Unterschiede von ähnlichen Textsorten in anderen Fächern oder ggf. ähnliche Textsorten in anderen Sprachen). Die Einführung bzw. Arbeit mit bestimmten Textsorten kann auch anhand eines *Schreibrahmens* (vgl. Giesau 2019) erfolgen bzw. unterstützt werden. Ein Schreibrahmen ist eine Art Merkblatt mit den wichtigsten Informationen zu Funktion, Aufbau und der sprachlichen Umsetzung einer bestimmten Textsorte. Abb. 15.2 zeigt einen Ausschnitt aus einem Schreibrahmen für ein Versuchsprotokoll. In der linken Spalte (*Struktur*) wird kurz beschrieben, was in dem jeweiligen Abschnitt des Protokolls inhaltlich und formal von den Lernenden erwartet wird. In der mittleren Spalte steht ein möglicher ausformulierter Erwartungshorizont. Ganz rechts stehen die sprachlichen Hilfen. Das sind Wörter und Satzteile, die für den jeweiligen Abschnitt typisch sind. In dieser Protokollvorlage werden zusätzlich zu den Substantiven auch die Artikel (-s für *das*, -r für *der*, -e für *die*) und zu den Verben die Infinitive aufgeführt. Das ist insbesondere für neu zugewanderte Schüler*innen mit Deutsch als Zweitsprache sinnvoll, die so ihre Wortschatz- und Grammatikkompetenz erweitern können.

Auch wenn die Schüler*innen eine bestimmte Textsorte bereits kennen, kann sie das Schreiben der entsprechenden Texte aufgrund der Spezifik der Themen jedes Mal wieder vor Herausforderungen stellen, insbesondere auf der Ebene des Wortschatzes. Um den Schreibprozess zu entlasten, sollten Schüler*innen deshalb entsprechend ihrer Schreibkompetenz während des Schreibens sprachliche Mittel in Form von einzelnen Wörtern, Formulierungen, Sätzen oder ganzen Textteilen zur Verfügung gestellt werden. Um als Lehrkraft die benötigten sprachlichen Mittel für eine bestimmte Schreibaufgabe vorab festlegen zu können, bietet es sich an, einen Modelltext zu analysieren und so die sprachlichen Erwartungen an den Text zu klären. Dies kann geschehen, indem die Lehrkraft in der Phase der Unterrichtsplanung auf schon vorhandene Texte von Schüler*innen zurückgreift. Alternativ oder ergänzend kann der Erwartungshorizont der Lehrperson als Grundlage dienen (vgl. Kap. 8). Dabei ist es wichtig, den Text möglichst so formulieren, wie die Schüler*innen es tun würden, um einen realistischen Erwartungshorizont für das Schreibprodukt erstellen zu können. Bezogen auf unser Beispiel würde die Lehrkraft also ein modellhaftes Versuchsprotokoll daraufhin analysieren, welche sprachlichen Mittel zentral für das Protokoll sind. Wenn einzelne sprachliche Mittel, die für das Erreichen der fachlichen Lernziele zentral sind, den Schüler*innen (noch) Schwierigkeiten bereiten, werden diese den Schüler*innen dann beim Schreiben zur Unterstützung angeboten. Wichtig ist dabei, nicht nur einzelne Begriffe (z. B. Fachwörter, satzverbindende Wörter) vorzugeben, sondern auch sprachliche Hilfen, die die Ausführung bestimmter sprachlicher Handlungen im Text ermöglichen. Sollen Schüler*innen in einem argumentativen Text beispielsweise ihre Position zum Ausdruck bringen, so benötigen sie für die sprachliche

PROTOKOLL

Struktur	Beispiel	Sprachhilfen	
1. Versuch In der Überschrift gibst du an, um welchen Versuch es sich handelt.	**Versuch:** *Das Erhitzen des Kaisernatrons*	**Satzanfänge für eine Überschrift** -s Beobachten..., -s Untersuchen..., -s Erhitzen..., -s Bestimmen..., -s Vergleichen..., -s Trennen..., -s Messen..., -s Prüfen...	
2. Material Hier nennst du alle Geräte und Chemikalien, die du für den Versuch brauchst.	**Material:** *Gasbrenner, Reagenzglas, Spatel, Reagenzglasklammer, Luftballon, Kaisernatron*	**Nomen** -r Gasbrenner, -s Reagenzglas, -e Reagenzglasklammer, -r Spatel, -s Becherglas, -r Luftballon, -s Kaisernatron	
3. Durchführung Du beschreibst, wie du vorgehst. Zuerst notierst du in Stichpunkten die Arbeitsschritte. Dann formulierst du die Arbeitsschritte in ganzen Sätzen. Dabei benennst du die Chemikalien und die Geräte mit Fachbegriffen. Du schreibst den Text in der Gegenwartsform (Präsens) und verwendest die „man-Form" (Passiv).	**Durchführung:** *Man gibt eine Spatelspitze Kaisernatron in ein Reagenzglas. Der Luftballon wird über die Öffnung des Reagenzglases gestülpt. Danach erhitzt man das Reagenzglas mithilfe der Reagenzglasklammer in der rauschenden Flamme des Gasbrenners.*	**Verben** ... man erhitzt (erhitzen) ... man wiegt ab (abwiegen) ... man misst ab (abmessen) ... man kühlt ab (abkühlen) ... man schüttet (schütten) **Satzverbindungen (Adverbien)** ... zuerst, ... danach, ... dann, ... schließlich, ... am Ende, ... als Erstes, ... als Zweites	

Abb. 15.2: Ausschnitt aus einer Protokollvorlage (aus Pauly et al. 2019: 505).

Handlung *sich positionieren* Formulierungen wie *Ich bin der Meinung, dass ....* Handelt es sich um eine Schreibaufgabe, bei der unterschiedliche, individuelle Lösungen möglich sind, so können die Schüler*innen in der Planungsphase des Schreibens Gelegenheit bekommen, die relevanten sprachlichen Mittel gemeinsam mit anderen zu erarbeiten (z. B. im Unterrichtsgespräch, in Partner- oder Gruppenarbeit). Zudem können Hilfsmittel wie (Online-)Wörterbücher, Suchmaschinen und von mehrsprachigen Schüler*innen auch Übersetzungsprogramme genutzt werden.

15.4.2 Prozessorientiertes Schreiben

Wir haben bereits gelernt, dass das Schreiben nicht nur aus der eigentlichen Schreibphase besteht, sondern ein komplexer Prozess ist, der die drei Schritte *Planen, Formulieren* und *Überarbeiten* beinhaltet. Ein wichtiger Ansatz in der Schreibdidaktik ist daher die Idee, dass dieser Prozess im Unterricht in einzelne, kleinere Schritte zerlegt und jeder Schritt didaktisch begleitet wird. In der ersten Phase, der Planung des Textes, sollen die Schüler*innen dabei unterstützt werden, sich über ihr Schreibziel klar zu werden, inhaltliche Ideen zu generieren und die Textstruktur zu planen. Mehrsprachigen Schüler*innen sollte ermöglicht werden, für den Planungsprozess ihr gesamtes sprachliches Repertoire zu nutzen, d.h. sie können in einer oder auch mehreren von ihnen favorisierten Sprachen Notizen machen. Auf diese Weise können kognitive Kapazitäten für den Formulierungsprozess in der deutschen Sprache frei werden. Zur Planungsphase gehört auch das Sammeln von Wörtern und Formulierungen, die später beim Schreiben genutzt werden können. Vor dem Verfassen eines Versuchsprotokolls könnte es z. B. sinnvoll sein, zunächst mündlich über die Durchführung und die Beobachtungen während des Experiments zu sprechen und den zentralen Wortschatz und passende Formulierungen, d.h. die notwendigen sprachlichen Mittel schriftlich, z. B. an der Tafel, festzuhalten. Auch Wörterbücher und Internetressourcen können zum Einsatz kommen. In der zweiten Phase, der eigentlichen Schreibphase, können die Schüler*innen dann auf die Formulierungs- und Strukturierungshilfen zurückgreifen, die in der ersten Phase erarbeitet wurden. In der Überarbeitungsphase soll der Text optimiert werden. Dabei ist zwar auch die sprachformale Ebene (Orthografie und Grammatik) von Relevanz, insbesondere aber die Frage, ob der Text vor dem Hintergrund seiner sozialen Funktion klar, informativ und verständlich ist und sein kommunikatives Ziel erreicht. Denn für den Schreiberwerb der Schüler*innen und das Einüben der Adressat*innenorientierung ist es sehr wichtig, dass sie Rückmeldungen dazu bekommen, wie ihre Texte auf andere wirken.

15.4.3 Feedback

Aus der Forschung ist bekannt, dass Feedback nur dann sinnvoll ist, wenn es während (und nicht erst am Ende) des Lernprozesses erfolgt (formatives Feedback, vgl. auch Kap. 9) und die Lernenden zur aktiven Auseinandersetzung mit den vermittelten Informationen anregt (vgl. Busse, Müller & Siekmann 2022: 115). Effektives Feedback gibt Antwort auf die Fragen: Wo möchte ich hin? Wo stehe ich und was habe ich bisher erreicht? Wie komme ich weiter voran? (vgl. Busse, Müller & Siekmann 2022: 117). Im Rahmen der Schreibförderung bietet sich dabei die Arbeit mit Kriterienkatalogen an, die die sprachlichen (und ggf. auch fachlichen) Anforderungen des Textes transparent machen und für die Überarbeitung von Texten eingesetzt werden können. Die Kriterienkataloge können gemeinsam von Lehrkraft und Schüler*innen entwickelt werden. Mit ihrer Hilfe können die Schüler*innen selbständig ihre Texte überarbeiten oder Lehrkräfte können ein gezieltes Feedback geben. Eine weitere Möglichkeit ist das Peer-Feedback. Hier profitieren nicht nur die Schüler*innen, die Feedback bekommen, sondern auch die Feedbackgeber*innen, die sich im Rahmen des Feedbacks mit der Beurteilung und Qualität von Texten beschäftigen. Budke & Morawski (vgl. 2019) stellen beispielsweise einen Peer-Feedbackbogen für argumentative Texte aus dem Geographieunterricht vor. Mit dem Feedback-Bogen sollen die Schüler*innen den Text von Partner*innen anhand unterschiedlicher Kriterien auf einer vierstufigen Skala (*ja, teils, nein, weiß nicht*) beurteilen. Dabei verschaffen sie sich zunächst einen ersten Eindruck über den Text und bewerten anschließend die Textstruktur (z. B. Gibt es eine Einleitung, durch welche die Leser*innen in das Problem eingeführt werden?) und die Verwendung von Fachbegriffen (Werden Fachbegriffe richtig und an den relevanten Stellen verwendet?). Schließlich soll auch eine Bewertung der Qualität einzelner Argumente unter fachlichen Gesichtspunkten erfolgen (z. B. Werden verschiedene Quellen für die Argumente im Text angeführt?). Abschließend stellen die Schüler*innen dem*der Partner*in ihr Feedback vor, das als Grundlage für eine Überarbeitung des Textes dient.

15.4.4 Gute Schreibaufgaben

Ausschlaggebend für die Frage, ob Schüler*innen tatsächlich sowohl in fachlicher als auch in sprachlicher Hinsicht vom Schreiben profitieren, ist die Qualität der jeweiligen Schreibaufgabe. Gute Schreibaufgaben umfassen mehr als einen einfachen Schreibimpuls: Im besten Fall beinhalten sie neben dem konkreten Schreibauftrag ein umfassendes Lernarrangement, in dem „das Schreiben und Lesen von Texten für Schülerinnen und Schüler in einen sinnvollen Handlungszusammenhang eingebunden ist" (Busse, Müller & Siekmann 2022: 77). Dazu gehört ein identifizierbares Schreibziel/eine Textfunktion, Anga-

ben zu den Adressat*innen, ein Thema und eine Textsorte /eine Textform[2] (vgl. Busse, Müller & Siekmann 2022: 86). Denn die Qualität von Schreibaufgaben hängt stark von ihrer „Situierung" ab, d.h. ihr Bezug zu einer bestimmten kommunikativen Situation (vgl. Bachmann & Becker-Mrotzek 2010: 195). Dazu gehört, dass die Schüler*innen ...
- die Funktion des Textes (er)kennen,
- den Text in sozialer Interaktion verfassen können,
- die Wirkung ihres Textes überprüfen können.

Was diese Qualitätsmerkmale konkret bedeuten, soll an einem Beispiel ausgeführt werden: Nehmen wir den Schreibauftrag *Erkläre die Funktionsweise der Atmung* aus dem Biologieunterricht (vgl. Becker-Mrotzek & Lemke 2022: 89). In diesem Arbeitsauftrag wird zwar das Thema (Atmung) und eine sprachliche Handlung (Operator *erklären*) genannt. Allerdings wird nicht klar, an wen sich der Text richtet, welche Funktion er hat und welche Form er annehmen soll. Ein modifizierter Schreibauftrag könnte folgendermaßen lauten: „Erkläre Lernenden der vierten Jahrgangsstufe (*Adressat*innen, Schreibziel/Funktion*) in einem schriftlichen Text (*Textform*) die Funktionsweise der Atmung (*Thema*)."

Wie bei allen Aufgaben ist es darüber hinaus wichtig, dass die Schreibaufgabe verständlich ist und die Anforderungen der erwarteten Lösung transparent werden. Damit Schüler*innen überhaupt motiviert sind, Texte zu verfassen, müssen sie das Gefühl haben, dass sich das Schreiben lohnt. Dies kann zum einen dadurch erreicht werden, dass ihnen die Schreibaufgaben zugleich herausfordernd, aber auch bewältigbar erscheinen. Es ist also wichtig, entsprechende sprachlich differenzierte Hilfen anzubieten. Auch die Anforderungen an die Schreibaufgabe selbst können differenziert werden. Schüler*innen können z. B. Protokollformen mit unterschiedlichen Anforderungsniveaus, etwa was die Ausführlichkeit betrifft, zur Auswahl angeboten werden. Eine weitere Möglichkeit besteht darin, dass schwächere Schreiber*innen Teile des Protokolls als Sprachmemo oder als kommentiertes Videoprotokoll aufnehmen dürfen. Auch wenn sie dabei im Medium der Mündlichkeit agieren, müssen sie genau beschreiben und beobachten und dabei Fachsprache verwenden (vgl. Ricker 2018). Ggf. kann das Sprachmemo bzw. das Videoprotokoll auch als Grundlage für eine Verschriftlichung dienen.

Als Hilfe für die Planung von Schreibaufgaben kann da diese Tab. 15.1 dienen (auf Grundlage von Becker-Mrotzek & Lemke 2022: 79 sowie Franken & Pertzel 2019: 14). Die in der Tabelle aufgeführten Fragen können auch bei der Überarbeitung von Schreibaufgaben aus Lehrbüchern helfen, die aus schreibdidaktischer Perspektive oft noch nicht den Anforderungen an gute Schreibaufgaben genügen. Authentische Schreibaufgaben

---

[2] Der Begriff „Textform" trägt hier dem Umstand Rechnung, dass im Unterricht auch Texte geschrieben werden, die nicht auf eine fachspezifische Textsorte abzielen. Denn oftmals dienen Operatoren wie *erklären*, *erläutern* etc. als Auslöser für Schreibhandlungen (vgl. Becker-Mrotzek & Lemke 2022: 87).

mit echten Schreibanlässen und Adressat*innen (z. B. Brief an Politiker*in, Beitrag für Schulhomepage) sind im Fachunterricht nicht immer möglich oder sinnvoll. Wichtig ist aber, dass die Schüler*innen das Schreiben als etwas Sinnhaftes erleben. Sie sollten daher immer die Funktion der jeweiligen Textsorte kennen. Befragt man Lehrkräfte und Schüler*innen beispielsweise nach den Funktionen von Versuchsprotokollen im naturwissenschaftlichen Unterricht, so fallen die Antworten recht unterschiedlich aus (vgl. Zellmer, Russek & Sommer 2020). Diese Beobachtung betont die Notwendigkeit, die Funktion bestimmter Textsorten im Unterricht explizit zu behandeln. Die soziale Situierung der Aufgaben ist vor allem für schreibschwache und jüngere Lernende von Bedeutung, die in ihrer Schreibentwicklung noch nicht weit vorangeschritten sind und noch dabei sind, zu lernen, wie adressaten*innenorientierte Texte verfasst werden. Auch wenn es bei einer Schreibaufgabe keine authentischen Adressat*innen gibt, können Mitschüler*innen als kritische Leser*innen fungieren (s.o.). Texte können zudem gemeinsam, in einem kooperativen Schreibprozess angefertigt werden. Dabei können gut digitale Schreibwerkzeuge in Form von Textverarbeitungsprogrammen, die das gemeinsame Bearbeiten von Texten ermöglichen, zum Einsatz kommen. Um die Wirkung ihres Textes zu überprüfen, könnten Schüler*innen z. B. unterschiedliche Versuche durchführen und anschließend überprüfen, inwieweit sich die Versuche der anderen anhand der Protokolle nachvollziehen oder tatsächlich wiederholen lassen.

Tab. 15.1: Kriterien und Leitfragen zur Analyse und Entwicklung von Schreibaufgaben.

Kriterium	Leitfragen
1. Lehr-/Lernziel	– Welche Kompetenzen sollen mit der Schreibaufgabe angebahnt werden und welche Teilkompetenzen werden benötigt? – Welche sprachlichen Handlungen bzw. Operatoren dominieren in der Textsorte? – Was wird als bereits gekonnt vorausgesetzt? – Über welchen sprachlichen Mittel müssen die Schüler*innen auf Wort- und Satzebene verfügen, um die Aufgabe zu lösen?
2. Schreibauftrag	– Gibt es ein Schreibziel, d. h. hat der Text eine identifizierbare Funktion? – Wird das Thema des Textes genannt? – Gibt es echte oder vorstellbare Adressat*innen? – Wird die Textsorte/die Textform genannt? – Geht aus dem Arbeitsauftrag explizit hervor, dass ein schriftliches Produkt erwartet wird? – Gibt es Informationen zu dem Schreibwerkzeug, das benutzt werden soll?

Tab. 15.1 (fortgesetzt)

Kriterium	Leitfragen
3. Wissensquellen (Fach- und Sprachwissen)	– Haben die Lernenden Kenntnisse über die erwartete Textsorte/die erwartete Textform bzw. werden ihnen entsprechende Kenntnisse vermittelt? – Werden den Lernenden Schreibstrategien vermittelt bzw. werden diese geübt/wiederholt? – Mit welchen Materialien sollen die Schüler*innen arbeiten?
4. Differenzierung	– Sind Differenzierungen, z. B. hinsichtlich der Aufgabe oder den sprachlichen Hilfen vorgesehen?
5. Prozessorientierung	– Werden unterschiedliche Prozessphasen berücksichtigt und den Schüler*innen bewusst gemacht? – Werden Hinweise in Bezug auf die Teilprozesse des Schreibens (Planen, Formulieren, Überarbeiten) gegeben?
6. Interaktion	– Findet im Laufe des Schreibprozesses eine Interaktion mit anderen Schüler*innen statt?
7. Überprüfung/Wirkung	– Sind Formen der Fremd- oder Selbstbeurteilung vorgesehen? – Gibt es Vorgaben dazu, wie das Schreibprodukt präsentiert werden soll?

15.5 Fazit

In diesem Kapitel ist deutlich geworden, dass das Schreiben ein großes Potenzial für fachliche Lernprozesse hat, was sich bisher aber nur selten in den unterrichtlichen Schreibaktivitäten widerspiegelt: Es werden zu wenig Texte geschrieben und die Schüler*innen werden beim Schreiben nicht ausreichend unterstützt. So bleibt abschließend festzuhalten, dass es wichtig ist, dem Schreiben im Fachunterricht genügend Zeit einzuräumen. Da die Produktion von längeren Texten i. d. R. jedoch zeitintensiv ist, erscheint es sinnvoll, regelmäßig kleinere Schreibaufgaben im Unterricht einzusetzen, die auf kurze Texte oder Textabschnitte zielen (vgl. Becker-Mrotzek & Lemke 2022; Sturm & Beerenwinkel 2020). So kann langfristig die Schreibmotivation erhöht und die Ausbildung fachspezifischer Schreibkompetenz ermöglicht werden.

Aufgaben nach dem Lesen
1. Reflektieren Sie eine Stunde, die Sie selbst gehalten oder die Sie beobachtet haben, in der Schüler*innen einen Text schreiben sollten. Inwiefern lassen sich die drei Phasen des Schreibprozesses in diesem wiederfinden?
2. Wählen Sie aus einem Schulbuch eine (Schreib-)Aufgabe aus, die einen typischen Operator aus einem Ihrer Fächer enthält. Analysieren Sie die Qualität der Aufgabe und nutzen Sie dafür die Kriterien und Leitfragen aus Tab. 15.1. Entwickeln Sie auf Basis dieser Analyse eine optimierte Schreibaufgabe.
3. Erstellen Sie auf Grundlage von Abb. 15.2 (Beispiel für Schreibrahmen für Versuchsprotokolle) einen Schreibrahmen für eine typische Textsorte aus Ihrem Fach.

Weiterführende Literatur

Busse, Vera; Nora Müller & Lea Siekmann (Hrsg.) (2022): *Schreiben fächerübergreifend fördern. Grundlagen und Anregungen für Schule, Unterricht und Lehrkräftebildung.* Hannover: Klett Kallmeyer.
In diesem Buch wird die fächerübergreifende Schreibförderung auf der Ebene des Unterrichts, der Schulentwicklung und der Lehrkräftebildung beleuchtet. Dabei werden neben allgemeinen theoretischen Grundlagen auch Beispiele aus unterschiedlichen Fächern (z. B. Geschichte und Mathematik) präsentiert.
Franken, Anna Ulrike & Eva Pertzel (2019): *Schreiben in Biologie, Geschichte und Mathematik (Klasse 7–10).* Münster: Waxmann.
In diesem Band werden Schreibaufgaben für die Fächer Biologie, Geschichte und Mathematik der Klassen 7 bis 10 im Kontext von gängigen Unterrichtsthemen vorgestellt. Ein ähnliches Material für die gleichen Fächer von Pertzel & Schütte (2016) gibt es auch für die Klassenstufen 5./6.

16 Lehr-/Lernmaterialien für die Sprachbildung

Aufgaben vor dem Lesen
1. Lesen Sie die nachfolgenden Titel und Kurzbeschreibungen von Materialien für den sprachsensiblen bzw. sprachbildenden Unterricht. Warum sind diese (nicht) interessant für Sie?
2. Notieren Sie, anhand welcher konkreten praktischen und qualitativen Kriterien Sie entscheiden, ob ein Material für Ihre Unterrichts(-zwecke) geeignet ist oder nicht.

Material	(Nicht) interessant für mich, weil
Praxishandbuch Sprachbildung Mathematik. Sprachsensibel unterrichten – Sprache fördern (Abshagen 2015) „Das Praxishandbuch Sprachbildung Mathematik bietet Ihnen leicht verständliche Unterrichtshilfen, mit denen Sie typische Stolpersteine des Fachunterrichts erkennen, Fachwortschatz mit Ihren Schülern gezielt aufbauen, Ihren Schülern ermöglichen, Fachtexte zu erschließen und zu verfassen. Zusätzlich erhalten Sie nützliche Praxistipps für eine sprachsensible Unterrichtsplanung."[1] → Es gibt ferner ein Praxishandbuch für Biologie und eines für Geographie.	
Sprachbildung in allen Fächern (Beese et al. 2014) Der Band geht u.a. folgenden Fragen nach: Wie lässt sich Mehrsprachigkeit sprachfördernd in den Unterricht integrieren? Was unterscheidet die Sprache in der Schule von der Sprache im Alltag? Wie lassen sich die sprachlichen Anforderungen der einzelnen Fächer bestimmen? Welche konkreten Möglichkeiten zur Sprachförderung gibt es in den verschiedenen Fächergruppen? Welche Sprachbildungskonzepte gibt es und wie lassen sie sich über die Fächergrenzen hinaus umsetzen?	
Prima ankommen im Fachunterricht, Arbeitsbuch DaZ Geschichte Erdkunde Politik, Klasse 5/6 (Baumbach, Lutz & Müller 2017) Das Material dient der sprachlichen Integration von Seiteneinsteigerinnen und Seiteneinsteigern in den Fachunterricht: Es enthält u. a., sprachliche Hilfen und vereinfachte Darstellungen lehrplanrelevanter Inhalte, Übungen für das Verstehen und Anwenden, zum selbstständigen Lernen sowie zum DaZ-methodengestützten Üben und Anwenden. Es enthält Lösungen zur Selbstkontrolle. Inhalte z. B.: Frühe Hochkulturen, Leben in der Antike, Landschaften in Europa: Eine thematische Karte lesen und mit dem Atlas arbeiten, Grundrechte, Demokratie und Zusammenleben in Deutschland	

---

[1] https://www.klett-sprachen.de/praxishandbuch-sprachbildung-mathematik/t-1/9783126668514 (30.03.2024).

→ Weitere Arbeitshefte sind für die Fächer Deutsch, Biologie/Physik/Chemie und Mathematik erhältlich, jeweils für die Klassen 5/6 und 7-10.[2]

Handbuch Lesen im Fachunterricht: Sachtexte sprachsensibel bearbeiten (Leisen 2020)
Der Band richtet sich an Fachlehrkräfte der Sekundarstufe. Inhalte sind die Darstellung des Leseprozesses, Hintergrundwissen zu Lesestilen und Lesestrategien, ein Überblick zu Verstehenshürden bei der Textlektüre und erprobte Praxisvorschläge mit musterhaften Leseaufträgen.

16.1 Einleitung: Lehr-/Lernmaterialien für (durchgängige) Sprachbildung

Nachfolgend wird ein Einblick in das Thema Lehr-/Lernmaterialien für Sprachbildung gegeben. Unter *Lernmaterialien* werden zunächst alle Materialien, die zum Lernen verwendet werden können (vgl. Rösler & Würffel 2014: 12)[3], verstanden. Materialien stellen einerseits wichtige Hilfsmittel und Unterstützung für die Vorbereitung und Durchführung von Unterricht dar, bieten andererseits häufig auch Lerner*innen Möglichkeiten zur eigenständigen und außerunterrichtlichen Auseinandersetzung mit Unterrichtsstoff. Nachfolgend werden ausschließlich Lernmaterialien berücksichtigt, die vornehmlich für das schulische Lernen im Bereich Durchgängige Sprachbildung entwickelt worden sind. Der Begriff *Lehr-/Lernmaterialien* erweitert das Verständnis darüber hinaus auch auf Materialien, die (angehenden) Lehrer*innen als Unterstützung dienen können, um Unterricht sprachbildender zu gestalten, ohne dass sie notwendigerweise auch Material beinhalten, das direkt im Unterricht eingesetzt werden kann. Es handelt sich hier um ein sehr weites Verständnis des Begriffs. Alle Lehr-/ Lernmaterialien, die Gegenstand des Kapitels sind, sind aber in der einen oder anderen Form auf die schulische Praxis bezogen. Ziel des Kapitels ist es, einen Überblick zur Systematisierung von Lehr-/Lernmaterialien im Bereich Sprachbildung zu geben (vgl. Kap. 16.2). Sie sollen ferner konkrete Materialien kennenlernen und es werden grundlegende Kriterien zur Auswahl diskutiert (vgl. Kap. 16.3).

16.2 Systematisierung von Lehr-/Lernmaterialien im Kontext Sprachbildung

Es ist wichtig, dass Sie in der Lage sind, Typen von Lehr-/Lernmaterialien im Kontext Sprachbildung zu unterscheiden. Vertrautheit mit deren Merkmalen erleichtert Ihnen

---

2 https://www.cornelsen.de/reihen/prima-ankommen-im-fachunterricht-120002520000 (30.03.2024)
3 Rösler & Würffel (vgl. 2014) beziehen sich ausschließlich auf das Deutsch- bzw. Sprachlernen.

im schulischen Alltag die Auswahl geeigneter Materialien und kann Missverständnissen und Enttäuschungen vorbeugen – z. B. wenn Sie von einem Materialtyp etwas erwarten, das er nicht leisten kann. Die nachfolgende Systematisierung ist heuristischer Natur und dient vor allem dazu, einen ersten Überblick jeweils mit einer Kurzcharakterisierung zu geben. Im Anschluss an die Vorstellung eines Materialtyps wird eine exemplarische Auswahl an konkreten Lehr-/Lernmaterialien aufgeführt und diese kurz charakterisiert. Die Übersichten sind nicht erschöpfend, sondern sollen Ihnen lediglich einen Einblick in die Vielfalt der bereits existierenden Materialien geben. Zentrales Kriterium für die Auswahl war dabei, eine möglichst große Bandbreite abzubilden.

Wie in Tab. 16.1 dargestellt existieren mittlerweile eine Reihe von **Einführungen zu sprachwissenschaftlichen Grundlagen** (oft im Sinne der Schulgrammatik; vgl. auch Kap. 3), die zum Teil auch auf Merkmale von Fachsprachen und/oder aber auch der so genannten Bildungssprache eingehen (vgl. Kap. 2): Diese Einführungen sollen es insbesondere Lehramtsstudierenden ermöglichen, die Sprache(n) ihrer Fächer besser verstehen und analysieren zu können. Dies wird als Voraussetzung dafür gesehen, dass Lehrer*innen sprachbildend im Unterricht agieren können. Denn wie sollen sie Phänomene im Unterricht berücksichtigen, die sie nicht selbst benennen und beschreiben können?[4] Viele Studierende und auch Lehrer*innen schrecken lange Auflistungen, z. B. von linguistischen Mitteln, die häufig in Schulbuchtexten vorkommen, eher ab. Im besten Fall erschließt sich aber, dass fachliche Inhalte und deren Versprachlichung so eng miteinander verbunden sind, dass Wissen über Sprache auch ein größeres Verständnis für das eigene Fach bedeutet und Deutschlehrer*innen z. B. nur bedingt Eigenheiten der Sprache im Fach Chemie ‚mitvermitteln' können.

Tab. 16.1: Einführungen zu sprachwissenschaftlichen Grundlagen.

Lehr-/Lernmaterial	Kurzkommentierung
Deutsch fürs Lehramt. Verstehen, üben, weitergeben. Hoffmann (2015)	Der Band richtet sich an Studierende, die nicht Deutsch als Fach studieren und geht auf zentrale sprachwissenschaftliche Grundlagen ein; Inhalte sind z. B. Wortarten, Satzbau, Rechtschreibung.
Deutsch als fremde Sprache. Barkowski et al. (2017)	Die Einführung richtet sich an (angehende) Lehrer*innen des Deutschen als Fremd- und Zweitsprache und liefert Erläuterungen zu wichtigen Phänomen des Deutschen; Inhalte sind z. B. formelhafte Wendungen, Wörter, Sätze und die Intonation.

---

4 Zwar gibt es auch im Fachdiskurs eine rege Diskussion um die Verwendung von Termini zur fachlich korrekten Beschreibung von sprachlichen Phänomenen und mitnichten eine Einigkeit bzgl. der ‚richtigen' begrifflichen Verwendung. Hier soll jedoch stark gemacht werden, dass alle Lehrer*innen überhaupt über eine Sprache zur Beschreibung verfügen sollten.

Tab. 16.1 (fortgesetzt)

Lehr-/Lernmaterial	Kurzkommentierung
Fachsprachenvermittlung im Unterricht. Kniffka & Roelcke (2016)	Die Einführung richtet sich an (angehende) Lehrer*innen und fokussiert die Fachsprachenvermittlung im Kontext Schule; Inhalte sind z. B. Formen und Funktionen von Fachsprache.

Selbstverständlich beschränken sich viele Einführungen mit sprachwissenschaftlichem Fokus nicht darauf, linguistische Merkmale zu thematisieren. Zum Beispiel gehen Kniffka & Roelcke (vgl. 2016) auch auf Konzepte und Modelle zur Sprachvermittlung im Fach ein. Arbeitet man als Lehrer*in auf Basis eines Konzepts oder Modells, bedeutet das eine wesentlich systematischere Berücksichtigung sprachbildender Aspekte, als wenn hier und da ein Arbeitsblatt, das sprachbildend ist bzw. sein soll, eingesetzt wird. Zudem gehören zu Konzepten (vgl. Tab. 16.2) meist konkrete Methoden zur Umsetzung und mitunter existieren auch ausgearbeitete Unterrichtsvorschläge oder wie im Fall von bilingualem Unterricht sogar ganze Lehrwerke oder zumindest Unterrichtsreihen. Allerdings erfordert die Einarbeitung in komplexe Konzepte auch ausreichend Zeit. Darüber hinaus sind bestimmte Konzepte voraussetzungsreich. Der bilinguale (Sachfach-)Unterricht[5] z. B. setzt entweder eine Lehrkraft, die fachliche Inhalte in mehr als einer Sprache vermitteln kann, oder aber mehr als eine Lehrkraft voraus. Aber auch wenn diese Konzepte nicht 1:1 umgesetzt werden können, kann das Wissen über sie auch den eigenen sprachbildenden Unterricht bereichern. So ist das SIOP-Modell (Making Content Comprehensible for English Learners) sehr umfangreich. Seine Grundlage bildet

> das Sheltered Instruction Observation Protocol. Dabei handelt sich um einen Kriterienkatalog, bestehend aus acht Komponenten mit insgesamt 30 Unterpunkten. Er soll den Lehrenden ermöglichen, ihren Unterricht unter Berücksichtigung der fachlichen und sprachlichen Lernziele inhaltlich wie methodisch angemessen zu planen. Das Protokoll kann ebenfalls zur Unterrichtsevaluation verwendet werden. (Beese 2010: 1)

Zu den acht Komponenten gehören z. B. Aufbau von Hintergrundwissen, verständlicher Input, Wiederholung und Leistungskontrolle.

Mittlerweile finden sich auch viele **Einführungen und Handbücher, die fach- bzw. schulartenspezifisch Grundlagen zum sprachsensiblen Unterrichten vermitteln** (vgl. Tab. 16.3) und meist auch bereits Methoden sowie konkrete Anregungen zur Umsetzung geben. Kennzeichnend ist, dass neben fächerübergreifenden Aspekten auch bzw. vor allem fachspezifische bzw. mindestens fächergruppenspezifische Hinweise gegeben werden. Zwar scheint es auf der Hand zu liegen, dass z. B. für das Lesen von Textaufgaben

---

[5] Zum Teil wird bilingualer (Sachfach-)Unterricht von CLIL (Content and Language Integrated Learning) unterschieden (vgl. Kniffka & Roelcke 2016: 106), zum Teil werden die Begriffe synonym verwendet. Für den vorliegenden Beitrag ist das nicht von Bedeutung.

Tab. 16.2: Konzepte zur Sprachvermittlung im Fach.

Lehr-/Lernmaterial	Kurzkommentierung
Making Content Comprehensible for English Learners. The SIOP® Model. Echevarría, Vogt & Short (2010)	Das Konzept richtet sich an (angehende) Lehrer*innen und ist schulartenübergreifend sowie fachunspezifisch. Inhalte sind vor allem die Einführung aller acht Komponenten des SIOP-Modells (u.a. Unterrichtsvorbereitung, Aufbau von Hintergrundwissen, verständlicher Input, Strategien) im Detail und mit Beispielen.
Handbuch Bilingualer Unterricht. Content and Language Integrated Learning. Hallet & Königs (2013)	Das Handbuch richtet sich an (angehende) Lehrer*innen und alle Schularten werden berücksichtigt. Inhalte sind z. B. Organisationsformen und Modelle, Hinweise zur Integration von sprachlichem und fachlichem Lernen und zur Methodik.
Scaffolding Language. Gibbons (2002)	Der Band richtet sich an (angehende) Lehrer*innen. Inhalte sind *Classroom talk: creating contexts for language learning, from speaking to writing in the content classroom, Listening: an active and thinking process.*

im Mathematikunterricht andere Lesestrategien Anwendung finden sollten als für einen literarischen Prosatext im Deutschunterricht. Gleichzeitig stellt die theoretische Fundierung der fachspezifischen Ausgestaltung von sprachbildenden Maßnahmen einen Prozess der letzten beiden Jahrzehnte dar und ist noch lange nicht abgeschlossen. Das Ausmaß des Praxisbezugs variiert in diesen Einführungen und Handreichungen stark.

Tab. 16.3: (Praxis-)Handbücher zum sprachsensiblen Unterrichten.

Lehr-/Lernmaterial	Kurzkommentierung
Sprachbildung und sprachsensibler Fachunterricht in den Naturwissenschaften. Leisen (2022)	Richtet sich an (angehende) Lehrer*innen der MINT-Fächer. Inhalte sind z. B. Merkmale und Hürden der Bildungs- und Fachsprache in den MINT-Fächern, sowie Methoden für die Planung und die Umsetzung von sprachsensiblem Unterricht mit einem Schwerpunkt auf dem Schreiben im naturwissenschaftlichen Fachunterricht.
Sprachbildung in allen Fächern. (Beese et al. 2014)	Dieser Band der DLL-Reihe (Deutsch Lehren Lernen) richtet sich an (angehende) Lehrer*innen, wobei die Inhalte v.a. auf die Sek. I bezogen sind; Inhalte sind z. B. Mehrsprachigkeit an Schulen, die Sprache des Fachunterrichts, Sprachkompetenzentwicklung durch Scaffolding und Sprachbildung in den verschiedenen Fächergruppen (Deutsch, Mathematik, naturwissenschaftliche und geisteswissenschaftliche Fächer).

Tab. 16.3 (fortgesetzt)

Lehr-/Lernmaterial	Kurzkommentierung
Praxishandbuch Sprachbildung Geographie. Sprachsensibel unterrichten – Sprache fördern. Oleschko et al. (2016)	Das Handbuch richtet sich an (angehende) Geographie-Lehrer*innen (Sekundarstufe I) und beinhaltet eine fachspezifische Einführung in das Thema sowie mehrere aufbereitete Unterrichtseinheiten zum direkten Einsatz. In dieser Reihe sind bislang Bände für folgende weitere Fächer erschienen: Mathematik, Biologie.

Ein Typ von Lehr-/Lernmaterialien, der bislang lediglich ansatzweise zu finden ist, sind **Schulbücher bzw. Schulbuchreihen** (vgl. Tab. 16.4), bei deren Entwicklung systematisch sprachbildende Aspekte und/oder eine heterogene Zielgruppe in den Blick genommen wird. Ein Vorteil dieser ist, dass Lehrer*innen damit kurstragende Lehr-/Lernmaterialen zur Hand haben, für deren Entwicklung bereits zentrale Aspekte von Sprachbildung berücksichtigt wurden, sodass die Anpassung und Ergänzung von Lehr-/ Lernmaterial im Wesentlichen entfallen kann. Sicher wird die Entwicklung entsprechender Schulbücher in den kommenden Jahren verstärkt vorangetrieben werden. Erste Ansätze bieten Schulbücher, für die Differenzierungsausgaben vorliegen bzw. Schulbücher, die sich auf Sprachförderung fokussieren, wobei diese u.a. auch sonderpädagogische Aspekte berücksichtigen, die für das Thema Sprachbildung nicht notwendigerweise relevant sind.

Tab. 16.4: Schulbücher und Schulbuchreihen.

Lehr-/Lernmaterial	Kurzkommentierung
Praxis Sprache – Differenzierende Ausgabe[6]	Schulbuch für das Fach Deutsch für diverse Klassenstufen nach dem Prinzip der Sprachförderung durch Wortschatzarbeit mit Dreifach-Differenzierung; ferner existieren zusätzliche Unterstützungs-angebote für Deutsch als Zweitsprache.
Starke Seiten, z. B. für Informatik[7] und Wirtschaft/Politik	Der Kopiervorlagenband zur Sprachbildung soll unterstützend zum normalen Lehrwerk eingesetzt werden können und enthält u.a. ein Operatorentraining und Kopiervorlagen (mit Lösungen).

---

6 https://www.westermann.de/produktfamilie/PRAXSPRA/Praxis-Sprache (letzter Zugriff 14.08.2024)
7 https://www.klett.de/lehrwerk/starke-seiten-informatik-ausgabe-nordrhein-westfalen-ab-2021/konzeption (letzter Zugriff 14.08.2024)

Auch wenn also Lehrer*innen aktuell eher nicht auf Schulbücher zurückgreifen können, die bereits sprachbildend angelegt sind, existieren jedoch mittlerweile eine Vielzahl und verschiedene Formen von **Zusatzmaterialien** (vgl. Tab. 16.5), die sowohl Sprachbildung als auch -förderung im Unterricht ermöglichen. Diese sind unterschiedlich konzipiert.

Zunächst gibt es Lehr-/Lernmaterialien, die auf ausgewählte Sprachbereiche, wie z. B. Wortschatz, oder (Teil-)Fertigkeiten, wie z. B. das Lesen oder Schreiben, fokussieren. Es handelt sich dabei um zentrale Kompetenzbereiche, die für den schulischen Erfolg von großer Bedeutung sind (vgl. auch entsprechende Kapitel in diesem Band). Erfahrungsgemäß haben viele Schüler*innen Schwierigkeiten, z. B. adressat*innengerechte und fachlich wie sprachlich korrekte Texte zu verfassen. Diese Zusatzmaterialien sind meist darauf fokussiert, Lehrer*innen fachspezifische Hinweise zur Verbesserung der Leistungen der Schüler*innen in den entsprechenden ausgewählten Sprachbereichen oder (Teil-)Fertigkeiten zu geben; dazu erhalten Lehrer*innen z. B. Vorschläge für Methoden, die sie im Unterricht einsetzen können.

Tab. 16.5: Zusatzmaterialien Sprachbildung.

Lehr-/Lernmaterial	Kurzkommentierung
Handbuch Lesen im Fachunterricht. (Leisen 2020)	Der Band richtet sich an Fachlehrkräfte der Sekundarstufe. Inhalte sind die Darstellung des Leseprozesses, Hintergrundwissen zu Lesestilen und Lesestrategien, ein Überblick zu Verstehenshürden bei der Textlektüre und erprobte Praxisvorschläge mit musterhaften Leseaufträgen.
Schreiben in Biologie, Geschichte und Mathematik. (Klasse 5/6; Pertzel & Schütte 2016 Klasse 7-10; Franken & Pertzel 2019)	Die Bände richten sich an Lehrer*innen der Sekundarstufe I. Inhalte sind einführende Aspekte zum Thema Schreiben und zu Schreibaufgaben sowie die Vorstellung von in der Praxis erprobten Schreibaufgaben für die unterschiedlichen Fächer.
Handreichung zur Wortschatzarbeit in den Jahrgangsstufen 5-10 unter besonderer Berücksichtigung der Fachsprache. (Senatsverwaltung für Bildung, Jugend und Wissenschaft 2013)	Die Online-Publikation richtet sich an Fachlehrkräfte der Sekundarstufe I. Inhalte sind Beiträge zur fachspezifischen Wortschatzarbeit im Deutsch-, Englisch-, Geografie-, Geschichts-, Mathematik- und naturwissenschaftlichen (Biologie, Chemie, Physik) Unterricht.

Eine weitere Art von Lehr-/Lernmaterialien sind **Arbeitsbücher** (vgl. Tab. 16.6), die für Schüler*innen gedacht sind, ihnen also zur Arbeit direkt in die Hand gegeben werden können. Hier gibt es einerseits fachspezifische Arbeitsbücher (z. B. Reihe *Prima ankommen im Fachunterricht*), die ggf. auch an Lehrplanvorgaben orientiert sind. Andererseits gibt es Arbeitsbücher für Schüler*innen, im Rahmen derer verschiedene Fächer bzw. verschiedene fachliche Themen Berücksichtigung finden (z. B. die Reihe Mitsprache). Lehrer*innen müssen deren Inhaltsverzeichnisse auf für sie relevante Themen bzw. Kapitel überprüfen, da sich im gleichen Heft Einheiten für den Deutsch- aber auch den Biologieunterricht finden können. Weitere Lehr-/Lernmaterialien sind zwar für Lehrkräfte konzipiert, enthalten aber fertige Unterrichtsmaterialien, die mehr oder weniger direkt im Unterricht eingesetzt werden können, ähnlich wie die Kapitel der Arbeitsbücher für Schüler*innen.

Tab. 16.6: Arbeitsbücher Sprachbildung.

Lehr-/Lernmaterial	Kurzkommentierung
Physikunterricht mit DaZ-Schülern 5-10 → für diverse Fächer (Ethik, Mathematik, Erdkunde u.a.)[8]	Das Material besteht v.a. aus Arbeitsblättern und darauf abgestimmten Wortschatzkarten (Kopiervorlagen), die es neu zugewanderten DaZ-Schüler*innen ermöglichen, lehrplanrelevante Inhalte des Faches zu bearbeiten. Die Karten enthalten Illustrationen und englische Übersetzungen.
Reihe *Mitsprache – Deutsch als Zweitsprache*[9]	Das Material dient zur Sprachförderung von neu zugewanderten DaZ-Schüler*innen in Regelklassen. Esnthält verschiedene, thematisch fokussierte Kapitel (z. B. zum Argumentieren), die von Schüler*innen eigenständig bearbeitet werden können, und zum Teil überfachlich sowie zum Teil fachspezifisch angelegt sind.
Reihe *Prima ankommen im Fachunterricht*, z. B. DaZ-Arbeitsbuch Biologie, Physik, Chemie Klasse 7-10[10]	Das Material dient der sprachlichen Integration von neu zugewanderten Schüler*innen in den Fachunterricht bzw. der Vorbereitung auf den Regelunterricht im Rahmen von Vorbereitungsklassen, indem lehrplanrelevante Themen in Einheiten sprachlich unterstützt aufbereitet sind. Die Arbeitsbücher können von Schüler*innen eigenständig bearbeitet werden.

Wie die Beispiele in Tab. 16.6 zeigen, fokussiert aktuell der überwiegende Anteil solcher Zusatzmaterialien neu zugewanderte Schüler*innen (vgl. Kap. 7). Ggf. können solche Materialien aber auch anderen Schüler*innen als Unterstützung dienen. Zu beachten ist, dass diese Materialien zwar einen fachlichen Bezug aufweisen, dabei jedoch in sehr

---

8 https://www.auer-verlag.de/reihe/unterricht-mit-daz-schuelern-sekundarstufe.html
9 https://www.westermann.de/reihe/DEZW017/Mitsprache-Deutsch-als-Zweitsprache-Sprachfoerderung-in-der-Sekundarstufe-1-Ausgabe-2017
10 https://www.cornelsen.de/reihen/prima-ankommen-im-fachunterricht-120002520000

unterschiedlichem Ausmaß und unterschiedlicher Qualität fachspezifisch sind. Hinzu kommt, dass Versprechungen, dass Schüler*innen (v.a. neu zugewanderte) eigenständig und ohne Unterstützung mit den Materialien arbeiten können, mit Vorsicht begegnet werden sollte. Der Bereich der Sprachbildung für fortgeschrittene Lernende findet bislang unseres Wissens noch keine Berücksichtigung.

Zusammenfassend lässt sich sagen, dass in den letzten zehn bis zwanzig Jahren sehr schnell sehr viele Lehr-/Lernmaterialien auf den Markt gekommen sind. Für Lehrer*innen besteht die Herausforderung darin, für den eigenen Unterricht eine sinnvolle Auswahl zu treffen und die Materialien bedarfsspezifisch anzupassen. Dies ist Thema des nachfolgenden Teilkapitels.

16.3 Auswahl von Lehr-/Lernmaterialien

Welches Lehr-/Lernmaterial passend ist, ist von vielen Faktoren abhängig. Nicht alle können hier thematisiert werden. Die nachfolgenden Hinweise sollen aber eine erste Orientierung für die Auswahl ermöglichen.

Worum soll es gehen? Wenn Sie ein ganz reguläres Unterrichtsthema sprachbildender gestalten wollen, dann lohnt es sich, nach einer entsprechenden Aufbereitung desselben in den verschiedenen Lehr-/Lernmaterialien zu suchen (z. B. Vergleich von Pflanzen- und Tierzelle im *Praxishandbuch Sprachbildung Biologie* von Beese et al. 2017). Wenn Sie aber eher einen sprachlichen Fokus setzen möchten, z. B. ein fachspezifisches Schreibtraining, dann sollten Sie zu Lehr-/Lernmaterialien mit dieser Ausrichtung greifen (z. B. *Schreiben in Biologie* von Franken & Pertzel 2019, *Lesen im Fachunterricht* von Leisen 2020). Wenn Sie generell Ihren Werkzeugkoffer um neue Methoden erweitern möchten, dann werden Sie vermutlich eher in Einführungen und Handbüchern fündig (z. B. Leisen 1999 *Methoden-Handbuch*).

Für wen möchte ich Sprachbildung verstärkt in meinen Unterricht integrieren? An sich profitieren alle Schüler*innen von sprachbildendem Unterricht. Bislang entwickelte Lehr-/Lernmaterialien fokussieren allerdings wie bereits thematisiert eher nicht auf hochbegabte Schüler*innen, sondern auf Schüler*innen, die insbesondere sprachlich noch ‚Nachholbedarf' haben (aus welchen Gründen auch immer). Dabei macht es einen Unterschied, ob Letzteres in Ihrer Klasse nur auf ausgewählte Schüler*innen zutrifft oder ob fast die ganze Klasse z. B. Schwierigkeiten damit hat, angemessene schriftliche Texte zu verfassen. Trifft Letzteres zu, dann lohnt sich die Suche nach Schulbüchern, die bereits Sprachbildung berücksichtigen sowie die längerfristige Beschäftigung mit Konzepten (z. B. SIOP). Möchten Sie vor allem ausgewählten Schüler*innen andere Zugänge zu den Themen des Fachunterrichts ermöglichen, dann sind Zusatzmaterialien meist eine gute erste Wahl. Diese durchgängig für die gesamte Klasse anzuwenden ist dann problematisch, wenn die Lehr-/Lernmaterialien vor allem Differenzierungsmöglichkeiten für schwächere Schüler*innen ermöglichen.

Wie finde ich Lehr-/Lernmaterialien? Da (zum Glück) ständig neue Lehr-/Lernmaterialien entwickelt werden, stellt sich häufig erst einmal die Frage, wie herauszufinden ist, was es überhaupt gibt. bzw. wie man sich einen guten Überblick verschaffen kann. Ein erster Weg sind häufig Schlagwortsuchen im Internet. Hier ist es wichtig, mit den richtigen Suchwörtern zu arbeiten. Neben Sprachbildung sollten auch folgende versucht werden: sprachsensibler Fachunterricht, Deutschsprachiger Fachunterricht (DFU), Sprachförderung (im Fachunterricht), fachintegrierte Sprachbildung, Deutsch als Zweitsprache für den Fachunterricht. Außerdem lohnt sich eine systematische Suche auf den Webseiten einschlägiger Verlage.

Woran erkenne ich gutes Lehr-/Lernmaterial? Diese Frage ist nicht so leicht zu beantworten, da sich bislang nur bedingt evidenzbasierte Qualitätsmerkmale ableiten lassen und die Frage, was im konkreten Kontext als sprachbildend anzusehen ist, auch variiert – in Abhängigkeit des fachlichen Themas, der Lehr-/Lernziele, der Schüler*innengruppe etc. Gut ist, wenn zu den Lehr-/Lernmaterialien, die direkt im Unterricht einsetzbar sind, eine Kommentierung existiert, die für Sie nachvollziehbar macht, was hier warum sprachbildend ist und wie die Lehr-/Lernmaterialien im Unterricht konkret eingesetzt werden können, ggf. auch mit Hinweisen zur Differenzierung. Ein gutes Zeichen ist es, wenn Lehr-/Lernmaterialien erkennbar redaktionell bearbeitet sowie auch erprobt und idealerweise von interdisziplinären Teams, bestehend aus Sprach- und Fachdidaktiker*innen, entwickelt worden sind. Sprachbildende Aufgaben und Übungen sollten Ihnen nicht als losgelöster Zusatz erscheinen, sondern dem fachlichen Verständnis und Erkenntnisgewinn dienen. Sofern Sprache explizit thematisiert wird, sollten funktionale Aspekte von Bedeutung sein (vgl. Kap. 4).

16.4 Fazit

Welche Lehr-/Lernmaterialien zur Verfügung stehen, ist eine für Unterricht äußerst zentrale Frage. Dabei ist es wichtig, zunächst Typen von Materialien sowie deren Merkmale zu kennen, um eine passende Auswahl treffen zu können. Die Darstellungen im Kapitel zeigen, dass mittlerweile zahlreiche Materialtypen und fächerübergreifende wie auch fachspezifische Lehr-/Lernmaterialien auf dem Markt sind. Da die wenigsten der Materialien, die für die konkrete Unterrichtspraxis entwickelt wurden, auf ihre Qualität und Wirksamkeit hin empirisch überprüft worden sind, sollten diese vor einem Einsatz im eigenen Unterricht entsprechend kritisch gesichtet werden.

Aufgaben nach dem Lesen
1. Sehen Sie sich noch einmal die Kriterien an, die Sie vor dem Lesen des Kapitels notiert haben – können Sie nach der Lektüre des Kapitels noch weitere Kriterien ergänzen?
2. Wählen Sie ein Lehr-/Lernmaterial aus den Tabellen im Text aus und recherchieren Sie dazu; z. B. sind im Internet oft das Inhaltsverzeichnis oder Probeseiten

einsehbar. Können Sie sich vorstellen, mit dem Material zu arbeiten? Warum (nicht)?
3. Nachfolgend finden Sie drei Fallbeispiele. Kolleg*innen wenden sich an Sie mit Fragen zu passenden Lehr-/Lernmaterialien. Was würden Sie raten?

Fall 1
Eine Kollegin sagt, dass es ihren Schüler*innen sehr schwerfällt, gute Quellenanalysen im Geschichtsunterricht zu schreiben. Zwar haben die Schüler*innen Methodenkarten, aber die Texte haben oft viele sprachliche Fehler und die Schüler*innen vergessen auch immer wieder wichtige Inhalte.

Fall 2
Ein Kollege hat einen eintägigen Workshop zum Thema Sprachbildung besucht und fand das sehr interessant für einen ersten Einblick. Er möchte sich gerne weiter mit dem Thema beschäftigen, weil sich viele Schüler*innen mit der Sprache der Informatik schwertun. Jetzt fragt er Sie, ob es für sprachsensiblen Informatikunterricht Materialien gibt und wie er sich weiterbilden kann, aber möglichst ohne zu viel Zeitaufwand.

Fall 3
Ein Kollege mit den Fächern Mathematik und Biologie erzählt Ihnen, dass er seit zwei Wochen zwei neu zugewanderte Schüler*innen im Unterricht hat, die Deutsch etwa auf einem A2-Niveau beherrschen. Er fragt Sie, ob Sie Materialien kennen, die er zur Differenzierung nutzen kann und die für diese Schüler*innen passend sind.

Weiterführende Literatur

In diesem Kapitel wurden zahlreiche Hinweise auf Materialien gegeben und dementsprechend können Sie interessengeleitet diesen Hinweisen folgen.

Rösler, Dietmar & Nicola Würffel (2017): *Lernmaterialien und Medien* (Deutsch lehren lernen 5). München: Klett-Langenscheidt.

*Diese Publikation ist v.a. für Fremd-/Zweitsprachenlehrer*innen interessant. Es handelt sich um eine Einführung zum Thema Lernmaterialien (z. B. Lehrwerke), berücksichtigt aber auch viele weitere Aspekte.*

ProDaZ: Deutsch als Zweitsprache in allen Fächern (https://www.uni-due.de/prodaz/)

Auf den Seiten von ProDaZ finden sich zahlreiche Beiträge zum Thema sprachbildender Unterricht sowie Unterrichtsentwürfe u.a.

Literaturverzeichnis

Abshagen, Maike (2015): *Praxishandbuch Sprachbildung Mathematik. Sprachsensibel unterrichten – Sprache fördern.* Stuttgart: Klett.

Achour, Sabine, Elke Buresch, Angelika Eikel, Reinhold Reitschuster, Eva Schröder & Christian Töreki (2020*): Orientierungs- und Handlungsrahmen für das übergreifende Thema Demokratiebildung.* Landesinstitut für Schule und Medien Berlin-Brandenburg.

Ackeren, Isabell van & Esther Dominique Klein (2014): *Woher und Wohin. Soziale Herkunft und Bildungserfolg. Zentrale Grundlagen und Befunde der Schulleistungsstudien. Eine Expertise von Prof. Dr. Isabell van Ackeren und Dr. Esther Dominique Klein im Auftrag der Wübben Stiftung.* Düsseldorf: Wübben-Stiftung.

Ahlers, Tanja, Tatjana Oberst & Peter Nentwig (2009): Redeanteile von Lehrern und Schülern im Chemieunterricht nach CHiK. *Zeitschrift für Didaktik der Naturwissenschaften* 15, 331–342.

Ahrenholz, Bernt & Diana Maak (2013): *Zur Situation von SchülerInnen nicht-deutscher Herkunftssprache in Thüringen unter besonderer Berücksichtigung von Seiteneinsteigern.* Abschlussbericht zum Projekt „Mehrsprachigkeit an Thüringer Schulen (MaTS)", durchgeführt im Auftrage des TMBWK. 2. bearb. Aufl. https://www.daz-portal.de/de/publikationen/berichte-und-materialien/pdf-dateien-berichte-und -materialien/bm_band_01_mats_bericht_20130618_final.pdf (letzter Zugriff: 24.05.2024).

Ahrenholz, Bernt (2010): Bildungssprache im Sachunterricht der Grundschule. In Bernt Ahrenholz (Hrsg.), *Fachunterricht und Deutsch als Zweitsprache*, 2. Aufl., 15–35. Tübingen: narr Verlag.

Ahrenholz, Bernt (2017): Erstsprache – Zweitsprache – Fremdsprache – Mehrsprachigkeit. In Ahrenholz, Bernt & Ingelore Oomen-Welke (Hrsg.), *Deutsch als Zweitsprache*, 4. Aufl., 3–21. Baltmannsweiler: Schneider Verlag Hohengehren.

Ahrenholz, Bernt, Patrick Grommes & Julia Ricart Brede (2023): Schreibanforderungen, Schreibanlässe und Schreibtätigkeiten im Unterricht mit Seiteneinsteiger*innen. In Udo Ohm & Julia Ricart Brede (Hrsg.), *Zum Seiteneinstieg neu zugewanderter Jugendlicher ins deutsche Schulsystem. Ergebnisse und Befunde aus dem Projekt EVA-Sek*, 279–310. Baltmannsweiler: Hohengehren.

Aitchison, Jean (1997): *Wörter im Kopf: Eine Einführung in das mentale Lexikon.* Tübingen: Niemeyer.

Alavi, Bettina (2022): Leichte Sprache und historisches Lernen. *Zeitschrift für Geschichtsdidaktik* 14 (1), 169–190.

Altun, Tülay, Claudia Handt, Beatrix Hinrichs, Anna Hoffacker & Constanze Niederhaus (2021): *Sprachbildung in der Grundschule.* Stuttgart: Ernst Klett Sprachen.

American Psychiatric Association (1996): *Diagnostic and Statistical Manual of Mental Disorders*, 4. Aufl. Washington DC: American Psychiatric Publishing.

Ammon, Ulrich (1987): Language-Variety/Standard Variety-Dialect. In Ulrich Ammon, Norbert Dittmar & Klaus J. Mattheier (Hrsg.), *Soziolinguistik. Ein Internationales Handbuch zur Wissenschaft von Sprache und Gesellschaft.* 316–335. Berlin: de Gruyter.

Andresen, Helga & Reinold Funke (2006): Entwicklung sprachlichen Wissens und sprachlicher Bewusstheit. In Ursula Bredel, Hartmut Günther, Peter Klotz, Jakob Ossner & Gesa Siebert-Ott (Hrsg.), *Didaktik der deutschen Sprache*, 2. Aufl., 438–451. Paderborn: Ferdinand Schöningh.

Apeltauer, Ernst (2010): Wortschatzentwicklung und Wortschatzarbeit. In Bernt Ahrenholz & Ingelore Oomen-Welke (Hrsg.), *Deutsch als Zweitsprache*, 239–252. Baltmannsweiler: Schneider Verlag Hohengehren.

Apeltauer, Ernst (2017): Wortschatzentwicklung und Wortschatzarbeit. In Bernt Ahrenholz & Ingelore Oomen-Welke (Hrsg.), *Deutsch als Zweitsprache*, 4. Aufl., 306–326. Baltmannsweiler: Schneider Verlag Hohengehren.

Artelt, Cordula & Tobias Dörfler (2010): Förderung von Lesekompetenz als Aufgabe aller Fächer. Forschungsergebnisse und Anregungen für die Praxis. In Bayerisches Staatsministerium für Unterricht und Kultus (Hrsg.), *ProLesen. Auf dem Weg zur Leseschule – Leseförderung in den gesellschaftswissenschaftlichen Fächern*, 13–36. Donauwört: Auer.

Autorengruppe Bildungsberichterstattung (2016): *Bildung in Deutschland 2016. Ein indikatorengestützter Bericht mit einer Analyse zu Bildung und Migration.* https://www.bildungsbericht.de/de/bildungsberichte-seit-2006/bildungsbericht-2016/pdf-bildungsbericht-2016/bildungsbericht-2016 (letzter Zugriff: 24.05.2024).

Bachmann, Thomas & Michael Becker-Mrotzek (2017): Schreibkompetenz und Textproduktion modellieren. In Michael Becker-Mrotzek, Joachim Grabowski & Torsten Steinhoff (Hrsg.), *Forschungshandbuch empirische Schreibdidaktik*, 25–55. Münster: Waxmann.

Bak, Yong-Ik (1996): *Das Frage-Antwort-Sequenzmuster in Unterrichtsgesprächen (Deutsch-Koreanisch).* Tübingen, Münster: Niemeyer.

Bakker, Arthur & Anna Shvarts (2019): The early history of the scaffolding metaphor: Bernstein, Luria, Vygotsky, and before. *Mind, Culture, and Activity* 26, 4–23.

Bangert-Drowns, Robert L., *Marlene M. Hurley* & Barbara Wilkinson (2004): The Effects of School-Based Writing-to-Learn Interventions on Academic Achievement: A Meta-Analysis. *Review of Educational Research* 74, 29–58.

Barkowski, Hans, Patrick Grommes, Beate Lex, Sara Vincente, Franziska Wallner & Britta Winzer-Kiontke (2017): *Deutsch als fremde Sprache*. Stuttgart: Klett-Langenscheidt.

Baumbach, Julia, Maria Lutz & Beatrice Müller (2017): *Prima ankommen: Geschichte, Erdkunde, Politik: Klasse 5/6 – Arbeitsbuch DaZ mit Lösungen*. Berlin: Cornelsen.

Baumgart, Franzjörg, Ute Lange & Lothar Wigger (Hrsg.) (2005): *Theorien des Unterrichts. Erläuterungen, Texte, Arbeitsaufgaben*. Bad Heilbrunn: Klinkhardt.

Baumgärtner, Ulrich (2019): *Wegweiser Geschichtsdidaktik. Historisches Lernen in der Schule*, 2. Aufl. Paderborn: Schöningh UTB.

Bayer, Brigitte (2002): *Geschichte plus. Ausgabe Brandenburg. 9./10. Schuljahr*. Berlin: Cornelsen.

BDK Fachverband für Kunstpädagogik (2008): Bildungsstandards im Fach Kunst für den mittleren Schulabschluss *BDK Mitteilungen. Fachzeitschrift des BDK Fachverband für Kunstpädagogik* 3, 2–4.

Becker-Mrotzek, Michael (2020): Mündliche Kommunikationskompetenz In Michael Becker-Mrotzek (Hrsg.), *Mündliche Kommunikation und Gesprächsdidaktik*. 4. Aufl., 66–83. Baltmannsweiler: Schneider Hohengehren.

Becker-Mrotzek, Michael & Valerie Lemke (2022): Gute Schreibaufgaben für alle Fächer. In Vera Busse, Nora Müller & Lea Siekmann (Hrsg.), *Schreiben fächerübergreifend fördern. Grundlagen und Anregungen für Schule, Unterricht und Lehrkräftebildung*, 73–95. Hannover: Klett Kallmeyer.

Becker-Mrotzek, Michael (2022): Schreibkompetenz. Überlegungen zu einem didaktischen Konstrukt. In Michael Becker-Mrotzek & Joachim Grabowski (Hrsg.), *Schreibkompetenz in der Sekundarstufe. Theorie, Diagnose und Förderung*, 9–28. Münster: Waxmann.

Beese, Melanie (2010): *Sheltered Instruction Observation Protocol The SIOP Model – ein Modell zum integrierten Fach- und Sprachenlernen in allen Fächern mit besonderem Fokus auf Zweitsprachenlernende.* https://www.uni-due.de/imperia/md/content/prodaz/siop.pdf (letzter Zugriff 29.08.2025).

Beese, Melanie, Ayke Kleinpaß, Silke Krämer, Maren Reschke, Sara Rzeha & Marie Wiethoff (2017): *Praxishandbuch Sprachbildung Biologie. Sprachsensibel unterrichten – Sprache fördern*. Stuttgart: Ernst Klett.

Beese, Melanie, Claudia Benholz, Christoph Chlosta, Erkan Gürsoy, Beatrix Hinrichs, Constanze Niederhaus & Sven Oleschko (2014): *Sprachbildung in allen Fächern (Deutsch lehren lernen 16)*. München: Klett-Langenscheidt.

Behrens, Ulrike (2013): Zuhörkompetenzen und ihre Förderung in Primar- und Sekundarstufe. In Steffen Gailberger & Frauke Wieztke (Hrsg.), *Handbuch Kompetenzorientierter Deutschunterricht*, 384–399. Weinheim, Basel: Beltz.

Beishuizen, Jos, Janneke van de Pol & Monique Volman (2010): Scaffolding in teacher–student interaction: a decade of research. *Educational Psychology Review* 22, 271–296.

Berg, Kristian (2023): *Wort – Satz – Sprache. Eine Hinführung zur Sprachwissenschaft*. Tübingen: Gunter Narr.

Berger-v.d.Heide, Thomas & Birgit Wenzel (2019) (Hrsg.): *Geschichte entdecken und verstehen 9|10. Vom 20. Jahrhundert bis zur Gegenwart. Differenzierende Ausgabe*. Berlin: Cornelsen.

Berger, Markus, Margit Colditz, Peter Kirch, Thomas Michael, Jürgen Nebel, Notburga Protze & Dietrich Strohbach (2002): *Heimat und Welt für Thüringen, Klasse 9 Regelschule*. Braunschweig: Westermann.

Bering, Kunibert & Rolf Niehoff (2013): *Bildkompetenz. Eine kunstdidaktische Perspektive*. Oberhausen: Athena.

Berkemeier, Anne (2010): *Präsentieren und Moderieren im Deutschunterricht*. Baltmannsweiler: Schneider Hohengehren.

Beyer, Andrea (2015): Wenn zwei sich streiten, freut sich dann der Dritte? Bildungssprache vs. Schulsprache – eine terminologische Untersuchung. *Pegasus-Onlinezeitschrift* XV (2), 1–39. https://journals.ub.uni-heidelberg.de/index.php/pegasus/article/view/35379/29033 (letzter Zugriff: 24.05.2024).

Bialystok, Ellen (2009): *Effects of Bilingualism on Cognitive and Linguistic Performance across the Lifespan*. In Ingrid Gogolin & Ursula Neumann (Hrsg.), *Streitfall Zweisprachigkeit – The Bilingualism Controversy*, 53–67. Wiesbaden: Verlag für Sozialwissenschaften.

Biechele, Barbara (2010): Hör-Seh-Verstehen. In Hans Barkowski & Hans-Jürgen Krumm (Hrsg.), *Fachlexikon Deutsch als Fremd- und Zweitsprache*, 118. Tübingen, Basel: A. Francke.

BIFIE (Bundesinstitut für Bildungsforschung, Innovation & Entwicklung des österreichischen Schulwesens) (2017): *Standardüberprüfung 2016 Deutsch, 8. Schulstufe*. Hrsg. von Simone Breit, Michael Bruneforth, & Claudia Schreiner. Salzburg. https://www.iqs.gv.at/downloads/archiv-des-bifie/bildungsstandardueberpruefungen/ergebnisberichte (letzter Zugriff: 24.05.2024).

Birkner, Karin (2020): Sequenzstruktur. In Karina Birkner, Peter Auer, Angelika Bauer & Helga Kotthoff (Hrsg.), *Einführung in die Konversationsanalyse*, 236–330. Berlin, Boston: de Gruyter.

BiSS-Trägerkonsortium (2016): *Handreichung Durchgängige Leseförderung. Überblick, Analysen und Handlungsempfehlungen*. https://www.biss-sprachbildung.de/pdf/biss-handreichung-durchgaengige-lesefoerderung.pdf (letzter Zugriff 29.08.2025).

BiSS-Journal (2017): *Sprache – die stärkste Superheldin von allen*. 7. Ausgabe, November 2017.

BiSS-Trägerkonsortium (2020): *Übergänge gestalten. Sprachliche Bildung für neu zugewanderte Kinder und Jugendliche in Kitas und Schulen*. Köln: Mercator-Institut für Sprachförderung und Deutsch als Zweitsprache. https://www.BiSS-sprachbildung.de/wp-content/uploads/2020/09/BiSS-Handreichung-Neuzugewanderte-Uebergaenge.pdf (letzter Zugriff: 24.05.2024).

Bloomfield, Leonard (2001): *Die Sprache*. Wien: Edition Praesens.

Blum, Joachim & Hans-Jürgen Bucher (1998): *Die Zeitung: ein Multimedium. Textdesign – ein Gestaltungskonzept für Text, Bild und Grafik*. Konstanz: UVK-Medien.

Bock, M. Bettina (2016): „Leichte Sprache". In Cordula Löffler & Jens Korfkamp (Hrsg.), *Handbuch zur Alphabetisierung und Grundbildung Erwachsene*, 395–408. Münster, New York: Waxmann.

Böttinger, Anja (2023): *Binnendifferenzierung im Alphabetisierungskurs im Bereich Deutsch als Zweitsprache*. Berlin u. a.: Peter Lang.

Bourdieu, Pierre (2005): *Was heißt sprechen? Zur Ökonomie des sprachlichen Tausches*, 2. Aufl. Wien: Braumüller.

Brämer, Alexander et al. (2019): *Sprachsensibler Geschichtsunterricht. Moderationshandbuch. Fächercluster Gesellschaftslehre. Fokus Geschichte*. Münster/Soest. https://www.uni-muenster.de/imperia/md/content/geschichte/didaktik/moderationshandbuch_sprachsensibler_gu.pdf (letzter Zugriff: 24.05.2024).

Bredel, Ursula & Christian Maaß (2016): *Leichte Sprache. Theoretische Grundlagen. Orientierung für die Praxis*. Berlin: Dudenverlag.

Brill, Jennifer M. & Robert Maribe Branch (2007): Visual Literacy Defined – The Results of a Delphi Study: Can IVLA (Operationally) Define Visual Literacy? *Journal of Visual Literacy* 27 (1), 47–60.

Brockhaus-Wahrig (1980–1984): *Deutsches Wörterbuch in sechs Bänden*. Gerhard Wahrig, Hildegard Krämer & Harald Zimmermann (Hrsg.). Wiesbaden, Stuttgart: F.A. Brockhaus.

Brown, Bryan A., Kihyun Ryoo & Jamie Rodriguez (2010): Pathway Towards Fluency: Using 'disaggregate instruction' to promote science literacy. *International Journal of Science Education* 32, 1465–1493. https://doi.org/10.1080/09500690903117921 (letzter Zugriff: 24.05.2024).

Bruening, Heinz-Gerd (1990): Das Versuchsprotokoll. *Physica didactica* 17, 101–109.

Bruner, Jerome S., Gail Ross & David Wood (1976): The role of tutoring in problem solving. *Journal of Child Psychology and Psychiatry* 17, 89–100.

Bucher, Hans-Jürgen (2010): Multimodalität – eine Universalie des Medienwandels. Problemstellungen und Theorien der Multimodalitätsforschung. In Hans-Jürgen Bucher, Katrin Lehnen & Thomas Gloning (Hrsg.), *Neue Medien – neue Formate. Ausdifferenzierung und Konvergenz in der Medienkommunikation*, 41–79. Frankfurt a.M.: Campus.

Bucher, Hans-Jürgen (2017): Understanding Multimodal Meaning Making: Theories of Multimodality in the Light of Reception Studies. In Ognyan Seizov & Janina Wildfeuer (Hrsg.), *New studies in multimodality: Conceptual and methodological elaborations*, 91–123. London, New York: Bloomsbury.

Budde, Monika A. & Prüsmann, Franziska (2020): Vom Sprachkurs Deutsch als Zweitsprache zum Regelunterricht. Einleitung. In Monika Budde & Franziska Prüsmann (Hrsg.), *Vom Sprachkurs Deutsch als Zweitsprache zum Regelunterricht: Übergänge bewältigen, ermöglichen, gestalten*, 9–29. Münster: Waxmann.

Budke, Alexander & Michael Morawski (2019): Geographie, Sekundarstufe I. Schriftliches Argumentieren lernen. Kooperatives Schreibfeedback im sprachbewussten Geographieunterricht. In Kristina Peuschel & Anne Burkhard (Hrsg.), *Sprachliche Bildung und DaZ in den geistes- und gesellschaftswissenschaftlichen Fächern*, 169–178. Tübingen: Narr.

Buhlmann, Rosemarie & Anneliese Fearns (2000): *Handbuch des fachsprachlichen Unterrichts.* Tübingen: Narr Studienbücher.

Bührig, Kristin & Joana Duarte (2013): Zur Rolle lebensweltlicher Mehrsprachigkeit für das Lernen im Fachunterricht – ein Beispiel aus einer Videostudie der Sekundarstufe II. *Gruppendynamik & Organisationsberatung* 44, 245 –275.

Bundesministerium für Bildung und Forschung (BMBF) (2007): *Förderung von Lesekompetenz. Expertise.* Bonn, Berlin. https://docplayer.org/docview/27/10419886/#file=/storage/27/10419886/10419886.pdf (letzter Zugriff 24.05.2024).

Bundeszentrale für politische Bildung (2018): *Dossier Der Aufstand des 17. Juni 1953* (https://www.bpb.de/themen/deutsche-teilung/der-aufstand-des-17-juni-1953) (letzter Zugriff 31.07.2024).

Busch, Brigitta (2013): *Mehrsprachigkeit.* Wien: facultas.

Busch, Brigitta (2021): *Mehrsprachigkeit*, 3. Aufl. Wien: facultas.

Busse, Dietrich & Lali Ketsba-Khundadze (2022): *Grundzüge der germanistischen Sprachwissenschaft.* Stuttgart: utb.

Busse, Vera, Nora Müller & Lea Siekmann (2022): Wirksame Schreibförderung durch diversitätssensibles formatives Feedback. In Vera Busse, Nora Müller & Lea Siekmann (Hrsg.), *Schreiben fächerübergreifend fördern. Grundlagen und Anregungen für Schule, Unterricht und Lehrkräftebildung*, 114–133. Hannover: Klett Kallmeyer.

Bußmann, Hadumod (Hrsg.) (2008): *Lexikon der Sprachwissenschaft.* 4. Aufl. Stuttgart: Alfred Kröner.

Cakir-Dikkaya, Yurdakul (Hrsg.) (2017): *DaZ-Arbeitsbuch Biologie, Physik, Chemie Klasse 7–10.* Berlin: Cornelsen.

Cantone, Katja F., Helena Olfert, Laura Di Venanzio, Patrick Wolf-Farré, Tobias Schroedler & Erkan Gürsoy (2024): *Spracherhalt und Mehrsprachigkeit. Eine Einführung.* Tübingen: Narr Francke Attempo.

Chlosta, Christoph, Torsten Ostermann & Christoph Schroeder (2003): Die „Durchschnittsschule" und ihre Sprachen: Ergebnisse des Pojekts Sprachenerhebung Essener Grundschulen (SPREEG). *Essener Linguistische Skripte – EliSe* 3 (1).

Christie, Frances (1985): Language and Schooling. In Stephen Tchudi (Hrsg.), *Language, schooling and society*, 21–40. Upper Montclair, NJ: Boynton/Cook.

Christmann, Ursula & Norbert Groeben (2001): Psychologie des Lesens. In Bodo Franzmann & Klaus Hasemann (Hrsg.), *Handbuch Lesen*, 145-223. Baltmannsweiler: Schneider.

Christmann, Ursula (2004): Lesen. In Roland Mangold, Peter Vorderer & Gary Bente (Hrsg.), *Lehrbuch der Medienpsychologie*, 419-442. Göttingen: Hogrefe.

Clark, Eve (1995): Later Lexical Development and Word Formation. In Paul Fletcher & Brian MacWinney (Hrsg.), *The Handbook of Child Language*, 393-412. Oxford, Cambridge: Blackwell.

Cook, Vivian (1995): Multi-Competence and Effects of Age. In David Singleton & Zsolt Lengyel (Hrsg.): *The Age Factor in Second Language Acquisition*, 51-66. Gevdon u. a.: Multilingual Matters.

Cummins, Jim (1982): Die Schwellenniveau- und die Interdependenz-Hypothese: Erklärungen zum Erfolg zweisprachiger Erziehung. In James Swift (Hrsg.), *Bilinguale und multikulturelle Erziehung*, 34-43. Würzburg: Neumann & Königshausen.

Cummins, Jim (1991): Conversational and academic language proficiency in bilingual contexts. In Jan H. Hulstijn & Johan F. Matter (Hrsg.), *Reading in two Languages*, 75-89. Alblasserdam: Haveka B.V.

Czicza, Dániel & Mathilde Hennig (2011): Zur Pragmatik und Grammatik der Wissenschaftskommunikation. Ein Modellierungsvorschlag. *Fachsprache* 1-2. 36-60.

Dammann-Thedens, Katrin & Michalak, Madalena (2012): Bildnarrationen im Fremdsprachenunterricht – Vermittlung von Bildverstehensstrategien. *Zeitschrift für interkulturelle Fremdsprachendidaktik* 2, 129-142.

Dammel, Antje & Ulrike Freywald (2023): Morphologie: Das Wort. In Ulrike Freywald, Heike Wiese, Hans C. Boas, Katharina Brizic, Antje Dammel & Stephan Elspaß (Hrsg.), *Deutsche Sprache der Gegenwart. Eine Einführung*, 194-249. Heidelberg: Springer Nature.

Darsow, Annkathrin & Beate Lütke (2018): Die Fähigkeit zur sprachsensiblen Materialaufbereitung von Lehramtsstudierenden. In Julia Ricart Brede, Diana Maak & Enisa Pliska (Hrsg.): *Deutsch als Zweitsprache und Mehrsprachigkeit. Beiträge aus dem Workshop Deutsch als Zweitsprache, Migration und Mehrsprachigkeit*, 233-249. Stuttgart: Fillibach bei Klett.

Darvin, Ron & Bonny Norton (2015): Identity and a Model of Investment in Applied Linguistics. *Annual Review of Applied Linguistics* 35, 36-56.

Daryai-Hansen, Petra (2010b): Repræsentationernes magt – sproglige hierarkiseringer i Danmark. *Københavnerstudier i tosprogethed* 58, 87-105.

Daryai-Hansen, Petra Gilliyard (2010a): *Begegnungen mit fremden Sprachen. Sprachliche Hierarchien im sprachenpolitischen Diskurs im Dänemark und Deutschland der Gegenwart*. Roskilde: Roskilde Universitet.

Decker, Lena & Sonja Hensel (2019): Zum Stellenwert des Schreibens im Fachunterricht der gymnasialen Oberstufe – empirische Befunde und schreibdidaktische Konsequenzen. In Lena Decker & Kirsten Schindler (Hrsg.), *Von (Erst- und Zweit-)Spracherwerb bis zu (ein- und mehrsprachigen) Textkompetenzen*, 49-62. Duisburg: Gilles & Francke.

Decker, Yvonne & Katja Schnitzer (2012): FreiSprachen – Eine flächendeckende Erhebung der Sprachvielfalt an Freiburger Grundschulen. In Bernt Ahrenholz & Werner Knapp (Hrsg.), *Sprachstand erheben – Spracherwerb erforschen. Beiträge aus dem 6. Workshop „Kinder mit Migrationshintergrund"*, 95-113. 1., neue Ausg. Freiburg im Breisgau: Fillibach.

Decker-Ernst, Yvonne (2017): *Deutsch als Zweitsprache in Vorbereitungsklassen – Eine Bestandsaufnahme in Baden-Württemberg*. Baltmannsweiler: Schneider Hohengehren.

DESI-Konsortium (Hrsg.) (2008): *Unterricht und Kompetenzerwerb in Deutsch und Englisch: Ergebnisse der DESI-Studie*. Weinheim: Beltz.

Diebel, Janine & Bernt Ahrenholz (2023): Schulische und sprachliche Voraussetzungen von Seiteneinsteiger*innen. Ergebnisse einer schriftlichen Befragung. In Udo Ohm & Julia Ricart Brede (Hrsg.), *Zum Seiteneinstieg neu zugewanderter Jugendlicher ins deutsche Schulsystem. Ergebnisse und Befunde aus dem Projekt EVA-Sek*, 19-56. Baltmannsweiler: Hohengehren.

Dirim, Inci & Marion Döll (2009): ‚Bumerang' – Erfassung der Sprachkompetenzen im Übergang von der Schule in den Beruf – vergleichende Beobachtungen zum Türkischen und Deutschen am Beispiel einer Schülerin. In Drorit Lengyel, Hans H. Reich, Hans-Joachim Roth und Marion Döll (Hrsg.), *Von der Sprachdiagnose zur Sprachförderung*, 139–146. Münster: Waxmann.

Dirim, İnci & Peter Auer (2004): *Türkisch sprechen nicht nur die Türken. Über die Unschärfebeziehungen zwischen Sprache und Ethnie in Deutschland*. Berlin, New York: de Gruyter.

Dirim, İnci (1997): Außerschulische und außerfamiliäre Sprachpraxis mehrsprachiger Kinder. In Ingrid Gogolin & Ursula Neumann (Hrsg.), *Großstadt-Grundschule. Eine Fallstudie über sprachliche und kulturelle Pluralität als Bedingung der Grundschularbeit*, 217–249. Münster u.a.: Waxmann.

Dirim, İnci (1998): *Var mı lan Marmelade? Türkisch-Deutscher Sprachkontakt in einer Grundschulklasse*. Münster u.a.: Waxmann.

Dirim, İnci (2009): Migrantensprachen im bilingualen Grundschulunterricht. In Charlotte Röhner, Claudia Henrichwark & Michaela Hopf (Hrsg.), *Europäisierung der Bildung. Konsequenzen und Herausforderungen für die Grundschulpädagogik*, 95–107. Wiesbaden: Verlag für Sozialwissenschaften.

Dirim, İnci (2016): *Sprachverhältnisse*. In Paul Mecheril (Hrsg.), *Handbuch Migrationspädagogik*, 311–325. Weinheim: Beltz.

Dirim, İnci (2023): Migrationspädagogik. In Matthias Huber & Marion Döll (Hrsg.): *Bildungswissenschaft in Begriffen, Theorien und Diskursen*, 377–384. Wiesbaden: Springer.

Dittmann, Jürgen (2002): Wörter im Geist. Das mentale Lexikon. In Jürgen Dittmann & Claudia Schmidt (Hrsg.), *Über Wörter. Grundkurs Linguistik*, 283–310. Freiburg i. Br.: Rombach.

Dittmar, Miriam (2021): Biologielehrmitteltexte sinnvoll lesen und verstehen. Eine Untersuchung zu Text-Bild-Integrationsprozessen bei Siebtklässler*innen. In Steffen Gailberger & Christopher Sappok (Hrsg.), *Weiterführenden Grundlagenforschung in Leseforschung und Lesedidaktik: Theorie, Empirie, Anwendung*, 250–271. Bochum: Ruhr Universität.

Dittmar, Miriam, Claudia Schmellentin, Eliane Gilg & Hansjakob Schneider (2017): Kohärenzaufbau aus Text-Bild-Gefügen: Wissenserwerb mit schulischen Fachtexten. *Leseforum Schweiz. Literalität in Forschung und Praxis* 1, 1–19.

Dobers, Joachim (2008) (Hrsg.): *Erlebnis Biologie 2. Ein Lehr- und Arbeitsbuch*. Hannover: Schroedel.

Döll, Marion & Wiebke Saalmann (2021): Diagnosegestützte sprachliche Bildung mit den Niveaubeschreibungen Deutsch als Zweitsprache. *ÖDaF Mitteilungen* 37 (1), 92–101.

Domenech, Madeleine & Antje Krah (2021): Mündliche familiale Interaktionsmuster und schriftliche argumentative Textproduktion im Verlauf der Sekundarstufe I. In Uta Quasthoff, Vivien Heller & Miriam Morek (Hrsg.), *Diskurserwerb in Familie, Peergroup und Unterricht: Passungen und Teilhabechancen*, 157–184. Berlin: de Gruyter.

Domenech, Madeleine, Vivien Heller & Inger Petersen (2018): *Argumentieren mündlich, schriftlich, zweitsprachlich. Anforderungen und Verfahren*. In Abdel-Hafiez Massud (Hrsg.), *Argumentieren im Sprachunterricht*, 15–35. Landau: Verlag Empirische Pädagogik.

Drinck, Barbara (2023): *Schule und ihre Macht*. In Nico Leonhardt, Anne Goldbach, Lucia Staib & Saskia Schuppener (Hrsg.), *Macht in der Schule. Wissen – Sichtweisen – Erfahrungen. Texte in Leichter Sprache, Einfacher Sprache und Fachsprache*, 127–138. Bad Heilbrunn: Julius Klinkhardt.

Drumm, Sandra (2016): *Sprachbildung im Biologieunterricht*. Berlin/Boston: de Gruyter.

Duarte, Joana (2019): Translanguaging in the context of mainstream multilingual education: a sociocultural approach. *International Journal of Bilingual Education and Bilingualism* 22 (?), 150–164.

Dube, Juliane & Claudia Priebe (2020): Balladen in Leichter Sprache als Gemeinsamer Gegenstand im inklusiven Literaturunterricht? In Hanna Sauerborn (Hrsg.), *Inklusion im Deutschunterricht. Im Spannungsfeld von gemeinsamem Lernen und individueller Förderung*, 297–332. Berlin: DGLS.

Duden (1976–1981): *Das große Wörterbuch der deutschen Sprache in sechs Bänden*. Mannheim, Wien, Zürich: Dudenverlag.

Dumont, Hanna (2019): Neuer Schlauch für alten Wein? Eine konzeptionelle Betrachtung von individueller Förderung im Unterricht. *Zeitschrift für Erziehungswissenschaft* 22, 249–277.

Dumont, Hanna, Britta Klopsch & Anna Shvarts (2022): *Konstruktive Unterstützung im Unterricht*. Stuttgart: Institut für Bildungsanalysen Baden-Württemberg.

Düppe, Nadine (2013): Wortschatzarbeit im Geografieunterricht. In Senatsverwaltung für Bildung, Jugend und Wissenschaft (Hrsg.), *Sprachsensibler Fachunterricht. Handreichung zur Wortschatzarbeit in den Jahrgangsstufen 5-10 unter besonderer Berücksichtigung der Fachsprache*, 125-167. Berlin: Senatsverwaltung für Bildung, Jugend und Wissenschaft.

Ebeling, Hans & Wolfgang Birkenfeld (2018): *Die Reise in die Vergangenheit. Band 9/10*. Braunschweig: Westermann, Schroedel, Diesterweg, Schönigh.

Echevarría, Jana, Mary EllenVogt & Deborah Short, Deborah (2010): *Making Content Comprehensible for English Learners*, 3. Aufl. Boston, New York, San Francisco: Pearson.

Echevarría, Jana, MaryEllen Vogt & Deborah J. Short (2010): *Making Content Comprehensible for English Learners. The SIOP® Model*. Boston: Pearson.

Eckardt, Inga & Inger Petersen (2023): Lehramtsstudierende beurteilen einen lernersprachlichen Text. In Zeynep Kalkavan-Aydın, Magdalena Michalak, Heidi Rösch & Kirstens Ulrich (Hrsg.), *Workshop Deutsch als Zweitsprache, Migration und Mehrsprachigkeit*, Jahresschrift (Bd. 17), 120-137.

Eckardt, Inga Christiana (2024): *Reflexionen zu Mehrsprachigkeit und Sprachidentität. Eine Rekonstruktion individueller Perspektiven mehrsprachiger Jugendlicher mit Migrationserfahrung*. Berlin: de Gruyter.

Ehlers, Swantje (2020): Lesekompetenz in der Zweitsprache. In Bernt Ahrenholz & Ingelore Oomen-Welke (Hrsg.), *Deutsch als Zweitsprache*, 279-291. Baltmannsweiler: Schneider Verlag.

Ehlich, Konrad & Jochen Rehbein (1986): *Muster und Institution. Untersuchungen zur schulischen Kommunikation*. Tübingen: Narr.

Ehlich, Konrad (2012): *Sprach(en)aneignung – mehr als Vokabeln und Sätze*. https://www.uni-due.de/imperia/md/content/prodaz/sprach_en_aneignung_-_mehr_als_vokabeln_und_s_tze.pdf (letzter Zugriff 24.05.2024)

Ehlich, Konrad, Renate Valtin & Beate Lütke (2012): *Expertise Erfolgreiche Sprachförderung unter Berücksichtigung der besonderen Situation Berlins*. Berlin.

El Mafaalani, Aladin & Mona Massumi (2019): *Flucht und Bildung. State-of-Research Papier 08a*, Verbundprojekt „Flucht: Forschung und Transfer". Osnabrück: IMIS.

Ennemoser, Marco, Peter Marx, Jutta Weber & Wolfgang Schneider (2012): Spezifische Vorläuferfertigkeiten der Lesegeschwindigkeit, des Leseverständnisses und des Rechtschreibens. *Zeitschrift für Entwicklungspsychologie und Pädagogische Psychologie* 44, 53-67.

Erath, Kirstin (2017): *Mathematisch diskursive Praktiken des Erklärens. Rekonstruktion von Unterrichtsgesprächen in unterschiedlichen Mikrokulturen*. Wiesbaden: Springer.

Erath, Kirstin, Susanne Prediger, Uta Quasthoff & Vivien Heller (2018): Discourse competences as important part of academic language proficiency in mathematics classrooms: The case of explaining to learn and learning to explain. *Educational Studies in Mathematics* 99 (2), 161-179.

Erdmann, Elisabeth (2002): Bilder sehen lernen. Vom Umgang mit Bildern als historischen Quellen. *Praxis Geschichte* 2, 6-11.

Fandrych, Christian & Maria Thurmair (2018): *Grammatik im Fach Deutsch als Fremd- und Zweitsprache: Grundlagen und Vermittlung*. Berlin: Erich Schmidt.

Feez, Susan & Helen D. S. Joyce (1998): *Text-Based Syllabus Design*. Sydney: National Centre for English Language Teaching and Research.

Feilke, Helmut (2009): Wörter und Wendungen: kennen, lernen, können. *Praxis Deutsch* 218, 4-13.

Feser, Markus Sebastian (2019): *Physiklehrkräfte korrigieren Schülertexte. Eine Explorationsstudie zur fachlich-konzeptuellen und sprachlichen Leistungsfeststellung und -beurteilung im Physikunterricht*. Berlin: Logos-Verlag.

Fiehler, Reinhard (2012): Mündliche Kommunikation. In Michael Becker-Mrotzek (Hrsg.), *Mündliche Kommunikation und Gesprächsdidaktik 2*, 25-51. Baltmannsweiler: Schneider Hohengehren.

Fingerle, Michael (2018): Migration, Resilienz und schulische Übergänge. Implikationen für den Übergang neu zugewanderter Kinder und Jugendlicher in das deutsche Schulsystem. In Nora von Dewitz, Heike Terhart & Mona Massumi (Hrsg.), *Neuzuwanderung und Bildung. Eine interdisziplinäre Perspektive auf Übergänge in das deutsche Bildungssystem*, 124–140. Weinheim: Beltz Juventa.

Fischer, Astrid, Corinna Hößle, Ulrike-Marie Krause, Julia Michaelis & Verena Niesel (2017): Curriculare Verzahnung und didaktisch-methodische Ausgestaltung von fachdidaktischen und bildungswissenschaftlichen Ausbildungssequenzen zum Aufbau diagnostischer Kompetenz. In Christoph Selter, Stephan Hußmann, Corinna Hößle, Christine Knipping, Katja Lengnink & Julia Michaelis (Hrsg.), *Diagnose und Förderung heterogener Lerngruppen Theorien, Konzepte und Beispiele aus der MINT-Lehrerbildung*, 169–190. Münster: Waxmann.

Fix, Martin (2008): *Texte schreiben. Schreibprozesse im Deutschunterricht*, 2. Aufl. Paderborn: Ferdinand Schöningh.

Fladung, Ilka Tabea (2022): *Deutschunterricht im Vorbereitungsdienst adaptiv planen. Eine empirische Studie zum Stellenwert von Diagnostik und Differenzierung in schriftlichen Unterrichtsplanungen*. Münster: Waxmann.

Fleischer, Wolfgang & Irmhild Barz (2012): *Wortbildung in der deutschen Gegenwartssprache*. Berlin, Boston: de Gruyter.

Flower, Linda & John R. Hayes (1981): A Cognitive Process Theory of Writing. *College Composition and Communication* 32 (4), 365–387.

Fluck, Hans-Rüdiger (1996): *Fachsprachen. Einführung und Bibliographie*. 5. Aufl. Tübingen u.a.: Francke.

Fluck, Hans R. (1997): *Fachdeutsch in Naturwissenschaft und Technik. Einführung in die Fachsprachen und die Didaktik/Methodik des fachorientierten Fremdsprachenunterrichts*. Heidelberg: Groos.

Frank, Magnus & Erkan Gürsoy (2015): Sprachliches Verstehen im Mathematikunterricht – Studien zum Umgang mit Textaufgaben in der Sekundarstufe I und Perspektiven für die Lehrerbildung. In: Claudia Benholz, Magnus Frank & Erkan Gürsoy (Hrsg.), *Deutsch als Zweitsprache in allen Fächern. Konzepte für Lehrerbildung und Unterricht. Beiträge aus dem Modellprojekt ProDaZ*, 135–162. Stuttgart: Klett.

Franken, Anna Ulrike & Eva Pertzel (2019): *Schreiben in Biologie, Geschichte und Mathematik (Klasse 7–10). Schriftlichkeit im sprachsensiblen Fachunterricht*. Münster, New York: Waxmann.

Frankhauser-Inniger, Regula & Peter Labudde-Dimmler, Peter (2010): Bildrezeption und Bildkompetenz im naturwissenschaftlichen Unterricht: Herausforderungen und Desiderata. *Zeitschrift für Pädagogik* 56 (6), 849–860.

Freie Hansestadt Hamburg: Behörde für Bildung und Sport (Hrsg.) (2003): *Rahmenplan Deutsch – Bildungsplan Grundschule*. Hamburg: Freie Hansestadt Hamburg.

Frey, Sibylle (1997): Mehrsprachigkeit im Klassenzimmer. In Ingrid Gogolin & Ursula Neumann (Hrsg.), *Großstadt-Grundschule. Eine Fallstudie über sprachliche und kulturelle Pluralität als Bedingung der Grundschularbeit*, 148–175. Münster u. a.: Waxmann.

Freywald, Ulrike (2023): Wortstellung im Satz. In Ulrike Freywald, Heike Wiese, Hans C. Boas, Katharina Brizic, Antje Dammel & Stephan Elspaß (Hrsg.), *Deutsche Sprache der Gegenwart. Eine Einführung*, 141–192. Heidelberg: Springer Nature.

Fritz, Gerd (2017): *Dynamische Texttheorie*. Gießen: Gießener Elektronische Bibliothek. http://dx.doi.org/10.22029/jlupub-3044 (letzter Zugriff 26.03.2025)

Frühauf, Dieter & Togon, Hans (Hrsg.) (2002): *Blickpunkt Chemie*. Braunschweig: Schroedel.

Fuchs, Eva (2019): Zuhören will gelehrt werden! – Erfassung und Förderung einer Schlüsselkompetenz. In Andrea Ender, Ulrike Greiner & Margareta Strasser (Hrsg.), *Deutsch im mehrsprachigen Umfeld: Sprachkompetenzen begreifen, erfassen, fördern in der Sekundarstufe*, 179–206. Hannover: Klett-Kallmeyer.

Fuchs, Isabel, Diana Maak & Bernt Ahrenholz (2014): Die Erstsprache(n) als Ressource beim Spracherwerb von SeiteneinsteigerInnen. In Beate Lütke & Inger Petersen (Hrsg.), *Deutsch als Zweitsprache erwerben, lernen und lehren*, 71–81. Stuttgart: Fillibach bei Klett.

Funk, Hermann, Christina Kuhn, Christina, Dirk Skiba, Dorothea Spaniel-Weise & Rainer E. Wicke (2014): *Aufgaben, Übungen, Interaktion.* München: Klett-Langenscheidt.

Fürstenau, Sara, Ingrid Gogolin & Kutlay Yağmur (2003): *Mehrsprachigkeit in Hamburg. Ergebnisse einer Sprachenerhebung an den Grundschulen in Hamburg.* Münster: Waxmann.

Gabler, Katrin, Birgit Heppt, Sofie Henschel, Ilonca Hardy, Christine Sontag, Susanne Mannel, Rosa Hettmansperger-Lippolt & Petra Stanat (2020): *Fachintegrierte Sprachbildung in der Grundschule. Überblick und Beispiele aus dem Sachunterricht.* Berlin: Humboldt-Universität zu Berlin.

Gabler, Katrin, Ilonca Hardy, Sofie Henschel, Birgit Heppt, Rosa Hettmannsperger-Lippolt, Susanne Mannel, Christine Sontag & Petra Stanat (2020): *Fachintegrierte Sprachbildung im Sachunterricht der Grundschule. Überblick und Beispiele aus dem Sachunterricht.* Berlin: Polyprint GmbH.

Gaebert, Desirée & Horst Bannwarth (2010): Der sprachsensible Fachunterricht am Beispiel des Biologieunterrichts. In Werner Knapp & Heidi Rösch (Hrsg.), *Sprachliche Lernumgebungen gestalten*, 155–164. Freiburg im Breisgau: Fillibach.

Gamper, Jana (2020): Deutsch für Seiteneinsteiger/innen. Einführung in das Themenheft. In Zusammenarbeit mit Nicole Marx, Evelyn Röttger & Dorotheé Steinbock. *InfoDaF* 47 (4), 347–358.

Gantefort, Christoph & Maahs, Ina-Maria (2023): *Scaffolding.* Köln: Mercator-Institut für Sprachförderung und Deutsch als Zweitsprache. https://www.researchgate.net/publication/368739919_Basiswissen_Scaffolding (letzter Zugriff 25.05.2024).

Gantefort, Christoph & María José Sánchez Oroquieta (2015): Translanguaging-Strategien im Sachunterricht der Primarstufe: Förderung des Leseverstehens auf Basis der Gesamtsprachigkeit. *Transfer Forschung ↔ Schule* 1 (1), 24–37.

Gätje, Olaf, Michael Krelle, Ulrike Behrens & Elke Grundler (2016): *Präsentieren als literale Kompetenz?* https://www.leseforum.ch/myUploadData/files/2016_1_Gaetje_et_al.pdf (letzter Zugriff 25.06.2024).

Geist, Barbara & Andreas Krafft (2017): *Deutsch als Zweitsprache. Sprachdidaktik für mehrsprachige Klassen. (Linguistik und Schule 2).* Tübingen: Narr Francke Attempo.

Geist, Barbara (2021): *Migrationsbedingte Mehrsprachigkeit.* In Claus Altmayer, Katrin Biebighäuser, Stefanie Haberzettl & Antje Heine (Hrsg.), *Handbuch Deutsch als Fremd- und Zweitsprache. Kontexte – Themen – Methoden*, 77–87. Stuttgart: J.B. Metzler.

Gibbons, Pauline (2002): *Scaffolding Language. Scaffolding Learning. Teaching Second Language Learners in the Mainstream Classroom.* Portsmouth: Heinemann.

Gibbons, Pauline (2006a): *Bridging discourses in the ESL classroom. Students, teachers and researchers.* London, New York: Continuum.

Gibbons, Pauline (2006b): Unterrichtsgespräche und das Erlernen neuer Register in der Zweitsprache. In Paul Mecheril & Thomas Quehl (Hrsg.), Die Macht der Sprachen, 269–291. Münster u. a.: Waxmann.

Giesau, Marlis (2019): *Schreibrahmen.* Köln: Mercator-Institut für Sprachförderung und Deutsch als Zweitsprache. https://www.unterrichtsmethoden-sprachsensibel.de (letzter Zugriff 31.07.2024).

Gieske, Robert, Sabine Streller & Claus Bolte (2022): Transferring language instruction into science education: Evaluating a novel approach to language- and subject-integrated science teaching and learning. *RISTAL* 5, 144–162.

Gogolin, Ingrid & Imke Lange (2010): *Durchgängige Sprachbildung. Eine Handreichung.* Münster u.a.: Waxmann.

Gogolin, Ingrid & Imke Lange (2011): Bildungssprache und Durchgängige Sprachbildung. In Sara Fürstenau & Mechthild Gomolla (Hrsg.), *Migration und schulischer Wandel: Mehrsprachigkeit*, 107–127. Wiesbaden: Springer.

Gogolin, Ingrid (1997): Die Lehrerschaft in der Faberschule. In Ingrid Gogolin & Ursula Neumann (Hrsg.), *Großstadt-Grundschule. Eine Fallstudie über sprachliche und kulturelle Pluralität als Bedingung der Grundschularbeit*, 79–101. Münster u.a.: Waxmann.

Gogolin, Ingrid, Ursula Neumann & Hans-Joachim Roth (2003): Gutachten Förderung von Kindern und Jugendlichen mit Migrationshintergrund. *Materialien zur Bildungsplanung und zur Forschungsförderung*

107. https://www.foermig.uni-hamburg.de/pdf-dokumente/blk-expertise-heft107.pdf (letzter Zugriff 09.12.2024)

Gogolin, Ingrid (2019): Durchgängige Sprachbildung. https://epub.ub.uni-muenchen.de/62290/1/Gogolin_Durchgaengige_Sprachbildung_Stand%208.7.19.pdf (letzter Zugriff 25.08.2025).

Gowhary, Habib, Zeinab Pourhalashi, Ali Jamalinesari & Akbar Azizifar (2015): Investigating the Effect of Video Captioning on Iranian EFL Learners' Listening Comprehension. *Procedia – Social and Behavioral Sciences* 192, 205–212.

Graefen, Gabriele & Martina Liedke-Göbel (2020): *Germanistische Sprachwissenschaft: Deutsch als Erst-, Zweit- und Fremdsprache.* Tübingen: Narr Francke Attempto.

Graf, Dittmar (1989): *Begriffslernen im Biologieunterricht der Sekundarstufe I. Empirische Untersuchungen und Häufigkeitsanalysen.* Frankfurt am Main: Peter Lang.

Griebel, Wilfried & Renate Niesel (2007): *Übergänge verstehen und begleiten. Transitionen in der Bildungslaufbahn von Kindern.* Berlin: Cornelsen.

Griebel, Wilfried & Renate Niesel (2017): *Übergänge verstehen und begleiten.* Berlin: Cornelsen.

Griesel, Heinz, Helmut Postel & Rudolf vom Hofe (2010): *Mathematik heute. 5. Regelschule. Thüringen.* Braunschweig: Westermann.

Grießhaber, Wilhelm, Bilge Özel & Jochen Rehbein (1996): *Aspekte von Arbeits- und Denksprache türkischer Schüler.* In Herbert Ulonska, Svea Kraschinski & Thomas Bartmann (Hrsg.), *Lernforschung in der Grundschule,* 160–179. Bad Heilbrunn: Klinkhardt.

Gröschner, Alexander, Ann-Kathrin Schindler, Doris Holzberger, Martina Alles & Tina Seidel (2018): How systematic video reflection in teacher professional development regarding classroom discourse contributes to teacher and student self-efficacy. *International Journal of Educational Research* 90, 223–233.

Gröschner, Alexander, Elisa Calcagni, Susi Klaß & Florentine Hickethier (2022): Dialogische Unterrichtsgespräche als Core Practices? Lernen im Learning to Teach-Lab: *Science. journal für lehrerInnenbildung* 22 (3), 44–57.

Günther, Hartmut (1997): *Mündlichkeit und Schriftlichkeit.* In: Heiko Balhorn & Heide Niemann (Hrsg.): *Sprachen werden Schrift – Mündlichkeit, Schriftlichkeit, Mehrsprachigkeit,* 64–73. Libelle: Lengwil.

Gürsoy, Erkan & Heike Roll (2018): Schreiben und Mehrschriftlichkeit – zur funktionalen und koordinierten Förderung einer mehrsprachigen Literalität. In Wilhelm Grießhaber, Sabine Schmölzer-Eibinger, Heike Roll & Karin Schramm (Hrsg.), *Schreiben in der Zweitsprache Deutsch. Ein Handbuch,* 350–364. Berlin: de Gruyter.

Gürsoy, Erkan (2018): *Genredidaktik. Ein Modell zum generischen Lernen in allen Fächern mit besonderem Fokus auf Unterrichtsplanung.* https://www.uni-due.de/imperia/md/content/prodaz/guersoy_genredidaktik.pdf (01.09.2025).

Gürsoy, Erkan (2018): Genredidaktik. Ein Modell zum generischen Lernen in allen Fächern mit besonderem Fokus auf Unterrichtsplanung. Kompetenzzentrum ProDaz. https://www.uni-due.de/imperia/md/images/prodaz/genredidaktik_guersoy.pdf (letzter Zugriff 25.06.2024).

Habermas, Jürgen (1977): Umgangssprache, Wissenschaftssprache, Bildungssprache. In Generalverwaltung der Max-Planck-Gesellschaft München (Hrsg.), *Max-Planck-Gesellschaft – Jahrbuch 1977,* 36–51. Göttingen: Vandenhoeck & Ruprecht.

Häcker, Thomas (2011): Portfolio revisited – über Grenzen und Möglichkeiten eines vielversprechenden Konzepts. In Torsten Meyer, Kerstin Mayrberger, Stephan Münte-Goussar & Christina Schwalbe (Hrsg.), *Kontrolle und Selbstkontrolle. Zur Ambivalenz von E-Portfolios in Bildungsprozessen,* 161–183. Wiesbaden: VS Verlag für Sozialwissenschaften.

Hägi-Mead, Sara & Tajmel, Tanja (2017): *Sprachbewusste Unterrichtsplanung: Prinzipien, Methoden und Beispiele für die Umsetzung.* Münster: Waxmann.

Hägi-Mead, Sara & Tanja Tajmel (2023): Sprachbewusstheit und Mehrsprachigkeit in der Unterrichtsplanung. In Anja Wildemann & Lena Bien-Miller (Hrsg.), *Sprachbewusstheit*, 451–490. Wiesbaden: Springer Nature.

Haible, Ulrike Barbara (2011): Diskontinuierliche Texte. Der Umgang mit diskontinuierlichen Darstellungsformen holt die medialen Alltagserfahrungen in die Schule und fördert die Lesekompetenz. *Lehren & Lernen* (5) 4–7.

Haider, Barbara (2010): Mehrsprachigkeit. In Hans Barkowski & Hans-Jürgen Krumm (Hrsg.), *Fachlexikon Deutsch als Fremd- und Zweitsprache*, 207–208. Tübingen, Basel: Francke.

Hallet, Wolfgang & Königs, Frank G. (2013): *Handbuch Fremdsprachendidaktik*, 2. Aufl. Seelze-Velber: Klett Kallmeyer.

Hallet, Wolfgang (2013): Generisches Lernen im Fachunterricht. In Michael Becker-Mrotzek, Karen Schramm, Eike Thürmann & Helmut Johannes Vollmer (Hrsg.), *Sprache im Fach. Sprachlichkeit und fachliches Lernen*, 59–76. Münster: Waxmann.

Hamann, Christoph & Thomas Krehan (2013): Wortschatzarbeit im Geschichtsunterricht. In Senatsverwaltung für Bildung, Jugend und Wissenschaft (Hrsg.), *Sprachbildung und Leseförderung in Berlin. Sprachsensibler Fachunterricht. Handreichung zur Wortschatzarbeit in den Jahrgangsstufen 5–10 unter besonderer Berücksichtigung der Fachsprache*. Berlin: Senatsverwaltung für Bildung, Jugend und Wissenschaft.

Hamann, Christoph (2007): *Visual History und Geschichtsdidaktik. Bildkompetenz in der historisch-politischen Bildung*. Herbolzheim: CENTAURUS.

Hammond, Jenny & Pauline Gibbons (2005): Putting scaffolding to work: The contribution of scaffolding in articulating ESL education, *Prospect* 20, 6–30.

Handro, Sakia & Vanessa Kiliman (2019): Textverstehen im Geschichtsunterricht. Ein Projekt zur Professionalisierung historischer Leseförderung. In Marion Bönninghausen (Hrsg.), *Praxisprojekte in Kooperationsschulen. Fachdidaktische Modellierung von Lehrkonzepten zur Förderung strategiebasierten Textverstehens in den Fächern Deutsch, Geographie, Geschichte und Mathematik*, 165–222. Münster: WTM Verlag für wissenschaftliche Texte und Medien.

Hansen, Jacqueline (2010): Teaching without Talking. *kappanmagazine* 92 (1), 35–40.

Harren, Inga (2015): *Fachliche Inhalte sprachlich ausdrücken lernen. Sprachliche Hürden und interaktive Vermittlungsverfahren im naturwissenschaftlichen Unterrichtsgespräch in der Mittel- und Oberstufe*. Mannheim: Verlag für Gesprächsforschung.

Härtig, Hendrik & Tina Stosik (2015): Wortschatztraining im Physikunterricht. *Der mathematische und naturwissenschaftliche Unterricht* 68 (3), 155–159.

Haß, Ulrike (2021): *Wortschatz und Wortschatzdidaktik: Was Sie schon immer über Wortschatz wissen wollten. Eine Einführung*. Duisburg: UVRR.

Hascher, Tina (2008): Diagnostische Kompetenz im Lehrberuf. In Christian Kraler & Michael Schratz (Hrsg.), *Wissen erwerben, Kompetenzen entwickeln. Modelle zur kompetenzorientierten Lehrerbildung*, 71–86. Münster et al.: Waxmann.

Hattie, John & Helen Timperley (2007): The Power of Feedback. *Review of Educational Research* 77 (1), 81–112.

Hattie, John & Shirley Clarke (2019): *Visible Learning. Feedback*. London, New York: Routledge.

Hauser, Stefan & Martin Luginbühl (2017): Editorial. In Stefan Hauser & Martin Luginbühl (Hrsg.), *Gesprächskompetenz in schulischer Interaktion – normative Ansprüche und kommunikative Praktiken*, 9–15. Bern: hep.

Havkic, Amra, Olga Dohmann, Madeleine Domenech & Constanze Niederhaus (2018): Fachunterricht in der sogenannten Regelklasse berufsbildender Schulen aus der Perspektive neu zugewanderter Schülerinnen und Schüler: Anforderungen und Ressourcen. In Nora Von Dewitz, Henrike Terhart & Mona Massumi (Hrsg.), *Neuzuwanderung und Bildung. Eine interdisziplinäre Perspektive auf Übergänge in das deutsche Bildungssystem*, 174–194. Weinheim: Belz Juventa.

Hayes, John R. & Linda Flower (1980): Identifying the organization of writing processes. In Lee W. Gregg & Erwin Ray Steinberg (Hrsg.), *Cognitive processes in Writing*, 3–30. Hillsdale: Erlbaum.

Heine, Lena, Madeleine Domenech, Lisa Otto, Astrid Neumann, Michael Krelle, Dominik Leiss, Dietmar Höttecke, Timo Ehmke & Knut Schwippert (2018): Modellierung sprachliche Anforderungen in Testaufgaben verschiedener Unterrichtsfächer: Theoretische und empirische Grundlagen. *Zeitschrift für Angewandte Linguistik* 69, 69–96.

Heintze, Andreas (2010): Durchgängige Sprachbildung. Eine gemeinsame Aufgabe für jede Schule. *Grundschulunterricht* 4, 6–10.

Heller, Vivien & Miriam Morek (2021): Der Erwerb der Bildungssprache in Familie und Schule. In Deutsche Akademie für Sprache und Dichtung/Union der deutschen Akademien der Wissenschaften (Hrsg.), *Die Sprache in den Schulen. Eine Sprache im Werden. Dritter Bericht zur Lage der deutschen Sprache*, 37–62. Berlin: Erich Schmidt Verlag.

Heller, Vivien & Miriam Morek (2022): Einleitung zur thematischen Kollektion „Interaktionen im Fachunterricht lernförderlich gestalten": Fachdidaktische und methodische Annäherungen an Merkmale lehrerseitigen Gesprächshandelns. *Sprachlich-Literarisches-Lernen und Deutschdidaktik* 2, 1–8.

Heller, Vivien (2017): Lerngelegenheiten für bildungssprachliche Kompetenzen: Wie partizipieren DaZ-Lerner am Erklären und Argumentieren im Unterricht? In Isabel Fuchs, Stefan Jeuk & Werner Knapp (Hrsg.), *Mehrsprachigkeit: Spracherwerb, Unterrichtsprozesse, Schulentwicklung*, 165–182. Stuttgart: Fillibach bei Klett.

Helmke, Tuyet & Andreas Helmke, Friedrich-Wilhelm Schrader, Wolfang Wagner, Günter Nold & Konrad Schröder (2008): Die Videostudie des Englischunterrichts. In DESI-Konsortium (Hrsg.), *Unterricht und Kompetenzerwerb in Deutsch und Englisch. Ergebnisse der DESI-Studie*, 345–363. Weinheim u. a.: Beltz.

Henderson, John M., James R. Brockmole, Monica S. Castelhano & Michael Mack (2007): Visual saliency does not account for eye movements during visual search in real-world scenes. In Roger P.G. van Gompel, Martin H. Fischer, Wayne S. Murry & Robin L. Hill (Hrsg), *Eye movements: A window on mind and brain*, 537–562. Oxford, UK: Elsevier.

Hennig, Mathilde (o. J.): *Grammatik der gesprochenen Sprache in Theorie und Praxis*. https://kobra.uni-kassel.de/bitstream/handle/123456789/2006091914576/GrammatikgesprocheneSpracheHennig.pdf?sequence=6&isAllowed=y (letzter Zugriff 25.06.2024).

Hentschel, Elke (2020): *Basiswissen deutsche Wortbildung*. Thüringen: Narr Francke Attempto.

Heppt, Birgit, Judith Köhne-Fuetterer, Jenny Eglinsky, Anna Volodina, Petra Stanat & Sabine Weinert (2020): *BiSpra 2-4. Test zur Erfassung bildungssprachlicher Kompetenzen bei Grundschulkindern der Jahrgangsstufen 2 bis 4*. Münster: Waxmann.

Hesse, Ingrid & Brigitte Latzko (2017): *Diagnostik für Lehrkräfte*. Opladen, Toronto: Barbara Budrich.

Heusinger von Waldegge, Kerstin & Corinna Hößle (2010): Eine empirische Untersuchung zur diagnostischen Kompetenz von Lehrkräften. Bewertungskompetenz als Diagnosegegenstand. *Erkenntnisweg Biologiedidaktik*, 151–164.

Höckel, Lisa Sofie & Pia Schilling (2022): Starting off on the right foot – Language learning classes and the educational success of immigrant children. *Ruhr Economic Papers* 983.

Hoffmann, Lothar (1987): *Kommunikationsmittel Fachsprache. Eine Einführung (44 Sprache)*, 3. Aufl. Berlin: Sammlung Akademie-Verlag.

Hoffmann, Lothar (1998): Syntaktische und morphologische Eigenschaften von Fachsprachen. In Lothar Hoffmann, Hartwig Kalverkämper & Herbert Ernst Wiegand (Hrsg.), *Fachsprachen. Ein internationales Handbuch zur Fachsprachenforschung und Terminologiewissenschaft*, 416–427. Berlin, New York: de Gruyter.

Hoffmann, Ludger (2006): Funktionaler Grammatikunterricht. In Tabea Becker & Corinna Peschel (Hrsg.), *Gesteuerter und ungesteuerter Grammatikerwerb*, 20–44. Baltmannsweiler: Schneider Hohengehren.

Hoffmann, Ludger (2007): Der Mensch und seine Sprache – eine anthropologische Skizze. In Angelika Redder (Hrsg.), *Diskurse und Texte. Festschrift für Konrad Ehlich zum 65. Geburtstag*, 21–36. Tübingen: Stauffenburg.

Hoffmann, Ludger (2019): *Alltagssprache*. https://epub.ub.uni-muenchen.de/61747/1/Hoffmann_Alltagssprache.pdf (letzter Zugriff 25.06.2024).

Hoffmann, Ludger (2022): Linguistische Theoriebildung, Schulgrammatik und Terminologie. In Winfried Gornik & Hildegard Rautenberg, *Sprachreflexion und Grammatikunterricht*, 56–88. Baltmannsweiler: Schneider Hohengeren.

Hoffmann, Monika (2015): *Deutsch fürs Lehramt. Verstehen, üben, weitergeben (utb)*. Paderborn: Ferdinand Schöningh.

Höfler, Martha, Till Woerfel, Tetyana Vasylyeva & Leonie Twente (2023): Wirkung sprachsensibler Unterrichtsansätze – Ergebnisse eines systematischen Reviews. *Zeitschrift für Erziehungswissenschaft* 27, 1–47.

Horstmann, Susanne, Julia Settinieri & Dagmar Freitag (2019): *Einführung in die Linguistik für DaF/DaZ*. Paderborn: Schönigh.

Horstmann, Susanne, Julia Settinieri & Dagmar Freitag (2020): *Einführung in die Linguistik für DaF/DaZ*. Paderborn: Schönigh.

Huey, Edmund B. (1900): On the Psychology and Physiology of Reading. *The American Journal of Psychology* 11 (3), 283–302.

IDS (Leibniz-Institut für Deutsche Sprache) (2020): *Laut, Buchstabe, Wort, Satz. Verzeichnis grundlegender grammatischer Fachausdrücke*. Mannheim: Leibniz-Institut für Deutsche Sprache. https://grammis.ids-mannheim.de/pdf/sgt/Verzeichnis%20grammatischer%20Fachausdruecke%20Finale%20Version%20Januar%202020.pdf (letzter Zugriff 24.05.2024).

IDS (Leibniz-Institut für Deutsche Sprache) (o. J.): Pronomen. In „Propädeutische Grammatik". *Grammatisches Informationssystem grammis*. https://grammis.ids-mannheim.de/progr@mm/5305 (letzter Zugriff 25.06.2024).

Imhof, Margarete (2010): Zuhören lernen und lehren. Psychologische Grundlagen zur Beschreibung und Förderung von Zuhörkompetenzen in Schule und Unterricht. In Margarete Imhof & Volker Bernius (Hrsg.), *Zuhörkompetenz in Unterricht und Schule. Beiträge aus Wissenschaft und Praxis*, 15–30. Göttingen: Vandenhoeck & Ruprecht.

Jäger, Sibylle & Uwe Maier (2019): Unterrichtsplanung. In Ewald Kiel, Bardo Herzig, Uwe Maier & Uwe Sandfuchs (Hrsg.), *Handbuch unterrichten an allgemeinbildenden Schulen*, 455–466. Bad Heilbrunn: Klinkhardt.

Jambor-Fahlen, Simone & Maik Philipp (2022): Prozess- und Produktperspektiven des Lesens von der Wortebene bis zu multiplen Texten. In Maik Philipp & Simone Jambor-Fahlen (Hrsg.), *Lesen: Prozess- und Produktperspektiven von der Wortebene bis zu multiplen Texten*, 9–32. Weinheim, Basel: Beltz Juventa.

Jansen, Thorben, Christina Vögelin, Nils Machts, Stefan Daniel Keller & Jens Möller (2021): Don't Just Judge the Spelling! The Influence of Spelling on Assessing Second-Language Student Essays. *Frontline Learning Research* 9 (1), 44–65.

Januschek, Franz (2016): Vorschläge zu linguistisch-sprachspielerisch basierter Mehrsprachigkeitsdidaktik. In Franz Januschek (Hrsg.), *Transkulturelle Perspektiven auf mehrsprachige Regionen Fes und Flensburg im Dialog*, 213–220. Hildesheim: Olms.

Jeuk, Stefan & Julia Settinieri (2019) (Hrsg.): *Sprachdiagnostik Deutsch als Zweitsprache*. Berlin, Boston: de Gruyter.

Juska-Bacher, Britta & Sabrina Jakob (2014): Wortschatzumfang und Wortschatzqualität und ihre Bedeutung im fortgesetzten Spracherwerb. *Zeitschrift für Angewandte Linguistik* 61 (1), 49–75.

Kahlert, Joachim (2000): Der gute Ton in der Schule. Überlegungen zum pädagogischen Stellenwert des Zuhörens in der akustisch gestalteten Schule. In Ludowika Huber & Eva Odersky (Hrsg.), *Zuhören – Lernen – Verstehen*, 7–25. Braunschweig: Westermann.

Kalkavan-Aydın, Zeynep & Katja Winter (2019): Lesen. In Stefan Jeuk & Julia Settinieri (Hrsg.), *Sprachdiagnostik Deutsch als Zweitsprache. Ein Handbuch*, 441–469. Berlin, Boston: de Gruyter.

Kaluk, Mine (2011): Mathematiklernen in einer deutsch-türkischen Vermittlungssprache – ein Erfahrungsbericht aus dem Förderunterricht. In Ludger Hoffmann & Yüksel Ekinci-Kocks (Hrsg.), *Sprachdidaktik in mehrsprachigen Lerngruppen. Vermittlungssprache Deutsch als Zweitsprache*, 253–262. Baltmannsweiler: Schneider Hohengehren.

Karakayali, Juliane & Mareike Heller (2022): Nicht-separierte Beschulung von neu zugewanderten Schüler*innen: ein Beispiel für migrationsgesellschaftliche Professionalität? In Oxana Ivanova-Chessex, Anja Steinbach & Saphira Shure (Hrsg), *Lehrer*innenbildung. (Re)Visionen für die Migrationsgesellschaft*, 295–309. Weinheim: Beltz.

Kenner, Steve & Dirk Lange (2022): Demokratiebildung als Querschnittsaufgabe. In Wolfgang Beutel, Markus Gloe, Gerhard Himmelmann, Dirk Lange, Volker Reinhardt & Anne Seifert (Hrsg.,) *Handbuch Demokratiepädagogik*, 62–71. Frankfurt a. M.: Wochenschau Verlag.

Kersten, Anja, Barbara Geist, Barbara Voet Cornelli & Petra Schulz (2011): Mehrsprachigkeit: Mythen und was dahinter steckt. *Kita aktuell* 4, 96–98.

Kilian, Jörg (2015): Von abiotischer Faktor bis Zustandspassiv. Fachwortschatz der Unterrichtsfächer als Aufgabe des schulischen Deutschunterrichts. In Katharina Kuhs & Stephan Merten (Hrsg.), *Arbeiten am Wortschatz. Sprache und Sprachgebrauch unterstützen*, 137–160. Trier: Wissenschaftlicher Verlag Trier.

Kilian, Jörg (2021): *Wortschatz lernen und reflektieren. Grundlagen, Befunde, Methoden für den Deutschunterricht in den Sekundarstufen I und II*. Hannover, Berlin: Friedrich Verlag.

Kirchner, Constanze (2009): *Kunstpädagogik für die Grundschule*. Bad Heilbrunn: Julius Klinkhardt.

Klafki, Wolfgang (2020): *Geisteswissenschaftliche Pädagogik. Fünf Studienbriefe für die FernUniversität Hagen*. Wiesbaden: Springer.

Knapp, Werner (1999): Verdeckte Sprachschwierigkeiten. *Grundschule* 31 (5). 30–33.

Kniffka, Gabriele & Gesa Siebert-Ott (2009): *Deutsch als Zweitsprache. Lehren und Lernen*. Paderborn u.a.: Schöningh.

Kniffka, Gabriele & Thorsten Roelcke (2015): *Fachsprachenvermittlung im Unterricht*. Stuttgart, Paderborn: UTB.

Kniffka, Gabriele & Thorsten Roelcke (2016): *Fachsprachenvermittlung im Unterricht*. Paderborn: Ferdinand Schöningh.

Kniffka, Gabriele (2010): *Scaffolding*. ProDaZ, 1–5. https://www.uni-due.de/imperia/md/content/prodaz/scaffolding.pdf (letzter Zugriff: 24.05.2024).

Kniffka, Gabriele (2019): *Scaffolding. Online-Lexikoneintrag für das Projekt „Sprache im Fach" der Ludwig-Maximilian-Universität München und der Katholischen Universität Eichstädt-Ingolstadt.* https://epub.ub.uni-muenchen.de/61965/1/Kniffka_Scaffolding.pdf (letzter Zugriff: 01.07.2024).

Knott, Christina & Anita Schilcher (2019): Von Experten lernen. Lesestrategien durch Modellieren einführen. *Deutsch 5–10* 61, 8–11.

Koch, Peter & Wulf Oesterreicher (1985): Sprache der Nähe – Sprache der Distanz. Mündlichkeit und Schriftlichkeit im Spannungsfeld von Sprachtheorie und Sprachgeschichte. *Romanistisches Jahrbuch* 36, 15–43.

Krauss, Marita (2009): Trümmerfrauen. Visuelles Konstrukt und Realität. In Gerhard Paul (Hrsg.), *Das Jahrhundert der Bilder. 1900 bis 1949*, 738–745. Göttingen: Vandenhoeck & Rupprecht.

Krause, Arne & Jonas Wagner (2021): Sprachliches Handeln analysieren: Funktional-pragmatische Perspektiven auf Lernen in zweit-, fremd- und mehrsprachigen Konstellationen. In Sandra Drumm, Mirka Mainzer-Murrenhoff & Lena Heine (Hrsg.), *Sprachtheorien in der Zweit- und*

Fremdsprachenforschung. Eine Basis für empirisches Arbeiten zwischen Fach- und Sprachlernen, 61–84. Baltmannsweiler: Schneider Verlag Hohengehren.

Krelle, Michael (2010): Zuhördidaktik. In Volker Bernius & Margarete Imhof (Hrsg.), *Zuhörkompetenz in Unterricht und Schule. Beiträge aus Wissenschaft und Praxis*, 51–68. Göttingen: Vandenhoeck & Ruprecht.

Kremsner, Gertraud (2020): Gewalt und Machtmissbrauch gegen Menschen mit Lernschwierigkeiten in Einrichtungen der Behindertenhilfe. *Teilhabe* 59 (1), 10–15. https://www.lebenshilfe.de/fileadmin/user_upload/LH-104-41_FZ_Teilhabe_1_2020_E-Paper.pdf (letzter Zugriff 01.07.2024).

Krings, Hans P. (2016): Schreiben. In Eva Burwitz-Melzer, Grit Mehlhorn, Claudia Riemer, Karl-Richard Bausch & Hans-Jürgen Krumm (Hrsg.), *Handbuch Fremdsprachenunterricht*, 6. Aufl., 107–111. Tübingen: Francke.

Krumm, Hans-Jürgen (2021): *Sprachenpolitik Deutsch als Fremd- und Zweitsprache. Eine Einführung. Grundlagen Deutsch als Fremd- und Zweitsprache.* Berlin: Erich Schmidt.

Kühn, Peter (2000): Kaleidoskop der Wortschatzdidaktik und -methodik. In Peter Kühn (Hrsg.), *Wortschatzarbeit in der Diskussion*, 5–28. Hildesheim, Zürich, New York: Georg Olms.

Kühn, Peter (2007): Rezeptive und produktive Wortschatzkompetenzen. In: Willenberg, Heiner (Hrsg.): Kompetenzhandbuch für den Deutschunterricht.Auf der empirischen Basis des DESI-Projekts. Baltmannsweiler: Schneider Hohengehren. 159–167.

Kühn, Peter (2010): Materialien für das Wortschatzlehren und -lernen. In Hans-Jürgen Krumm, Christian Fandrych, Britta Hufeisen & Claudia Riemer, *Deutsch als Fremd- und Zweitsprache. Ein internationales Handbuch*, 1252–1258. Berlin, New York: de Gruyter.

Kultusministerkonferenz (KMK) (2013): *Bericht "Fremdsprachen in der Grundschule – Sachstand und Konzeptionen 2013". Beschluss der Kultusministerkonferenz vom 17.10.2013.* https://www.kmk.org/fileadmin/Dateien/veroeffentlichungen_beschluesse/2013/2013_10_17-Fremdsprachen-in-der-Grundschule.pdf (letzter Zugriff 25.08.2025).

Kultusministerkonferenz (KMK) (2019): *Bildungssprachliche Kompetenzen in der deutschen Sprache stärken.* https://www.kmk.org/fileadmin/Dateien/veroeffentlichungen_beschluesse/2019/2019_12_05-Beschluss-Bildungssprachl-Kompetenzen.pdf (letzter Zugriff 24.05.2024).

Kultusministerkonferenz (KMK) (2005): *Bildungsstandards im Fach Deutsch für den Primarbereich. Beschluss vom 15.10.2004.* https://www.kmk.org/fileadmin/veroeffentlichungen_beschluesse/2004/2004_10_15-Bildungsstandards-Deutsch-Primar.pdf (letzter Zugriff 09.07.2025).

Kultusministerkonferenz (KMK) (2004): *Standards für die Lehrerbildung: Bildungswissenschaften.* https://www.kmk.org/fileadmin/Dateien/veroeffentlichungen_beschluesse/2004/2004_12_16-Standards-Lehrerbildung.pdf (letzter Zugriff 09.07.2025).

Kupfer, Antonia (2011): *Bildungssoziologie: Theorien – Institutionen – Debatten.* Wiesbaden: Springer.

Kurtz, Gunde, Nicole Hofmann, Britta Biermas, Tina Back & Karen Haseldiek (2014): *Sprachintensiver Unterricht. Ein Handbuch.* Baltmannsweiler: Schneider.

Kuzu, Taha, Ángela Uribe, Susanne Prediger (2020): Mehrsprachige Ressourcen mobilisieren. In Susanne Prediger (Hrsg.), *Sprachbildender Mathematikunterricht*, 104–114. Berlin: Cornelsen.

Lang-Groth, Imke (2019): *Register. Online-Lexikoneintrag für das Projekt „Sprache im Fach" der Ludwig-Maximilian-Universität München und der Katholischen Universität Eichstädt-Ingolstadt.* https://epub.ub.uni-muenchen.de/61748/1/Lang-Groth_Register.pdf (letzter Zugriff 25.05.2024).

Lanwer, Jens Philipp (2015): *Regionale Alltagssprache. Theorie, Methodologie und Empirie einer gebrauchsbasierten Areallinguistik.* Berlin, Boston: de Gruyter.

Lehner, Martin (2018): *Erklären und Verstehen: Eine kleine Didaktik der Vermittlung.* Bern: UTB.

Leisen, Josef (2011): *Sprachsensibler Fachunterricht.* https://docplayer.org/43072705-Sprachsensibler-fachunterricht.html (letzter Zugriff 01.07.2024).

Leisen, Josef (2012): Der Umgang mit Sachtexten im Fachunterricht. *Leseforum* 3. https://www.leseforum.ch/myUploadData/files/2012_3_Leisen.pdf (letzter Zugriff 24.05.2024).

Leisen, Josef (2013): *Handbuch Sprachförderung im Fach. Sprachsensibler Fachunterricht in der Praxis. Grundlagenwissen, Anregungen und Beispiele für die Unterstützung von sprachschwachen Lernern und Lernern mit Zuwanderungsgeschichte beim Sprechen, Lesen, Schreiben und Üben im Fach.* Stuttgart: Klett.

Leisen, Josef (2020): *Handbuch Lesen im Fachunterricht. Sachtexte sprachsensibel bearbeiten. Verstehendes lesen vermitteln.* Stuttgart: Ernst Klett Sprachen.

Leisen, Josef (2022): *Sprachbildung und sprachsensibler Fachunterricht in den Naturwissenschaften.* Stuttgart: Kohlhammer.

Leisen, Josef (Hrsg.) (1999): *Methoden-Handbuch. Deutschsprachiger Fachunterricht.* Zentralstelle für Auslandsschulwesen. Bonn: Varus-Verlag.

Leonhardt, Nico, Anne Goldbach, Lucia Staib & Saskia Schuppener (2023): Machtvolle Schule – Einführung in das Buch. In Nico Leonhardt, Anne Goldbach, Lucia Staib & Saskia Schuppener (Hrsg.), *Macht in der Schule. Wissen – Sichtweisen – Erfahrungen. Texte in Leichter Sprache, Einfacher Sprache und Fachsprache*, 11–22. Bad Heilbrunn: Julius Klinkhardt.

Levelt, Willem J. M. (1989): *Speaking. From intention to articulation.* Cambridge Massachusetts: MIT Press.

Lindauer, Thomas & Werner Senn (2015): *Die Sprachstarken 9. Deutsch für die Sekundarstufe I.* Baar: Klett und Balmer.

Lindauer, Thomas, Claudia Schmellentin, Anne Beerenwinkel, Claudia Hefti Christ, Julienne Furger (2013): *Fachlernen und Sprache: Sprachbewusst unterrichten – Eine Unterrichtshilfe für den Fachunterricht.* Bildungsraum Nordwestschweiz. https://irf.fhnw.ch/server/api/core/bitstreams/b7a4952b-3459-4649-a3ad-9c3ca5c851c6/content (letzter Zugriff am 24.05.2024).

Lindauer, Thomas, Claudia Schmellentin, Anne Beerenwinkel, Claudia Hefti & Julienne Furger (2013): *Sprachbewusst unterrichten. Eine Unterrichtshilfe für den Fachunterricht.* Bildungsraum Nordwestschweiz. https://web0.fhnw.ch/plattformen/zl/sprachbewusst-unterrichten/ (letzter Zugriff 01.07.2024).

Lücke, Martin (2020): Fachsprache als Leichte Sprache und als Bildungssprache – Sprache und Geschichte im Spannungsverhältnis von Inklusion und Sprachbildung. Einführung in die Sektion. *Sprache(n) des Geschichtsunterrichts: Sprachliche Vielfalt und Historisches Lernen*, 212–213.

Lüders, Manfred (2003): *Unterricht als Sprachspiel. Eine systematische und empirische Studie zum Unterrichtsbegriff und zur Unterrichtssprache.* Bad Heilbrunn, Obb: Klinkhardt.

Lund, Karen & Karen Risager (2001): Dansk i midten. Sprogforum. *Tidsskrift for Sprog- Og kulturpædagogik* 7 (19), 4–8.

Lund, Sonja Barfod & Petra Daryai-Hansen (2018): Sproglig hierakisering i en international dansk virksomhedskontekst. Om sprogrepræsentation og sprogvalgspraksis med fokus på tysk. *RASK – International journal of language and communication* 48, 73–106.

Maak, Diana & Barbara Geist (2021): Kann man eine Kuh auch Hund nennen? Informationsabende zum Thema Spracherwerb und Mehrsprachigkeit für Eltern und Erziehungsberechtigte. In Anne-Katharina Harr & Barbara Geist (Hrsg.), *Sprachförderung in Kindertagesstätten (dtp-Band 12)*, 391–408. Baltmannsweiler: Schneider Hohengehren.

Maak, Diana & Franz Kröber (2024): „Fragen über Fragen, freue mich auf die nächsten Folgen! " Die Verhandlung von Leerstellen im Rahmen von YouTube-Kommentaren zur Webserie DRUCK und Anschlussmöglichkeiten für den DaF/DaZ-Unterricht. In Almut Hille & Simone Schiedermair (Hrsg.), *Zur Rolle von Mehrdeutigkeiten in der Literaturdidaktik Deutsch als Fremd- und Zweitsprache*, 168–188.

Maak, Diana (2014): „es Wäre SCHÖN, wenn es nich (.) OFT so diese RÜCKschläge gäbe" – Eingliederung von SeiteneinsteigerInnen mit Deutsch als Zweitsprache in Thüringen. In Bernt Ahrenholz & Patrick Grommes (Hrsg.), *Zweitspracherwerb im Jugendalter*, 319–337. Berlin: de Gruyter.

Maak, Diana (2018): *Sprachliche Merkmale des fachlichen Inputs im Fachunterricht Biologie. Eine konzeptorientierte Analyse der Enkodierung von Bewegung.* Berlin, Boston: De Gruyter.

Maak, Diana (2018): Was hat Mathematik eigentlich mit Sprache zu tun? https://www.goethe.de/resources/files/pdf142/maak_mathe-und-sprache_de.pdf (letzter Zugriff 26.07.2024).

Maak, Diana (2019): „Manchmal ist viel auch besser!" Nutzung von mehrsprachigen Produktbeschreibungen in Schule und Hochschule zur Auseinandersetzung mit Mehrsprachigkeit. In Diana Maak & Julia Ricart Brede (Hrsg.), *Wissen, Können, Wollen – sollen?! (Angehende) LehrerInnen und äußere Mehrsprachigkeit*, 201–234. Münster: Waxmann.

Maak, Diana, Inger Petersen & Martina Ide (2022): Mündliches Präsentieren – aber wie? – Ein Modell für das Fach Kunst. In Tobias Heinz & Martina Ide (Hrsg.), *Bild und Sprache – Forschendes Lernen vernetzt. Kunst und Deutsch im Kontext transdisziplinärer Lehre an der CAU zu Kiel*, 175–203. München: Kopaed-Verlag.

Maaß, Christiane (2015): *Leichte Sprache. Das Regelbuch*. Münster: L I T.

Macdonald, Helen (2016): *H wie Habicht*. Berlin: Allegria Verlag.

Marius, Goeke, Valerie Lemke & Magdalena Michalak (2015): *Sprache im Fachunterricht. Eine Einführung in Deutsch als Zweitsprache und sprachbewussten Fachunterricht*. Tübingen: Narr Francke Attempto.

Marx, Nicole & Torsten Steinhoff (2017): Schreiben von Schülerinnen und Schülern mit nichtdeutscher Familiensprache. In Michael Becker-Mrotzek & Hans-Joachim Roth (Hrsg.), *Sprachliche Bildung – Grundlagen und Handlungsfelder*, 175–183. Münster: Waxmann.

Marx, Nicole & Torsten Steinhoff (2019): Monolinguale Schreibförderung mit bilingualem Lernpotenzial. *Fremdsprache Deutsch* 60, 8–14.

Marx, Nicole (2014): Häppchen oder Hauptgericht? Zeichen der Stagnation in der deutschen Mehrsprachigkeitsdidaktik. *Zeitschrift für Interkulturellen Fremdsprachenunterricht. Didaktik und Methodik im Bereich Deutsch als Fremdsprache* 19 (1), 8–24.

Marx, Nicole, Christian Gill & Tim Brosowski (2021): Are migrant students closing the gap? Reading progression in the first years of mainstream education. *Studies in Second Language Acquisition* 43, 813–837.

Massumi, Mona (2019): *Migration im Schulalter. Systemische Effekte der deutschen Schule und Bewältigungsprozesse migrierter Jugendlicher*. Berlin: Peter Lang.

Massumi, Mona, Nora von Dewitz, Johanna Grießbach, Henrike Terhart, Katharina Wagner, Kathrin Hippmann & Lale Altinay (2015): *Neu zugewanderte Kinder und Jugendliche im deutschen Schulsystem. Bestandsaufnahme und Empfehlungen*. Köln: Mercator-Institut, Zentrum für LehrerInnenbildung an der Universität zu Köln.

McLaughlin, Timothy & Yan, Z. (2017). Diverse delivery methods and strong psychological benefits: A review of online formative assessment. *Journal of Computer Assisted Learning* 33 (6), 562–574. https://doi.org/10.1111/jcal.12200 (letzter Zugriff: 01.08.2024).

Mecheril, Paul (2010): *Migrationspädagogik. Hinführung zu einer Perspektive*. In Paul Mecheril, María do Mar Castro Varela, İnci Dirim, Annita Kalpaka und Claus Melter (Hrsg.), *Migrationspädagogik*, 7–22. Weinheim: Beltz.

Mehan, Hugh (1979): *Learning Lessons. Social Organization in the Classroom*. Cambridge: Harvard UP.

Meibauer, Jörg, Ulrike Demske, Jochen Geilfuß-Wolfgang, Jürgen Pafel, Karl Heinz Ramers, Monika Rothweiler & Markus Steinbach (2015): *Einführung in die germanistische Linguistik*, 3. Aufl. Stuttgart, Weimar: J.B. Metzler'sche Verlagsbuchhandlung und Poeschel Verlag.

Menken, Kate & Ofelia Garcia (Hrsg.) (2010): *Negotiating Language Policies in Schools. Educators as Policymakers*. New York, London: Routledge.

Meyer, Michael & Susanne Prediger (2011): Vom Nutzen der Erstsprache beim Mathematiklernen. Fallstudien zu Chancen und Grenzen erstsprachlich gestützter mathematischer Arbeitsprozesse bei Lernenden mit Erstsprache Türkisch. In Susanne Prediger & Erkan Özdil (Hrsg.), *Mathematiklernen unter Bedingungen der Mehrsprachigkeit. Stand und Perspektiven der Forschung und Entwicklung in Deutschland*, 185–204. Münster u.a.: Waxmann.

Michaels, Sarah, O'Connor, Mary Catherine & Williams Hall, Megan (2010): *Accountable Talk® sourcebook: For classroom conversation that works*. Pittsburgh: University of Pittsburgh, Institute for Learning.

Michalak, Magdalena, Simone Lotter & Thomas Grimm (2020): Bewältigung der Übergänge in die Realschule. Perspektive der Seiteneinsteigerinnen und Seiteneinsteiger und der Lehrkräfte. In Monika A. & Franziska Prüsmann (Hrsg.), *Vom Sprachkurs Deutsch als Zweitsprache zum Regelunterricht: Übergänge bewältigen, ermöglichen, gestalten*, 33–55. Münster: Waxmann.

Michalak, Magdalena, Valeria Lemke & Marius Goeke (2015): *Sprache im Fachunterricht. Eine Einführung in Deutsch als Zweitsprache und sprachbewusstem Unterricht*. Tübingen: Narr.

Miladinović, Dragan (2016): Bildungsgerechtigkeit – Der Begriff „Zweitsprache" als Barriere? In Anke Wegner & İnci Dirim (Hrsg.), *Mehrsprachigkeit und Bildungsgerechtigkeit. Erkundungen einer didaktischen Perspektive*, 303–316. Opladen u.a.: Barbara Budrich.

Morek, Miriam & Heller, Vivien (2003): Diskursive Praktiken der Verständigung über Textverstehen: Anforderungen und Lernpotenziale von Anschlusskommunikation über literarische Texte im Deutschunterricht. In Ulrike Preußer & Beate Lingnau (Hrsg.), *Anschluss- und Begleitkommunikation zu literarischen Texten (SLLD-B 10)*, 138–159.

Morek, Miriam & Vivien Heller (2012): Bildungssprache – Kommunikative, epistemische, soziale und interaktive Aspekte ihres Gebrauchs. *Zeitschrift für Angewandte Linguistik* 57 (1), 67–101.

Morek, Miriam, Vivien Heller, Noelle Kinalzik, Valentin Schneider (2022): Von der Gesprächsanalyse zur Entwicklung des interaktionssensiblen Kodierinstruments ISKODIL: Ausprägungen diskurserwerbsförderlicher Unterrichtsgespräche erfassen, *Zeitschrift für Sprachlich-Literarisches Lernen und Deutschdidaktik* 2, 1–29.

Morek, Miriam & Vivien Heller (2023): Diskursive Praktiken der Verständigung über Textverstehen. Anforderungen und Lernpotenziale von Anschlusskommunikation über literarische Texte im Deutschunterricht. In Ulrike Preußer & Beate Lingnau (Hrsg.), *Anschluss- und Begleitkommunikation zu literarischen Texten*, 138–159. https://doi.org/10.46586/SLLD.405

MSB (Ministerium für Schule und Berufsausbildung des Landes Schleswig-Holstein) (2017): *Erlass zur Beschulung von Kindern und Jugendlichen nichtdeutscher Herkunftssprache und Regelungen zur Organisation des Unterrichts „Deutsch als Zweitsprache" (DaZ) an allgemein bildenden Schulen in Schleswig-Holstein*. https://www.schleswig-holstein.de/DE/fachinhalte/S/schulrecht/Downloads/Erlasse/Downloads/DaZ_Erlass.pdf?__blob=publicationFile&v=1 (letzter Zugriff 24.05.2024).

Muckenhaupt, Manfred (1986): *Text und Bild. Grundfragen der Beschreibung von Text/Bild-Kommunikation aus sprachwissenschaftlicher Sicht*. Tübingen: Narr.

Müller, Frank (2018): *Praxisbuch Differenzierung und Heterogenität*. Weinheim, Basel: Beltz.

Müller, Natascha, Tanja Kupisch, Katrin Schmitz, Katja F. Cantone & Laia Arnaus Gil (2023): *Einführung in die Mehrsprachigkeitsforschung. Deutsch – Französisch – Italienisch – Spanisch*. 4. Aufl. Tübingen: Narr Francke Attempo.

Must, Thomas & Anika Zörner (2019): Aufgabenstellungen sprachsensibel aufschlüsseln. Ein Vorschlag zur sprachlichen und fachlichen Aufbereitung von Operatoren im Geschichtsunterricht. *Herausforderung Lehrer*innenbildung* 2 (1), 227–240.

Nation, Ian S.P. (2001). *Learning vocabulary in another language*. Vol. 10, 126–132. Cambridge: Cambridge University Press. https://moodle.ph-ooe.at/pluginfile.php/114044/mod_resource/content/1/Nation_2001_Learning_vocabulary_in_another_language.pdf (letzter Zugriff: 01.08.2024).

Nawrath, Dennis, Veronika Maiseyenka & Horst Schecker (2011): Experimentelle Kompetenz –Ein Modell für die Unterrichtspraxis. *Praxis der Naturwissenschaften – Physik in der Schule* 60 (6), 42–48.

Neuland, Eva (2003): Sprachvarietäten – Fachsprachen – Sprachnormen In Ursula Bredel, Hartmut Günther, Peter Klotz, Jakob Ossner & Gesa Siebert-Ott (Hrsg.), *Didaktik der Deutschen Sprache, Band 1*, 52–68. Stuttgart: UTB.

Neveling, Christiane (2004): *Wörterlernen mit Wörternetzen: eine Untersuchung zu Wörternetzen als Lernstrategie und als Forschungsverfahren*. Tübingen: Gunter Narr Verlag. https://books.google.de/books?id=pRzz5mq2YIcC&lpg=PA11&ots=kiXX8sRuk9&dq=neveling%202004%20netz&lr&hl=de&pg=PA11#v=onepage&q=neveling%202004%20netz&f=false (letzter Zugriff: 01.08.2024).

Niebuhr-Siebert, Sandra & Heike Baake (2014): *Kinder mit Deutsch als Zweitsprache in der Grundschule.* Stuttgart: Kohlhammer.

Niehoff, Rolf (2017): Bildkompetenz. In Kunibert Bering, Rolf Niehoff, Karina Pauls, Johanna Mußenbrock Nadja Nafe, Julia Pfafferoth, und Philip Wiehagen (Hrsg.), *Lexikon der Kunstpädagogik*, 100–103. Oberhausen: Athena.

Nodari, Claudio & Cornelia Steinmann (2008): *Fachdingsda. Fächerorientierter Grundwortschatz für das 5.-9. Schuljahr.* Bern: Schulverlag plus.

Nora von Dewitz & Mona Massumi (2023): Durchgängige sprachliche Bildung für neu zugewanderte Schüler*innen. In Michael Becker-Mrotzek, Ingrid Gogolin, Hans-Joachim Roth & Petra Stanat, *Grundlagen sprachlicher Bildung in der mehrsprachigen Gesellschaft*, 199–208. Waxmann: Münster.

Norddeutsche Tanzwerkstatt (2018): *Fachbegriffe Ballett.* Hannover. https://www.norddeutsche-tanzwerkstatt.de/pdf/norddeutsche_tanzwerkstatt_ballett_terminologie.pdf (letzter Zugriff 24.05.2024).

Norén, Eva (2015): Agency and positioning in a multilingual mathematics classroom. *Educational studies in Mathematics* 89 (2), 167 –184.

Nöth, Winfried (2000): Bild und Text. In Winfried Nöth (Hrsg.), *Handbuch der Semiotik*, 2., völlig neu bearbeitete und erweiterte Aufl., 481–486. Stuttgart, Weimar: J.B. Metzler.

Nückles, Matthias, Julian Roelle, Inga Glogger-Frey, Julia Waldeyer & Alexander Renkl (2020): The Self-Regulation-View in Writing-to-Learn: Using Journal Writing to Optimize Cognitive Load in Self-Regulated Learning. *Educational Psychology Review* 32, 1089–1126.

OECD (2023): *PISA 2022 Ergebnisse (Band I): Lernstände und Bildungsgerechtigkeit.* Bielefeld: wbv Media.

Ogden, Charles Kay & Ivor Armstrong Richards (1923): *The meaning of meaning: A study of the influence of thought and of the science of symbolism.* New York: Harcourt, Brace & World.

Ohm, Udo, Christina Kuhn & Hermann Funk (2007): *Sprachtraining für Fachunterricht und Beruf. Fachtexte knacken – mit Fachsprache arbeiten.* Münster: Waxmann.

Oksaar, Els (1996): Vom Verstehen und Missverstehen im Kulturkontakt – Babylon in Europa. In Klaus J. Bade (Hrsg.), *Die multikulturelle Herausforderung. Menschen über Grenzen, Grenzen über Menschen*, 206–229. München: C.H. Beck.

Olbrich, Jessica (2023): *Verbotene Sprachen: Gibt es Sprachen, die nicht gesprochen werden dürfen?* https://de.babbel.com/de/magazine/verbotene-sprachen (letzter Zugriff 01.08.2024).

Oleschko, Sven & Anke Schmitz (2016): Sprachliches Handeln von Lernenden im Sachfachunterricht. In Jürgen Menthe, Dietmar Höttecke, Thomas Zabka, Marcus Hammann & Martin Rothgangel (Hrsg.), *Befähigung zu gesellschaftlicher Teilhabe. Beiträge der dachdidaktischen Forschung*, 219–230. Münster, New York: Waxmann.

Oleschko, Sven, Benjamin Weinkauf & Sonja (2016): *Praxishandbuch Sprachbildung Geographie. Sprachsensibel unterrichten – Sprache fördern.* Stuttgart: Ernst Klett.

Oleschko, Sven (2017): *Sprachsensibles Unterrichten fördern. Angebote für den Vorbereitungsdienst.* Arnsberg: Landesweite Koordinierungsstelle Kommunale Integrationszentren.

Oomen-Welke, Ingelore & İnci Dirim (2013): Mehrsprachigkeit in der Klasse wahrnehmen – aufgreifen – fördern. Einleitung zu diesem Band. In İnci Dirim & Ingelore Oomen-Welke (Hrsg.), *Mehrsprachigkeit in der Klasse wahrnehmen – aufgreifen – fördern*, 7–22. Stuttgart: Fillibach bei Klett.

Oomen-Welke, Ingelore (1997): Kultur der Mehrsprachigkeit. *Informationen zur Deutschdidaktik* 21 (1), 33–47.

Oomen-Welke, Ingelore (2000): Umgang mit Vielsprachigkeit im Deutschunterricht – Sprachen wahrnehmen und sichtbar machen. *Deutsch lernen* 25 (2), 143–163.

Ortner, Hanspeter (2006): Die Bildungssprache im Visier der Sprachkritik. *tribüne* 1, 4–11.

Ossner, Jakob (1995): Prozessorientierte Schreibdidaktik in Lehrplänen. In Jürgen Baurmann & Rüdiger Weingarten (Hrsg.), *Schreiben. Prozesse, Prozeduren und Produkte*, 29–50. Opladen: Westdeutscher Verlag.

Pabst-Weinschenk, Marita (2013): Sprechen und Zuhören. In Steffen Gailberger & Frauke Wietzke (Hrsg.), *Handbuch Kompetenzorientierter Deutschunterricht*, 400–415. Weinheim, Basel: Beltz.

Paetsch, Jennifer & Sebastian Kempert (2022): Längsschnittliche Zusammenhänge von Wortschatz, Grammatik und Leseverständnis mit mathematischen Fähigkeiten bei Grundschulkindern mit nichtdeutscher Familiensprache. *Zeitschrift für Pädagogische Psychologie*, 1–18. doi: 10.1024/1010-0652/a000342 (letzter Zugriff: 01.08.2024).

Pandel, Hans-Jürgen (2015): *Bildinterpretation. Die Bildquelle im Geschichtsunterricht. Bildinterpretation I*. Schwalbach: Wochenschau.

Paradis, Michel (2004): *A Neurolinguistic Theory of Bilingualism*. Philadelphia, Amsterdam: John Benjamins B.V.

Pauli, Christine & Kurt Reusser (2018): Unterrichtsgespräche führen – das Transversale und das Fachliche einer didaktischen Kernkompetenz. *Beiträge zur Lehrerinnen- und Lehrerbildung* 36 (3), 365–377.

Pauly, Annabel, Tatjana Dingeldein, Andreas Weidmann & Arnim (2019): Schreiben im naturwissenschaftlichen Unterricht. Eine Protokollvorlage zur Unterstützung von Sprachhandlungen. *MNU Journal 6*. Neuss: Verlag Klaus Seeberger.

Peez, Georg (2015): Ästhetische Urteile bilden. Zu einer zentralen Kompetenz aus kunstpädagogischer Sicht. In Georg Peez (Hrsg.), *Beurteilen lernen im Kunstunterricht. Unterrichtseinheiten, Methoden und Reflexionen zu einer zentralen ästhetik- und kunstbezogenen Fachkompetenz*, 11–27. München: kopaed.

Pertzel, Eva & Anna Ulrike Schütte (2016): *Schreiben in Biologie, Geschichte und Mathematik (Klasse 5–6). Schriftlichkeit im sprachsensiblen Fachunterricht (Beiträge zur Schulentwicklung)*. Münster, New York: Waxmann.

Petersen, Inger & Jörg Kilian (2017): Grammatik- und Wortschatzvermittlung. In Helmut Günther, Gabriele Kniffka, Gabriele Knoop & Thomas Riecke-Baulecke (Hrsg.), *Basiswissen Lehrerbildung. DaZ unterrichten*, 88–118. Seelze: Klett Kallmeyer.

Petersen, Inger & Kristina Peuschel (2020): … ich bin ja keine Sprachstudentin. Wissen über Sprache für den sprachbildenden Fachunterricht. In Tobias Heinz, Jörg Kilian, Birgit Brouër, Birgit & Margot Janzen (Hrsg.), *Formen der (Re-)Präsentation fachlichen Wissens. Ansätze und Methoden für die Lehrerinnen- und Lehrerbildung in den Fachdidaktiken*, 217–240. Münster: Waxmann.

Philipp, Maik & Anita Schilcher (Hrsg.) (2012): *Selbstreguliertes Lesen. Ein Überblick über wirksame Leseförderansätze*. Seelze: Kallmeyer.

Philipp, Maik (2012): *Besser lesen und schreiben. Wie Schüler effektiver mit Sachtexten umgehen lernen*. Stuttgart: Kohlhammer.

Philipp, Maik (2015): *Lesestrategien: Bedeutung, Formen und Vermittlung*. Weinheim: Beltz Juventa.

Philipp, Maik (2021): *Lesen – Schreiben – Lernen: Prozesse, Strategien und Prinzipien des generativen Lernens*. Weinheim: Beltz Juventa.

Planas, Núria (2014): One speaker, two languages: Learning opportunities in the mathematics classroom. *Educational studies in Mathematics* 87 (1). 51–66.

Plöger, Simone (2023): *Neuzuwanderung, sprachliche Bildung und Inklusion. Eine ethnographische Studie im Sekundarschulbereich*. Wiesbaden: Springer VS.

Pohl, Thorsten & Torsten Steinhoff (2010): *Textformen als Lernformen*. Duisburg: Gilles & Francke.

Popp, Susanne (2004): *Was können Bildquellen im Geschichtsunterricht „erzählen"? Einführung zum ersten Kontaktstudientag Geschichte an der Universität Siegen am 30. Juni 2004*, unveröffentlichtes Manuskript.

Prediger, Susanne (2013): Sprachmittel für mathematische Verstehensprozesse – Einblicke in Probleme, Vorgehensweisen und Ergebnisse von Entwicklungsforschungsstudien. In Andreas Pallack (Hrsg.), *Impulse für eine zeitgemäße Mathematiklehrer-Ausbildung. MNU-Dokumentation der 16. Fachleitertagung Mathematik*, 26–36. Neuss: Seeberger.

Prediger, Susanne (2020) (Hrsg.): *Sprachbildender Mathematikunterricht – Ein forschungsbasiertes Praxisbuch*. Berlin: Cornelsen.

Prediger, Susanne (2021): Von Unterrichtsforschung zu Design-Research auf Professionalisierungsebene. Diskurssensible Gesprächsführung lernen. In Uta Quasthoff, Vivien Heller & Miriam Morek (Hrsg.), *Diskurserwerb in Familie, Peergroup und Unterricht. Passungen und Teilhabechancen*, 347–377. Berlin: de Gruyter.

Prediger, Susanne, Kirstin Erath, Uta Quasthoff, Vivien Heller, & Anne-Marietha Vogler (2016): Befähigung zur Teilhabe an Unterrichtsdiskursen: Die Rolle von Diskurskompetenz. In Jürgen Menthe, Dietmar Höttecke, Thomas Zabka, Marcus Hammann & Martin Rothgangel (Hrsg.), *Befähigung zu gesellschaftlicher Teilhabe. Beiträge der fachdidaktischen Forschung*, 285–300. Münster: Waxmann.

Prediger, Susanne, Taha Kuzu, Alexander Schüler-Meyer & Jona Wagner (2019): One Mind, Two Languages – Separate Conceptualizations? *Research in Mathematics Education* 21 (2), 188–207.

Quasthoff, Uta & Susanne Prediger (2017): Fachbezogene Unterrichtsdiskurse zu Beginn der weiterführenden Schule – Interdisziplinäre Untersuchungen zur Unterstützung von sprachlichem und fachlichem Lernen. In Winfried Thielmann, Caroline Trautmann, Arne Krause & Gesa Lehmann (Hrsg.), *Form und Funktion. Festschrift für Angelika Redder zum 65. Geburtstag*, 625–644. Tübingen: Stauffenburg. https://wwwold.mathematik.tu-dortmund.de/~prediger/veroeff/17-Quasthoff_Prediger_Unterrichtsdiskurse-Webversion.pdf (letzter Zugriff: 01.08.2024).

Quasthoff, Uta M. (2009): Entwicklung der mündlichen Kommunikationskompetenz. In Michael Becker-Mrotzek & Winfried Ulrich (Hrsg.), *Mündliche Kommunikation und Gesprächsdidaktik*, 84–100. Baltmannsweiler: Schneider Hohengehren.

Quasthoff, Uta, Vivien Heller & Miriam Morek (2021a): Diskurskompetenz und diskursive Partizipation als Schlüssel zur Teilhabe an Bildungsprozessen. Grundlegende Konzepte und Untersuchungslinien. In Uta Quasthoff, Vivien Heller & Miriam Morek (Hrsg.), *Diskurserwerb in Familie, Peergroup und Unterricht. Passungen und Teilhabechancen*, 13–34. Berlin, Boston: de Gruyter.

Quasthoff, Uta, Vivien Heller, Vivien & Miriam Morek (2021b): Glossar – Diskurskompetenz und diskursive Partizipation. In Uta Quasthoff, Vivien Heller & Miriam Morek (Hrsg.), *Diskurserwerb in Familie, Peergroup und Unterricht. Passungen und Teilhabechancen*, 35–42. Berlin, Boston: de Gruyter.

Quehl, Thomas & Ulrike Trapp (2020): *Sprachbildung im Sachunterricht der Grundschule. Mit dem Scaffolding-Konzept unterwegs zur Bildungssprache*. Münster, New York: Waxmann.

Raabe, Horst (1997): Das Auge hört mit. Sehstrategien im Fremdsprachenunterricht. In Ute Rampillon & Günther Zimmermann (Hrsg.), *Strategien und Techniken beim Erwerb fremder Sprachen*, 150–172. Ismaning: Hueber.

Rauh, Norbert (2018): *Forum Geschichte 9/10. Vom Ersten Weltkrieg bis zur Gegenwart. Basismodule – Wahlmodule – Fächerverbindende Module. Berlin, Brandenburg*. Berlin: Cornelsen.

Reble, Raja & Inger Petersen (2021): Selbstwirksamkeitserwartungen von Lehramtsstudierenden zum Umgang mit sprachlicher Heterogenität – Entwicklung, Erprobung und Evaluation einer Kurzskala. In Anna-Lena Scherger, Beate Lütke, Elke Montanari, Anja Müller & Julia Ricart Brede (Hrsg.), *Deutsch als Zweitsprache – Forschungsfelder und Ergebnisse*, 75–95. Stuttgart: Fillibach bei Klett.

Redder, Angelika, Arne Krause, Susanne Prediger, Ángela Uribe & Jonas Wagner (2022): Mehrsprachige Ressourcen im Unterricht nutzen – worin bestehen die „Ressourcen"? *Die deutsche Schule* 114 (3), 312–326.

Redder, Angelika, Meryem Çelikkol, Jonas Wagner & Jochen Rehbein (2018): *Mehrsprachiges Handeln im Mathematikunterricht*. New York, Münster: Waxmann.

Rehbein, Jochen (2011): ‚Arbeitssprache' Türkisch im mathematisch-naturwissenschaftlichen Unterricht der deutschen Schule – ein Plädoyer. In Susanne Prediger & Erkan Özdil (Hrsg.), *Mathematiklernen unter Bedingungen der Mehrsprachigkeit. Stand und Perspektiven der Forschung und Entwicklung in Deutschland*, 205–232. Münster u.a.: Waxmann.

Reich, Ingo & Marga Reis (2013): Koordination und Subordination. In Jörg Meibauer, Markus Steinbach & Hans Altmann (Hrsg.), *Satztypen des Deutschen*, 536–569. Berlin, New York: de Gruyter.

Reiss, Kristina, Christine Sälzer, Anja Schiepe-Tsika, Eckard Klieme & Olaf Köller (2016): *PISA 2015. Eine Studie zwischen Kontinuität und Innovation*. Münster: Waxmann.

Rendchen, Florian (2021): Polens Regierung verordnet Radiosendern mehr einheimische Musik. mdr.de/Nachrichten. https://www.mdr.de/nachrichten/welt/osteuropa/land-leute/polen-radio-pis-musik-quote-100.html#:~:text=Radioquoten%20sind%20nicht%20neu&text=Und%20auch%20Frankreich%20f%C3%BChrte%201994,franz%C3%B6sischsprachige%20Musik%20im%20Programm%20unterbringen (letzter Zugriff: 01.08.2024).

Resnick, Lauren B., Christa S. C. Asterhahn, Sherice N. Clarke & Faith Schantz (2018): Next generation research in dialogic learning. In Gene E. Hall, Linda F. Quinn & Donna M. Gollnick (Hrsg.), *Wiley handbook of teaching and learning*, 323–338. New York: Wiley.

Rezat, Sara & Helmuth Feilke (2024): Erklärvideos. *Praxis Deutsch* 304, 4–11.

Ricart Brede, Julia (2014): *Mehrsprachigkeit sichtbar machen – Linguistic Landscaping zur Durchgängigen Sprachbildung nutzen*. Vortrag im Rahmen der Fachtagung: „Durchgängige Sprachbildung: Konzepte und Methoden zur Sprachbildung im Unterricht aller Fächer", Europa-Universität Flensburg.

Ricart Brede, Julia (2018): Protokolle als Textsorte(n) im Unterricht. In Wilhelm Grießhaber, Heike Roll, Sabine Schmölzer-Eibinger & Karen Schramm (Hrsg.), *Schreiben in der Zweitsprache Deutsch*, 335–349. Berlin: de Gruyter.

Ricart Brede, Julia (2020): *Lernersprachliche Texte im Biologieunterricht*. Berlin, Boston: de Gruyter.

Ricart Brede, Julia, Diana Maak & Sybille Draber (2024): *DaZ als Studienfach für Lehramtsstudierende: Konzeptionen, Erfahrungen und zentrale Fragen*. Frankfurt: Peter Lang.

Richter, Tobias & Ursula Christmann (2009): Lesekompetenz: Prozessebenen und interindividuelle Unterschiede. In Norbert Groeben & Bettina Hurrelmann (Hrsg.), *Lesekompetenz: Bedingungen, Dimensionen, Funktionen*, 25–85. Weinheim: Beltz.

Ricker, Karl-Martin (2018): Versuchsprotokolle. *Naturwissenschaften* 5–10 (3), 30–31.

Riedel, Hartwig (Hrsg.) (2017): *Politik & Co. Wirtschaft/Politik für die Sekundarstufe I. Schleswig-Holstein*. Bamberg: C.C. Buchner Verlag.

Riegel, Christine (2016): *Bildung – Intersektionalität – Othering: Pädagogisches Handeln in widersprüchlichen Verhältnissen*. Bielefeld: Waxmann.

Riegler, Susanne, Björn Laser & Bernadette Girshausen (2015): *Sprache untersuchen 3+4*. Stuttgart: Ernst Klett.

Riehl, Claudia Maria (2014): *Mehrsprachigkeit. Eine Einführung*. Darmstadt: WBG.

Riehl, Claudia Maria (2018): Mehrsprachigkeit in der Familie und im Lebensalltag. In Anne-Katharina Harr, Martina Liedke & Claudia Maria Riehl (Hrsg.), *Deutsch als Zweitsprache. Migration – Spracherwerb – Unterricht*, 27–60. Stuttgart: Metzler.

Riemeier, Tanja, Marcel Jankowski, Bettina Kersten, Sabrina Pach, Isabel Rabe, Stefan Sundermeier, & Harald Gropengießer (2010): Wo das Blut fließt. Schülervorstellungen zu Blut, Herz und Kreislauf beim Menschen. *Zeitschrift für Didaktik der Naturwissenschaften* 16, 77–93.

Risager, Karen (2005): Sproglige eksklusionshierarkier – de hundrede sprogs betydning. *Fra Minoritetsstudiers værksted* 2, 1–21.

Roelcke, Thorsten (2010): *Fachsprachen*, 3. Aufl. Berlin: Erich Schmidt.

Roll, Heike, Markus Bernhardt, Christine Enzenbach, Hans E. Fischer, Erkan Gürsoy, Heiko Krabbe, Martin Lang, Sabine Manzel, Işil Uluçam-Wegmann (2019): Schreiben im Fachunterricht der Sekundarstufe I unter Einbeziehung des Türkischen – Ausgangsannahmen, Forschungsdesign und fächerübergreifende Befunde. In Heike Roll, Markus Bernhardt, Christine Enzenbach, Hans E. Fischer, Erkan Gürsoy, Heiko Krabbe, Martin Lang, Sabine Manzel, Işil Uluçam-Wegmann (Hrsg.), *Schreiben im Fachunterricht der Sekundarstufe I unter Einbeziehung des Türkischen. Empirische Befunde aus den Fächern Geschichte, Physik, Technik, Politik, Deutsch und Türkisch*, 21–50. Münster, New York: Waxmann.

Roll, Heike, Markus Bernhardt, Christine Enzenbach, Hans Ernst Fischer, Claudia Forkath, Erkan Gürsoy, Heiko Krabbe, Martin Lang, Sabine Manzel, Işıl, Uluçam-Wegmann (Hrsg.) (2022): *Schreibförderung im*

Fachunterricht der Sekundarstufe I. Interventionsstudien zu Textsorten in den Fächern Geschichte, Physik, Technik, Politik, Deutsch und Türkisch. Münster: Waxmann.

Roll, Heike (2021) Schriftlichkeit. In Claus Altmayer, Katrin Biebighäuser, Stefanie Haberzettel & Antje Heine (Hrsg.), *Handbuch Deutsch als Zweit- und Fremdsprache. Kontexte – Themen – Methoden*, 268–317. Stuttgart: J. B. Metzler.

Roll, Heike, Markus Bernhardt, Christine Enzenbach, Hans E. Fischer, Claudia Forkarth, Erkan Gürsoy, Heiko Krabbe, Martin Lang, Sabine Manzel & Işıl Uluçam-Wegmann (Hrsg.) (2022): *Schreibförderung im Fachunterricht der Sekundarstufe I: Interventionsstudien zu Textsorten in den Fächern Geschichte, Physik, Technik, Politik, Deutsch und Türkisch*. Münster: Waxmann.

Rösch, Heid (Hrsg.) (2006): *Mitsprache. Arbeitsheft zur Sprachförderung 7/8*. Braunschweig: Westermann Schroedel.

Rösch, Heidi (2005): *Mitsprache: Deutsch als Zweitsprache in der Sekundarstufe I. Grundlagen, Übungsideen, Kopiervorlagen*. Braunschweig: Schrödel.

Rösike, Kim-Alexandra, Kirstin Erath, Philipp Neugebauer & Susanne Prediger (2021): Sprechen lernen in Partnerarbeit und im Unterrichtsgespräch. In Susanne Prediger (Hrsg.), *Sprachbildender Mathematikunterricht*, 58–66. Berlin: Cornelsen.

Rösler, Dietmar & Nicola Würffel (2014): *Lernmaterialien und Medien*. dll-Band 5. München: Klett-Langenscheidt.

Rothweiler, Monika & Jörg Meibauer (1999): Das Lexikon im Spracherwerb. Ein Überblick. In Jörg Meibauer & Monika Rothweiler (Hrsg.), *Das Lexikon im Spracherwerb*, 9–31. Tübingen, Basel: Francke.

Rückert, Friederike & Diana Maak (2021): „... und dann sagt ihr mal, was ihr euch gedacht habt" Unterrichtgespräche im Kunstunterricht sprachsensibel gestalten. *Kunst+Unterricht* 457458, 77–81.

Rummler, Klaus (2017): Lernen mit YouTube-Videos. Dimensionen einer vielfältigen Lernumgebung. In Frank Thissen (Hrsg.), *Lernen in virtuellen Räumen. Perspektiven des mobilen Lernens*, 170–189. Berlin, Boston: de Gruyter Saur.

Rupp, Stephanie (2013): *Semantisch-lexikalische Störungen bei Kindern: Sprachentwicklung: Blickrichtung Wortschatz*. Berlin, Heidelberg: Springer.

Rüter, Mira (2023): Zwangsmigration und deren psychosoziale Folgen für Jugendliche – eine qualitative Analyse von Interviewdaten. In Udo Ohm & Julia Ricart Brede (Hrsg.), *Zum Seiteneinstieg neu zugewanderter Jugendlicher ins deutsche Schulsystem. Ergebnisse und Befunde aus dem Projekt EVA-Sek*, 97–130. Baltmannsweiler: Hohengehren.

Sauer, Michael (Hrsg.) (2009): *Geschichte und Geschehen 2*. Stuttgart: Klett.

Schaller, Melanie & Michael Ewig (2020): Effektivität von Texten in Leichter Sprache im Biologieunterricht. In Sebastian Habig (Hrsg.), *Naturwissenschaftliche Kompetenzen in der Gesellschaft von morgen. Gesellschaft für Didaktik der Chemie und Physik, Jahrestagung in Wien 2019*, 732–735. Universität Duisburg-Essen.

Scherwath, Corinna & Sybille Friedrich (2014): *Soziale und pädagogische Arbeit bei Traumatisierung*. Reinhardt: München.

Schiffel, Holger (2023): Sichtweisen neu zugewanderter Schüler*innen auf ihre Beschulung: Ergebnisse einer Interviewbefragung. In Udo Ohm & Julia Ricart Brede (Hrsg.), *Zum Seiteneinstieg neu zugewanderter Jugendlicher ins deutsche Schulsystem. Ergebnisse und Befunde aus dem Projekt EVA-Sek*, 57–56. Baltmannsweiler: Hohengehren.

Schirlbauer, Alfred (2015): *Ultimatives Wörterbuch der Pädagogik – Diabolische Betrachtungen*. 2., erweiterte Aufl. Wien: Sonderzahl.

Schleppegrell, Mary J. (2004): *The Language of Schooling – A Functional Linguistics Perspective*. Oxford: Routledge.

Schmellentin, Claudia, Hansjakob Schneider & Claudia Hefti (2011): Deutsch (als Zweitsprache) im Fachunterricht – am Beispiel lesen. *Leseforum* 3. https://publikationsserver.phtg.ch/servlets/MCRFile

NodeServlet/phtg_derivate_00000107/Schmellentin_et-al_2011_Deutsch-im-Fachunterricht.pdf (letzter Zugriff: 24.05.2024).

Schmiedebach, Mario & Claas Wegner (2019): Beschulung neuzugewanderter Schüler*innen – Emotionales Empfinden in der Vorbereitungs- und Regelklasse. *Bildungsforschung* 1, 1–16.

Schneider, Hansjakob, Eliane Gilg, Miriam Dittmar & Claudia Schmellentin (2019): Prinzipien der Verständlichkeit in Schulbüchern der Biologie auf der Sekundarstufe 1. In Bernt Ahrenholz, Stefan Jeuk, Beate Lütke, Jennifer Paetsch & Heike Roll (Hrsg.), *Fachunterricht, Sprachbildung und Sprachkompetenzen*, 61–85. Berlin: de Gruyter.

Schneider, Wolfgang, Jürgen Baumert, Michael Becker-Mrozek, Marcus Hasselhorn, Gisela Kammermeyer, Thomas Rauschenbach, Hans-Günther Roßbach, Hans-Joachim Roth, Monika Rothweiler & Petra Stanat (2012): *Expertise „Bildung durch Sprache und Schrift (BISS)"*. https://www.biss-sprachbildung.de/pdf/biss-website-biss-expertise.pdf (letzter Zugriff 18.06.2025).

Schnotz, Wolfgang (1994): *Aufbau von Wissensstrukturen: Untersuchungen zur Kohärenzbildung beim Wissenserwerb mit Texten*. Weinheim: Beltz.

Scholz, Ingvelde (2007): Es ist normal, verschieden zu sein – Unterrichten in heterogenen Klassen. In Ingvelde Scholz (Hrsg.), *Der Spagat zwischen Fördern und Fordern*, 7–23. Göttingen: Vandenhoeck & Ruprecht.

Schoppe, Andreas (2019): *Schritt für Schritt zum guten Kunstunterricht. Praxisbuch für Studium, Referendariat und Berufseinstieg*. Hannover: Klett Kallmeyer.

Schramm, Karen (2005): Aktives Zuhören beim Geschichtenerzählen. *Grundschule Deutsch* 8, 20–22.

Schrader, Friedrich-Wilhelm (2013): Diagnostische Kompetenz von Lehrpersonen. *Beiträge zur Lehrerbildung* 31 (2), 154–165.

Schütz, Alexander C., Doris I. Braun & Karl R. Gegenfurtner (2011): Eye movement and perception: A selective review. *Journal of Vision* 11 (5), 1–30.

Schütze, Birgit, Elmar Souvignier & Marcus Hasselhorn (2018): Stichwort – formatives Assessment. *Zeitschrift für Erziehungswissenschaft* 21 (4), 697–715.

Schweckendiek, Jürgen (2008): Fehler und Fehlerkorrektur im DaZ-Unterricht. In Susan Kaufmann, Erich Zehnder, Erich, Elisabeth Vanderheiden & Winfried Frank (Hrsg.), *Unterrichtsplanung und -durchführung*, 123–172. Ismaning: Hueber.

Schwitalla, Johannes (2012): *Gesprochenes Deutsch. Eine Einführung*. Berlin: Erich Schmidt.

Seidel, Tina, Rolf Rimmele & Manfred Prenzel (2003): Gelegenheitsstrukturen beim Klassengespräch und ihre Bedeutung für die Lernmotivation. *Unterrichtswissenschaft* 31 (2), 142–165.

Selter, Christoph, Stephan Hußmann, Corinna Hößle, Christine Knipping, Katja Lengnink & Julia Michaelis (2017): Konzeption des Entwicklungsverbundes ‚Diagnose und Förderung heterogener Lerngruppen'. In Christoph Selter, Stephan Hußmann, Corinna Hößle, Christine Knipping, Katja Lengnink & Julia Michaelis (Hrsg.), *Diagnose und Förderung heterogener Lerngruppen Theorien, Konzepte und Beispiele aus der MINT-Lehrerbildung*, 11–18. Münster: Waxmann.

Selting, Margret, Peter Auer, Dagmar Barth-Weingarten, Jörg Bergmann, Pia Bergmann, Karin Birkner, Elizabeth Couper-Kuhlen, Arnulf Deppermann, Peter Gilles, Susanne Günthner, Martin Hartung, Friederike Kern, Christine Mertzlufft, Christian Meyer, Miriam Morek, Frank Oberzaucher, Jörg Peters, Uta Quasthoff, Wilfried Schütte, Anja Stukenbrock & Susanne Uhmann (2009): Gesprächsanalytisches Transkriptionssystem 2 (GAT 2). *Gesprächsforschung – Online Zeitschrift zur verbalen Interaktion* 10, 353–402.

Senatsverwaltung für Bildung, Jugend und Familie (o. J. a): *Teil B Fachübergreifende Kompetenzentwicklung*. https://bildungsserver.berlin-brandenburg.de/fileadmin/bbb/unterricht/rahmenlehrplaene/Rahmenlehrplanprojekt/amtliche_Fassung/Teil_B_2015_11_10_WEB.pdf (letzter Zugriff: 05.08.2024).

Senatsverwaltung für Bildung, Jugend und Familie (o. J. b): *Teil C Geschichte, Jahrgangsstufen 7 – 10*. https://bildungsserver.berlin-brandenburg.de/fileadmin/bbb/unterricht/rahmenlehrplaene/Rahmen lehrplanprojekt/amtliche_Fassung/Teil_C_Geschichte_2015_11_10_WEB.pdf (letzter Zugriff: 05.08.2024).

Senatsverwaltung für Bildung, Jugend und Familie (o. J. c): *Teil C Chemie, Jahrgangsstufen 7 – 10.* https://bildungsserver.berlin-brandenburg.de/fileadmin/bbb/unterricht/rahmenlehrplaene/Rahmen lehrplanprojekt/amtliche_Fassung/Teil_C_Chemie_2015_11_10_WEB.pdf (letzter Zugriff: 05.08.2024).

Senatsverwaltung für Bildung, Jugend und Wissenschaft (2013): *Handreichung zur Wortschatzarbeit in den Jahrgangsstufen 5-10 unter besonderer Berücksichtigung der Fachsprache.* Berlin: Senatsverwaltung für Bildung, Jugend und Wissenschaft.

Seufert, Tina (2003): Kohärenzbildung beim Wissenserwerb mit multiplen Repräsentationen In Klaus Sachs-Hombach (Hrsg.), *Was ist Bildkompetenz. Studien zur Bildwissenschaft*, 117–129. Wiesbaden: Deutscher Universitäts-Verlag / GWW Fachverlage.

Sieberkrob, Matthias (2023): *Sprachbildung und historisches Lernen – aber wie? Ziele, Professionalisierung, Umsetzung.* Göttingen: V&R unipress.

Siegmund, Benjamin (2019a): Sprachliche Hürden im Geschichtsunterricht aus linguistischer Perspektive. In Christiane Bertram & Andrea Kolpatzig (Hrsg.), *Sprachsensibler Geschichtsunterricht: Von der Theorie über die Empirie zur Pragmatik*, 51–76. Frankfurt a. M.: Wochenschau.

Siegmund, Benjamin (2019b): Womöglich/vermutlich könnte/muss es so gewesen sein. Epistemische Modalität im Geschichtsunterricht. In Burkhard, Anne & Kristina Peuschel: *Sprachliche Bildung und DaZ in den geistes- und gesellschaftswissenschaftlichen Fächern*, 133–141. Tübingen: Narr Francke Attempto.

Siegmund, Benjamin (2022): *Sprachbildung im naturwissenschaftlichen Unterricht. Eine Interventionsstudie zu Wirksamkeit fachintegrierter Sprachbildung nach dem Scaffolding-Ansatz und mit Focus-on-Form-Strategien* . https://www.doi.org/10.46586/SLLD.253 (letzter Zugriff: 05.08.2024).

Silverstein, Michael (1979): Language structure and linguistic ideology. In Paul Clyne, William F. Hanks & Carol L. Hofbauer (Hrsg.), *The elements: A parasession on linguistic units and levels*, 193–247. Chicago: Chicago Linguistic Society.

Sinclair, John M. & Malcom R. Coulthard (1975): *Towards an Analysis of Discourse: The English Used by Teachers and Pupils.* London: Oxford University Press.

Skutnabb-Kangas, Tove & Robert Phillipson (2023): Introduction: Establishing Linguistic Human Rights. In Tove Skutnabb-Kangas & Robert Phillipson (Hrsg.), *The Handbook of Human Rights*, 1–22. Hoboken: Wiley Blackwell.

Sleep, Laurie & Timothy A. Boerst (2012): Preparing beginning teachers to elicit and interpret students' mathematical thinking. *Teaching and Teacher Education*, 28 (7), 1038–1048.

SnBFJ (Senatsverwaltung für Bildung, Jugend und Familie) (2023): *Leitfaden zur Integration von neu zugewanderten Kindern und Jugendlichen in die Schule.* Berlin: Senatsverwaltung für Bildung, Jugend und Familie.

Söll, Ludwig (1985): *Gesprochenes und geschriebenes Französisch.* Berlin: Schmidt.

Sommer, Hartmut (1981): *Grundkurs Lehrerfrage. Ein handlungsorientiertes einführendes Arbeitsbuch für Lehrer.* Weinheim, Basel: Beltz.

Spiegel, Carmen (2009): Zuhören im Gespräch. In Michael Krelle & Carmen Spiegel (Hrsg.), *Sprechen und Kommunizieren. Entwicklungsperspektiven, Diagnosemöglichkeiten und Lernszenarien in Deutschunterricht und Deutschdidaktik*, 189–203. Baltmannsweiler: Schneider Hohengehren.

Springsits, Birgit (2015): »Nein, das kann nur die Muttersprache sein.«: Spracherwerbsmythen und Linguizismus. In Nadja Thoma & Magdalena Knappik (Hrsg.), *Sprache und Bildung in Migrationsgesellschaften: Machtkritische Perspektiven auf ein prekarisiertes Verhältnis*, 89–108. Bielefeld: transcript.

Spychinger, Maria B. (2000): Hören und Zuhören im erweiterten Musikunterricht. In Ludowika Huber & Eva Odersky (Hrsg.), *Zuhören – Lernen – Verstehen*, 149–165. Braunschweig: Westermann.

Stanat, Petra, Stefan Schipolowski, Rebecca Schneider, Sebastian Weirich, Sofie Henschel & Karoline A. Sachse (Hrsg.) (2023): *IQB-Bildungstrend 2022. Sprachliche Kompetenzen am Ende der 9. Jahrgangsstufe im dritten Ländervergleich*. Münster: Waxmann.

Steinhauer, Anja (2014): „Kurzwortbildung". *Wörterbücher zur Sprach- und Kommunikationswissenschaft (WSK) Online*. Berlin, Boston: de Gruyter. https://www.degruyter.com/database/WSK/entry/wsk_id_wsk_artikel_artikel_17685/html. (letzter Zugriff 24.05.2024).

Steinhoff, Torsten (2007): *Wissenschaftliche Textkompetenz. Sprachgebrauch und Schreibentwicklung in wissenschaftlichen Texten von Studenten und Experten*. Tübingen: Niemeyer.

Steinhoff, Torsten (2009): *Wortschatz – eine Schaltstelle für den schulischen Spracherwerb?* Siegen: Siegener Institut für Sprachen im Beruf.

Steinhoff, Torsten (2022): Die digitale Transformation des Schreibens. In Matthias Knoop, Necle Bulut, Kathrin Hippmann, Simone Jambor-Fahlen, Markus Linnemann & Sabine Stephany (Hrsg.), *Sprachliche Bildung in der digitalisierten Gesellschaft. Was wir in Zukunft wissen und können müssen*, 143–159. Münster, New York: Waxmann.

Steinhoff, Torsten (2024): ChatGPT: Das Ende des Schreibunterrichts? *BiSS-Journal* 19, 20–23.

Stude, Juliane & Olga Fekete (2018): Sprechen und Zuhören. In Diana Gebele & Alexandra L. Zepter (Hrsg.), *Deutsch als Zweitsprache. Unterricht mit neu zugewanderten Kindern und Jugendlichen*, 141–157. Münster, New York: Waxmann.

Sturm, Afra & Anne Beerenwinkel (2020): Schreibendes Lernen im naturwissenschaftlichen Unterricht – Grenzen und Möglichkeiten. *Leseforum* 2, 1–19.

Sturm, Afra (2015): Schul- und Unterrichtsentwicklung im Bereich Schreiben am Beispiel von QUIMS-Schulen. *Leseforum* 2, 1–20.

Sturm, Afra, Hans Jakob Schneider & Maik Philipp (2013): *Schreibförderung an QUIMS-Schulen. Grundlagen und Empfehlungen zur Weiterentwicklung des Programms*. https://www.fhnw.ch/de/personen/afra-sturm/kurzfassung_schreibfoerderung_an_quims-schulen-ph-fhnw (letzter Zugriff: 05.08.2024).

Sturm, Eva S. (1996): *Im Engpass der Worte. Sprechen über moderne und zeitgenössische Kunst*. Berlin: Reimer.

Süßebecker, Katrin (2023): Zum Zusammenhang von Macht und Sprache. In Nico Leonhardt, Anne Goldbach, Lucia Staib & Saskia Schuppener (Hrsg.), *Macht in der Schule. Wissen – Sichtweisen – Erfahrungen. Texte in Leichter Sprache, Einfacher Sprache und Fachsprache*, 100–110. Bad Heilbrunn: Julius Klinkhardt.

Tajmel, Tanja & Sara Hägi-Mead (2017): *Sprachbewusste Unterrichtsplanung. Prinzipien, Methoden und Beispiele für die Umsetzung*. Münster, New York: Waxmann.

Tajmel, Tanja (2017a): Die Bedeutung von ‚Alltagssprache' – eine physikdidaktische Betrachtung. In: Beate Lütke, Inger Petersen & Tanja Tajmel (Hrsg.), *Fachintegrierte Sprachbildung. Forschung, Theoriebildung und Konzepte für die Unterrichtspraxis*, 253–267. Berlin, Boston: de Gruyter Mouton.

Tajmel, Tanja (2017b): *Naturwissenschaftliche Bildung in der Migrationsgesellschaft. Grundzüge einer Reflexiven Physikdidaktik und kritisch-sprachbewussten Praxis*. Berlin: Springer.

Tatler, Benjamin W. & Vincent, Benjamin T. (2009): The prominence of behavioural biases in eye guidance. *Visual Cognition*, 17, 1029–1054.

Taz (27.07.1988): *Arsenschlamm als Dünger*. https://taz.de/Arsenschlamm-als-Duenger/!1843416/ (letzter Zugriff: 05.08.2024).

Thielmann, Winfried (2021). *Eine Einführung aus funktionaler Perspektive*. Berlin: de Gruyter.

Thiery, Christopher (1976): Le bilinguisme vrai. *Etudes de linguistique appliquée* 24, 52–63.

Thomauske, Nathalie (2015): Das Silencing Anderssprachiger Kinder of Color. Ein deutsch-französischer Vergleich von Sprachpolitiken und -praktiken in frühkindlichen Bildungseinrichtungen. In Anna Schnitzer (Hrsg.), *Mehrsprachigkeit und (Un)gesagtes: Sprache als soziale Praxis im Kontext von Heterogenität und Differenz*, 85–108. Weinheim, Basel: Beltz Juventa.

Thomauske, Nathalie (2017): *Sprachlos gemacht in Kita und Familie: Ein deutsch-französischer Vergleich von Sprachpolitiken und -praktiken*. Wiesbaden: Springer.

Thürmann, Eike & Helmut Johannes Vollmer (2013): Schulsprache und Sprachsensibler Fachunterricht: Eine Checkliste mit Erläuterungen. In Charlotte Röhner & Britta Hövelbrinks (Hrsg.), *Fachbezogene Sprachförderung in Deutsch als Zweitsprache. Theoretische Konzepte und empirische Befunde zum Erwerb bildungssprachlicher Kompetenzen*, 212–233. Weinheim, Basel: Beltz Juventa.

Thürmann, Eike (2019): Operator. 4 Seiten. *Sprache im Fach*. https://epub.ub.uni-muenchen.de/61754/1/Thuermann_Operator.pdf (letzter Zugriff: 05.08.2024)

Thürmann, Eike, Eva Pertzel & Anna Ulrike Schütte (2015): Der schlafende Riese: Versuch eines Weckrufs zum Schreiben im Fachunterricht. In Sabine Schmölzer-Eibinger & Eike Thürmann (Hrsg.), *Schreiben als Medium des Lernens. Kompetenzentwicklung durch Schreiben im Fachunterricht*, 17–45. Münster: Waxmann.

Timpner, Claudia & Ruth Eckert (2016): *Körpersprache in der schulischen Kommunikation*. Heidelberg: Carl Auer.

Tracy, Rosemarie (2011). Mehrsprachigkeit: Realität, Irrtümer, Visionen. In Ludwig M. Eichinger, Albrecht Plewnia & Melanie Steinle (Hrsg.), *Sprache und Integration: Über Mehrsprachigkeit und Migration*, 69–100. Tübingen: Narr.

Trim John, Brian North & Daniel Coste (2001): *Gemeinsamer euroäischer Referenzrahmen für Sprachen: lernen, lehren, beurteilen*. Berlin u.a.: Langenscheidt.

Tröster, Heinrich (2019): *Diagnostik in schulischen Handlungsfeldern. Methoden, Konzepte und praktische Ansätze*. Stuttgart: Kohlhammer.

Ulrich, Winfried (2013): Wissenschaftliche Grundlagen der Wortschatzarbeit im Fachunterricht. In Senatsverwaltung für Bildung, Jugend und Wissenschaft (Hrsg.), *Sprachsensibler Fachunterricht. Handreichung zur Wortschatzarbeit in den Jahrgangsstufen 5–10 unter besonderer Berücksichtigung der Fachsprache*, 305–330. Ludwigsfelde: Landesinstitut für Schule und Medien Berlin-Brandenburg. https://bildungsserver.berlin-brandenburg.de/fileadmin/bbb/themen/sprachbildung/Durchgaengige_Sprachbildung/Publikationen_sprachbildung/sprachsensibler_fachunterricht/9_Sprachsensibler_Fachunterricht-wissenschaftliche_Grundlagen.pdf (letzter Zugriff: 25.05.2024).

UNESCO-Generalkonferenz (2001): *Allgemeine Erklärung zur kulturellen Vielfalt; verabschiedet von der 31. UNESCO-Generalkonferenz im November 2001 in Paris*. https://www.unesco.de/sites/default/files/2018-03/2001_Allgemeine_Erkl%C3%A4rung_zur_kulturellen_Vielfalt.pdf (letzter Zugriff 05.08.2024).

van Dijk, Teun A. & Walter Kintsch (1983): *Strategies of discourse comprehension*. New York, NY: Academic Press.

Veletić, Sebastian (2021): *Semantisch-konzeptuelle Vernetzungen im bilingualen mentalen Lexikon: Eine Studie mit deutsch-türkischsprachigen Jugendlichen*. Berlin, Heidelberg: Metzler'sche Verlagsbuchhandlung.

Videsott, Gerda (2006): Die Mehrsprachigkeit – Versuch einer begrifflichen Klärung. In Werner Wiater (Hrsg.), *Didaktik der Mehrsprachigkeit. Theoriegrundlagen und Praxismodelle*, 51–55. München: Ernst Vogel.

Vollmer, Helmut Johannes (2011): *Schulsprachliche Kompetenzen: Zentrale Diskursfunktionen*. Osnabrück: Universität. https://www.home.uni-osnabrueck.de/hvollmer/VollmerDF-Kurzdefinitionen.pdf (letzter Zugriff: 05.08.2024).

von Dewitz, Nora & Bredthauer, Stefanie (2020): Gelungene Übergänge und ihre Herausforderungen – von der Vorbereitungs- in die Regelklasse. *InfoDaF* 47 (4), 429–442.

von Dewitz, Nora & Massumi, Mona (2023): Durchgängige sprachliche Bildung für neuzugewanderte Schüler*innen. In Becker-Mrotzek, Michael, Ingrid Gogolin, Hans-Joachim Roth & Petra Stanat, (Hrsg.), *Grundlagen sprachlicher Bildung in der mehrsprachigen Gesellschaft*, 199–208. Münster: Waxmann.

von Dewitz, Nora (2022): *Neu zugewanderte Schülerinnen und Schüler*. Köln: Mercator-Institut für Sprachförderung und Deutsch als Zweitsprache. https://www.mercator-institut-sprachfoerderung.de/de/themenportal/thema/neu-zugewanderte-schuelerinnen-und-schueler/ (letzter Zugriff: 05.08.2024).

Vosniadou, Stella (2008): Conceptual Change In Learning and Instruction: The Framework Theory Approach. In Stella Vosniadou (Hrsg.), *International Handbook of Research on Conceptual Change*, 11–30. New York, London: Routledge.

Vosniadou, Stella (Hrsg.) (2013): *International Handbook of Research on Conceptual Change*. New York: Routledge.

Vygotsky, Lev S. (1962): *Thought and language*. Cambridge, MA: MIT Press.

Wagner, Ernst & Diederik Schönau (2016) (Hrsg.): *Cadre Européen Commun de Référence pour la Visual Literacy – Prototype, Common European Framework of Reference for Visual Literacy – Prototype, Referenzrahmen für Visual Literacy – Prototyp*. Münster, New York: Waxmann.

Wagner, Roland W. (2006): *Mündliche Kommunikation in der Schule*. Paderborn: Schöningh.

Waldis, Monica, Martin Nitsche & Kristine Gollin (2020): Schülerinnen und Schüler schreiben Geschichte – Eine Interventionsstudie an Deutschschweizer Gymnasien. *Zeitschrift für Geschichtsdidaktik* 19, 90–108.

Wäschle, Kristin, Anja Gebhardt, Eva Maria Oberbusch & Matthias Nückles (2015): Journal writing in science: Effects on comphrehension, interest and critical reflection. *Journal of writing research* 7 1, 41–64.

Weingarten, Jörg (2019): *Wie planen angehende Lehrkräfte ihren Unterricht? Empirische Analysen zur kompetenzorientierten Gestaltung von Lernangeboten*. Münster: Waxmann.

Weinrich, Lotte & Altınay, Lale (2016): Erzählen (lernen) in der Vorbereitungsklasse. In Arbeitsstelle Migration der Bezirksregierung Köln (Hrsg.), *Unterricht für neu zugewanderte Kinder und Jugendliche in der Sekundarstufe I. Fachliche und fachdidaktische Perspektiven*, 57–74. Köln: Arbeitsstelle Migration der Bezirksregierung Köln.

Weis, Mirjam, Katharina Müller, Julia Mang, Jörg-Henrik Heine, Nicole Mahler & Kristina Reiss (2019): Soziale Herkunft, Zuwanderungshintergrund und Lesekompetenz. In Kristina Reiss, Mirjam Weis, Eckard Klieme & Olaf Köller (Hrsg.), *PISA 2018. Grundbildung im Vergleich*, 129–186. Münster, New York: Waxmann.

Wendt, Charlotte, Inga Buhrfeind, Karina Frick & Astrid Neumann (2023): Mit KI im Deutschunterricht schreiben: Impulse für Lehrer*innen für den Unterricht in der Zukunft. *k:ON – Kölner Online Journal für Lehrer*innenbildung*. 7 (7), 321–340.

Wessel, Lena, Andreas Büchter & Susanne Prediger (2018): Weil Sprache zählt – Sprachsensibel Mathematikunterricht planen, durchführen und auswerten. *Mathematik lehren* 206, 2–7.

WHO (Weltgesundheitsorganisation) (2000): *Internationale Klassifikation psychischer Störungen. ICD-10 Kapitel V (F). Klinisch-diagnostische Leitlinien*. Bern u. a.: Hans Huber.

Wichmann, Martin (2018): Berufsbezogenes Deutsch im Kontext Schule – Ideen für die Unterrichtspraxis am Beispiel des Projekts Lehrkräfte Plus. In Nadja Wulff, Sandra Steinmetz, Dennis Strömsdörfer & Markus Willmann (Hrsg.), *Deutsch weltweit – Grenzüberschreitende Perspektiven auf die Schnittstellen von Forschung und Vermittlung*, 349–367. Göttingen: Universitätsverlag Göttingen.

Wiese, Heike, Rosemarie Tracy & Anke Sennema (2020): *Deutschpflicht auf dem Schulhof? Warum wir Mehrsprachigkeit brauchen*. Berlin: Duden.

Wiliam, Dylan & Marnie Thompson (2008): Integrating assessment with instruction: what will it take to make it work? In Carol Anne Dwyer (Hrsg.), *The future of assessment: shaping teaching and learning*, 53–82. Mahwah, NJ: Lawrence Erlbaum Associates.

Wildemann, Anja & Alexandra Merkert (2020): *Sprachdiagnose, Sprachförderung und Sprachbildung in der Grundschule. Grundlagen, Methoden und Praxis*. Hannover: Klett Kallmeyer.

Wildemann, Anja & Sarah Fornol (2017): *Sprachsensibel unterrichten in der Grundschule. Anregungen für den Deutsch-, Mathematik- und Sachunterricht*. Hannover: Kallmeyer in Verbindung mit Klett.

Wiliam, Dylan & Marnie Thompson (2008): Integrating assessment with instruction: what will it take to make it work? In Carol Anne Dwyer (Hrsg.), *The future of assessment: shaping teaching and learning*, 53–82. Mahwah, NJ: Lawrence Erlbaum Associates.

Winke, Paula, Susan Gass & Tetyana Sydorenko (2010): The Effects of Captioning Videos Used for Foreign Language Listening Activities. *Language, Learning and Technology* 14 (1), 65–86.

Woerfel, Till & Marlies Giesau (2018): *Sprachsensibler Unterricht. Mercator Institut für Sprachförderung und Deutsch als Zweitsprache*. https://mercator-institut.uni-koeln.de/sites/mercator/user_upload/PDF/05_Publikationen_und_Material/201124_Basiswissen_SprachsensiblerUnterricht_CC.pdf (letzter Zugriff: 25.05.2024).

Woerfel, Till (2021): Sprachliche Phänomene mehrsprachiger Kinder. In Anne-Katharina Harr & Barbara Geist (Hrsg.), *Sprachförderung in Kindertagesstätten (dtp-Band 12)*, 103–116. Baltmannsweiler: Schneider Hohengehren.

Woerfel, Till, Nikolas Koch, Seda Yılmaz Woerfel & Claudia Riehl (2014): Mehrschriftlichkeit bei mehrsprachig aufwachsenden Kindern. Wechselwirkungen und außersprachliche Einflussfaktoren. *Zeitschrift für Literaturwissenschaft und Linguistik* 144, 44–65.

Wolff, Dieter (2010): Bilingualer Sachfachunterricht/CLIL. In Wolfgang Hallet & Frank G. Königs (Hrsg.), *Handbuch Fremdsprachdidaktik*, 298–302. Seelze-Velber: Klett, Kallmeyer.

Wöllstein & Dudenredaktion (Hrsg.) (2022): *Duden. Die Grammatik*. Berlin: Dudenverlag.

Wong, Wynne (2005): *Input Enhancement. From Theory and Research to the Classroom*. New York: The McGraw Hill Companies.

Zellmer, Stefan, Adrian Russek & Katrin Sommer (2020): Funktionen von Versuchsprotokollen. *Unterricht Chemie* 31 (180), 7–13.

Register

Ableitungen 185
Accountable Talk 167–168
Adaptivität 131–132, 146
Adjektiv 38–39, 42–44, 46
Adjektivattribut 48
Adressat in 263–264, 270
Adverb 38–39, 72
Adverbialsatz 51–52
Akkusativ 46–47
Aktiv 45
Alltagssprache 25–27, 29, 168, 199
Alltagswissen 26, 29
Antonyme 196
Arbeitsbuch 285–286
Artikelwort 38, 40, 46
Artikulationsphase 209
Assessment, formativ 146
Assessments, formativ 147
Attribut 48, 64, 70
Attributsatz 48, 51
Autochthone Minderheit 92

Bedarfsanalyse 130, 133–135, 140, 144
Begriff 185
Beschulungsmodelle 111
BICS 114
Bild 243–246, 248–250
Bildanalyse 259
Bildinterpretation 259
Bildkompetenz 243–244, 257
Bildliche Darstellung 242, 246, 252–253, 256, 258–259
Bild-Text-Gefüge 244, 253–254
Bildungssprache 6, 23–25, 30
Bildungssprachliche Praktiken 24
Bilingualismus 80
Binnendifferenzierung 120–121

CALP 114
CLIL/ Content and Language Integrated Learning 84, 282
Code-Switching 82

Darstellungstext 63, 227
Dativ 46–47
Deagentivierung 63, 66
Defensiver Ansatz 231

Deixis, deiktisch 219
Deklination 44, 46
Derivation 42–43
Detailliertes Lesen 237
Detemporalisierung 63, 66
Determinanten der Lesekompetenz 69, 226
Deutsch als Zweitsprache 8, 109, 111
Diagnostik 144
– formativ 146, 150
– formell 150
– informell 150
– summativ 146
Dialekt 20, 79, 81–82, 84, 101, 220
Didaktik 7, 11
Diskontinuierlicher Text 227
Diskursfunktionen 162
Diskurskompetenz 162
Divergente Fragen 171

Einzahl 44, 46
Embedded corrections 173
Endsilbe 43
Endung 42, 44, 46
Entlehnungen 185
Erklärvideo 25, 203, 207
Erstsprache 85–86, 110, 190, 203, 230
Erwartungshorizont 11, 135, 151, 156, 271
Ethnolekt 79, 81
Explizites Sprachwissen 33–34

Fachwortschatz 21, 185–186, 192
Familiensprache 87, 89, 92, 97
Fast mapping 192
Feedback 34, 146, 155, 172–173, 274
Feedbacktechnik 14, 172
Fehlerkorrektur 173
Feldermodell, topologisches 49, 54
Femininum 46
Flexion 41, 43–47
Flexionskategorie 43–44
Fokussierungstechnik 14, 162, 168–169
Form-Bedeutungsbeziehung 58
Form-Bedeutungsbeziehung 60, 68
Formulierungskompetenz 267
Formulierungsphase 209
Fragetechnik 170
Fragetyp 170

Fremd-/Zweitsprache 80
Fremdsprache 95, 97
Frequenz 58, 60
Funktionale Perspektive 34, 61, 70
Futur I 44
Futur II 44

GAT 2 217
Gemeinsamer Europäischer Referenzrahmen (GER) 113, 243
Genitiv 46–47
Genitivattribut 48–49
Genre 266, 270
Genredidaktik 266, 270
Genus Verbi 44–46
Gesprächs- und Sprechformen 210
Gestik 174–176, 219
Globale Kohärenzbildung 230
Globales/ kursorisches Lesen 237
Grammatisches Geschlecht 46

Handbuch 282–283, 287
Herkunftssprache 92
Hidden curriculum/ geheimer bzw. verdeckter Lehrplan 9
Hierarchiehohe Prozessebene (Lesen) 229–230
Hierarchieniedrige Prozessebene (Lesen) 229–230
Homonyme 196
Hörsehverstehen 202–203, 206, 208
Hörverstehen/ Hören (Teilfertigkeit) 202, 204–206, 208

Ideologie 94, 96
Ikonografie 248, 250
Imperativ 45
implizites Sprachwissen 33
Indikativ 45
Inferenz 230
Infinitiv 44, 220
Informationsdichte Texte 228
Informationstext 227
Input enhancement 160
Inputtechnik 14, 162, 168
Instrumentale Adverbien 39
Interdependenz-Hypothese 114
Interpunktion 62, 148
IRE-Sequenz 162, 165–167

Junktor 38, 40

Kasus 46–47
Kausal 39, 52
KI 264–265
Kognitive Lesestrategien 232, 239
Kollokation 189, 196
Kolonialismus 96
Kommentaradverbien 39
Komparation 44
Kompetenz 113, 115, 173
Komplementsatz 51
Komposita 42, 60, 64, 196
Komposition 41–42
Kongruieren 44
Konjugation 44
Konjunktiv 45, 62
Konkretisierungsraster 135–137
Konnektoren 268
Kontextualisierung 193, 199
Konvergente Fragen 171
Konversion 42–43
Konzept 183, 185
Konzeption 28–29, 149
– konzeptionell mündlich 28, 149
– konzeptionell schriftlich 28, 149, 212, 227
Konzeptualisierungsphase 209
Konzeptvergleich 88
Kopf (einer Phrase) 47–48
Körpersprache 174
Kriterienkatalog 274, 282
Kultur der Mehrsprachigkeit 85, 89–90
Kurzwortbildung 42–43

Lehr-/Lernmaterialien 280, 284–285, 287–288
Lehr-/Lernziele, sprachlich 15, 133–134, 147
Lehr-/Lernzyklus
– textsortenbasiert 270
Lehrwerk 282
Leichte Sprache 231
Lernstand, sprachlich 147
Leseflüssigkeit 229–230
Lesekompetenz 182, 225–226, 229–231
Leseprozess 137, 225, 228–230, 232, 236–239
Lese-Rechtschreib-Schwäche 230
Lesestil 237
Lesestrategie 232
Lesestrategien 137, 149, 226–227, 230–234, 238–239
Lexem 36, 183–184, 186, 189, 191–192, 199
Lexikalisch-semantische Ebene 137

Linearer Text 227
Linguizismus 99
Linke Satzklammer 49–50, 54
Lokal 39
Lokale Kohärenzbildung 229

Makroscaffolding 133–134, 139, 144, 147, 161
Maskulinum 46
Materialtyp (Lehr-/Lernmaterialien) 281
Medium 27, 29, 264, 275
– graphischer Kode 27
– phonischer Kode 27
Mehrschriftlichkeit 267
Mehrsprachiges Repertoire 6, 81–82, 84, 87, 89, 273
Mehrsprachigkeit 6, 20, 77–80, 82, 84–85, 88–90, 100, 110, 119
Mehrsprachigkeitskompetenz 6, 84
Mehrwortlexeme 186
Mehrzahl 44, 46
Mentales Lexikon 183–184, 188–190, 192
– mehrsprachig 190
Metakognitive Lesestrategien 232, 239
Methodik 7, 11–12, 279, 283
Migrationsandere 89
migrationsbedingte Mehrsprachigkeit 82, 89, 100
Mikroscaffolding 133, 144, 161
Mimik 174, 176, 219
Mitteilungswortschatz 187–188, 192
Modelltext 270–271
Modus 44–46
Morphologie 35–36, 53
Morpho-syntaktische Ebene 138
Multiethnolekt 81
Mündliche Präsentation 212
Mündlichkeit 203, 210, 264, 275
Muttersprache 80, 85

Narrative Texte 228
Nebensatz 50–51, 59, 154–155
Neu zugewanderte Schüler innen 107, 109–110, 112, 115–117, 119
Neutrum 46
Nicht-linearer Text 227
Nomen 38, 48
Nominalgruppe 44, 46
Nominalisierung 43, 60, 66, 188
Nominalphrase 46–48
Nominativ 46–47

Nonverbale Kommunikation 174
Numerus 44, 46

Objektivität 146
Offensiver Ansatz 231
Ökonomie (Gebot der Wissenschaftskommunikation) 63–64, 185
Operator 49, 134–135, 149, 265, 276
Orientierendes Lesen 237
Origo-Exklusivität (Gebot der Wissenschaftskommunikation) 63, 66
Othering 89–90

Paralleles Modell 111
Paraphrasierungen 194, 196
Partikel 38
Partizipialattribut 49
Passiv 45–46, 66
Passivsatzform 66
Perfekt 44
Performanz 173
Performanzfehler 173
Person 44
Perspektivwechsel 71, 264
Phonetik 35, 53
Phonologie 35, 53
Phrase 35–36, 47–49
Plural 46
Plusquamperfekt 44
Prädikat 36, 38, 49
Präfixverben 60
Pragmatik 35, 53
Präkonzepte/ conceptual change 27, 194, 199
Präposition 38, 40, 47
Präsens 44
Präteritum 44–45, 69
Praxen der Sprachrepräsentation 93, 97, 100
Praxis
– sozial 263
Präzision (Gebot der Wissenschaftskommunikation) 63–64, 185
Pronomen 38, 40
Prosodie 208, 218
Proximität 174

Qualifikation 148–149
– diskursiv 148–149
– literal 148–149
– phonisch 148–149

- pragmatisch 149
- semantisch 148–149

Rechte Satzklammer 49–50, 54
Register 20, 23, 28, 30, 82, 116, 134, 149, 169–170, 178, 188, 190, 195
Relativpronomen 68
Relativsatz 48, 51
Reliabilität 146
Ressourcenorientierung 117
Revisionskompetenz 267

Sachnetz 189
Salienz 246
Satz 35–36, 49, 51
Satzgefüge 51
Satzreihe 51
Scaffolding 14, 120, 129–133, 139, 144, 146–147, 155, 161, 283
Schlüsselworttabelle 196
Schreibaufgaben 263, 269, 274–276
Schreibdidaktik 269, 273
Schreiben 263–271
- prozessorientiert 273
Schreibförderung 274
- textsortenbasiert 266, 270
Schreibkompetenz 267
- fachspezifisch 265–266
Schreibprodukt 269–270
Schreibprozess 264, 267, 269, 271
- kooperativ 270, 276
Schreibrahmen 271
Schriftlichkeit 24, 264
Schulische Fachtexte 227–228
Schulsprache 178
Selbstkorrektur 219
Selektives Lesen 237
Semantik 35, 53
Semantisierung 194–195, 199
Semiotik 244, 252
Semiotisches Dreieck 184
Singular 46
Soziolekt 20, 79, 81
Sprachbewusster (Fach-)Unterricht 13
Sprachbildender (Fach-)Unterricht 13, 73, 129
Sprachbildung 4–5, 7–8, 10–11, 13, 15, 56, 84, 145
Sprachdiagnostik 12, 146
Sprachdiskriminierung 96–97, 99–100

Sprache 4, 9–10, 13, 20, 23–24, 33–34, 42, 61, 73, 79, 93
Sprachenmarkt (Bourdieu) 101
Sprachenpolitik 93, 96–97, 100
Sprachförderung 7–8, 12, 15, 284, 286
Sprachhierarchien 100–101
Sprachideologie 93–96, 100
Sprachkonkurrenz 97, 99
Sprachliche Handlung 12, 134, 270, 273, 276
Sprachliche Lernstandsanalyse 133–134, 144, 147
Sprachliche Mittel, Sprachmittel 27, 34, 62, 135, 269, 271, 273
Sprachmischung 82, 84
Sprachpromovierung 97
Sprachsensibler Fachunterricht 13
Sprachvergleich 87–88
Sprechen (Teilfertigkeit) 202–203, 208–209, 218, 220
Sprechimpuls/ Impuls 170, 211
Steigerung 44
Strukturelle Komplexität 58, 60, 68
Stützstrategien 232–233
Submersives Modell 111
Substantiv 38, 42–43, 46–48
Symbolische Inferiorisierung 89
Synonyme 194, 196
Syntax 35–36, 49, 53, 59–61

Teilintegration 111
Temporal 39, 52
Tempus 44
Textsorte 134, 149, 228, 239, 265, 270–271, 275–276
Textstrukturwissen 267–269
Transkript 170, 218–219
Transkription 217
Transkriptionskonvention 217
Trauma, traumatisch 111

Übergang 113, 116–118, 120
Umgangssprache 24, 26, 168
Unpersönlichkeit 268
Unterrichtsinteraktion 133, 144, 161, 163
Unterrichtsplanung 14, 89, 130, 133–134, 139

Validität 146
Varietät 20, 24, 28–30, 79, 81, 86, 89, 100–101, 168, 190
Verb 38, 44–46

Verb, finites 36, 44, 49, 51
Verberststellung 50
Verbletztstellung 50–51
Verbzweitstellung 49, 51
Vernetzung 193, 199
Verstehenswortschatz 187
Visual literacy 243, 257
Vorbereitungsklasse 112–113
Vor-während-nach-Didaktisierung
    (Leseprozess) 238

Wiederholung 193, 199
Wissenschaftssprache 25, 63
Wort 35–37
Wortart 36–38, 40
Wortbedeutung 183–184, 194
Wortbildung 41–42, 196
Wortfamilie 189, 195
Wortfeld 189, 195
Wortform 41, 183–184, 194

Wortgruppe 36, 47, 49
Wortschatz
– potentiell 187
– produktiv 187–188, 193
– rezeptiv 187, 192
Wortschatzdidaktischer Dreischritt 193, 198–199
Wortschatzliste 197
Wortschatzqualität 191, 194
Wortschatzquantität 191
Wortschatzumfang 191
Written language bias 216

Zeitform 46
Zone der nächsten Entwicklung 131
Zuhören 202–205
Zuhörkompetenz 203–204
Zweisprachigkeit 80
Zweitsprache 82, 109–110
Zweitspracherwerbsforschung 115

www.ingramcontent.com/pod-product-compliance
Lightning Source LLC
Chambersburg PA
CBHW080407230426
43662CB00016B/2340